Maria Antonieta

Joan Haslip

Maria Antonieta

Tradução:

Eduardo Francisco Alves

Jorge Zahar Editor
Rio de Janeiro

Título original: *Marie Antoinette*

Tradução autorizada da primeira edição inglesa
publicada em 1987 por George Weidenfeld & Nicolson Ltd.,
de Londres, Inglaterra

Jorge Zahar Editor Ltda.
rua México 31 sobreloja
20031 Rio de Janeiro, RJ

Impressão: Tavares e Tristão Ltda.

ISBN: 0-297-78385-8 (ed. orig.)
ISBN: 85-7110-073-X (JZE, RJ)

Sumário

Para Liliane de Rothschild e Bernard Minoret,
em gratidão pelo estímulo e pela ajuda.

Lista de Ilustrações

Entre as páginas 32 e 33

Agradecimentos

Quando meu editor, Lord Weindenfeld, sugeriu-me que escrevesse uma biografia de Maria Antonieta da França, meu primeiro impulso foi recusar-me a acrescentar mais um volume àqueles que já lotam as prateleiras das bibliotecas públicas, indo das diatribes violentas de um Michelet aos panegíricos dos Goncourt. Mas me foi dito que há certos personagens que, a cada geração, necessitam de uma reavaliação. E, apesar de todos os livros sobre esse tema publicados nos anos recentes, o mais popular e mais amplamente lido continua sendo o de Stefan Zweig, escrito há meio século. Zweig descreve Maria Antonieta como uma "mulher mediana", que só encontrou grandeza na guilhotina. Mas se tivesse recebido uma educação adequada (e sua mãe não pode ser culpada sozinha de negligência nesse sentido) e se tivesse se casado com um homem de personalidade e determinação que lhe exigisse respeito, Maria Antonieta poderia ter sido uma rainha notável. Tentou-se descobrir por que ela fracassou e talvez encontrar desculpas para os seus fracassos. Sua vida pode ser dividida em duas partes, separadas pelo caso do colar de diamantes, a cuja época ela já estava perdida. Pouco se pode acrescentar à segunda parte, e escrevi mais longamente sobre os primeiros anos. Na enorme massa de material conservada nos arquivos de Viena, podem ser encontradas as primeiras cartas de Maria Antonieta a sua mãe, cartas do embaixador, conde Mercy d'Argenteau, à imperatriz Maria Theresa, e até mesmo cartas trocadas entre os dois irmãos de Maria Antonieta, o imperador José II e o grão-duque Leopoldo da Toscana, todas elas rendendo tributo a sua intrínseca bondade e franqueza num mundo em que a honestidade era encarada como crime.

Por ter tido acesso aos arquivos de Viena, e em particular aos arquivos da família, quero agradecer a Sua Alteza Imperial, o arquiduque Miguel Habsburgo-Salvador, por me colocar em contato com a doutora Benha, diretora do Haus und Stadts Archiv. Na França, meus agradecimentos vão para o Sr. Jean Lemoyne, até recentemente conservador-chefe do castelo de Versalhes, que teve a gentileza de transmitir alguns de seus conhecimentos inestimáveis e de mostrar-me aquelas partes de Versalhes e do Trianon que ainda permanecem fechadas ao público. Quero também agradecer ao Sr. Prevost Marcyl-Hacys, do departamento dos monumentos históricos, por ter obtido a permissão para que eu visitasse a *chambre de la réserve* da Biblioteca Nacional, a fim de ler os panfletos obscenos e as calúnias de que Maria Antonieta foi vítima praticamente desde o dia em que chegou à França. Minha maior gratidão vai para a baronesa Elie de Rotschild, a qual, numa vida inteira de devoção a Maria Antonieta, não somente reuniu uma coleção sem par de objetos que pertenceram a ela, mas acumulou também um conhecimento extraordinário sobre tudo que a ela diz respeito, enquanto no Sr. Bernard Minoret encontrei um amigo que, mergulhado no século XVIII, mostrou-me uma Paris que eu nunca teria descoberto sozinha, e também teve a gentileza de conferir os nomes franceses em meu livro. Outros que também tiveram a gentileza de me ajudar foram o Sr. Nigel Nicolson, que me convidou ao castelo de Sissinghurst para consultar os documentos referentes a seu ancestral, o duque de Dorset; Sir Harold Acton, que se dispôs a ler meu manuscrito e fazer algumas correções valiosas; o Sr. Joseph Baillie, que me permitiu reproduzir um desenho de Vigée-Lebrun que ele possui e que ainda não fora publicado; e os diretores da Christie's, que me permitiram ler a correspondência secreta de Maria Antonieta e Axel Fersen, na coleção de cartas do espólio da baronesa Thyra Klinckowström.

Finalmente, queria agradecer a meus amigos Claude e Marion Puzenat, pela hospitalidade oferecida enquanto eu fazia minhas pesquisas em Paris, à encarregada da editoração de meu livro, Candida Brazil, e a Maria Ellis, que fez maravilhas na decifração de minha caligrafia.

Prólogo

NO DIA DE Todos os Santos, 2 de novembro de 1755, a imperatriz Maria Theresa deu à luz seu décimo-quinto filho, uma menina, chamada Maria Antônia. A Áustria estava, nessa época, desfrutando de um breve período de prosperidade e paz, mas a comemoração do batizado foi ensombrecida pelo terrível terremoto que devastou três quartos da cidade de Lisboa e impediu que o padrinho de Maria Antônia, o rei de Portugal, comparecesse à cerimônia. Em anos posteriores, a tragédia de Lisboa era freqüentemente mencionada como o primeiro augúrio de desastre numa vida que começou sob os mais felizes auspícios, em meio a uma família unida e amorosa.

Como filha caçula de Maria Theresa, com sete irmãs mais velhas para serem casadas antes dela, Maria Antônia parecia destinada a uma vida tranqüila e pouco momentosa, como esposa de um dos inúmeros primos Wittelsbach ou Habsburgo. Mas o tifo e a varíola, aquelas duas doenças fatais do século XVII, levaram duas das irmãs no espaço de um ano, deixando uma terceira, a mais bela de todas, reduzida à condição de uma inválida desfigurada. Em 1777, quando Maria Antônia mal tinha completado 12 anos, ela já se transformara em candidata ao mais rico prêmio matrimonial da Europa, sendo oferecida em casamento ao neto do rei da França.

Dez anos já se haviam passado desde que a Convenção de Westminster, assinada entre a Inglaterra e a Prússia, causara uma revolução diplomática, alterando toda a balança do poder na Europa e atirando aquelas duas inimigas hereditárias, a França e a Áustria, nos braços uma da outra. Na verdade, não confiavam uma na outra. Mas a França precisava de um forte aliado continental em seu esforço pela supremacia marítima na luta contra a Inglaterra, que então ameaçava tanto seu império ultramarino quanto seu comércio. A Áustria, tal como representada por Maria Theresa e seu chanceler, o conde e, posteriormente, príncipe Kaunitz, tinha apenas um objetivo em vista: retomar da Prússia a província perdida da Silésia. Os desastres da Guerra dos Sete Anos, em que a França perdeu quase todo o seu império colonial e a Áustria não conseguiu resgatar a Silésia, costumavam ser atribuídos à marquesa de Pompadour, a qual, dizem, teria influenciado o rei Luís XV. Contra o que lhe ditava o próprio bom senso, ele se comprometeu com uma aliança impopular, com a amarga oposição tanto de sua família quanto de sua corte, uma aliança que poderia nunca ter sobrevivido à humilhante Paz de Paris, não fossem os talentos diplomáticos de dois estadistas, Kaunitz na Áustria e Choiseul na França. Este último, que devia sua carreira meteórica à proteção de madame de Pompadour, tornara-se ministro do exterior no final da guerra. Um dos poucos franceses a apoiar a aliança austríaca, ele veio a ser o principal arquiteto do casamento real, desejado com tanto ardor por Maria Theresa, encarado com tanta cautela pelo rei Luís — um casamento que nunca teria ocorrido, não tivessem o Delfim e sua esposa, que odiavam Choiseul, morrido com muito poucos anos de diferença um do outro, seguidos de perto por seu filho mais velho, e deixando Luís Augusto, um menino de 14 anos, tímido e desajeitado, como herdeiro do trono da França.

Nesse meio tempo, nenhum esforço tinha sido feito a fim de preparar a pequena Maria Antônia para seu futuro papel de rainha. Permitiam-lhe ficar brincando, feliz, nos jardins de Schönbrunn, enquanto suas irmãs mais velhas se casavam uma após a outra, Carolina com o rei de Nápoles, Amália com o infante de Parma, outro dos netos do rei Luís. Cartas amigáveis continuaram a ser trocadas entre o rei e a imperatriz. Mas não foi senão em 1768 que os planos de casamneo começaram a se cristalizar em fatos, e foi somente no verão de 1769, que Maria Theresa recebeu uma carta oficial do rei da França, pedindo-lhe que a mão de sua filha Maria Antônia fosse dada em casamento a seu neto Luís Augusto.

Peões políticos no xadrez dos estadistas, cada um mais ingênuo e ignorante do que o outro, Maria Antônia e Luís Augusto iriam ser sacrificados pela malfadada aliança franco-austríaca.

CAPÍTULO 1

A IMPERATRIZ já estava na carruagem; o postilhão recebera o sinal de partida, quando o imperador, que estava a cavalo, repentinamente desmontou, gritando: "Onde está a minha Toinette? Quero dar-lhe um último beijo", e uma menininha, que tinha lutado para conter as lágrimas por ter sido deixada para trás, enquanto suas irmãs mais velhas acompanhavam os pais ao casamento do irmão Leopoldo, em Innsbruck, precipitou-se de repente, toda leveza e sorrisos, para ser tomada nos braços pelo pai. Ele a abraçou com força, como se tivesse medo de deixá-la. E, para sua surpresa, ela sentiu que o rosto dele estava úmido de lágrimas. Cavalgando ao lado de seus fidalgos, o imperador voltou-se para um deles, dizendo: "Deus sabe quanto eu queria beijar aquela criança", como se alguma estranha premonição lhe dissesse que poderia nunca voltar a vê-la.

Nos anos posteriores, como rainha da França, Maria Antonieta costumava recordar aquele dia de agosto em Laxenburgo, e a tristeza do último adeus de seu pai. Lembrava-se, com remorsos, das instruções escritas que ele deixara, e que ela, em seus dias de juventude e despreocupação, sequer se dera ao trabalho de ler e que, se levadas a sério, poderiam muito bem ter mudado a sua vida. Talvez ele tivesse previsto as hordas de aduladores e carreiristas de Versalhes, quando escreveu: "Os companheiros que selecionamos são de grande importância, pois freqüentemente somos arrastados por eles, contra nossa própria vontade, a tentações que, sem eles, nunca nos teriam assaltado. A amizade é uma das alegrias da vida. Apenas devemos escolher nossos amigos com sabedoria e não prodigalizar afeição com negligência."

Não havia ninguém preparado para amar o mundo tão negligente e indiscriminadamente quanto Maria Antônia, a mais jovem e mais mimada de toda a prole real em Schönbrunn. Era uma família grande e feliz, e a pessoa responsável por sua felicidade era o pai, Estêvão Francisco (Stéphane François de Lorraine), que introduzira na atmosfera árida da corte de Habsburgo um pouco da alegria e do calor de sua antiga corte em Luneville.

Mas nem o legado dos Médici, nem, mais tarde, a coroa imperial, haviam compensado Estêvão Francisco pela perda de suas terras em seu torrão natal, o preço exigido pela França, de acordo com a sanção pragmática, por aceitar a jovem Maria Theresa como herdeira do trono dos Habsburgo. Até mesmo como imperador, Estêvão Francisco nunca fora mais do que o consorte da esposa, fazendo-lhe 16 filhos, dos quais apenas dez cresceram até a maturidade, e dando a cada um, em troca, a afeição e a compreensão para os quais a mãe deles não tinha tempo. Sua preferida era Maria Antônia — uma menininha bonita, cintilante, sem vontade nenhuma de assistir às aulas e de uma incorrigível frivolidade — que Maria Theresa tinha de admitir ser uma das perigosas qualidades que seu amado marido transmitira a seus rebentos. Mas, apesar de todos os seus erros e de sua fraqueza, tanto como homem de estado quanto como líder militar, Estêvão Francisco, com sua virilidade e sua disposição gentil, era eminentemente satisfatório tanto como marido quanto como pai.

Existe um desenho a guache encantador, pintado por uma das filhas mais velhas, que nos mostra a família imperial no café da manhã em Schönbrunn, com a imperatriz servindo o café e o marido sentado, de robe de chambre e chinelos, com uma toalha enrolada na cabeça, enquanto três dos filhos caçulas brincam ao fundo. Maria Antônia segura sua boneca preferida, ela própria parecendo uma boneca animada, usando suas melhores roupas, esperando para acompanhar os pais à missa. Esse é o aspecto que ela devia ter naquele dia de agosto de 1765, quando seu pai lhe deu seu triste adeus.

Uma semana mais tarde ele estava morto, vítima de um derrame no meio das brilhantes festividades nupciais em Innsbruck, festividades de que ele vinha sendo até então a vida e a alma. A imperatriz tinha apenas 47 anos na época, uma mulher forte, ardente, no auge da vida. Era apaixonada por Estêvão Francisco desde os 16 anos de idade, e a morte dele deixou um vazio impossível de ser preenchido, que a levou quase à beira do suicídio. Nos primeiros tempos de desolação e desespero ela não conseguia suportar sequer ver seus filhos mais jovens, e o verão se transmudou em outono, até que ela retornasse à sala de aulas imperial de Schönbrunn. A pequena Maria Antônia, que derramara lágrimas amargas pela morte do adorado pai, havia recobrado a alegria costumeira, graças à rápida capacidade de recuperação das crianças, e foi um choque para ela ver a mãe tão cruelmente mudada. Fora-se o lindo cabelo dourado, agora cortado curto sob uma touca de viúva; foram-se os olhos sorridentes, agora vermelhos de lágrimas. A mãe, que parecia tão luminosa em seus cetins e sedas coloridos, era uma figura severa, quase assustadora, em suas pesadas roupas de luto.

Maria Theresa gostava de seus filhos, mas a mulher que havia lutado contra todo tipo de oposição a fim de se casar com o jovem duque de Lorena não sentiu o menor constrangimento em fazer seus filhos e filhas contraírem núpcias dinásticas, sem amor. Existe uma frieza extraordinária no tratamento dado por ela até mesmo a seu filho mais velho, José. Apenas uns poucos meses após ter perdido uma esposa que ele adorava, Maria Theresa o fez casar-se com uma princesa Wittelsbach, que ele achava fisicamente repelente, mas toda a herança bávara poderia um dia ser acrescentada ao império Habsburgo. A única pessoa gentil com a pobre Josefa, a feiosa, era o sogro, Estêvão Francisco, a quem ela sobreviveu durante dois anos, até sucumbir a um surto de varíola, em Viena, na primavera de 1767. A própria Maria Theresa ficou seriamente doente, e nem mesmo a pequena Maria Antônia ficou imune, mas em seu caso o mal foi tão leve que sequer deixou marcas na compleição brilhante e transparente que mais tarde viria a ser um de seus maiores trunfos. Ela ainda não se recobrara inteiramente e os artistas da corte já a pintavam em retratos e miniaturas para serem enviados à corte da França.

Estêvão Francisco ainda era vivo quando se começou a falar de um casamento real para solidificar a aliança com a França. Essa aliança, tendo sobrevivido aos desastres da Guerra dos Sete Anos, corria o perigo de se desfazer, devido em grande parte à inércia do rei Luís XV e à oposição de seu filho e sua nora. Dois estadistas brilhantes, Choiseul na França e Kaunitz na Áustria, estavam determinados a manter a aliança, e o destino caiu-lhes nas mãos com as mortes, primeiro do Delfim e, pouco depois, de sua esposa — mortes tão providenciais que, na corte, onde a calúnia era a moeda corrente, os inimigos de Choiseul não hesitaram em dizer que eles tinham sido envenenados por sua ordem. Em 1768 os principais obstáculos haviam sido removidos e a imperatriz, que vinha casando filhas em várias cortes Bourbon — Maria Amália em Parma e Maria Carolina em Nápoles —, tinha agora a esperança de garantir para Maria Antônia o mais brilhante prêmio matrimonial da Europa.

Mas a menina que crescera em Schönbrunn sob os cuidados de governantas amorosas e indulgentes não estava preparada para ser uma Delfina de França. Apesar de seu currículo escolar impressionar no papel — Metastásio ensinou-lhe italiano e Glück deu-lhe aulas de música — Maria Antônia continuava alegre, espirituosa e totalmente inculta, com exceção de um certo talento para a dança. O imperador Francisco, que era um amante das artes, gostava de ver os filhos se apresentando no palco, e os concertos e peças de teatro amador foram uma característica da vida da corte em Viena. Alguns dos ministros da imperatriz, e em particular o Lorde camareiro-mor, o austero conde Khevenhüller, consideravam que "havia um excesso de representações teatrais, canto, danças e roupas de luxo, o que podia terminar transformando Suas Altezas Imperiais em janotas afetados." A opinião geral era de que as crianças tinham sido estragadas com mimos. Todas elas, e Maria Antônia mais do que todas, adoravam andar de trenó no inverno, e se não houvesse neve suficiente em Schönbrunn, esta seria especialmente trazida do alto das montanhas. Tais extravagâncias tinham sido estimuladas por Estêvão Francisco, e Maria Theresa jamais teria tomado a iniciativa de se opor a qualquer desejo de seu falecido marido.

Em 1768, quando os planos para o casamento francês estavam para se materializar, a imperatriz, que até então mal havia notado os problemas de sua filha caçula, de repente se deu conta de suas deficiências. Seu francês, e até mesmo seu alemão, eram fracos; sua ortografia era atroz, sua caligrafia infantil e mal formada. Não que ela fosse burra — ao contrário, tinha inteligência rápida e era espirituosa, com um desejo de agradar e uma graça natural que haviam sido elogiados por ninguém menos do que madame Geoffrin, quando essa famosa *salonière* francesa passou por Viena, a caminho de uma visita ao rei da Polônia. Mas estas qualidades não eram suficientes para uma jovem que deveria enfrentar os olhos críticos dos cortesãos de Versalhes e se encontrar à altura da aprovação de um velho rei *blasé,* cuja primeira pergunta ao ouvir os relatórios de seu embaixador em Viena foi se a arquiduquesa tinha bons peitos. Ao que o marquês de Durfort respondeu que Sua Alteza Imperial era encantadoramente bela, mas ainda não tinha crescido inteiramente e era jovem, quase infantil em seus modos.

Havia muito a ser feito em muito pouco tempo. A coisa mais importante de todas era que Maria Antônia aperfeiçoasse seu francês, e a imperatriz considerava que não havia ninguém mais qualificado para ensinar à filha a língua de Racine e Molière do que dois atores franceses que por acaso estavam se apresentando em Viena na época. Mas houve um protesto horrorizado da corte da França à idéia da futura Delfina ter aulas com atores ambulantes. E Maria Theresa, que encarava os Habsburgo como sendo, sob todos os aspectos, tão grandiosos quanto os Bourbon, teve que esconder sua irritação e instruir seu embaixador, o conde Mercy d'Argenteau, para consultar o duque de Choiseul sobre a escolha de um eclesiástico adequado para cumprir as funções de tutor da jovem arquiduquesa. Outras questões vitais eram sua conduta e sua aparência. Mais uma vez Choiseul foi consultado e a irmã dele, a condessa de Grammont, mandou seu próprio cabeleireiro a Viena para pentear o cabelo louro avermelhado de Maria Antônia nos últimos estilos parisienses e, se possível, esconder a fronte alta e um tanto proeminente que comprometia o belo oval de seu rosto. Noverre, o mais famoso de todos os professores de dança franceses, foi convidado pela imperatriz para ensinar à menina os últimos minuetos, tal como eram dançados em Versalhes, e as várias mesuras e reverências decretadas pela etiqueta da corte — uma para o rei, outra para os príncipes do sangue, uma para um duque, outra para os mortais comuns. Em 15 de agosto, Festa da Assunção, de 1769, quando a imperatriz deu um baile em sua honra em Laxenburgo, Maria Antônia havia sido transformada de uma menininha alegre e travessa numa moça sofisticada que tinha uma palavra graciosa para cada um dos convidados de sua mãe.

Seu novo tutor, um abade de meia-idade que já estava meio apaixonado por ela, não fazia mais do que ecoar a opinião geral ao escrever: "Existem outros rostos mais belos e com traços mais regulares, mas duvido que em algum lugar se encontre um mais cheio de charme. Quem não a viu não pode fazer idéia da bondade, da doçura e ao mesmo tempo da alegria que se irradiam de seu rosto." Até mesmo suas imperfeições agradavam — o lábio inferior pesado dos Habsburgo transformava-se num biquinho bonito, numa boca que estava sempre pronta para sorrir.

A escolha do abade Vermond para um posto que viria colocá-lo em contato muito próximo com a futura rainha da França foi, em todos os sentidos, surpreendente. Era um homem de origem obscura, quase humilde, que devia seu progresso inteiramente ao patronato de Loménie de Brienne, arcebispo de Toulouse, amigo íntimo de Choiseul. No caráter e na moral era o oposto completo do cínico estadista e do ainda mais cínico prelado, pois era fundamentalmente honesto, uma qualidade que lhe valeu a confiança de Maria Theresa e a amizade de sua filha.

Pedantes e intolerantes por certo desaprovariam o abade, que era amigo dos filósofos, admirador de Voltaire, e cuja conversa, de tom leve e brincalhão, jamais sobrecarregava sua pupila com o peso dos dogmas e dos tratados religiosos. Ele se deu conta rapidamente de que a única maneira de prender a atenção de Maria Antônia era apelar para a sua imaginação, e lemos em um dos seus primeiros relatórios:

> Ela tem mais imaginação do que lhe atribuem. Infelizmente nenhum esforço jamais foi feito para educar sua mente, e uma certa preguiça e muita frivolidade tornam a minha tarefa mais difícil. Está disposta a ouvir quando um assunto lhe é claramente explicado, e tem muito bom julgamento. Mas não fará o menor esforço para expor uma idéia própria, apesar de eu sentir que ela seria perfeitamente capaz de fazê-lo.

Felizmente Vermond era um abade inteligente e encantador do século XVIII, que sabia transformar a lição mais aborrecida numa deliciosa *causerie* — as vidas das várias rainhas da França, a genealogia da Casa de Bourbon, os nomes e títulos das principais famílias se tornavam parte de uma brilhante tapeçaria, bordada para atrair uma criança cheia de imaginação. E não demorou muito até ele poder relatar com orgulho,

> Minha pequena arquiduquesa está começando a se interessar por assuntos militares. Tenho certeza de que logo após seu casamento ela conhecerá cada coronel pelo nome, e distinguirá cada regimento pela cor... Quanto a seu francês, este se aperfeiçoará tão logo ela se afaste da audição constante do alemão e, o que é ainda pior, do péssimo francês falado pela corte de Viena.

Deve ter sido uma experiência fascinante, para um abade provinciano francês, encontrar-se de repente na Viena dos Habsburgo. Suas raras visitas a Versalhes, esperando nas antecâmaras do todo-poderoso Choiseul, cercado por sicofantas e carreiristas, não o haviam preparado nem para a vida em família de Schönbrunn, nem para a etiqueta espanhola do Hofburgo — a curiosa mistura de *gemütlichkeit** e grandiosidade, onde a aristocracia vivia em suas propriedades rurais como soberanos semi-independentes. Em muitos casos eles eram tão ricos ou ainda mais ricos que os Habsburgo, mas ainda assim, em seus palácios da cidade, tinham de se conformar às leis do reino e, devido à escassez de acomodações, alugar quartos para os funcionários da corte. Havia a magnificência formal dos salões do Hofburgo, onde as jóias dos magnatas húngaros coruscavam com esplendor oriental, e as extravagantes festas de verão em Laxenburgo e Schönbrunn, contrastando com a simplicidade quase espartana das reuniões familiares íntimas, para as quais a imperatriz tinha a extrema amabilidade de convidar o tutor de sua filha. Aqui Vermond ficou conhecendo o imperador, de 25 anos, cujas opiniões progressistas colocavam-se em oposição direta às de sua mãe, que o pegava pelo braço e conversava com ele sobre literatura francesa e, quando fora dos ouvidos da imperatriz, professava admiração por Voltaire. Aqui ele conheceu o grande príncipe Kaunitz, um hipocondríaco mimado e cheio de vontades, que recebia a indulgência da imperatriz e o respeito do filho dela. Como principal arquiteto da aliança franco-austríaca, concebida numa época em que, como embaixador em Paris, ele conquistara a simpatia da marquesa de Pompadour, o príncipe Kaunitz estava pronto para ser amigável com o abade francês recomendado por Choiseul. Toda essa amabilidade por parte dos mais nobres daquela terra era aceita pelo abade como um tributo a sua posição e todas as suas energias eram dedicadas à tarefa de transformar uma arquiduquesa numa Delfina, ensinando-lhe a agir e a pensar como os franceses.

Sua influência sobre a rainha viria mais tarde a valer-lhe muitos inimigos em Versalhes, que iam desde a invejosa madame Campan, que gostaria de ver o marido no lugar dele, até os ga-

---

* Aconchego doméstico (N.T.).

nanciosos Polignac, melindrados por aquele abade inferior, que ousara criticá-los junto à rainha. Mas Maria Antônia nunca se desviou da afeição que demonstrou ter para com seu tutor, desde que sua mãe o apresentou ao círculo familiar em Schönbrunn.

Maria Antônia tornou-se Marie Antoinette. Ninguém mais tinha permissão para falar alemão em sua presença. Duas vezes por semana ela deveria tomar seu lugar à mesa de jogo da imperatriz, para aprender a jogar *cavagnole*, como então estava na moda, e duas vezes por semana o imperador, que até então pouco se dera conta da irmã caçula, vinha visitá-la nos seus aposentos para conversar sobre assuntos que se não viessem da boca de seu belo irmão a teriam aborrecido até as lágrimas, pois o que importavam a uma menina frívola as relações históricas entre a França e a Áustria e a balança do poder na Europa? O que poderia ela compreender da importância dos Países Baixos Austríacos, para os quais a aliança francesa significava paz após séculos de guerra? Mas José, que sabia ser extremamente frio e áspero com algum dos cortesãos de sua mãe, também sabia como fascinar e encantar. A adoração que ele inspirava como se fosse um herói, e que ela manteve até muito tempo depois de ter se tornado Rainha da França, data dessas visitas vespertinas em Schönbrunn.

Enquanto isso, tanto na França quanto na Áustria, advogados e diplomatas discutiam cada detalhe do contrato de casamento, professores eruditos pesquisavam arquivos históricos em busca de regras exatas de precedência seguidas em anteriores núpcias reais. Apesar do estado desolador de suas finanças, pois nenhum deles havia se recobrado dos efeitos da Guerra dos Sete Anos, ambos os países estavam determinados a superar um ao outro nos gastos com o que viria a ser o mais imponente de todos os casamentos reais. Maria Theresa destinou 400 mil ducados para o enxoval da filha, que deveria ser todo feito na França, com exceção das rendas de Bruxelas e Malines. Em outubro de 1769 foi determinada a restauração de todas as estradas pelas quais a arquiduquesa deveria passar, a caminho da França. Em Versalhes, o ministro de Obras, com seu colega dos *menus plaisirs*, mantinha consultas com o arquiteto Gabriel sobre o novo teatro de Versalhes, que deveria ser inaugurado com o banquete de núpcias, mas onde as obras estavam atrasadas devido à falta de dinheiro. Novos impostos teriam então que ser cobrados, para fornecer ao rei Luís os fundos suficientes não apenas para completar o teatro da ópera, mas para surpreender o mundo com o tamanho e a magnificência da escolta que deveria viajar metade da Europa para ir buscar uma noiva Habsburgo. Estimou-se que o cortejo de cavalos, carruagens — incluindo os dois coches nupciais, construídos por Francieu, o mais famoso construtor de carruagens da França —, guarda-costas e lacaios — que viriam a ser nada menos que 117, todos usando librés novas — custaria mais de 300 mil ducados.

Em 16 de abril de 1770, os embaixadores já estavam a caminho quando Maria Theresa, numa tentativa de última hora de preparar a filha para seus deveres como esposa e rainha, levou-a para dormir em seu próprio quarto, onde a moça cansada e nervosa teve que se submeter a contínuas homilias religiosas, intercaladas com conselhos íntimos baseados nas próprias experiências matrimoniais da imperatriz com um marido que fora famoso por sua energia sexual; conselhos pateticamente impróprios para o que aguardava a pobre Maria Antonieta em Versalhes.

Mas uma noiva real não tinha tempo nem para estados nervosos nem para temores, numa seqüência de cerimônias oficiais que culminava com a entrada pomposa do embaixador francês em Viena, quando toda a cidade viria às ruas saudar o brilhante cortejo, as 48 carruagens, cada qual puxada por seis cavalos brancos como neve; os esplêndidos guarda-costas em seus uniformes azuis bordados com flores de lis douradas, precedendo os coches nupciais estofados em cetim, com vidros faiscantes, entalhados e pintados com as coroas douradas da França e de Navarra. Naquela mesma noite, durante uma recepção no Hofburgo, Maria Antonieta recebeu das mãos do embaixador francês a primeira carta a ela endereçada por seu futuro noivo, enquanto a governanta da corte prendia em seu vestido de gala o camafeu com o retrato em miniatura do Delfim montado em diamantes. Era um retrato lisonjeiro, em que o artista cortesão fizera o melhor a seu alcance para acentuar a leve semelhança entre o Delfim e o seu belo avô: o mesmo nariz aquilino dos Bourbon; os mesmos olhos de pálpebras pesadas, que no rei eram profundos e azuis, e no neto, pálidos e míopes. Mas nenhum de seus defeitos eram visíveis numa miniatura suficientemente romantizada para estimular as ilusões de uma adolescente.

No dia seguinte, a arquiduquesa, seguindo as tradições da Casa de Habsburgo, teve que aparecer diante da imperatriz, do imperador e de todos os ministros reunidos, para renunciar solenemente a seus direitos hereditários tanto pelo lado materno quanto pelo paterno. À noite houve um baile de máscaras no palácio do Belvedere, para o qual o imperador José distribuiu três mil convites, e no qual Maria Antonieta surgiu tão graciosamente bela que o imperador disse à mãe na manhã seguinte que, se ela pudesse encontrar para ele uma princesa tão bonita quanto sua irmã, então ele poderia considerar a hipótese de voltar a se casar. Mas apesar da filha estar agora perfeitamente afinada em seu papel, e todos louvarem sua amabilidade e seu encanto, a imperatriz sabia que a garotinha frívola e irrefletida não estava de forma alguma preparada para a responsabilidade. Maria Theresa conseguira finalmente levar a cabo seu trabalho dos últimos anos para pôr fim de uma vez por todas aos planos de expansão da Prússia. Mas exatamente quando ela devia estar se sentindo satisfeita e em paz, estava infeliz e atemorizada. Foi vista chorando, quando, em 19 de abril, conduziu a filha até o altar-mor da igreja dos Agostinianos, para se casar por procuração com o Delfim francês, tendo seu irmão Ferdinando como representante do noivo. O núncio papal deu sua bênção e benzeu as alianças nupciais; o coro da igreja cantou um Te Deum, enquanto o estrondo de um canhão, uma salva de mosquetes e o repicar de todos os sinos da igreja anunciavam o jubiloso evento.

Dois dias depois, numa linda manhã de primavera, a menina de 14 anos disse adeus à mãe, que nunca mais voltaria a ver e, escoltada pelos embaixadores da França e da Áustria, e seguida por uma cavalgada de 340 corcéis, saiu dos bosques de Viena para o vale do Danúbio, até o grande mosteiro beneditino de Melk, onde o imperador estava à espera para recebê-la com todas as honras devidas a uma futura rainha da França.

CAPÍTULO 2

UM PAVILHÃO de madeira numa ilha desabitada do Reno, onde as águas se dividem em Kehl, era há vários meses um motivo de controvérsia entre os chefes de protocolo rivais da França e da Alemanha. Pois era ali que Maria Antonieta iria se despojar de sua identidade austríaca e ser transformada numa princesa francesa. Todos os esforços foram feitos para não ofender as suscetibilidades de cada uma das cortes. A única cujas suscetibilidades não foram levadas em conta foi a jovem noiva, que chegou a Kehl após uma exaustiva viagem de 12 dias Danúbio acima, através da Baviera, atravessando a Alemanha até o Reno, com cada príncipe e margrave disputando com o outro no esplendor de suas recepções. Os palácios rococós do sul da Alemanha, com seus tetos de estuque pintado, eram o cenário perfeito para a menina loura de olhos azuis, pele de porcelanan e um sorriso radiante, que respondia de forma tão calorosa à admiração das multidões. Em Munique, os Wittelsbach a hospedaram no Amalienburgo, o mais belo de todos os pavilhões no estilo Nymphenburgo; em Augsburgo ainda se podem ver os aposentos primorosamente pintados, decorados especialmente para sua visita pelo mestre-artesão da cidade.

Aqui, em Kehl, a pobre princesinha tinha que se desfazer de tudo que lhe lembrasse seu próprio país. O pavilhão consistia de cinco aposentos, dois dando para o leste, dois para oeste e, no meio, um grande salão onde se daria a cerimônia oficial de sua entrega a uma nova família. Os ricos burgueses da cidade sentiram orgulho de emprestar sua mobília mais grandiosa; magníficas tapeçarias Gobelin, do tesouro da igreja de Estrasburgo, cobriam as paredes, mas somente um jovem alemão chamado Wolfgang von Goethe, o qual, com um grupo de colegas estudantes, obtivera a permissão de visitar o pavilhão, observou que as tapeçarias soberbas retratavam o mais trágico e malfadado de todos os casamentos — a história de Jasão e Medéia — e, vendo isso com os olhos sensíveis de um poeta, sentiu uma premonição de desastre.

O tempo havia mudado. O sol, que até então acompanhara a noiva em sua jornada, transformara-se num frio inclemente, e o vento que soprava através das frestas da madeira gelava os aposentos em que Maria Antonieta tinha que se desfazer de seu vestuário austríaco. Tiritando, ela foi rapidamente trocada para as camisolas e anáguas bordadas de seu enxoval francês, as meias de seda de Lyons, os sapatos com fivelas de diamantes do sapateiro da corte de Versalhes. Os membros de sua comitiva austríaca, muitos dos quais ela conhecia desde a infância, aproximaram-se para dar-lhe um último adeus, em lágrimas. Nenhum deles, com exceção do príncipe Starhemberg, enviado extraordinário da imperatriz à corte da França, iria acompanhá-la além desta margem do Reno. Tão formalmente quanto num minueto, em que cada gesto foi cuidadosamente ensaiado, Maria Antonieta era agora entregue a seu novo país. O príncipe Starhemberg conduziu-a a um dossel elevado no salão central, diante do qual havia uma longa mesa representando a fronteira simbólica entre a França e a Alemanha. Aqui, esperando por ela, estavam os enviados franceses com os documentos oficiais ao qual ela apôs sua assinatura na letra redonda e infantil que sempre foi o desespero de sua mãe. As figuras familiares de sua juventude austríaca recuaram para o fundo e ela foi engolfada por um mundo de estrangeiros que começaram a fazer valer seus direitos e privilégios.

O conde de Noailles teve a honra de apresentar os membros de sua nova corte, em primeiro lugar sua esposa, que seria sua primeira dama de companhia, de olhos frios, lábios apertados, sem uma palavra ou gesto para tranqüilizar uma menina tímida, nervosa. Vieram, um após o outro, fidalgos e damas de companhia, cavalariços e pajens, oficiais de sua guarda pessoal, seguidos por todos os funcionários da cidade de Estrasburgo e do governador da Alsácia; até que a pequena Delfina, que até agora tivera um sorriso e uma palavra para todos, de repente sucumbiu e, banhada em lágrimas, atirou-se nos braços da escandalizada condessa de Noailles.

Não existe menção deste infeliz incidente nos relatórios enviados a Versalhes, e a falta de simpatia demonstrada por sua nova dama de companhia pode ter ajudado Maria Antonieta a recobrar o controle. Pois em uma hora ela já estava de novo sorridente e serena, pronta para enfrentar as multidões arrebatadas de Estrasburgo e a provação de uma recepção cívica em que um magistrado gentil, na esperança de fazer-lhe um agrado, dirigiu-se a ela em alemão, ao que ela com muito tato respondeu que a partir de agora não queria ouvir outra língua senão o francês, uma frase feliz que foi recebida com uma tempestade de aplausos.

Apesar das princesas reais serem educadas para a paciência e o autocontrole, é notável a disposição demonstrada por Maria Antonieta durante suas primeiras 24 horas na França. Como hóspede do cardeal de Rohan, um homem de 80 anos, alojada no palácio episcopal, ela teve de se submeter pela primeira vez ao que era conhecido como *"Le Grand Couvert"*: jantar sozinha, com toda a pompa, atendida pelos cavalheiros de seu séquito, enquanto os cidadãos mais importantes da cidade tinham o privilégio de ficar de pé vendo-a comer. Esta experiência enervante foi seguida por uma apresentação de gala no teatro e um baile a que compareceu toda a nobreza local, enquanto do lado de fora, nas ruas iluminadas, as fontes derramavam vinho e bois inteiros eram assados nas praças públicas. Vendo toda esta exibição de riqueza e abundância, e o entusiasmo da multidão, a nova Delfina não poderia acreditar que recentemente houvera sublevações nas ruas de Paris, onde o pão era vendido a preços de uma economia de fome.

Na manhã seguinte, Maria Antonieta assistiu à missa na catedral, onde foi recebida pelo coadjutor e sobrinho do cardeal, o príncipe Luís de Rohan, um jovem bonito e de aspecto um tanto efeminado, que envergava suas vestes sacerdotais como se fossem uma fantasia de carnaval. Em palavras calculadas para agradar à filha de Maria Theresa, ele louvou "a grande imperatriz, que há muitos anos é a admiração da Europa e será a glória da posteridade." Ninguém poderia prever que, em poucos anos, Luís de Rohan, como embaixador em Viena, despertaria séria inimizade na imperatriz e contribuiria para a queda de sua filha.

Em Nancy, onde Maria Antonieta rezou nos túmulos de seus ancestrais paternos da Lorena, ela viu-se novamente entre parentes e amigos. O povo, que ainda se lembrava de seu amado duque, deu-lhe as boas vindas mais como filha de seu pai do que como Delfina da França. Mas quando ela demonstrou aquilo que a condessa de Noailles considerou uma excessiva familiaridade para com seus primos da Lorena, foi-lhe lembrado com gentileza, mas com firmeza, que súditos do rei da França não poderiam ser encarados como seus iguais. A pequena Delfina encantou a todos com sua amabilidade natural, sua doçura para com as crianças que faziam fila na estrada carregando buquês de flores, o prazer sem afetação que sentia nas festas e mascaradas. Os relatórios que continuavam a chegar a Versalhes eram verdadeiros cânticos de louvor. Qualquer que pudesse ser a oposição na corte, o país como um todo estava pronto para receber a noiva austríaca, que vinha como um arauto de paz.

Até mesmo o rei Luís, que nos últimos meses vivia completamente tomado pela fascinação de sua mais recente amante, a notória condessa du Barry, e pelo espinhoso problema de convencer uma nobreza arrogante a aceitá-la na corte, começava a mostrar um certo interesse pela noiva de seu neto. Não tinha ilusões de que fosse um casamento popular, nem na corte nem em seu círculo familiar imediato, e que provavelmente não estaria acontecendo, não fosse a persistência de Choiseul. O falecido Delfim, seu filho mais velho, odiava o jactancioso ministro e sua esposa. Sua nora saxônia, a quem o rei amara tanto quanto a seus próprios filhos, ou talvez até mais, se opusera acrimoniosamente a um casamento austríaco. As princesas solteiras partilhavam do preconceito do irmão. O próprio rei lembrava-se de ter sido levado, aos cinco anos de idade, até o leito de morte de seu avô, quando o velho rei sussurrou-lhe sua última injunção: "Ame sua mulher e peça a Deus que lhe dê uma que lhe seja adequada, mas nunca uma austríaca." Agora Choiseul conseguira convencê-lo de que uma aliança austríaca significava paz e segurança para o futuro, e ele estava pronto para receber a filha de Maria Theresa como uma neta bem amada.

Na tarde de 14 de maio de 1770, o rei Luís deixou o castelo de Compiègne, acompanhado pelo neto e suas três filhas solteiras, indo ao encontro da noiva nos arredores da floresta. O sol de primavera brilhava sobre a cena brilhante do que deveria ser uma reunião íntima de família, mas que no momento da chegada da noiva já avultava a várias centenas de pessoas. Choiseul teve a honra de ir ao encontro da Delfina antes de sua chegada a Compiègne, e as primeiras palavras de Maria Antonieta ao receber o ministro foram de agradecimento por ele ter contribuído para sua boa sorte, ao que ele galantemente respondeu: "Madame, a boa sorte é da França".

Uma fanfarra de trompetes e clarins anunciou a aproximação da noiva. O rei desceu do seu coche com uma facilidade e uma agilidade que desmentiam seus 60 anos. Em constraste com sua graça e elegância, o Delfim de 16 anos representava um espetáculo lamentável. Seus movimentos eram lentos e desajeitados, e sua excessiva timidez parecia ter um efeito quase paralisante sobre suas reações. Enquanto os olhos de seu avô brilhavam de prazer à visão da menina linda que desceu com tanta suavidade da carruagem, correndo até ele para parar numa graciosa reverência a seus pés, o noivo observava tudo com um olhar frio e míope, e o abraço formal que deu em sua futura esposa esfriou até mesmo o otimismo de Maria Antonieta. Ela deve tê-lo achado lamentavelmente diverso do belo jovem da miniatura, em torno do qual ela tecera tantos sonhos infantis em sua longa jornada através da Europa.

Sentada no coche real, ao lado do rei, centro da atração de mil olhos, saudada por gritos e aplausos espontâneos, tais como o rei Luís não ouvia há muito anos, Maria Antonieta estava pronta para amar tanto sua nova família quanto seu novo país. Ela não sabia que os próprios cortesãos que a receberam com semelhante entusiasmo, as tias que a abraçaram com tamanho afeto, eram os mesmos que apenas um ano antes haviam cabalado contra o casamento austríaco, e que sua mudança de ânimo se devia apenas ao ódio que tinham a madame du Barry e ao medo de que sua crescente ascendência sobre o velho rei pudesse minar ainda mais uma monarquia já desacreditada. A chegada de uma bela e jovem Delfina a uma corte onde nos últimos cem anos as rainhas não foram mais do que sombras, a óbvia satisfação do rei com sua nova neta, trouxeram uma nova esperança àqueles que ainda acreditavam que Luís XV fosse capaz de dominar suas paixões e se lembrar de seus deveres como rei. Esta menina de 14 anos viria a ser o principal peão das intrigas de uma corte que queria se livrar de madame du Barry, na esperança de que sua ingênua tagarelice infantil e sua inocente alegria pudessem agir como um antídoto contra os estratagemas e talentos eróticos da mais consumada das cortesãs.

Esperando por ela no castelo de Compiègne estavam os primos reais, os assim chamados príncipes do sangue. Era tempo de recordar as elaboradas reverências ensinadas a ela por Noverre, as aulas de etiqueta dadas por madame de Noailles, pois o mais leve erro ofenderia irrevogavelmente aqueles que estavam ávidos para descobrir falhas na noiva Habsburgo. O primeiro na ordem de precedência era o duque de Orleáns, com o filho recém-casado, o duque de Chartres, um jovem alto e bonito, com um aspecto dissoluto e olhos atrevidos, apreciadores. Em seguida vinham os príncipes de Condé e Conti com seus filhos, e o duque de Penthiève, com sua nora, a princesa de Lamballe, loura e frágil, que enviuvara aos 18 anos de um marido que falecera vítima de seus próprios excessos. Ela era o único rosto gentil e amigável entre todos aqueles frios Bourbon, divididos em seus ciúmes de família, invejosos dos privilégios uns dos outros, não obstante unidos em seu desapreço pelo casamento austríaco.

Mal eles se foram e o grupo real partiu para La Muette, o castelo nas cercanias de Paris, à margem do Bois de Boulogne, onde, de acordo com a tradição, as noivas reais da França passavam a noite anterior ao casamento. Tudo que resta hoje daquele que deve ter sido o mais encantador de todos os palácios de verão são as paredes nuas de um edifício municipal numa rua movimentada de Passy.

No caminho para La Muette ficava o convento carmelita de St Denis, onde Maria Antonieta iria conhecer a filha mais jovem do rei, que no mês anterior causara consternação na corte tornando-se freira carmelita. A opinião geral era a de que ela tomara os votos a fim de expiar os pecados do pai. O rei, que ficou constrangido mas também emocionado, respeitou sua decisão e visitava regularmente o convento, fazendo gordas doações de sua própria bolsa. Mas a Delfina, que visitara na companhia de sua piedosa mãe muitos conventos e santuários, e conhecera várias abadessas valorosas, não encontrou nada da doçura e resignação dessas últimas na figura da irmã Teresa des Augustins, a qual, envergando o hábito de freira carmelita, ainda demonstrava a arrogância de uma princesa de Bourbon.

A noite já caía quando Maria Antonieta chegou a La Muette, que seria uma de suas residências de verão preferidas nos próximos

19 anos, menor e mais íntima do que Choisy ou Marly, permitindo-lhe maior liberdade que Compiègne ou Fontainebleau. Aqui, expostos em seus apartamentos, estavam os reais presentes de núpcias, o presente pessoal do rei, uma magnífica placa de diamantes, bem como as jóias que tinham pertencido à falecida Delfina. Maria Antonieta foi a última a perceber o ar sombrio que cobriu o rosto do noivo quando ela colocou pela primeira vez as pérolas que pertenceram à sua amada mãe. Luís Augusto — ela mal havia aprendido o nome dele — passara o dia todo a seu lado, sem lhe dirigir uma única palavra, enquanto seus dois irmãos mais jovens, o conde de Provence e o conde d'Artois, demonstraram ser ambos amáveis e faladores. O que mais agradou a Maria Antonieta, porém, foi que o embaixador da imperatriz estava à sua espera em La Muette, com uma carta de sua mãe.

O conde Mercy d'Argenteau, cujas cartas para Viena nos ajudam a reconstruir cada detalhe dos primeiros anos de Maria Antonieta na França, era um típico produto do Sacro Império Romano: natural de Liège, mas ainda assim apaixonadamente devotado a sua imperatriz austríaca; um apto discípulo do príncipe Kaunitz, que esperava fazer dele seu sucessor, mas percebeu-o ligado demais à França e a sua soberana parisiense para vir a se transferir para Viena. Este diplomata de meia-idade, a quem Maria Theresa agora indicava como guia e mentor de sua jovem filha, viria a se desincumbir dessa missão com tato e zelo, jamais hesitando quando a imperatriz acrescentava aos seus deveres o desagradável encargo de espião. Nos anos que se seguiram, cada palavra e ação da Delfina seriam fielmente relatados a sua mãe em Viena, e Maria Antonieta era ingênua demais para suspeitar que este embaixador paternal e fascinante observava cada falta e registrava cada queixa, quer ela negligenciasse seus deveres religiosos, quer deixasse de usar seu espartilho. Pois aos 14 anos a futura rainha da moda ainda conservava alguns traços da menina travessa e descuidada com a aparência e que, de acordo com madame de Noailles, nem sempre escovava os dentes.

Mas nessa noite Mercy tinha questões mais importantes com que se ocupar. Circulava em Versalhes o rumor de que o rei tinha a intenção de incluir madame du Barry entre os convidados à ceia festiva em família, em La Muette. A princípio ninguém conseguia acreditar que Luís XV pudesse ultrajar a opinião pública a ponto de incluir a ex-Jeanne Bécu, uma garota criada nas ruas de Paris, e mais tarde anfitriã em um dos mais notórios antros de jogatina da cidade, para cear à mesa real na mais exclusiva de todas as festividades das bodas, para a qual apenas 40 damas, portadoras dos nomes mais importantes da França, haviam sido convidadas. Mas gradualmente os rumores se transformaram num fato, pondo fim à curta esperança de que a chegada da Delfina significaria uma nova era para a França. Mais uma vez o rei Luís recusou-se a permitir que tanto a corte quanto a família questionassem suas ações. Rei desde os cinco anos de idade, ele nunca teve qualquer critério para levar em consideração outros desejos que não os seus próprios. No entanto, no fundo de seu coração, ninguém desprezava mais a sua corte do que o próprio Luís, pois já fora ouvido dizendo que não sabia como um homem decente podia nela sobreviver. Mas ao mesmo tempo ele era tão fraco, tão obcecado por sua paixão física por madame du Barry que, para agradá-la, estava pronto a insultar tanto sua família quanto sua corte, convidando-a deliberadamente para uma ocasião em que a primeira aparição oficial da nova Delfina obrigaria tanto suas filhas quanto as damas da família real a controlar sua indignação.

Em sua carta a Maria Antonieta a imperatriz escrevera com tanta admiração e afeto a respeito do rei Luís, dando-o como "um pai cheio de ternura, que, se você fizer por merecê-lo, se tornará seu confidente e amigo", que até mesmo um experiente diplomata como Mercy sentiu um certo constrangimento ao ter que explicar a situação a alguém tão inocente quanto a Delfina. Ele deve ter sentido que desta vez a insinceridade de sua imperatriz foi tamanha que a desilusão da filha seria bem maior quando ela finalmente descobrisse a verdade. A decisão do rei não deixou outra escolha ao diplomata, senão esclarecer Maria Antonieta a respeito daquilo que a mãe preferira ignorar.

Entre os últimos convidados a chegar, na mais grandiosa e ostentosa de todas as carruagens, coruscando de diamantes, triunfalmente bela, estava madame du Barry. Os anos vividos na intimidade de alguns dos homens mais brilhantes da França a haviam preparado para aquela noite. Tanto suas maneiras quanto seu porte eram impecáveis. Por fora, ela parecia tão indiferente à grosseria das mulheres quanto aos olhares de admiração dos homens. Sentada à mão direita do rei, a Delfina notou como o rosto dele se iluminou à visão da mulher sentada no extremo oposto da mesa, e perguntou-lhe sem constrangimentos qual o nome da dama. "A condessa du Barry", respondeu ele, sem mostrar qualquer sinal de raiva ou constrangimento, falando numa voz leve e quase indiferente. Maria Antonieta observou: "Ela é muito bonita". Mercy já lhe tinha dado as primeiras aulas de diplomacia.

CAPÍTULO 3

NA MANHÃ SEGUINTE, Maria Antonieta já se esquecera de madame du Barry, pois aquele dia lhe pertencia, e somente a ela. Toda Paris convergira para os caminhos que levavam a Versalhes, deixando para trás uma cidade deserta. Quem quer que conseguisse encontrar uma carruagem, um cavalo ou uma carroça estava a caminho das bodas reais. As carruagens estavam sendo alugadas à soma astronômica de três luíses por dia; um cavalo não saía por menos de dois luíses. Seis mil ingressos foram emitidos para aqueles que tinham o privilégio de entrar no palácio, para assistir à procissão nupcial. Mas milhares de outros vieram para acampar nos pátios e nos jardins, que por hoje estavam abertos ao público.

Em uma de suas cartas à filha, Maria Theresa escreveu: "Se depende de uma posição importante no mundo, então você é a mais afortunada de todas as suas irmãs e de todas as princesas da Europa." Maria Antonieta deve ter achado que isso era mesmo verdade quando viu Versalhes pela primeira vez, rósea e dourada, brilhando ao sol, um poema épico em pedra dedicado à glória de um homem. Até mesmo para uma moça criada em palácios, Versalhes inspirava ao mesmo tempo admiração e temor. Schönbrunn, com seus 1.100 aposentos, o Hofburgo de Viena, crescendo lentamente através dos séculos no coração da velha cidade, tornavam-se insignificantes ao lado do arrogante esplendor de Versalhes: um mundo isolado de privilégios e pompa, no qual o mais ilustre dos cortesãos estava disposto a desempenhar as tarefas mais servis, se isso o levasse à presença do rei, e duquesas brigavam pela honra de ficarem sentadas durante horas em bancos duros na antecâmara real.

O castelo de Schönbrunn: o palácio de verão de Maria Theresa, onde seus filhos passaram uma infância feliz e despreocupada.

Versalhes, o mais grandioso palácio da Europa.

O retrato da arquiduquesa Maria Antônia aos 14 anos, pintado para o rei da França.

Madame du Barry, a fascinante cortesã, nascida do povo, por quem Luís XV se apaixonou em seus últimos anos e que contribuiu para o declínio da monarquia.

O conde Mercy d'Argenteau,embaixador de Maria Theresa na corte francesa. Foi indicado para ser mentor de sua filha e, ao mesmo tempo, espião da imperatriz.

Luís XVI. Um rei fraco e bem-intencionado, que amava seu povo.

O imperador José II da Áustria, irmão mais velho de Maria Antonieta.

O conde Axel Fersen, conhecido como "le beau Fersen" (o belo Fersen), quando chegou à França, aos 18 anos de idade, e conheceu Maria Antonieta no baile da ópera.

Jeane de la Motte Valois, filha ilegítima de uma empregada bêbada e descendente degenerada dos reis Valois, conseguiu perpetrar uma das fraudes mais gigantescas da história.

A bela Yolande Gabrielle de Polignac, que suplantou a princesa de Lamballe no afeto da rainha. Seu dinheiro, sua cobiça e suas extravagâncias a tornaram uma das mulheres mais odiadas de todo o país.

Pierre Augustin Caron de Beaumarchais, criador do imortal *Fígaro*, o pássaro-falante que anunciou a Revolução.

O templo do amor, nos jardins do Trianon, domínio pessoal da rainha, onde até mesmo o rei só ia a seu convite.

Marie Thérèse Charlotte (Madame Royale), com o irmão, o Delfim mais velho, que morreu em 1789. (Pintura de Vigée Le Brun.)

Maria Antonieta, rainha da França, em traje de gala e com um dos penteados altos que sua mãe desaprovava.

Maria Antonieta, usando um dos vestidos mais sóbrios, de veludo escuro e seda, que adotou após o nascimento dos filhos. (Pintura de Vigée Le Brun.)

A tomada da Bastilha e a prisão do governador de Launay. Este evento sangrento foi saudado como um golpe glorioso pela liberdade e celebrado, nos anos posteriores, como o começo da Revolução.

Gilbert de Lafayette, que pretendeu liderar a Revolução, fracassou em sua tentativa de tornar-se o Washington da França.

Victor Requeti, conde e, depois, marquês de Mirabeau, o mais consagrado orador de sua época, aristocrata renegado que se tornou líder do terceiro estado e mais tarde tentou salvar a monarquia.

Maria Antonieta, pintada por Kucharski em 1790, como deve ter sido vista por Barnave quando este a acompanhou de Varennes a Paris.

Esboço a bico-de-pena, por David, de Maria Antonieta a caminho da guilhotina. Ela olha para a frente, com os lábios Habsburgo, que um dia formaram um biquinho gracioso, fechados num ar de profundo desprezo.

"Eu apelo às mulheres da França." Maria Antonieta, em seu julgamento, respondendo às acusações de incesto feitas por Hébert.

Todo este mundo artificial agora girava em torno da menina de 14 anos que passou pelos portões dourados de Versalhes no dia do seu casamento, 16 de maio de 1770. O rei e o Delfim, que deixaram La Muette nas primeiras horas da manhã, esperavam para recebê-la com as duas cunhadas de Maria Antonieta, Mesdames Clotilde e Elisabete, crianças pouco mais jovens que ela própria, e ainda confinadas à sala de aula. Em seus apartamentos estavam suas damas de companhia, que lhe haviam sido apresentadas em Estrasburgo, bem como as criadas, os chapeleiros, os cabeleireiros, todos prontos para prepará-la para as bodas, enquanto madame de Noailles reservava-se a honra de dar os toques finais nas imensas saias de brocado branco com anquinhas e do longo véu de tela de prata, que seria carregado por um dos pajens do rei.

Mas Maria Antonieta não parecia nem hesitante nem intimidada ao tomar seu lugar à frente do cortejo que, começando nos apartamentos do rei, passava pela Galeria dos Espelhos e atravessava os salões nobres, até finalmente chegar à capela real. Um murmúrio de admiração perpassou a multidão de espectadores quando ela aproximou-se deles, com seu andar leve e gracioso, a cabeça orgulhosamente erguida, os olhos azuis brilhantes, a boca saliente aberta numa sorriso. Com um imperceptível toque de ruge em sua compleição brilhante, o cabelo louro apenas levemente empoado, ela parecia tão jovem e frágil, ainda tão intocada pela vida, que até mesmo o rei Luís sentiu uma compaixão passageira por aquela menina bonita que se tornaria a esposa de seu neto rude e pesadão — alguém que, em sua opinião "não era como os outros homens". Teria sido culpa do falecido Delfim, que antes de morrer escolheu o frio e hipócrita duque de la Vauguyon como tutor de seu filho? Quando seus pais morreram, o menino solitário, que pouco tinha em comum com seus irmãos mais novos, voltou sua afeição para as tias, mas quatro mulheres na meia-idade dificilmente estariam em posição de iniciar um garoto retraído nas alegrias do matrimônio.

Devia haver uma grande quantidade de mulheres na corte loucas para completar a educação do Delfim. Mas ele se mostrara tão cego aos seus atrativos quanto agora parecia indiferente a sua fascinante noiva. Sua esplêndida casaca de tela de ouro, incrustada de diamantes, só servia para enfatizar sua figura espessa e desgraciosa; o colar do Espírito Santo, repleto de pedras preciosas, destacava seu pescoço curto e grosso. Até mesmo os cortesãos desprezavam esse príncipe Bourbon de movimentos tão desajeitados, que não sabia nem como segurar a espada.

Luís Augusto e Maria Antonieta, dois estranhos que até agora não tinham trocado mais que umas poucas palavras, ajoelharam-se diante do altar-mor da magnífica capela real dedicada pelo Rei Sol a Deus e a si mesmo. O arcebispo de Rheims, grão-esmoler da França, oficiou a cerimônia, abençoando o casal e ungindo as alianças de ouro que o Delfim, com sua falta de jeito, quase deixou cair. Em seguida veio a assinatura do contrato matrimonial, quando, de acordo com uma antiga tradição, um humilde *curé* da igreja de Versalhes apresentou ao rei o registro que ele e os membros imediatos de sua família deviam assinar. A assinatura de Maria Antonieta ainda pode ser vista, com sua caligrafia irregular, inclinada, e manchada por um borrão de tinta, o único sinal de nervosismo que ela deixou escapar em todo aquele dia, no qual não pôde ter nem uma hora para descansar entre uma cerimônia exaustiva e a outra.

As festividades oficiais foram abertas às seis horas e continuariam durante nove dias. O primeiro destes entretenimentos foi o jogo de cartas real, no qual a recém-casada tinha que tomar seu lugar ao lado do rei numa mesa redonda verde colocada na Galeria dos Espelhos. Imensas multidões, por trás de uma balaustrada de mármore, passavam numa fila longa e respeitosa. Guiados pelos guardas suíços, não tinham mais do que alguns segundos para olhar reverentemente a família real dedicando-se aos jogos de *lansquenet* e *cavagnole,* jogos tão aborrecidos que são criticados por Voltaire em um de seus mais célebres programas:

On croirait que le jeu console,
Mais l'ennui vient à pas comptés
A la table d'un cavagnole
*S'asseoir entre deux majestés.**

Assim deve ter parecido a uma menina de 14 anos que gostaria de estar lá fora, nos jardins, onde havia diversão e dança junto às fontes. Os raios do sol poente filtravam-se pelas janelas, refletindo-se nas paredes espelhadas, destacando as rugas nos rostos cansa-

* Dir-se-ia que o jogo consola,/Mas o tédio são favas contadas/Se, à mesa de cavanhola,/Entre dois reis se está sentada. (N.T.)

dos e cheios de ruge dos velhos cortesãos. A noiva e o noivo mal podiam conter os bocejos, mas ainda havia pelo menos duas horas a serem suportadas, até o momento do banquete de núpcias.

Em Viena, os casamentos dos irmãos e irmãs de Maria Antonieta foram ocasiões felizes, despreocupadas, em que a família imperial juntou-se ao povo no júbilo generalizado. Mas aqui, em Versalhes, os reis Bourbon permaneciam invioláveis e distantes, longe do alcance das mãos de seus súditos, mas constantemente aos olhos do público, quer estivessem se vestindo, comendo, jogando cartas ou assistindo à missa. Em seus 19 anos de Versalhes, Maria Antonieta não conseguiria nunca se acostumar à imposição do *Grand Couvert,* quando, em certos dias, não apenas aqueles que tinham *entrée* na corte, mas qualquer estrangeiro de distinção poderia satisfazer sua curiosidade e observar a família real jantando.

Era característico de Versalhes que o banquete de núpcias tivesse por cenário o novo teatro encomendado a Gabriel — um espetáculo tão teatral, em todos os seus aspectos, quanto qualquer *performance* da corte. De todas as obras recentes executadas em Versalhes, a reconstrução do teatro de Gabriel foi a mais bem-sucedida e pode ser vista ainda hoje em toda a sua beleza requintada, com cada detalhe fielmente reproduzido, desde os dourados das esculturas de Payous, até os adamascados e os veludos brocados, tecidos em Lyons. Aqui, em toda a sua graça e elegância, se encontra a quintessência mesma do rococó, a última florescência do antigo regime, um tributo do rei Luís à noiva austríaca que se tornaria rainha da França.

Somente os membros imediatos da família real, em número de 22, tomaram parte do banquete que foi servido sobre um palco, enquanto seus cortesãos mais favorecidos podiam observar da galeria e dos camarotes, tendo que satisfazer seu apetite com docinhos e refrescos, enquanto os aromas deliciosos de um banquete luculiano subia até seus narizes. O resto dos convidados se acotovelava e brigava por um lugar na platéia lotada, arruinando suas roupas de gala e esmagando suas plumas. Menos feliz ainda era o povo do lado de fora, no jardim, pois uma repentina chuva pôs todos para correr em busca de abrigo, nos pátios, onde subjugaram os guardas e invadiram alguns dos salões inferiores. Os fogos de artifício que deveriam coroar as festividades tiveram que ser adiados e a noite terminou com as multidões famintas e desapontadas, exaustas e molhadas até os ossos, se esfalfando para voltar a Paris. Mas nenhum eco dessa tempestade penetrou no teatro onde, com um autêntico apetite Bourbon, os príncipes do sangue real fizeram ampla justiça às iguarias gastronômicas preparadas pelos maiores *chefs* da França. Somente a Delfina não pensava em comida, enquanto olhava em torno, maravilhada e deliciada. Seu marido, ao contrário, devotou-se aos prazeres da mesa, parecendo feliz e contente pela primeira vez naquele dia, até que o rei lembrou-lhe, com um sorriso indulgente: "Devagar, meu filho, você tem trabalho para fazer esta noite", ao que veio a famosa resposta: "Eu sempre durmo melhor depois de uma boa refeição." Quando a refeição finalmente terminou, os príncipes, empanturrados e corados com o vinho, puseram-se de pé com dificuldade, e seguiram o rei na procissão até a câmara nupcial, onde ninguém tinha a permissão de entrar antes que o arcebispo de Rheims espargisse os lençóis com água benta. O próprio rei entregou ao neto sua camisa de dormir bordada, e a recém-casada duquesa de Chartres ajudou a Delfina com sua camisola. As cortinas da imensa cama com baldaquino foram fechadas e em seguida reabertas, revelando o jovem casal sentado na cama, e com toda a devida cerimônia o rei e sua corte lhes desejaram boa-noite.

Por mais jovem que ela fosse, por menos iniciada, este deve ter sido o momento em que Maria Antonieta esperou por alguma demonstração de afeto, um beijo amoroso ou um abraço caloroso. O corpo suado em sua cama, que em poucos segundos dormia a sono solto, era muito diferente daquilo que sua mãe a fez esperar. Numa carta inspirada pelas memórias sentimentais de seu amado Estêvão Francisco, a imperatriz escreveu: "Nada direi sobre o Delfim. Você sabe como sou delicada sobre esses assuntos. Uma mulher deve ser em tudo obediente ao marido e não ter outro pensamento senão o de agradá-lo e satisfazer seus desejos. A única felicidade verdadeira neste mundo é um casamento bem-sucedido. Sei do que estou falando. Tudo depende da mulher, se ela tem boa vontade, se é amorosa e divertida." Deitada no lado que lhe cabia na grande cama dupla, Maria Antonieta deve ter se perguntado como a mãe reagiria a alguém tão frio e reservado como Luís Augusto. Mas não demorou muito para ela também cair no sono, naquele sono pesado e sem sonhos da infância. Quando acordou, fazia um dia brilhante de verão, seu marido já tinha saído e lá estava apenas madame de Noailles, com seu sorriso de lábios apertados, perguntando cheia de deferência se ela tinha dormido bem. Mal tinha se levantado e as criadas, rodopiando alvoroçadas em torno de sua cama, já contavam a não importa qual embaixador que lhes tivesse dado dinheiro, que os lençóis nupciais não estavam manchados. Por volta do meio-dia a notícia já circulava no "Oeil de Boeuf", e em sua recepção matinal Luís Augusto já podia sentir os comentários maliciosos que seus cortesãos sussurravam.

Enquanto os cavalheiros prestavam homenagem ao Delfim, as damas, precedidas pelas princesas reais, invadiam os apartamentos da Delfina para sua primeira recepção matinal. Situado no andar térreo, dando para os pátios internos, os aposentos que haviam deixado satisfeita a modesta rainha da Polônia devem ter parecido muito escuros e exíguos a uma menina habituada aos espaços amplos e arejados de Schönbrunn. Aqui as portas eram tão estreitas que as damas, com suas enormes anquinhas, mal podiam passar e freqüentemente desmaiavam com o calor. Na saída, a confusão era tão grande que muitas costumavam se perder no labirinto de corredores e pátios.

Após *le grand lever,* veio a missa do meio-dia, seguida pelo divertimento oficial do dia, *Perseus,* de Lully, uma ópera de duração interminável e chateação indizível, apesar dos esforços para animá-la com balés e *divertissements.* Criada para a corte formal do Rei Sol, essa ópera não servia em absoluto aos gostos mais frívolos de seu sucessor. O rei parecia aborrecido, as damas bocejavam por trás dos leques e a pobre Delfina estava murcha de cansaço. Não houve corte no dia seguinte e o abade Vermond, que chegara a Versalhes após ter viajado de Estrasburgo às suas próprias custas, fornece uma patética narrativa da menina casada há apenas três dias, sozinha em seus apartamentos, tendo madame de Noailles como companhia, enquanto o Delfim ia caçar com o rei. Antes de sair, ele fez uma visita perfunctória à esposa, para perguntar como ela havia dormido. Mas Maria Antonieta mal acabara de responder e ele já tinha ido embora. E a moça, que em casa tinha tantos irmãos e irmãs para brincar, agora tinha que fazer suas refeições sozinha, observada pelos cortesãos curiosos, alguns dos quais foram ouvidos murmurando: "É muito cedo para ser deixada sozinha". O abade mostrou comiseração: "Madame La Dauphine se diverte com seu cachorrinho, que pode servir para distraí-la pelo momento. Mas depois recai no devaneio e faz um ar tão triste que quase me parte o coração".

Seu ânimo reviveu com a visita do embaixador de sua mãe. Mercy era um diplomata completo, que sabia como encantar e divertir, e deve ter aproveitado a oportunidade para esclarecer Maria Antonieta sobre a situação política da corte francesa e o motivo para o estranho comportamento do Delfim. Desde a infância Luís Augusto crescera com ódio de Choiseul, o ministro todo-poderoso que sempre manteve o pai dele em segundo plano, não lhe permitindo participar do governo. Após a morte de seus pais, seus tutores e suas tias fizeram tudo para manter esse ódio vivo. O último desejo da mãe dele fora que ele se casasse com uma princesa saxônia. E aos olhos de Luís Augusto o casamento austríaco representava o triunfo de Choiseul. Maria Antonieta, com sua frivolidade e seu charme, sua feminilidade essencial, era tudo que seus mestres jesuítas lhe haviam ensinado a não confiar e a temer. Seria preciso tempo e prática, para vencer sua reserva e subjugar seus preconceitos. Enquanto isso, a coisa mais importante era ganhar a afeição do rei e convencê-lo a despedir o duque de La Vauguyon, que, enquanto permanecesse ligado ao Delfim, o influenciaria contra ela.

Maria Antonieta, que tinha um temperamento bem disposto e alegre, e era muito segura de seus poderes para agradar, nunca pôs em dúvida sua capacidade de conquistar o amor do marido. Mercy tinha menos esperanças. Havia rumores correndo pelo Oeil de Boeuf de que o Delfim tinha um defeito físico. Seu colega espanhol, o marquês d'Aranda, estava particularmente bem informado sobre o assunto e cheio de detalhes clínicos, que, pelo momento, Mercy preferiu ignorar. Ele tinha problemas suficientes para tratar. Naquele dia mesmo sua querida imperatriz havia, inadvertidamente, mexido num ninho de vespas ao pedir, como um favor do rei, que os parentes de seu marido, os príncipes da Lorena, tivessem precedência no baile da corte no dia seguinte. Que aqueles aos quais todos se referiam em Versalhes com desconfiança como *"les princes étrangers"* tivessem a presunção de assumir precedência sobre os duques e pares da França, era algo que ultrajava as famílias de antiga descendência como os Rohan e os Mortemart. Enquanto Maria Antonieta permanecia em seus apartamentos, em feliz ignorância do que estava acontecendo lá fora, o resto de Versalhes se encontrava num estado de motim. Grandes damas afirmavam que preferiam perder o baile do que seguir uma mademoiselle de Lorena num minueto. A questão chegou ao auge quando uma carta de protesto foi enviada ao rei, o qual, irritado e constrangido, admitiu que o pedido lhe chegara de Viena e conclamou a lealdade e a afeição de seus súditos para apoiar sua decisão de, nesta única ocasião, dar precedência aos parentes da noiva.

Nenhuma de suas damas e nem mesmo Mercy relatou a Maria Antonieta a falta de tato de sua mãe, que lançou uma nuvem sobre aquela que devia ser a mais brilhante de todas as festividades. Nunca, desde os grandes dias do Rei Sol, Versalhes vira um baile tão extravagante. Somas enormes foram gastas para transformar o teatro, por uma só noite, num salão de baile com decoração em ouro e prata representando os lírios da França e as águias da Áustria com golfinhos saltitando em meio a cupidos. Apenas quinze casais foram escolhidos para dançar os formais *bals parés,* em que o Delfim e a Delfina puxavam um minueto, observados pela corte inteira, ela leve e delicada como um bibelô de Sèvres, ele subjugado pela timidez, lutando o melhor que podia contra os passos complicados. Entre os que foram escolhidos para dançar estava mademoiselle de Lorena, cuja presença inocente era responsável por várias ausências. Somente Maria Antonieta, que se divertia com cada minuto do baile, permanecia em feliz inconsciência de todas as brigas e dissensões,e até mesmo seus críticos não tinham senão elogios para a graça impecável que ela demonstrou numa quadrilha alemã, acompanhada pelo jovem duque de Chartres, em que ambos dançaram com tanta verve e espírito que chegaram a trazer um sorriso aos lábios do velho rei.

Muito longe da formalidade e do protocolo do baile de gala ficava o *bal champêtre,* realizado no jardim, onde mais de 200 mil pessoas vindas de Paris e das aldeias adjacentes puderam ver os fogos de artifício, que foram ainda mais grandiosos do que aqueles estragados pela chuva na noite das núpcias. Os imensos jardins foram abertos ao público. Houve dança nos gramados e os músicos tocavam em barcos no Grand Canal. Havia orquestras em cada arvoredo, e a companhia de palhaços e malabaristas do rei espalhava o riso entre as multidões. Após os fogos de artifício vieram os efeitos de iluminação, com as efígies do casal real brilhando no céu de verão e um templo dedicado ao Deus Sol ardendo em chamas sobre o Grand Canal. Cento e sessenta mil lanternas chinesas refletiam suas luzes em buquês de luz nos lagos e nas fontes, formando longas fitas luminosas sobre as águas. À medida que a noite prosseguia, os cortesãos descambavam para os jardins, para flertar e fofocar nas sombras. Somente a Delfina, que teria adorado juntar-se àquele divertimento, teve de se contentar em ficar de pé ao lado do rei e ver os fogos de artifício de uma janela na Galeria dos Espelhos. O rei Luís, que sofria de hipocondria, achava que o ar da noite poderia fazer-lhe mal à saúde. Não parava de dizer a madame de Noailles que "a Delfina não deve de forma nenhuma se cansar", e Maria Antonieta começou a achar que sua principal dama de companhia era mais governanta do que todas as governantas que ela conhecera em criança.

A mais deliciosa de todas essas festividades nupciais foi o baile de máscaras dado nos apartamentos reais, em que a mais rígida e formal das cortes deixou de lado todas as regras de protocolo, permitindo a entrada de qualquer um que estivesse usando um dominó e uma máscara. A única medida de controle tomada nos portões foi escolher uma pessoa em cada grupo para ser desmascarada e estabelecer sua identidade. A Delfina estava começando a saborear a diversão do baile de máscaras, a excitação e a mistificação, o prazer de dançar sem ser reconhecida, de abordar qualquer estranho bonito, quando, por ordem do rei, teve que se retirar ao bater a meia-noite.

Luís Augusto, que não sentia prazer nenhum em bailes de máscaras nem em *bals parés,* era sempre o primeiro a sair. A única parte das festividades que ele apreciava era o programa clássico, representado no novo teatro pelos maiores atores do Théâtre Français. Racine era seu dramaturgo preferido e ele sabia *Athalie* inteira de cor. Mas, para sua frívola mulherzinha austríaca, esse osso era duro de roer. Muitos anos teriam que se passar até ela conseguir apreciar as cadências do verso francês e se tornar uma patrona do teatro dotada de discernimento.

Nesse ano, o festival de primavera que acontecia em Paris no último dia de maio seria ainda mais brilhante do que de costume. Para celebrar o casamento haveria orquestras e fontes de vinho, com distribuição de pão e carne em todos os bairros pobres da cidade. O centro das atenções seria a praça Luís XV onde, da colunata recentemente terminada, os convidados privilegiados da cidade de Paris poderiam ver os fogos de artifício de Ruggièri, sobre o rio. Nem o rei, que estava em maus termos com as autoridades da cidade, nem o Delfim, planejavam estar presentes, mas a Delfina devia chegar acompanhada das tias do marido, ao cair da noite, bem a tempo para as iluminações. As honras da noite ficaram com a família Orléans, cujos jardins no Palais Royal foram abertos para o público, enquanto a duquesa de Chartres, como rainha do festival, deu o sinal para o começo dos fogos de artifício. Mas todas essas brilhantes festividades deveriam terminar em tragédia.

Cinqüenta anos depois, já velho, Felipe de Ségur ainda se lembrava do horror de uma noite que começou tão alegremente e terminou com um total de 600 mortos. Ele era menino na época e foi levado por um tutor, com seu irmão, para ver os fogos de artifício do palanque erigido na praça Luís XV. Ele escreve:

> Após os fogos de artifício, as imensas multidões que enchiam a praça e os Champs Elysées tentaram, todo mundo ao mesmo tempo, chegar aos *boulevards*, onde haveria novas iluminações. Por uma combinação de negligência e um erro surpreendente por parte dos operários que haviam completado a colunata, valas profundas haviam sido deixadas abertas na rua Royale, e as carruagens convergindo nos dois sentidos, vindas da rua St Honoré, obstruíram a passagem que dava saída a quem vinha da praça. Não houve guardas em número suficiente para controlar as multidões e as autoridades da cidade não quiseram pagar os mil *pecus* que teriam custado trazer os Gardes Français para manter a ordem. Quadrilhas de ladrões e batedores de bolsas, visando ao rápido proveito da situação, roubaram a gente desafortunada que tentava abrir caminho até a rua Royale. No meio da confusão, que rapidamente se transformou em pânico, as pessoas caíram nas valas abertas e foram esmagadas pelas outras que caíam sobre elas. As turbas vinham em ondas, empurrando e lutando para sair da praça. Muitos foram atirados ao chão e pisoteados até a morte. Outros se agarravam e lutavam contra os demais, para escapar. Entre as vítimas estavam os próprios bandidos que haviam causado a maior parte da desordem, agora mortos, com o produto do que tinham roubado de suas vítimas lhes saindo pelos bolsos. Ainda posso me lembrar dos gritos das mulheres e dos apelos dos velhos e crianças, morrendo nas valas, os corpos empilhados uns sobre os outros.

Esses foram os gritos ouvidos pela Delfina quando ela chegou com as tias para ver as iluminações — aqueles gritos angustiados de socorro, em vez das saudações e dos *vivat* que ela esperava na sua primeira entrada em Paris. O templo iluminado de Himeneu, erguido em sua honra, ainda faiscava na praça Luís XV, no mesmo lugar onde, 23 anos mais tarde, ela deveria subir à guilhotina.

CAPÍTULO

4

QUANDO A DELFINA voltou em lágrimas para Versalhes, a primeira pessoa que encontrou foi seu marido, que acabara de saber do desastre e a recebeu com uma ternura e uma solicitude que ela nunca teria suspeitado nele. O jovem casal, que até agora mal havia se falado, juntou-se nessa hora de tragédia. Sem dar importância aos conselhos tanto de seu tutor quanto de suas tias, o Delfim enviou um pajem ao ministro da Polícia, com uma bolsa de ouro contendo toda a sua pensão mensal e uma carta em que ele escreveu: "Isto é tudo de que disponho. Use-o da melhor forma que puder. Ajude aqueles que mais precisarem". O ministro se sentiu tão tocado pelo calor e humanidade desse gesto que mostrou a carta por toda parte e, pela manhã, o povo de Paris soube que havia alguém por trás dos portões dourados de Versalhes que realmente se importava com eles. Uma gorda soma enviada pelo rei, que só soube da notícia no dia seguinte, tendo passado a noite com sua amante no castelo de Bellevue, teve pouco efeito sobre a população em geral. O monarca, que em sua juventude tinha sido conhecido como Luís, o Bem Amado, há muito tempo tinha perdido o respeito e o afeto de seus súditos.

Mas, em Versalhes, Luís XV — ou antes, sua amante — governava supremo e, durante os quatro anos seguintes, uma orgulhosa arquiduquesa austríaca iria descobrir que não era ela, mas madame du Barry, que o mestre-de-cerimônias consultava sobre que peças e óperas seriam representadas, que atrizes seriam escolhidas. Não levou muito tempo para que a condessa estivesse se metendo na política, fazendo e desfazendo ministros, mandando para o exílio quem quer que ousasse ofendê-la, ao ponto de até mesmo a posição do até então todo-poderoso Choiseul, que se recusara a prestar-lhe homenagem, começar a ser minada.

Seis semanas após o casamento, Maria Antonieta escrevia à imperatriz: "Meu querido marido mudou muito, e para melhor. Mostra-se muito amigável para comigo e começa a confiar em mim. O rei também não poderia ser mais gentil e cheio de atenções. Amo-o carinhosamente, mas é patético ver como ele é fraco com madame du Barry, que é a criatura mais idiota e impertinente que se possa imaginar". A velha e astuta imperatriz logo percebeu que Maria Antonieta estava apenas repetindo as opiniões das tias de seu marido e previu o perigo que seria ela se deixar influenciar pelas solteironas amarguradas que viviam à sombra do trono do pai.

A história foi injusta de várias formas para com as quatro filhas solteiras de Luís XV, conhecidas coletivamente como "Mesdames de France". Na descrição muito citada e maliciosa de Horace Walpole, elas surgem como as irmãs feiosas de Cinderela: "As quatro *Mesdames*, que são broacas velhas, gorduchas e desgraciosas, desfavoravelmente parecidas com o pai, ficam em fila com suas capas pretas e suas bolsas de tricô, com ar bem-humorado, sem saber o que dizer e se contorcendo como se quisessem fazer xixi". Por outro lado, existem os encantadores retratos alegóricos pintados por Nattier, de Mesdames Adelaide e Vitória, como Diana e Flora, os quais, mesmo levando-se em conta a adulação de um pintor da corte, mostram que, na juventude, foram moças bonitas e saudáveis. Este não era o caso de suas irmãs mais jovens, pois Sofia era repelentemente feia, com um tique nervoso, enquanto a carmelita Luísa tinha uma ligeira corcunda.

As cartas estavam marcadas contra essas princesas desde sua primeira infância, quando o cardeal Fleury, numa tentativa de economia, mandou-as serem educadas num convento, onde não aprenderam nada e onde as freiras não conseguiram disciplinar o temperamento violento e voluntarioso de Adelaide. Esta era a única das filhas do rei realmente inteligente, com um desejo apaixonado de aprender. Teria dado uma boa rainha ou até mesmo imperatriz, tivesse existido algum príncipe reinante disponível quando ela voltou para Versalhes aos 14 anos, para descobrir sua mãe polonesa relegada ao pano de fundo, e a marquesa de Pompadour como rainha não-coroada da França.

Luís XV era um pai afetuoso que gostaria de ter visto todas as suas filhas fazerem casamentos felizes. Mas somente uma delas, Maria Elisabete, garantiu um marido e morreu aos 32 anos de idade. Esse marido era o segundo filho do rei da Espanha, que ascendera ao ducado de Parma, e Maria Elisabete, conhecida como Madame Infanta, só sabia se queixar da vida numa capital de província. Para alguém tão orgulhosa quanto Adelaide, era infinitamente preferível permanecer como uma Madame de France em Versalhes. Houve um tempo em que ela pareceu poder desempenhar um papel de liderança na corte. Quando a Pompadour teve problemas de saúde, o rei começou a sair para caçar com as filhas. Adelaide era uma excelente amazona e uma companhia alegre e divertida. Não demorou muito e os mais obscenos entre os cortesãos murmuravam que o rei, como seu tio, o regente, estava indulgindo em relações incestuosas com a filha. O boato persistiu com o passar dos anos, lançando dúvidas sobre a identidade de Luís de Narbonne, do qual se dizia ser filho da dama de companhia preferida de Adelaide, mas que tinha uma semelhança espantosa com o rei.

Fossem quais fossem os boatos, as limitações de uma educação de convento e uma falta de conhecimento do mundo tornavam impossível para Adelaide prender a atenção do rei entendiado e inquieto, que logo voltou a descambar para os prazeres ilícitos do Parc aux Cerfs. Tanto ela quanto suas irmãs tiveram que se acomodar a vidas estreitas e frustradas de solteironas reais. Vitória se dando aos prazeres da mesa e engordando rapidamente, Luísa encontrando consolo na religião. Somente Adelaide continuou a acalentar o sonho de desempenhar um papel político, primeiro através do irmão, o Delfim mais velho, e mais tarde através do seu sobrinho. Apesar dela odiar Choiseul e se opor ao casamento austríaco, a chegada de madame du Barry forçou-a a mudar de tática e a reconhecer na sobrinha a única esperança de resgatar o pai das garras da "prostituta". Aproveitando-se da juventude e inexperiência de Maria Antonieta e de sua relutância em conduzir a corte, Adelaide a incitou, sob a capa da amizade, a deixar que ela e as irmãs cuidassem dos entretenimentos em sua honra e, assim, atraíssem a presença do rei. O velho rei gostava da companhia de sua nova neta, gostava de colocá-la sobre seus joelhos e beijar suas mãozinhas bonitas, e ela, por sua parte, o tratava com a confiança natural de uma criança. Mas as tias instilaram as primeiras gotas de veneno dizendo-lhe que, em qualquer carta que ela viesse a escrever ao rei

— e ele era um homem que tinha um tal horror a discussões que mesmo o menor pedido tinha que ser feito por escrito —, devia sempre se lembrar de que cada palavra era lida pela amante real. Maria Antonieta confessou ao embaixador de sua mãe: "Tenho medo de escrever ao rei, quando sei que aquela criatura lê todas as suas cartas".

"Aquela criatura" estava em toda parte, sentando-se ao lado dela, na mesa de jogos real, acompanhando o rei no que era chamado de *les petits voyages* — visitas às residências de lazer de Marly e de Choisy, que não duravam mais que poucos dias, exigiam imensos gastos de dinheiro e envolviam o transporte de toda a corte. Os lacaios de madame du Barry vestiam-se de forma mais extravagante do que os da casa real. Mesmo seu negrinho, Zamore, brilhava de jóias. Mas Maria Antonieta estava há apenas poucas semanas em Versalhes quando soube que nenhuma de suas damas recebia salário desde o dia em que foram indicadas e que ela deveria seguir o exemplo de suas tias, indo pessoalmente ao tesoureiro real solicitar o pagamento de seus criados.

Havia centenas de jardineiros em Versalhes e os canteiros refulgiam de flores. Mas algumas das árvores estavam morrendo devido à negligência. Em uma ocasião, quando ela saiu para caçar com o rei, eles passaram por uma pilha de pedras e, ao ajudá-la a atravessar, o rei disse com uma certa tristeza: "Perdoe-me madame, mas lembro-me que aqui havia um belo lance de escadas". Maria Antonieta viu apenas os degrau esboroados do jardim de Versalhes, mas naqueles mesmos anos um dos ministros do rei escreveu: "Tudo está caindo aos pedaços. Tudo abandonado. Se escoramos a construção de um lado, ela desmorona do outro... Estamos chegando a um período de extrema decadência".

Havia inquietação política nas províncias e tumultos por causa de pão nas cidades, onde bastava um demagogo falar em fome para provocar uma revolta. Choiseul, com seu brilho superficial, seu amor pela *"grandezza"*, não estava preparado para se tornar impopular advogando uma reforma econômica. Para compensar o ignominioso desastre da Guerra dos Sete Anos, ele teve o gesto dispendioso de conquistar a Córsega, mas o povo estava cansado de gestos dispendiosos, de um clero rico e intolerante, de uma nobreza privilegiada. Queriam comida para suas famílias e carreira para seus filhos, livres dos empecilhos do sistema de castas. Mas nenhuma dessas queixas penetrava nos recintos de Versalhes, para serem ouvidas por um rei que não ligava para nada, a não ser seu conforto pessoal, e por cortesãos que não ligavam para nada, a não ser o dinheiro.

As desavenças do rei com as autoridades municipais haviam-no isolado de Paris, e três anos ainda tinham que se passar até que Luís Augusto e Maria Antonieta tivessem permissão para fazer sua entrada oficial na capital. Enquanto isso, nenhuma tentativa era feita no sentido de preparar o Delfim para a arte de reinar. Virtualmente desocupado, ele se dedicava a sua paixão pela caça, que havia herdado do avô, e nos primeiros meses de seu casamento sua jovem esposa dependia quase que exclusivamente das tias para poder ter alguma companhia.

Em uma carta para a mãe, Maria Antonieta descreve a rotina diária em Versalhes: "Levanto-me entre nove e dez horas e, tendo me vestido, digo minhas preces matinais, depois tomo o desjejum e vou visitar minhas tias, onde costumo encontrar o rei. Isso dura até cerca de dez e meia. Às onze, meu cabelo é penteado. Após o que todos têm permissão de entrar — isto é, todos que têm o direito de entrar. Ponho um pouco de ruge e lavo as mãos diante de todos eles. E então os cavalheiros saem, enquanto as damas ficam e eu visto minha roupa formal. A missa é ao meio-dia e, se o rei está em Versalhes, vou com ele e meu marido. Se ele não está, vou sozinha com o Delfim. Após a missa nós dois almoçamos sozinhos, mas quem quer que se interesse pode vir nos ver. Como ambos comemos bastante rápido, por volta de uma e meia da tarde já terminamos e eu volto com o Delfim para os apartamentos dele, mas se ele está ocupado volto para os meus, onde leio, escrevo, ou trabalho, pois estou bordando uma casaca para ao rei, que não está progredindo muito, mas com a graça de Deus espero terminá-la em alguns anos. Às três horas volto para ver minhas tias, onde mais uma vez costumo encontrar o rei. Às quatro o abade [Vermond] vem me ver e às cinco é a vez do professor de música, que fica até as seis, quando eu volto para a companhia de minhas tias ou vou dar um passeio. Devo dizer-lhe que meu marido quase sempre vai visitar as tias. Às sete nos sentamos para jogar cartas, mas se o tempo está bom saio novamente para um passeio. Às nove ceiamos e, se o rei não está, as tias vêm e ceiam conosco. Se não, vamos ter com elas após a ceia, e esperamos pelo rei, que costuma aparecer por volta de quinze para as onze. Mas, enquanto esperamos, alojo-me confortavelmente num sofá e durmo até a sua chegada. Quando ele não está lá, vamos para a cama às onze".

É uma carta patética de ser escrita por uma jovem noiva, mas a Delfina não se queixa. Com seu temperamento bem disposto, ela aceita a monotonia da rotina, as contínuas visitas às tias, que provavelmente eram melhor companhia que madame de Noailles, pois faziam preparativos com suas damas de companhia para promover um pouco de dança a fim de diverti-la. Em sua carta Maria Antonieta destaca o fato de que seu marido costuma acompanhá-la nas visitas às tias, mas deixa transpirar que raramente, se é que alguma vez o fazem, estão juntos após o jantar. Ela era deixada sozinha, para ler ou escrever, atividades que não lhe agradavam, mas que ela não ousava negligenciar por medo de perder o abade Vermond, que seu inimigo, o duque de la Vauguyon, tentava fazer com que fosse despedido, com o argumento de que era inútil para a Delfina ter um leitor oficial, se ela nunca abria um livro. Desde o começo o duque e a governanta real, madame de Marsan, membro da poderosa família Rohan, fizeram intrigas para destruir o casamento promovido por Choiseul. O duque chegou ao ponto de instigar o Delfim a pedir a permissão do avô para tomar parte nos jantares de caça de St Hubert, onde madame du Barry fazia a anfitriã, e onde o comportamento e a conversa eram tão indecorosos quanto descontraídos. Para aborrecimento de sua jovem esposa, o Delfim apreciava enormemente essas noitadas, até que suas tias o esclareceram quanto às origens e à reputação da encantadora anfitriã que vivia em termos tão desembaraçados com o rei. A partir daquele momento, Luís Augusto passou a nutrir uma violenta antipatia por madame du Barry e uma crescente desconfiança de seu tutor. Maria Antonieta escreveu à mãe: "O Delfim certamente não gosta de monsieur de La Vauguyon, mas tem medo dele. Um incidente curioso aconteceu outro dia. Eu estava sozinha com meu marido e monsieur La Vauguyon estava atrás da porta a fim de nos escutar. Um lacaio, que ou era muito tolo ou muito honesto, abriu a porta, e lá estava o duque, duro feito um pedaço de pau, sem conseguir se mover, ao que observei a meu marido a inconveniência que era permitir às pessoas ouvir atrás das portas, o que ele recebeu muito bem".

Nenhuma dessas cartas escritas nos primeiros meses em Versalhes era calculada para tranqüilizar uma mãe quanto à felicidade de sua filha, ou o que era de importância bem maior para a imperatriz, quanto ao sucesso político de uma aliança onde tudo dependia do nascimento de um filho e herdeiro. Mercy podia informar-lhe que o Delfim havia contado às tias estar muito satisfeito com sua esposa, que gostava de sua aparência e do modo como ela se expressava, e podia informar-lhe também que, de acordo com todas as fontes, ele agora fazia visitas regulares ao quarto de Maria Antonieta. Mas, como boa alemã que havia partilhado a cama do marido durante todas as noites de sua vida de casada, Maria Theresa deplorava o costume em Versalhes de marido e mulher terem quartos separados. Após quatro meses de casamento, Maria Antonieta informou a mãe, com a franqueza que perpassa toda a sua correspondência, que "apesar do *générale* [seus períodos] não ter vindo nos últimos quatro meses, não há uma boa razão para isso". A imperatriz começava a se impacientar com seu embaixador, o qual, com genuíno tato diplomático, continuava a dizer-lhe que, "em vista da extrema juventude do casal, o fato de até agora não ter havido entre eles uma verdadeira intimidade não é motivo de preocupação, pois um relacionamento que se desenvolve lentamente costuma ser o mais duradouro".

Até mesmo o rei Luís começava a se preocupar e, em julho, superou sua aversão a conversas diretas com a família para abordar o neto sobre o assunto da não-consumação do seu casamento. Ao que o Delfim assegurou-lhe que tinha todas as intenções de cumprir com seu dever de marido e estava esperando pelas férias de verão em Compiègne, onde a vida era mais pacífica e tranqüila que em Versalhes. Mas, quando a corte se mudou para Compiègne, o Delfim pegou um forte resfriado e ficou confinado ao leito durante duas semanas. Em Versalhes, as influências externas pareciam agir para manter o jovem casal separado. Naquele outono, em Fontainebleau, Maria Antonieta descobriu que as obras nos apartamentos do Delfim, adjacentes aos seus próprios, haviam sido deliberadamente atrasadas, de forma que ele teria de dormir na outra ponta do castelo. Desta vez ela reuniu coragem e queixou-se diretamente ao rei, que resolveu tomar uma iniciativa e ordenou que as obras fossem terminadas em dois dias.

Numa corte em que todos viviam em estreita e opressiva intimidade, uma moça que era pouco mais que uma criança tinha que abrir caminho através de uma selva de intrigas, sem um único amigo para guiá-la, a não ser o embaixador de sua mãe, que também era o espião da imperatriz. Até mesmo as tias, por fora tão benevolentes, tão dispostas a mimá-la e a servirem-lhe de alcoviteiras, sentiam uma inveja mortal de sua juventude e de seu encanto, e não perdiam uma oportunidade de relatar suas mínimas indiscrições. Sua antipatia instintiva por madame du Barry era estimulada, e cada observação que ela fazia, por menor que fosse, era repetida, quer por Mesdames, quer pelas damas de companhia. Seu descuido no vestuário — descuido natural para a idade — sua recusa em usar o pesado espartilho aconselhado por madame de Noailles, a tudo isso as tias faziam vista grossa, pois elas próprias haviam se tornado tão negligentes com sua aparência que passavam a maior parte do dia em *déshabillé* e só usavam vestidos formais quando tinham que encontrar o rei. Nessas ocasiões botavam elaboradíssimas saias com anquinhas sobre os vestidos, prendiam uma cauda na cintura e cobriam o resto com um mantelete curto de tafetá preto. Mas mesmo quando tratava-se apenas de visitar o rei para a breve cerimônia daquilo que era conhecido como "*le débotté du Roi*", quando sua majestade voltava da caça, a etiqueta exigia que Mesdames fossem escoltadas por um séquito de escudeiros, pajens e fidalgos de companhia de uma parte do palácio para outra. De volta a seus aposentos, elas se desfaziam de seus atavios, retomavam seus tricôs e bordados, bem como as fofocas e mexericos que davam um pouco de tempero a seus dias longos e vazios.

O fastidioso conde Mercy, que desaprovava Mesdames, deplorava sua influência sobre a impressionável Delfina. E, não demorou muito, Maria Theresa escrevia para a filha:

> Peço-lhe que não negligencie sua aparência. É muito errado fazê-lo em sua idade, e pior ainda quando se ocupa uma posição como a sua... Razão pela qual continuo a aborrecê-la com este assunto, a fim de preveni-la para que não termine como a família real francesa, que não tem a menor idéia de como se apresentar, de como dar o tom, ou mesmo de como se divertir de uma forma honesta. Motivo pelo qual tantos de seus governantes, não encontrando distrações em casa, foram buscá-las alhures... É perfeitamente possível ser virtuosa e, ao mesmo tempo, alegre e sociável. Mas se uma pessoa se mantém muito fechada em si mesma e só vê umas poucas outras pessoas, acaba por ofender os outros e a não ter nada senão descontentamento e problemas à sua volta.
>
> Peço-lhe como amiga e como mãe amorosa, que fala com experiência, para não negligenciar nem seu aspecto nem suas maneiras. Se o fizer, vai lamentá-lo quando já for tarde demais. Por isso, por favor, não siga o exemplo nem o conselho da família. Cabe a você dar o tom em Versalhes e, até agora, seu sucesso foi admirável.

Não foi muito fácil para Maria Antonieta agir de acordo com os conselhos de sua mãe, pois o rei se deixava influenciar cada vez mais por madame du Barry, a tal ponto que o único meio de agradá-lo era agradar à favorita, de quem Maria Antonieta não conseguia suportar sequer a presença sob o mesmo teto.

Ao final do primeiro ano de casamento — um casamento que, por alguma razão inexplicável, ainda estava sem consumação — a posição de Maria Antonieta na corte da França era suficientemente vulnerável para a favorita do rei se permitir vários triunfos triviais. O rei ainda prestava atenção à esposa do neto, mas já se falava em apressar o casamento do conde de Provence com uma princesa piemontesa. Em Viena, Maria Theresa consultava médicos a respeito do que poderia haver de errado com o genro, que se mantinha tão indiferente a uma pessoa cheia de encantos como sua filha. Para aumentar suas preocupações, Maria Antonieta adquirira o hábito de sair para cavalgar, o que sua mãe considerava prejudicial à saúde, mas que fora não apenas estimulado pelas tias, como também aprovado tanto pelo rei como pelo Delfim:

> Você está certa em achar que eu desaprovo. Cita as palavras de suas tias, mas essas tinham 30 anos quando começaram a cavalgar, e não 15. E também eram Mesdames, e não a Delfina. Guardo um leve ressentimento contra elas por terem-na estimulado a isso. Mas como você diz que o rei o aprova e também o Delfim — isso é o que conta, pois é ao encargo deles que você se encontra agora. Andar a cavalo estraga a compleição e, a longo prazo, estraga a silhueta. Se você monta em gancho sobre o cavalo, o que eu não duvido, é até perigoso para quem tem em vista gerar uma criança. Pois, afinal de contas, é para isso que você está aí, e é isso que irá lhe trazer felicidade.

Carta após carta, a imperatriz bate na mesma tecla — a única coisa da qual dependia toda a frágil estrutura da aliança franco-austríaca. E então, no ano novo de 1771, chegou a estarrecedora notícia de que o duque de Choiseul, arquiteto daquela aliança e, durante os últimos 11 anos, o homem mais importante da França, havia sido demitido de sua posição.

CAPÍTULO 5

O ESCOLHIDO PARA SUCEDER ao duque de Choiseul foi o duque d'Aiguillon, um dos homens mais odiados da França, cuja administração corrupta como governador da Bretanha desempenhara um papel preponderante nas desavenças do rei com seus *parlements*. Seu relacionamento com o velho marechal de Richelieu, camareiro-mor real e amigo muito chegado ao rei, e sua intimidade com madame du Barry, da qual se dizia ter sido sua amante, fizeram-no um membro de proa do grupo de conspiradores que se formou para destruir o duque de Choiseul.

O ministro estava há muito tempo no poder e tinha muita confiança em sua influência sobre o rei para se acautelar contra a tempestade que se formava. Ele ousara criticar a favorita em público e apoiar os *parlements* contra um governador escolhido pelo rei. Mesmo assim, Luís, que detestava as mudanças, poderia tê-lo mantido no poder, não fosse a arenga constante de uma mulher que não podia perdoar o ministro por não lhe permitir esquecer que ela um dia fora Jeanne Bécu.

A queda de Choiseul, seguida pela súbita reafirmação da autoridade real, a supressão dos *parlements*, o exílio dos magistrados e a convocação pelo rei de um *lit de justice*,* para empossar um novo *parlement* criado pelo chanceler Maupeou, foram medidas tão violentas e tão impopulares que até mesmo os príncipes do sangue se abstiveram de comparecer.

* Uma sessão cerimonial do parlamento de Paris para ratificar, na presença do rei, decretos que este próprio havia proclamado.

Numa cartinha muito capenga, descrevendo uma situação que ela ainda não começara a compreender, Maria Antonieta escreveu à mãe: "Há uma porção de coisas acontecendo aqui. Sábado passado houve um *lit de justice* para confirmar a supressão dos velhos *parlements* e a criação de um novo. Os príncipes do sangue recusaram-se a aparecer e protestaram contra a decisão do rei, que baniu a todos e, no momento, nenhum deles tem permissão de aparecer na corte. Alguns duques também protestaram e me disseram que cerca de 12 deles foram exilados".

A Delfina não escreve sobre os nobres, os quais, em mútuo acordo, deixaram Versalhes para irem em peregrinação ao encontro de Choiseul, exilado na Touraine. Ela não ouviu os versos louvando o ministro derrubado, que circulavam nos salões de Paris, nem leu os panfletos indecorosos contra o rei e sua amante, que eram vendidos nos recintos da própria Versalhes. Criada para acreditar no direito divino dos príncipes, ela nunca teria ousado questionar as decisões do rei. Mas reconhecia que a demissão de Choiseul representara um golpe para ela própria e sua família e uma perigosa ameaça à aliança franco-austríaca.

Em Viena, a imperatriz não fez segredo do seu descontentamento com a demissão de um aliado leal. Mas, ao mesmo tempo, preveniu a filha para não se comprometer de nenhuma forma: "Admito que estou muito aborrecida, mas quaisquer que tenham sido as razões do rei, isso não é de minha conta, muito menos da sua. Não se esqueça nunca, no entanto, de que seu casamento foi feito por Choiseul e de que você deve sempre ser-lhe grata. Sabendo como você é honesta e leal, temo que este golpe vá lhe doer muito. Mas não se deixe envolver por nenhuma facção e, acima de tudo, permaneça neutra".

A posição de Maria Antonieta após um ano de casamento não era invejável. Apesar do Delfim estar começando a demonstrar afeição por ela, indo ao ponto de comparecer aos bailes semanais que ela dava durante o inverno e de ter aulas de dança a fim de satisfazê-la, ainda não havia sinal de qualquer intimidade verdadeira entre eles, e nem ela, nem o conde Mercy, tinham nada a relatar à imperatriz, que escreveu a seu derrotado embaixador: "Fico contente por saber que o Delfim mudou, e para melhor, mas não consigo compreender seu comportamento para com a esposa. Será que é apenas uma falha de sua educação? O rei não está indo longe demais em sua indulgência, não demitindo o duque de Vauguyon?". Longe de ser demitido, o duque, apesar de atingido por uma doença mortal, estava ativamente envolvido em intrigas para que o Delfim fosse suplantado por seu irmão mais novo. O iminente casamento do conde de Provence com uma princesa do Piemonte-Sardenha foi interpretado pelo embaixador austríaco como uma nova ameaça a sua arquiduquesa.

Estanislau Xavier, o conde de Provence, apenas um ano mais moço do que Luís Augusto, era mais esperto e mais cultivado, e desde a primeira infância se ressentia por ter de ficar em segundo plano diante de um irmão que desprezava.

Dono de um rosto bonito, olhos atraentes e um porte imponente, apesar de um pouco prejudicado pela obesidade precoce que afligia tantos Bourbon nas últimas gerações, ele apresentava uma figura que causava muito mais impressão do que o tímido e desajeitado Delfim. Mas todos os esforços da cabala reinante para encenar um casamento tão grandioso, senão mais grandioso do que o do Delfim, fracassaram por conta da noiva, que era feia demais para poder rivalizar com a Delfina. Maria Josefina de Savóia, com seu nariz comprido, os olhos miúdos feito contas, e a pele grossa, era muito pouco atraente para conseguir os favores tanto do público quanto do rei. E todo o dinheiro gasto nas festividades suntuosas, que exauriram um tesouro já muito depauperado, resultou apenas na apoteose de madame du Barry, que fez sua entrada opulenta e triunfalmente bela, com sete milhões de francos em diamantes dependurados no pescoço, foco da atenção de todos os olhos e objeto da admiração loucamente apaixonada do rei. Ao lado dela, a Delfina parecia pouco mais que uma criança, mas uma criança que, sob toda a sua alegria e doçura, começava a desenvolver um coração de inflexível orgulho, uma obstinação perigosa.

O casamento de seu cunhado e a introdução de uma nova princesa na família tornaram Maria Antonieta menos dependente das tias e mais preparada para se afirmar em sua posição de Delfina. Até então ela nunca tivera uma biblioteca em seus apartamentos, nem jamais o pedira. Mas, assim que viu Maria Josefina, que era uma moça muito lida, receber estantes delicadamente esculpidas, ordenou imediatamente a madame de Noailles que encomendasse a Gabriel uma biblioteca para ela. A dama de companhia, que sabia quão pouco tempo sua senhora devotava à leitura, resolveu economizar encomendando a estante mais simples e barata que foi possível. Maria Antonieta ficou furiosa. A estante ofensiva teve que ser destruída e substituída por uma biblioteca elaboradamente esculpida e enfeitada no melhor estilo rococó, a qual, por insistência da Delfina, tinha que estar pronta no fim do verão. Ela, que até agora demonstrara tão pouco interesse pela moda, rasgando seus vestidos quando brincava contente com os filhos de suas criadas, começava a emular a condessa du Barry em sua elegância e extravagância. O primeiro a aconselhá-la nessas questões foi seu cunhado Provence, que tinha um gosto soberbo e com quem ela, exteriormente, se dava em excelentes termos, mas sempre reconhecendo nele a malícia dissimulada de um caráter permanentemente pronto a difamar e caluniar.

Apesar do Delfim e seu irmão sentirem completa aversão um pelo outro, a vida em Versalhes era tão intimamente entrelaçada que os dois jovens casais estavam constantemente juntos, e Maria Antonieta escreveu à mãe sobre sua nova cunhada: "Ela é muito doce e muito alegre. Gosta muito de mim e não está em absoluto do lado de madame du Barry". É duvidoso que suas relações tenham sido tão calorosas e sinceras quanto ela queria fazer crer à imperatriz, pois a princesa italiana era tão versada na arte da dissimulação quanto seu marido, e muito mais bem equipada do que Maria Antonieta para se orientar em meio às facções rivais de Versalhes.

A obstinação da Delfina em recusar-se a se dar com a amante do rei começava a ganhar repercussão internacional. O conde Mercy chegou ao ponto de informar ao príncipe Kaunitz, em Viena, que a atitude da Delfina poderia afetar seriamente a reação francesa ao tratado secreto sobre a partilha da Polônia. Forçada por seu ministro inescrupuloso e seu filho ambicioso, Maria Theresa estava sendo levada, contra a vontade, a se tornar cúmplice, nesse crime, das duas pessoas que mais detestava, a imperatriz da Rússia e o rei da Prússia. Apesar de seus princípios religiosos e sua honestidade intrínseca se revoltarem contra a espoliação injusta de um povo inocente, a estadista em conflito com a mulher levou-a a apor sua assinatura num pacto que daria à Áustria a rica província da Galícia. Todas essas negociações nefandas estavam sendo conduzidas sem que a França, que era a aliada da Áustria, tivesse sido informada. E o conde Mercy, que tinha bons motivos para temer a reação do rei Luís a essas notícias, estava mais exasperado do que nunca com sua pupila tola e rebelde por recusar-se a dizer boa-noite a madame du Barry. Após repetidas admoestações e exortações, relembrando-lhe seu dever para com sua mãe e seu país, o embaixador finalmente convenceu Maria Antonieta a, numa certa noite de verão em Compiègne, dirigir a palavra à favorita real. O palco estava pronto, mas infelizmente a Delfina fez confidências a madame Adelaide, e a princesa vingativa, que odiava Maria Antonieta apenas um pouco menos do que odiava madame du Barry, estava determinada a derrubar os planos cuidadosamente traçados pelo conde Mercy.

O jogo de cartas real havia terminado e a Delfina estava em corte, movimentando-se com agilidade e graça pelo salão, trocando gracejos com uma minoria de privilegiados, fazendo mesuras às damas. Somente um ligeiro rubor, um passo mais apressado, traíram nela uma certa tensão ao se aproximar do ponto onde o conde Mercy conversava com madame du Barry. Mas no exato momento em que ia pronunciar as palavras avidamente esperadas, madame Adelaide apareceu a seu lado e, no tom áspero e imperioso que sempre conseguia irritá-la, disse em voz alta: "Estamos atrasadas. Já é hora de irmos ver minha irmã Vitória e esperar pelo rei". Surpresa e confusa, a Delfina perdeu a cabeça e, esquecendo as promessas feitas a Mercy, girou sobre os calcanhares e saiu do salão quase correndo, deixando a condessa desfeiteada, com um sorriso de expectativa morrendo aos poucos nos lábios, e o embaixador controlando sua mortificação.

O rei Luís ficou enfurecido. A favorita havia sido publicamente humilhada. Até mesmo madame Adelaide se deu conta de que havia ido longe demais, quando o Delfim, impondo-se pela primeira vez, disse-lhe que ela errara em ter interferido, impedindo sua esposa de fazer o que teria agradado ao rei. A situação se tornou ainda mais crítica quando se soube que a condessa de Provence havia convidado a favorita para a ceia e que o duque d'Aiguillon participava da corte do marido dela. O conde Mercy não teve escolha senão informar à imperatriz os perigos da subserviência de sua filha a uma tia mal-intencionada. Sua antipatia pelas princesas intrometidas, em particular por madame Adelaide, levou o embaixador a garantir serem elas as responsáveis por todos os erros de Maria Antonieta. Mas não era tanto a influência de suas tias, quanto seu próprio ciúme e aversão quase patológica por madame du Barry, que tornava tão difícil para Maria Antonieta sequer fazer-lhe a mais simples reverência.

Foram apenas as repreensões de sua mãe que a fizeram finalmente se submeter. Desta vez a imperatriz não economizou palavras. Atormentada com as impertinências de um filho voltado para as conquistas e a ampliação de seu império, Maria Theresa não tinha ânimo para ser paciente com uma filha teimosa e cansativa.

> Por que toda essa confusão, toda essa dor de cabeça, esse medo de falar com o rei, que é o melhor dos pais, e de dirigir uma simples palavra a pessoas com quem lhe foi aconselhado falar, essa incapacidade de dizer bom-dia, de fazer um cumprimento ou trocar alguma trivialidade? Todos esses caprichos cansativos, pelo único motivo de você ter se permitido ficar tão escravizada por suas tias que já se esqueceu tanto da razão quanto do senso do dever. Não posso permanecer calada sobre sua desobediência ao conde Mercy, após a conversa em que ele lhe disse explicitamente quais eram os desejos do rei. Que desculpa você tem para se comportar desta forma — nenhuma, absolutamente nenhuma! Tudo que se pede a você é reconhecer madame du Barry como uma dama que tem entrada na corte e que é admitida na sociedade do rei, de quem você é a primeira súdita. É ao rei que você deve obediência e submissão, como exemplo para a corte e para garantir que suas ordens sejam executadas. Ninguém lhe pediu para se tornar íntima, nem para indulgir em qualquer tipo de familiaridade, tudo que se pede a você é uma palavra imparcial, uma certa consideração não pela dama, ela mesma, mas por seu avô, seu amo e seu benfeitor, a quem você abandonou na primeira ocasião em que poderia tê-lo servido e mostrado a ele seu afeto. E por que motivo? Por causa de uma vergonhosa subserviência a pessoas que a dominaram completamente, tratando-a como criança, proporcionando-lhe passeios a cavalo ou montada em burrinhos, trazendo-lhe cachorrinhos e crianças para brincar. Se essas coisas são mais importantes na sua vida do que agradar a seu soberano, então você terminará se expondo ao ridículo e perdendo toda afeição e estima.

Foi uma carta longa, toda sobre o mesmo assunto, e até mesmo a imperatriz se perguntou se não estaria sendo muito dura, deixando a cargo da discrição de seu embaixador entregá-la ou não à Delfina. Mas Mercy considerou que somente a imperatriz teria autoridade suficiente para se contrapor à influência perniciosa de madame Adelaide.

Contrariamente às expectativas do conde Mercy, Maria Antonieta levou vários meses para ceder. Sua primeira reação às repreensões da mãe foi dizer que não tinha nenhum motivo para crer que era desejo do rei que ela falasse com madame du Barry. "Ele nunca me mencionou tal coisa, e está mais afável do que nunca. Se ao menos a senhora pudesse ver como as coisas se passam aqui, perceberia que aquela mulher e seu grupinho jamais ficarão satisfeitos com umas poucas palavras. Uma vez dirigidas, e logo tudo começará de novo. Fique certa de que não preciso que me digam o que fazer, quando se trata de uma questão minha de consciência."

Foi uma resposta altiva, rebelde, mas nem Mercy nem sua mãe parecem ter levado em conta sua solidão e sua infelicidade numa corte onde ela não tinha um só amigo. Com lágrimas nos olhos, ela disse ao embaixador: "Se a imperatriz ao menos pudesse ver o que se passa aqui, tenho certeza que ela me perdoaria, pois é preciso ter a paciência de um anjo para lidar com isto". Ela podia dizer à mãe que o Delfim dormia com ela todas as noites e era o melhor dos maridos — que não havia um grão de verdade nos boatos perversos dando-o como impotente, que era apenas uma questão de tempo até que tudo entrasse nos eixos. Mas ela não disse nada sobre a humilhação de ir para a cama noite após noite com um marido molenga, inepto, que, após algumas tentativas malsucedidas de fazer amor, caía prostrado, suando e roncando, a seu lado. Ela nunca escreveu sobre as brigas de família; sobre um certo incidente descrito por Mercy, quando, numa ceia festiva oferecida pelo conde de Provence, o Delfim, que gostava de irritar o irmão brincando com os objetos preciosos de sua coleção, terminou por quebrar um finíssimo vaso Meissen. Num acesso de fúria, Estanislau Xavier caiu em cima de Luís Augusto e os dois príncipes brigaram, rolando pelo chão, até serem separados por Maria Antonieta, que saiu da contenda com vários arranhões. A vida em família dos Bourbon era por certo bem diferente da que se levava em Schönbrunn.

Apesar de suas deficiências — que a imperatriz nunca a deixava esquecer, escrevendo: "Você deve ser duplamente amável, uma vez que não tem seus próprios talentos naturais" —, Maria Antonieta, na ocasião do seu décimo sexto aniversário, conseguira fazer seu marido tímido e reservado apaixonar-se por ela — e seus inimigos começavam a temer o dia em que uma rainha austríaca iria governar o país.

CAPÍTULO 6

Foi preciso esperar até o dia do ano novo de 1772 para que Maria Antonieta finalmente capitulasse e consentisse em falar com madame du Barry. Era um dia em que Versalhes estava apinhada de cortesãos, quando os apartamentos da Delfina estavam tão cheios que havia uma longa fila de damas esperando para passar, em estrita ordem de precedência; entre elas, madame du Barry, que estava acompanhada pela duquesa d'Aiguillon. Quando passou diante da Delfina, todos os olhos se voltaram em sua direção, para ver se ela iria sofrer mais uma humilhação. Mas dessa vez Maria Antonieta olhou-a bem no rosto e, numa voz alta e clara, que podia ser ouvida em todo o aposento, disse: "Há muita gente hoje em Versalhes". O rosto da condessa exibia um rubor de satisfação, enquanto fazia uma reverência profunda e graciosa. Mas o rosto da Delfina estava gelado e, quando o embaixador de sua mãe a cumprimentou por seu comportamento, ela respondeu no tom de rebeldia que ele aprendera a conhecer tão bem: "Falei com ela uma vez, mas é só até aí que vai. Essa mulher nunca mais ouvirá minha voz".

O conde Mercy e a imperatriz não compreenderiam nunca o mal que haviam infligido a sua integridade e a seu orgulho, e agora, nas cartas de Maria Antonieta à mãe, existe um novo elemento de franqueza: "Madame, minha mui querida mãe. Não tenho dúvidas de que Mercy deve ter lhe relatado meu comportamento no dia do ano novo. Espero que isso a tenha deixado satisfeita. Fique certa de que estarei sempre pronta para sacrificar meus próprios preconceitos e antipatias, contanto que não me seja pedido nada conflitante com o meu senso de honra". A imperatriz, que estava ao mesmo tempo zangada e espantada com essa atitude por parte de sua filha mais nova e, até aqui, mais dócil, retorquiu:

> Você me faz rir se imagina que eu ou o meu ministro iríamos querer que você cometesse algum ato contrário ao seu senso de honra, ou fizesse algo indigno, por mínimo que fosse. Isso me faz ver o quanto você tem sido influenciada por preconceitos e maus conselhos. Preocupa-me realmente que você se tenha deixado levar a um tal estado por causa de umas poucas palavras, e declarar que nunca mais falará com madame du Barry. Que interesse poderia ter eu senão o seu próprio bem e a mútua felicidade, sua e do Delfim? Quem pode aconselhá-la melhor, ou merecer mais a sua confiança, do que meu ministro, que conhece seu país e as várias facções com que se deve lidar?

Mas não foram apenas sua mãe e seu embaixador que chocaram Maria Antonieta. Mais do que qualquer outra coisa ela ficou chocada com a atitude do rei. Até então ela sempre acreditou nas tias quando essas lhe asseguravam que seu pai não tinha qualquer desejo de que a família se desse em termos amigáveis com sua amante. Mas agora, ao preço de umas poucas palavras, ele estava radiante, recebendo-a de braço abertos, cobrindo-a de presentes e, como supremo sinal de seu favor, visitando-a no café da manhã, trazendo com ele sua própria máquina de café, pois um dos últimos prazeres que restavam àquele velho entediado era fazer seu próprio café de manhã. Mas, para a pequena e orgulhosa arquiduquesa Habsburgo, todos esses favores valiam de nada, se eram um resgate pago por madame du Barry.

Foi somente quando a imperatriz, meio contra a vontade, se viu forçada a fazer confidências à filha e a tratá-la como um ser humano adulto, que Maria Antonieta submeteu-se de bom grado ao conselho do embaixador de sua mãe. No verão de 1772, a iminente partilha da Polônia já não era mais segredo. Luís XV fora o primeiro a saber através do *"Cabinet Noir"*, o serviço diplomático secreto que ele subsidiava há anos sem o conhecimento do seu governo. Quando a notícia da partilha se tornou conhecida na França, a opinião pública foi universalmente hostil. Maria Theresa, que começara a temer pelo futuro da aliança franco-austríaca, escreveu ao seu embaixador: "Devemos empregar todas as medidas possíveis para pôr fim a essa hostilidade. E somente minha filha, assistida por seus conhecimentos e seus conselhos, pode prestar esse serviço à sua família e ao seu país. Acima de tudo, ela deve cultivar as boas graças do rei e não perturbá-lo de forma alguma; ser amigável para com a favorita, não tanto por causa dela, mas por consideração para com seu avô e soberano, e tendo em vista o bem que isso fará a nossos dois países."

Era uma tarefa pesada para uma menina que mal completara 16 anos. Quando Mercy mostrou a Maria Antonieta a carta da mãe, sua primeira reação foi perguntar-lhe que influência ela poderia ter sobre o rei, já que nunca o via sozinha, e tentar imaginar que papel uma mulher como madame du Barry poderia desempenhar na política internacional. O embaixador informou-a que a du Barry podia interferir em tudo, e que, a fim de cumprir os desejos da mãe e preservar a aliança entre suas duas cortes, era absolutamente necessário que ela fizesse tudo a seu alcance para cativar o rei e estar em bons termos tanto com a favorita quanto com os seus ministros. Desta vez ele chegou ao ponto de relembrar a Maria Antonieta a vulnerabilidade de uma Delfina que ainda não havia gerado um herdeiro. Esse era um assunto que ele detestava ter que abordar, pois madame de Noailles, que havia se acostumado a gostar de sua jovem senhora, acabara de lhe contar que a Delfina recentemente vinha sofrendo de crises de depressão causadas pelo comportamento incompreensível do marido; pois apesar do Delfim parecer estar autenticamente ligado à esposa, ainda não mostrara qualquer sinal de ternura física. Quando Maria Antonieta garantiu ao embaixador que faria o máximo a seu alcance em benefício das boas relações entre seus dois países — "pois em que situação estaria eu se as coisas chegassem ao rompimento" — estava expressando o medo de uma mulher assustada pela insegurança de sua própria posição.

Durante o verão em Compiègne, quando o Delfim passava os dias fora, caçando com o rei, ele voltava à noite num tal estado de exaustão que costumava dormir em seu próprio quarto e sua esposa dificilmente o via se não se juntasse a essas expedições de caça. Ela adorava cavalgar pelas florestas, vestindo seu elegante traje de amazona, azul e vermelho, e o chapéu emplumado, que lhe caía tão bem, escoltada por seus cortesãos e admiradores, esquecendo, com o estímulo da caçada, todo o tédio de Versalhes. Até mesmo o Delfim, que normalmente era tão apático e sem vida na corte, se transformava em outro homem, quando em cima de um cavalo. Era um cavaleiro soberbo, corajoso e arrojado, sempre no meio da rixa, o primeiro a abater a caça, e ao menos nessa ocasião a imperatriz não podia se queixar, pois Maria Antonieta estava tomando parte nos prazeres do seu marido e do rei. "Não tenho nada a dizer sobre o assunto, porquanto o rei e o Delfim aprovam", foi o comentário um tanto ácido de Maria Theresa.

Atormentada por problemas de saúde, em constantes conflitos com o filho, com uma consciência dolorosa do papel indigno que este e o príncipe Kaunitz a haviam forçado a desempenhar na questão da Polônia, a imperatriz Maria Theresa começava a envelhecer sem contar nem com a paciência nem com compreensão de uma filha com quem ela era freqüentemente indelicada. Desde que deixara a Áustria, Maria Antonieta mantinha uma correspondência regular com sua antiga governanta, que lhe escrevia uma vez por mês, passando-lhe todas as fofocas de Viena. Esperava ansiosa por essas cartas, que vinham pelo correio normal. Quando deixaram de chegar, ela queixou-se ao conde Mercy, que teve a desagradável tarefa de informar-lhe que a imperatriz dera ordens para que a correspondência cessasse, por medo de que a conversa inofensiva da condessa Brandeiss pudesse conter alguma indiscrição. Maria Antonieta, que amava sua velha governanta, chorou lágrimas amargas com essa notícia, e não lhe serviu de nenhum consolo ser informada pela mãe que de agora em diante suas duas irmãs solteiras lhe escreveriam regularmente, dando-lhe todas as notícias da família. Arquiduquesas solteiras, ainda vivendo sob o jugo da mãe, dificilmente estariam em posição de fornecer uma descrição divertida da vida vienense que se levava fora dos recintos do Hofburgo. Até mesmo o conde Mercy sentiu que, dessa vez, sua alteza imperial tinha sido desnecessariamente severa, e que com uma pessoa do caráter da Delfina a gentileza às vezes conseguia mais que a severidade. Ela lhe confessara uma vez que, apesar de temer e respeitar a mãe, nunca conseguira, na verdade, sentir-se à vontade com ela.

Na corte francesa não havia ninguém que ela pudesse amar, muito menos respeitar, pois o embaixador estava surpreso de ver com que visão lúcida e desapaixonada aquela Delfina de 16 anos julgava o rei, como um homem que "não tinha nem calor nem sentimento", e era indiferente a tudo que não fosse o seu próprio conforto e o seu próprio prazer — um rei que saía para caçar quando a Europa estava em crise e, em troca de sua cortesia para com a amante, estava pronto a aceitar o tratado de São Petersburgo, o desmembramento de um dos mais antigos aliados da França. A questão da Polônia foi levantada certa noite em Compiègne, quando o rei, colocando-a sobre seus joelhos, disse num tom leve, bem-humorado: "Não devemos falar da Polônia na sua frente, pois você e seus parentes não são da mesma opinião. Se começássemos a brigar, eu teria que mandá-la de volta para a Áustria", e abraçou-a com a mais profunda afeição. Essa era a atitude de um rei que fora casado com uma rainha polaca e cujos netos tinham sangue polonês em suas veias.

Maria Theresa não se dera ao trabalho de esclarecer a filha sobre os motivos políticos que ditavam sua conduta, mas havia muita gente em Versalhes pronta para mostrar à Delfina os panfletos indecorosos e os volantes que eram vendidos em Paris, enquanto os cortesãos jovens e brilhantes que freqüentavam seus bailes, os Lauzun, os Coigny, os Ségur, todos eles adeptos ardorosos do duque de Choiseul, expressavam em voz alta sua indignação pelo papel desprezível que a França estava obrigada a fazer sob a liderança do duque d'Aiguillon.

Mas somente alguém muito próximo ao trono teria ousado contar à Delfina sobre uma ceia festiva oferecida pela condessa du Barry, na qual o duque d'Aiguillon divertiu os convidados com uma carta altamente irreverente de seu embaixador em Viena, na qual o príncipe Luís de Rohan ridicularizava as atribulações da pia imperatriz, *"qui prenait en pleurant"* — que chorava enquanto garantia para si própria a parte mais polpuda dos despojos. O fato de sua mãe ter sido debochada e ridicularizada diante de madame du Barry e seus amigos levou Maria Antonieta a um tal estado de fúria que o conde Mercy teve extrema dificuldade em convencê-la a voltar a dirigir a palavra ao duque d'Aiguillon. A partir desse momento começou o ódio de Maria Antonieta pelo futuro cardeal de Rohan, que viria a ter conseqüências desastrosas para o seu reinado.

Mercy suspeitava do conde de Provence, que ultimamente se tornara muito assíduo em suas visitas à Delfina. Nem o embaixador nem a imperatriz aprovavam essas visitas, mas elas tinham que ser aceitas como parte de uma vida em família extremamente íntima. Estanislau Xavier era inteligente e divertido, e superava a todos os demais naquele tipo de fofoca frívola que deliciava Maria Antonieta. Eles também partilhavam o amor pelas representações teatrais, que para ela relembravam os dias felizes em Viena, dedicados ao teatro amador. Agora, com a ajuda de monsieur Campan, que portava o título pomposo de *"Secrétaire du Cabinet de la Dauphine"*, mas que na realidade tinha muito pouco a fazer, e de seu filho, que por acaso era um rematado ator, a Delfina e seus cunhados começaram a encenar peças para seu próprio divertimento. O repertório era ambicioso, incluindo peças de Molière e Goldoni, montadas em um dos mezaninos fora de uso de Versalhes, onde um cenário desmontável podia ser escondido num armário guarda-louças. A necessidade do segredo, para que isso não chegasse aos ouvidos de madame de Noailles ou das tias, que desaprovariam, dava um tempero especial ao divertimento. O Delfim, muito tímido para representar, era a platéia entusiasta, pois amava o teatro e, em particular, as comédias italianas. Tinha uma memória excelente e, em mais de uma ocasião, serviu de ponto para seu irmão mais novo, Artois, que não se dava ao trabalho de decorar suas linhas. Artois, que acabara de completar sua educação escolar, era um menino atraente, malicioso, o único neto do rei Luís que herdara sua figura elegante e graciosa.

Os trajes exigiram um trabalho infinito para suprir a falta de talento, pois Provence era o único da família a se constituir num ator realmente bom. Ele fazia um sucesso especial no papel de Tartufo, de Molière, o que levou o Delfim a comentar com uma certa acrimônia: "O papel não foi difícil para ele, pois estava representando a si mesmo." Maria Josefina, que na vida real sabia dissimular tão bem quanto o marido, era, no entanto, deplorável no palco, e até mesmo a Delfina, apesar de todo o seu entusiasmo, como atriz era absolutamente indiferente. Mas seu interesse comum pelo teatro teve a vantagem de unir mais o Delfim e a Delfina e tirar Luís Augusto das oficinas do serralheiro e do carpinteiro, onde ele praticava seus dois passatempos preferidos e de onde, para desespero de sua esposa, saía de mãos sujas e roupas manchadas. Esses passatempos de Luís Augusto, tão desprezados pelos cortesãos, eram na verdade muito mais inteligentes e valiosos do que as futilidades que tomavam tanto tempo em Versalhes e que levaram a condessa de Provence a se queixar a seus parentes de Turim que "eram tantos os bailes que já não podia mais suportar".

Era extraordinário que durante três anos os futuros rei e rainha da França tenham vivido nesse mundo fechado e artificial de Versalhes, sem sequer visitar Paris. Luís Augusto não parece ter mostrado qualquer curiosidade em ver sua capital. Quando já era rei há três anos, chocou seu cunhado, o imperador José, ao confessar nunca ter visitado Les Invalides. A terrível experiência de Maria Antonieta na noite da catástrofe na praça Luís XV deixou-a durante vários meses com medo de voltar a um lugar onde ela também poderia ser esmagada pelas multidões. Mas no ano anterior ela sentira o desejo de fugir de Versalhes e explorar uma cidade tão próxima e, ao mesmo tempo, tão inatingível. Parecia que tudo e todos conspiravam para mantê-la distante, começando pelos ciúmes de suas tias e de madame du Barry, que não ousava passar pelas ruas com medo de ser atacada pela turba, e terminando com um governo fraco, temeroso de que o ainda poderoso partido de Choiseul pudesse explorar a crescente popularidade do jovem casal para provocar uma outra Fronda. Houve uma expedição clandestina à cidade, na última semana de carnaval, quando a Delfina, aproveitando-se do amor do rei Luís pelos segredos, engabelou-o para que ele permitisse a ela, ao Delfim e ao conde e condessa de Provence fazerem uma visita, incógnitos, ao baile da ópera. Fervendo de entusiasmo, Maria Antonieta escreveu a sua mãe: "Na quinta-feira passada o Delfim, o conde e a condessa de Provence e eu fomos ao baile da ópera. Tudo foi feito no maior segredo, e estávamos todos mascarados. Mas após meia hora fomos reconhecidos... Retornamos a Versalhes às sete da manhã, onde assistimos à missa antes de irmos para a cama. Todos parecem encantados pelo fato de Monsieur le Dauphin ter concordado em ir ao baile, pois ele normalmente tem aversão a esse tipo de festa."

O deleite infantil com que ela relatou suas experiências deve ter aquecido o coração do velho rei, pois agora que suas forças sexuais começavam a falhar, ele começava a se aborrecer com madame du Barry, com sua fala afetada e seus contínuos pedidos de dinheiro, e a garrulice infantil da Delfina era um contraste reparador. "Tento agradar ao rei e acho que às vezes consigo", escreveu ela. "Nem sempre é fácil, pois sua comitiva está sempre tentando desviar-lhe a atenção. Mas, a não ser que eu me engane, acho que ele realmente gosta bastante de mim."

Seus inimigos começavam a se dar conta de que a Delfina era uma força a ser temida, e que era apenas uma questão de tempo até ela obter uma completa ascendência sobre o marido. Ele ter-se disposto a acompanhá-la ao baile de máscaras já era prova de seu afeto. Dessa vez, até a imperatriz ficou feliz. "Sua excursão a Paris parece ter sido o maior sucesso", escreveu ela. Como mãe amorosa, estava feliz em achar que seu genro moleirão e incompreensível começava a se comportar como um jovem normal. O rei Luís também começava a se preocupar seriamente pelo fato de nenhum dos seus dois netos mais velhos ainda ter sido pai. O rei podia simpatizar com o problema de Provence, pois não havia nada de muito tentador em Maria Josefina, que era tão descuidada com seu aspecto pessoal que, na verdade, cheirava mal, e uma carta cheia de tato teve que ser enviada a suas majestades na Sardenha, para descobrir se a filha deles podia ser convencida a escovar os dentes. Mas com uma jovem tão encantadora quanto a Delfina, a situação era muito mais difícil de entender. No começo de março de 1773, Maria Antonieta escreveu à mãe com uma franqueza característica: "O rei andou conversando com o Dr. Lassone. Ele parece achar que não há nada de errado comigo e com o Delfim, além de inépcia e ignorância. Discutiu muito a sério com o Delfim a respeito do que devia ser feito e, no final, ordenou a Lassone que nos desse instruções separadamente. O Delfim veio ver o médico em meus apartamentos, pois não queria ser examinado sozinho. Falou com ele muito sensivelmente e sem qualquer embaraço. Lassone ficou muito satisfeito e parece muito otimista". Um mês depois, Maria Antonieta voltou a escrever: "As conversas que Monsieur le Dauphin teve com Lassone foram bastante satisfatórias. Não há nada errado com sua constituição. Infelizmente ele é incrivelmente apático e preguiçoso, e essa preguiça não o deixa nunca, a não ser quando está caçando."

Aquilo a que ela se refere como "apatia" pode ter sido um mal linfático, uma espécie de distúrbio glandular que afligia não apenas o Delfim e seu irmão Provence, mas também a mais velha de suas duas irmãs, madame Clotilde, que era tão desmesuradamente gorda, que a conheciam como *"Grosse Madame"*, e tão lenta e apática que parecia ser completamente destituída de sentimentos. Isso não se aplicava ao Delfim, mas infelizmente sua timidez, aliada a um agudo complexo de inferioridade, costumava incapacitá-lo para demonstrar sua afeição, de tal forma que ele poderia ser ríspido e quase grosseiro para com as próprias pessoas de quem ele mais gostava. Até mesmo o mais bem intencionado dos cortesãos achava quase impossível manter uma conversação com ele, e as damas do palácio se queixavam de que, quando ele se dirigia a elas, nunca as olhava no rosto. Mas o príncipe, que se arrastava pesadamente pelos assoalhos lustrosos de Versalhes, parecendo, na descrição do duque de Croy, "mais um puxador de arado do que um Bourbon", foi uma revelação para sua esposa, quando fizeram sua *"Joyeuse Entrée"* — sua entrada oficial na capital — e manteve contato pela primeira vez com a gente comum de Paris.

"O que mais me agradou em todo este dia maravilhoso foi o comportamento de Monsieur le Dauphin. Ele respondeu perfeitamente a todos os discursos e mensagens e correspondeu de forma calorosa às aclamações das multidões", escreveu Maria Antonieta, triunfante, à mãe.

Eram 11 horas da manhã de 8 de junho, um perfeito dia de verão, quando o troar dos canhões da Bastilha e do Hôtel de Ville anunciaram a chegada dos príncipes reais. O duque de Brissac, então governador, estava às portas de Paris para presenteá-los com as chaves da cidade. Seis carruagens de gala, escoltadas por destacamentos dos guardas da cidade e precedidas pela cavalaria da corte, os levaram, através do aplauso das multidões ao longo dos cais, das Tulherias até Notre Dame. O povo chegava às centenas, aos milhares, vindo das ruas miseráveis que se emaranhavam por trás dos cais, dos esplêndidos palácios refletidos no rio, das igrejas, dos hospitais e das escolas — gente de todas as camadas sociais, mercadores, lojistas e estudantes, desde o chefe de polícia da cidade e os diretores das corporações, até as mulheres do mercado, em seus melhores trajes, atirando flores para o casal. Houve uma recepção especial para a Delfina por parte da priora e das freiras do hospital do Hôtel Dieu, que havia sido devastado pelo fogo alguns meses antes, tendo sido Maria Antonieta o único membro da família real a enviar uma grande doação, feita com seus próprios recursos. O arcebispo esperava para recebê-los nos degraus de Notre Dame, onde assistiram à missa, depois voltando às Tulherias, parando na universidade e na igreja de Sainte Geneviève. A essa altura a multidão tinha chegado a proporções tão imensas que o cortejo só podia prosseguir a passo de tartaruga. Mas, durante toda essa travessia longa e quente, Maria Antonieta se manteve sentada, ereta e orgulhosa, em sua carruagem, com as bochechas coradas que não precisavam de ruge, e os olhos que brilhavam de prazer. "Como ela é bonita", era o refrão geral. "Como ele parece gentil", diziam as mulheres, pois o Delfim, com seu rosto franco e honesto, estava radiante de prazer.

No palácio das Tulherias, o casal real jantou sozinho com as damas de companhia, mas uma galeria aberta dando sobre o salão de jantar permitiu que os curiosos, numa procissão ininterrupta, observassem o banquete, ao mesmo tempo em que, num salão anexo, 50 mulheres do mercado de Paris foram convidadas para jantar como hóspedes do rei. Seus brindes barulhentos e suas risadas estridentes ecoavam pelo palácio, e Maria Antonieta ouviu pela primeira vez uma pergunta que lhe seria repetida freqüentemente nos anos seguintes: "Quando vai nos dar um herdeiro, Madame la Dauphine?".

O duque de Brissac levou-os a uma varanda que dava para um terraço repleto de gente, todos atirando seus chapéus para o ar e gritando em alegre aclamação: *"Vive Monsieur le Dauphin! Vive Madame la Dauphin!"* Maria Antonieta hesitou por um segundo, como que subjugada por esse bramido de boas vindas. "Mas são tantos", sussurrou para o duque de Brissac, e o velho duque galante deu sua célebre resposta: "Madame, espero que Monsieur le Dauphin não sinta ciúmes se eu disser que a senhora tem 200 mil apaixonados esperando lá embaixo."

Todas as hesitações nervosas desapareceram. Nada a satisfaria agora, a não ser descer para os jardins e, de braços dados com o Delfim, misturar-se com a multidão, participando de seu riso e de seu amor. "Deixem que se aproximem o quanto quiserem. Os guardas não devem empurrá-los e, acima de tudo, ninguém deve ser machucado." "O Delfim deu essas ordens", escreve ela, "e tiveram um excelente efeito, pois, apesar da imensa multidão, ninguém saiu ferido." Foram ordens características do futuro Luís XVI, o qual, no decorrer de sua vida de martírio, nunca permitiu que qualquer de seus guardas erguesse um dedo contra a multidão.

A carta de Maria Antonieta à mãe foi escrita num espírito de euforia, mas pode-se sentir a presença da mente liberal do abade Vermond, quando ela escreve: "O que mais me tocou em tudo isso foi o calor e a avidez das boas vindas dessa pobre gente que, apesar de viverem esmagados pelos impostos, ainda assim pareciam tão felizes de nos ver. Como somos afortunados, em nossa posição, por podermos ter conquistado, com tão pouco, o amor de nosso povo. Não há nada mais precioso, e nunca o esquecerei". Maria Antonieta não precisou ser instruída nem por Mercy, nem por Vermond, quando, ao retornar naquela noite a Versalhes, disse ao rei Luís: "Vossa Majestade deve ser muito amado, senão não teríamos nunca recebido tamanha ovação." O rei, que não tinha qualquer ilusão quanto aos sentimentos dos seus súditos, agradeceu-lhe pelo belo cumprimento.

CAPÍTULO 7

NA PRIMAVERA DE 1770, quando Maria Antonieta já estava a caminho da França, o príncipe Kaunitz escrevera ao conde Mercy: "Nossa pequena arquiduquesa estará bem, contanto que não a mimem na França." Mas os mimos começaram no dia da *"Joyeuse Entrée"* de 1773. Dois dias depois, a Delfina e o Delfim foram ao teatro da ópera, ao que se seguiu a Comédie Française, e finalmente, o Teatro Italiano, para ver a peça popular *Le Déserteur*, quando toda a platéia juntou-se ao coro de "Viva o rei' e o ator cômico Clairval, que interpretava o papel de um bêbado, veio trôpego para o palco, atirando o chapéu para o ar e gritando: "Viva o rei, e também seus queridos filhos!"

O entusiasmo dessas platéias, combinado com a adulação das multidões, fez Maria Antonieta se dar conta, pela primeira vez, do potencial de seu papel. E, radiante de gratidão, ela escreveu para a mãe: "Pensar que eu, que fui a mais nova de todos nós, viria a ser tratada pela senhora como se fosse a mais velha. O que fiz para merecê-lo?" Mas não demorou muito para se acostumar com as saudações e a admiração, aceitando-as como um direito seu, distribuindo seus sorrisos fáceis, pronta para encantar e ser encantada por tudo. Houve visitas oficiais aos ministérios e aos museus, aos fabricantes das tapeçarias Gobelin, das porcenalas de Sèvres e Savonnerie; expedições em que ela se fazia acompanhar ou pelas tias ou pela cunhada de Provence. Doutos professores, que lhe mostraram a biblioteca real, com sua coleção de manuscritos e medalhas, os artistas que ela honrou com uma visita ao Salon du Louvre — todos foram conquistados pelo encanto da jovem Delfina. O que mais lhe agradou de tudo, porém, foi visitar as festas populares e os parques de diversões, onde pôde ver as pessoas dançando sob as árvores e fazendo compras nas barracas ao ar livre. Essas excursões eram absolutamente desaprovadas por Mesdames, que, no decorrer de suas vidas trancadas, nunca estiveram em contato com a gente comum, e que preferiam ficar sentadas, orgulhosas e duras, em suas carruagens, desconfortáveis, mas também com um pouco de medo de qualquer demonstração popular.

Não demorou muito para que as tias fossem deixadas para trás e companheiros mais jovens e mais bem humorados tomassem o seu lugar: a encantadora princesa de Lamballe e sua cunhada, a duquesa de Chartres. Essas jovens inocentes haviam sido levadas em tenra idade, através do casamento, para o cenário vulgar e dissipado do Palais Royal, a fortaleza dos Orléans no coração de Paris. Quando seus jardins foram abertos ao público, toda a Paris se encontrou sob as castanheiras: galantes em busca de aventuras e prostitutas em busca de homens; jornaleiros ambulantes, anunciando seus artigos de pornografia e escândalo, e jovens advogados das províncias exercitando sua oratória nos cafés ao ar livre. Enquanto o velho duque de Orléans, o homem mais rico da França, vivia retirado com sua esposa morganática, seu filho, o dissoluto e ambicioso duque de Chartres, reinava no Palais Royal. Os Orléans eram os únicos príncipes do sangue real que ainda não tinham feito a paz com o rei e continuavam a ter assento no parlamento de Maupeou, um gesto de desafio a Versalhes que lhes valeu imensa popularidade em Paris.

Apesar de nem o Delfim nem a Delfina freqüentarem o Palais Royal, Maria Teresa de Lamballe, nascida princesa de Savóia-Carignan, e sua cunhada, a duquesa de Chartres, tinham direito às *petites entrées* em Versalhes. E foram essas duas mulheres que, inadvertidamente, estimularam Maria Antonieta àqueles caprichos absurdos e extravagantes, dos quais ela seria mais tarde acusada. Ambas tinham dinheiro sem limite à sua disposição, e tempo sem limite em suas mãos, para se permitirem as últimas loucuras da moda, fosse participar com apostas altíssimas do perigoso jogo de faraó, que ainda não havia sido jogado em Versalhes, fosse ostentar as perucas altíssimas que haviam conquistado Paris. Foi a duquesa de Chartres quem primeiro colocou Maria Antonieta em contato com mademoiselle Bertin, a chapeleira de Abbeville, cujo gênio para criar penteados modernos, que refletiam o espírito da época, viria a conquistar os favores da rainha.

Era o tempo em que toda a cidade discutia o caso "Goezman" — a disputa entre Augustin Caron de Beaumarchais, relojoeiro, dramaturgo e jornalista panfletário, de talento brilhante e reputação duvidosa, e Goezman, um magistrado corrupto. Tempo em que as famosas *Memórias* de Beaumarchais, escritas em sua própria defesa, eram vendidas em todas as esquinas da cidade, e o dramaturgo condenado pelos tribunais se tornara o ídolo do país. "*Ques a co*?" (O que foi? O *leitmotif* das *Memórias*, um *slogan* no patoá provinciano) estava em todos os lares. Mademoiselle Bertin criou um novo modelo: um "Ques a Co?" — um punhado de plumas na forma de uma interrogação, para ser usado na parte de trás da cabeça, impundente, divertido e totalmente original, exibido pela Delfina em Versalhes.

Mas o aventureiro versátil, condenado pelos tribunais, que ridicularizou seu parlamento, não era desconhecido para o rei nem para suas filhas. Filho de um humilde relojoeiro, ele desempenhara vários papéis em sua escalada para a fama, e um dos mais anômalos de todos foi o de professor de música de Mesdames de France. Seus talentos de artista, combinados com uma bela presença e modos distintos, valeram-lhe a proteção e o favor de três mulheres entediadas e solitárias, que estavam dispostas a impulsionar sua carreira, até que seus ciúmes foram despertados pelo casamento dele com uma rica viúva, cuja morte misteriosa, seis meses após as bodas, ligou pela primeira vez seu nome a um escândalo.

Desde então sua carreira seguiu através de muitas vicissitudes de pobreza, alternando-se com muita riqueza quando, como agente do conhecido financista Paris-Duverney, foram-lhe confiadas grandes somas para dar andamento a projetos de longo alcance nas colônias francesas. Seus problemas começaram com a morte de Duverney, quando os herdeiros do banqueiro contestaram um documento apresentado por Beaumarchais, reclamando grande parte da herança. Começou então uma série de casos legais, com magistrados corruptos e juízes comprados. Ninguém saiu incólume dessa questão. Com sua sátira mordaz, Beaumarchais aplicara um golpe em um governo já fraco e importuno. Mas em Versalhes, onde madame du Barry ainda tinha poder supremo, a favorita real se divertiu tanto com as *Memórias* que ordenou que parte delas fossem dramatizadas para uma apresentação em seu teatro particular, apresentação essa à qual, segundo se diz, o rei esteve presente. Até mesmo a Delfina, que raramente partilhava as opiniões de madame du Barry, e quase nunca lia um livro, ficou tão fascinada com as *Memórias* que as deu ao marido para ler, ficando zangada e surpresa ao vê-lo atirar no fogo aquilo que ele descreveu como "uma publicação sediciosa e obscena". Foi um gesto curioso por parte de um jovem príncipe normalmente considerado lento e obtuso. Mas, de toda a família real, ele parece ter sido o único que compreendeu o perigo de homens como Beaumarchais, cuja chacota aparentemente ligeira disfarçava uma subjacente amargura, disposta a denegrir qualquer forma de autoridade. Luís Augusto foi uma daquelas pessoas infortunadas, cujos primeiros instintos estavam sempre certos mas que raramente tinham a coragem de manter suas decisões.

Beaumarchais era famoso mas, não obstante, estava por baixo. O julgamento dos tribunais impediu a Comédie Française de encenar *Le Barbier de Séville* (O Barbeiro de Sevilha). O custo do processo fizera-o perder toda a sua fortuna, e a sentença que cassou-lhe seus direitos civis tornou impossível para ele ter qualquer cargo na corte. Mas, na corte de Luís XV, aventureiros espertos raramente permaneciam sem emprego. Monsieur de Sartines, então ministros da polícia, tinha sempre como arranjar emprego para os proscritos da sociedade. Na Inglaterra, um dos ex-amantes de madame du Barry acabara de publicar uma narrativa sinistra e altamente detalhada do começo da vida da condessa num prostíbulo parisiense. O tipo de divulgação que dificilmente seria apreciado por uma mulher que lutava por respeitabilidade e que ainda tinha esperanças de um casamento morganático com o rei. Madame du Barry foi em lágrimas a monsieur de Sartines implorando-lhe que conseguisse impedir a publicação do panfleto difamatório, e levasse o vilão aos tribunais. Mas o governo inglês recusou-se a interferir e tentativas de seqüestrá-lo terminaram num fracasso ignominioso. Apenas duas semanas após sua condenação pela corte, Beaumarchais recebeu do rei a missão secreta de ir à Inglaterra para apoderar-se, por quaisquer meios, do documento incriminatório. Era uma missão sórdida para um homem que, quando da publicação de suas *Memórias*, fora aclamado como *"L'homme de la nation"*, e podia muito bem ter se tornado um líder revolucionário. Mas Beaumarchais tinha uma natureza muito apegada ao dinheiro, à vida e aos hábitos de uma classe que ele fundamentalmente desprezava. Era o pássaro-falante que anunciava a queda do antigo regime, mais do que o corvo que devorava a carniça. Por isso, aceitou a oferta do rei Luís — um fora-da-lei caçando outro fora-da-lei. Mas, quando conseguiu concluir com sucesso a sua missão, o velho rei já estava morto e ninguém mais se importava com a reputação de uma antiga prostituta. Sartines, que poderia tê-lo reembolsado por suas despesas, não quis incluir nas contas a serem apresentadas ao jovem rei uma grande soma paga por serviços prestados a madame du Barry. E foi cínico o bastante para sugerir a Beaumarchais que sua única oportunidade de ser pago seria se um outro caso da mesma natureza surgisse — outro panfleto que precisasse ser barrado. Era o tipo de coisa perigosa de se dizer a um homem em necessidade desesperada de dinheiro, pois o que poderia ser mais fácil a alguém com a imaginação de Beaumarchais do que fabricar ele próprio um libelo contra a jovem e inocente rainha, que usava o penteado *à la Ques à Co* de forma tão ostentosa e ria tão divertida com suas sátiras?

O julgamento de Beaumarchais coincidiu com as últimas semanas do carnaval de Paris de 1774; um carnaval que nunca fora tão brilhante, em que os bailes da Ópera foram honrados pela presença dos príncipes reais. A Delfina, em particular, era conhecida por sua paixão pelos bailes de máscaras e por ter sempre a ilusão de que ninguém a reconhecia, quando todos na verdade o faziam com facilidade. Ela se divertia com o anonimato do disfarce, quando, usando um dominó e uma máscara, estava livre para flertar e provocar os jovens estrangeiros atraentes que, quando apresentados por seus embaixadores em Versalhes, só podiam receber a mais formal das mesuras, o mais sucinto dos sorrisos, ou, no máximo, serem convidados para um daqueles pequenos bailes exclusivos dados todas as semanas em seus apartamentos particulares, das cinco da tarde até as nove da noite. Nos bailes da Ópera ela podia dançar a noite toda, só se retirando quando a multidão se tornasse muito grande e suas atenções muito importunas. O acesso ao teatro da Ópera era facilitado por uma passagem que ligava os apartamentos da duquesa de Chartres, no Palais Royal, diretamente com os camarotes do primeiro balcão da Ópera — e a dança acontecia numa plataforma elevada, exatamente no nível desses camarotes.

O baile de máscaras da noite de 30 de janeiro de 1774 foi um dos maiores acontecimentos sociais da temporada. Todos os príncipes reais, incluindo o Delfim, estavam presentes, ao que se sabia, apesar de que muitos teriam dificuldade em reconhecer o príncipe tímido e retraído na figura mascarada brincalhona, que ria tão alto com seus companheiros e brincava com qualquer estranho. A Delfina era mais reconhecível, e houve alvoroço no salão desde o momento em que ela apareceu. Mas havia um jovem estrangeiro presente que não reconheceu a figura graciosa, usando um dominó de veludo cinza e uma máscara, que dirigiu-se a ele pelo nome e o provocou, muito jovial, falando das muitas damas que o perseguiam. O conde Fersen, de 18 anos, em sua primeira visita a Paris, era belo o bastante para atrair a atenção de qualquer mulher. Sua figura alta e elegante, seus traços perfeitos e seus vívidos olhos azuis, emoldurados por cílios longos e negros, já tinham lhe valido o apelido de "Le Beau Fersen", e um ar de fria reserva lhe acrescentava mais um fascínio. O embaixador sueco, o conde Creutz, relatou ao rei Gustavo: "De todos os suecos que passaram por Paris desde que estou aqui, nenhum foi tão bem recebido quanto o jovem Fersen, nem se comportou com maior modéstia e discrição." Axel Fersen certamente era discreto. Isso se sente de saída em seu diário, quando ele descreve o seu encontro com a Delfina no baile da Ópera: "Era uma hora da manhã quando deixei madame d'Anville para ir ao baile da Ópera. Era um grande acontecimento social, uma vez que Madame la Dauphine, Monsieur le Dauphin e o conde de Provence compareceram, e passaram meia hora no baile sem que ninguém os reconhecesse. A Delfina falou-me longamente, sem que eu soubesse de quem se tratava. Quando finalmente ela se identificou, todos correram para o seu lado e ela retirou-se para o seu camarote. Às três eu saí do baile." Isso foi tudo que ele escreveu sobre o encontro que viria a mudar todo o curso de sua vida. E essa discrição foi mantida no decorrer de seu relacionamento com uma mulher cuja indiscrição viria a se contar entre os seus piores erros.

Eles deveriam voltar a se encontrar nos dois meses seguintes, nos bailes e recepções de Versalhes, onde Maria Antonieta, cercada por seu séquito, não podia lhe dedicar mais do que umas poucas palavras formais, um rapidíssimo sorriso. Mas até mesmo isso foi o suficiente para despertar o ciúme e a inveja daqueles que não tinham nada mais a fazer a não ser espionar a "odiada austríaca". O embaixador sueco, que passara em Paris o tempo suficiente para perceber as contracorrentes de intriga dirigidas à Delfina, preveniu seu jovem *protegée* para que este não se envolvesse no ninho de abelhas de Versalhes.

O conde Creutz era um hábil diplomata. Axel Fersen pertencia a uma das mais antigas famílias da Suécia e era um dos favoritos do jovem rei Gustavo, e seria insensato da parte dele envolver-se numa corte onde os franceses estavam sempre prontos a se voltar contra um estrangeiro. A Delfina era muito bonita e sedutora, com uma doçura e uma inocência naturais: tudo o que se podia reprovar nela era sua frivolidade, e isso era compreensível na sua idade, especialmente estando ela ligada a um homem que, apesar de sua aparente devoção, era incapaz de satisfazê-la como marido. Nos anos posteriores, Axel Fersen viria a ser grato a seu embaixador pelo conselho de não dar ouvidos àqueles que tentavam subestimar o Delfim. Apesar de não ser nem brilhante nem atraente, Luís Augusto estava longe de ser burro e tinha muito bom senso, amor pela justiça e uma autêntica inclinação para fazer o bem. Infelizmente faltava-lhe força de caráter, fosse para influenciar, fosse para enfrentar sua jovem esposa, que era invejada, espionada e traída a cada momento.

Axel Fersen deixou Paris na primavera de 1774, num momento em que o Delfim de 19 anos e a Delfina, de 18, representavam as esperanças da maioria da nação. Quatro anos se passariam até que ele voltasse. Foram anos durante os quais, deslumbrada por sua posição e intoxicada pelo incenso das lisonjas ininterruptas, Maria Antonieta ouvia cada vez menos as admoestações de sua mãe e os conselhos do embaixador imperial. Desde o começo o conde Mercy deplorava na jovem Delfina sua facilidade para zombar do que quer que encarasse como ridículo, um humor que era tipicamente vienense e que, inadvertidamente, ofendia àqueles que ela mais tarde teria dificuldade em reconciliar.

Nos primeiros meses de seu casamento, sua dama de companhia, madame de Noailles, já havia sido apelidada de "Madame l'Etiquette", e certa vez, quando caiu de um burrinho na floresta de Compiègne, Maria Antonieta disse rindo para seus acompanhantes: "Corram e tragam madame l'Etiquette, perguntem-lhe qual é o procedimento correto quando uma Delfina da França cai de um burrinho". Uma jovem criada que incorrera na desaprovação de madame de Noailles por não ter se apresentado com as lapelas de sua touca ou as fitas de seu avental amarradas da maneira correta, era tranqüilizada por um sorriso conspirador, ou até mesmo uma piscada de olhos de sua soberana real. Os membros de sua comitiva, desde o mais humilde criado ao mais jovem pajem, adoravam a Delfina. Mas as velhas nobres de pescoços duros, que se consideravam ignoradas, e os velhos cavalheiros pomposos, cujos discursos monótonos a levavam aos bocejos, estavam todos ávidos para ouvir as observações mordazes e os comentários ácidos das amorosas tias da Delfina.

A primeira ocasião em que Maria Antonieta afirmou sua posição e testou sua influência foi ao proteger seu antigo professor de música, o célebre compositor Gluck, quando sua ópera *Iphigenia in Aulis* foi representada no teatro da Ópera de Paris, em 19 de abril de 1774. Um alemão ousara não apenas produzir uma ópera em francês, mas produzira uma ópera que se baseava num dos maiores clássicos da língua, a *Iphigénie* de Racine. A cidade inteira não falava de outra coisa — como se um alemão pudesse sonhar em suplantar as melodias tão familiares de Rameau e Lully! Sua ópera se pretendia pioneira no campo da música adequada às exigências da ação dramática, música que se apoiava nas fontes inexauríveis da agonia e nos laços íntimos entre as emoções e as sensações humanas, música que não pertencia ao mundo e não era nativa de país nenhum. Mas, teria Gluck, apesar de todo o seu gênio, conseguido sucesso contra a oposição que encontrou, sem o apoio de Maria Antonieta, a qual, tendo sido a mais medíocre entre seus alunos em Shönbrunn, era agora a mais poderosa entre os seus protetores? Os diretores da ópera real, que se queixavam das intransigências do compositor, e as divas mimadas que foram levadas às lágrimas pela violência de seu gênio, viram-se forçados a se submeter a esse músico prepotente e fanfarrão, tão obcecado com sua obra que se recusava a fazer concessões tanto à fraqueza quanto aos caprichos.

Na manhã de 19 de abril, as filas para poder entrar na ópera iam até as Tulherias; os bilhetes estavam sendo vendidos no mercado negro por três vezes o preço original. Não importava se a pessoa era um amante da música ou um completo desafinado; quem quer que fosse alguém queria estar presente ao maior acontecimento musical da temporada. Às cinco e meia da tarde a Delfina e o Delfim chegaram com os condes e as condessas de Provence e d'Artois,* seguidos por uma galáxia de carruagens de gala de Versalhes. A princesa de Lamballe, a duquesa de Chartres e a duquesa de Bourbon já estavam em seus camarotes. Até mesmo os ministros estavam presentes: o duque d'Aiguillon e o chanceler Maupeou, ministros que já não mais ousavam antagonizar uma princesa que em breve poderia ser rainha. De acordo com o relato, a maioria da platéia

* O conde d'Artois casou-se com Maria Teresa, irmã da condessa de Provence, em novembro de 1773.

permaneceu pouco receptiva, desconcertada, e incapaz de compreender uma música tão completamente diferente de tudo que haviam aprendido a admirar: "Deve-se admitir que algumas coisas foram sublimes, mas uma grande parte foi aborrecida; o balé, parte tão essencial da ópera francesa, era quase inexistente, e o cenário medíocre". Mas o entusiasmo da Delfina e o seu aplauso constante, um aplauso que o resto do grupo real sentiu-se obrigado a acompanhar, transformou a noite num triunfo e, em meio à elegante platéia parisiense, houve uns poucos que foram levados às lágrimas "por aquela experiência única", e que, tal como Julie de Lespinasse, encheram páginas e mais páginas em louvor de uma "música que pode elevar a pessoa às maiores alturas da alegria, e fazê-la mergulhar nas profundidades do desespero". Uma mensagem que significou mais para Gluck do que todo o aplauso de Versalhes estava contida numa carta que lhe foi entregue por um moleque de recados, no final da apresentação — assinada por Jean Jacques Rousseau.

> Monsieur Le Chevalier Gluck, acabo de assistir à sua ópera *Iphigenia*. Achei-a maravilhosa. O senhor conseguiu o que eu até então achava ser impossível. *Iphigenia* muda todas as minhas idéias. Ela prova que a língua francesa é tão adaptável quanto qualquer outra a um estilo musical que é a um só tempo forte, tocante e sensível.

Inadvertidamente, Maria Antonieta fora responsável por juntar dois dos maiores gênios do século.

CAPÍTULO 8

"SIRE, ALGUÉM DEVE ESTAR doente em Versalhes." O cirurgião real não era um homem de economizar palavras e, quando o rei adoeceu no Petit Trianon, ele insistiu para que o levassem ao palácio, de carruagem, de camisola mesmo, como estava. Ultimamente, o rei Luís passava cada vez mais tempo no pavilhão clássico construído por Gabriel no meio daquele famoso jardim botânico que lhe dera tanto prazer na juventude. Mas agora ele perdera o interesse nas plantas e flores raras que botânicos célebre haviam trazido das Índias e das Antilhas — as 40 variedades de morangos, os imensos abacaxis que ele enviava como presente a seus colegas monarcas. A única atração do Petit Trianon residia em sua privacidade, pois era um lugar onde ele podia relaxar em companhia de sua amante e de uns poucos companheiros escolhidos, fugindo das intrigas e dissensões de sua corte. Nenhum de seus parentes jamais compareceu às pequenas ceias festivas íntimas no Trianon, onde a amante real dava o tom.

Em 27 de abril o rei insistira em sair para caçar, apesar de já ter se sentido adoentado na noite anterior. Após algumas horas sentado numa carruagem apertada, ele voltou para seu quarto tremendo, com febre alta. Mas seu *entourage* ainda tentou manter sua doença em segredo de Versalhes, e não foi senão na manhã de 28 de abril que a notícia chegou ao palácio e aos ouvidos de madame Adelaide, a qual, pela primeira vez em toda a sua vida frustrada, achou-se no controle em Versalhes. O rei foi trazido para seus apartamentos, enquanto seus próprios aposentos eram preparados. Mas, assim que se viu instalado em sua própria cama, ele deixou claro querer que madame du Barry lhe fizesse companhia, e nem os médicos nem suas filhas ousaram mandar embora a mulher através de quem ele se segurava à vida.

Dois dias depois foi confirmado que Sua Majestade fora atingido por uma forma particularmente virulenta de varíola, a doença mortal que, nos últimos cem anos, se mostrara tão fatal para a casa reinante da França. Logo que se soube disso, o Delfim, a Delfina e os condes de Provence e d'Artois foram banidos das vizinhanças do quarto do doente, apesar de Maria Antonieta, que tivera a doença em criança, ter suplicado que lhe permitissem ficar com o avô, um gesto que até mesmo seus inimigos não puderam deixar de admirar. Mas coube às filhas do rei, nenhuma das quais tivera varíola, tomar a decisão heróica de permanecer para cuidar do pai, uma decisão que não foi inteiramente apreciada pelo rei, o qual, apesar do perigo terrível de contágio, ainda queria sua amante à sua cabeceira. A pobre condessa se viu involuntariamente forçada a desempenhar o papel de heroína, não somente para o rei, que com um egoísmo sublime não parava de lhe pedir que lhe sentisse a fronte, mas também pelo duque d'Aiguillon e pelo assim chamado partido Devoto, que faziam tudo em seu poder para manter o rei vivo e postergar o dia temido da confissão pública. Em seu diário, o duque de Croy, um dos poucos cortesãos corajosos e devotados que cumpriram com seus deveres até o fim, descreve o espetáculo nada edificante dos grupos rivais disputando a alma do rei; do velho arcebispo de Paris sendo impedido de se aproximar da cama do rei; e do duque de Fronsac ameaçando atirar um humilde *curé* de Versalhes pela janela, se ele ousasse falar em confissão. Na noite de 4 de maio, o rei sabia que estava morrendo e, com uma lucidez admirável, convocou o duque d'Aiguillon, a fim de traçar planos para a partida da condessa. O duque, que agora já se dava conta de que não tinha mais nada a perder, fez um gesto generoso e ofereceu a ela a hospitalidade de sua casa, que ficava a poucas milhas de Versalhes — não longe o bastante para satisfazer os padres e o público em geral, que clamavam por sua expulsão.

A condessa, que realmente amava o rei, partiu banhada em lágrimas, viajando com simplicidade numa carruagem alugada, para não se expor aos insultos da multidão que, nos últimos dias, se reunia em torno do palácio, atraída não por afeição ou amor ao rei, mas por pura curiosidade. Aqueles que, como o duque do Croy, eram realmente apegados ao seu amo, se sentiram enojados com a indiferença da maioria dos súditos. A cidade de Versalhes estava lotada de pessoas em férias, desfrutando do primeiro sol de primavera, sem dar a menor atenção ao homem que agonizava no palácio. Quarenta horas de preces foram decretadas em todo o país, mas as igrejas permaneceram vazias. E somente um punhado de cortesãos, detidos pelos privilégios de sua posição, foram forçados a permanecer de serviço no quarto infecto do doente, e a agüentar o cheiro pestilento que emanava das pústulas supuradas de um corpo que já havia começado a se decompor.

Estoicamente, as três princesas permaneceram à cabeceira de seu pai que, com a partida da amante, se entregara à morte e ao arrependimento. Finalmente, os padres foram informados de que o rei estava pronto para a confissão que não fazia há bem mais de 30 anos. E bem cedo, na manhã de 7 de maio, a procissão solene dos Santos Sacramentos, liderada pelo grão-esmoler da França, assistida por cortesãos completamente paramentados e precedida por uma galáxia de padres e bispos, passou, vinda da capela, pelas galerias guarnecidas por soldados perfilados, da cavalaria da corte e da guarda suíça, subindo pela chamada escadaria da Delfina, que levava aos apartamentos reais. Atrás do ostensório caminhavam o Delfim, a Delfina e o resto dos príncipes reais, seguidos por todos os ministros de estado. Por ordem do rei, nenhum deles teve permissão para seguir além da câmara do Conselho. Somente dois príncipes do sangue real, Orléans e Condé, que já tinham ambos tido a doença, tiveram permissão para se aproximar da câmara do rei e segurar o guardanapo cerimonial do comungante moribundo — e, por extrema ironia, eram os dois príncipes que mais o odiavam. Aqueles que ficaram rezando na câmara do Conselho puderam ver, ao final da perspectiva de aposentos, o espetáculo terrível do rei, deitado numa cama de campanha, a cabeça inchada até o dobro de seu tamanho natural, e negra das cascas de ferida que a cobriam, enquanto os padres ficavam à sua volta, esperando que ele fizesse a confissão pública exigida como preço de seu arrependimento. O arcebispo veio até a soleira dos apartamentos reais, para ler em voz alta, à corte reunida, as palavras: "Cavalheiros, Sua Majestade deseja que lhes diga que ele pede perdão a Deus por ter cometido transgressões e trazido escândalo para o seu nome. Se Deus, em Sua piedade, lhe devolver a saúde, ele promete que doravante tentará defender a Fé e sua religião, e dedicar-se inteiramente ao bem-estar de seu povo".

O rei Luís, que permaneceu lúcido no decorrer desta declaração, teria sido ouvido dizendo: "Se ao menos eu tivesse forças para dizer pessoalmente essas palavras...". Durante dois dias ele sobreviveu, consciente quase que até o fim, enquanto o mau cheiro se tornava tão insuportável que servidores leais eram carregados para fora do quarto desmaiados, e os cortesãos de serviço se acotovelavam junto à porta, suas vidas correndo um perigo mortal.

O final chegou às três e quinze da tarde de 10 de maio, quando um escudeiro abriu as portas do Oeil de Boeuf e disse em voz alta: "Cavalheiros, o rei está morto." Seguiu-se uma disparada geral, com cortesãos ambiciosos abrindo caminho aos tapas e empurrões, para estarem entre os primeiros a cumprimentar o novo rei.

Esforçando-se para conter as lágrimas, o casal real apareceu à soleira dos apartamentos da Delfina, ambos parecendo pateticamente jovens e inexperientes. Nas últimas semanas, enquanto os ministros continuavam a comparecer aos jantares e recepções, Luís Augusto passava a maior parte do tempo em oração. Dois dias antes do fim, ele mandara 200 mil francos de seu próprio bolso para serem distribuídos aos pobres de Paris, e agora o primeiro ato de seu reino foi renunciar ao dinheiro que lhe era destinado em sua elevação. A rainha seguiu-lhe o exemplo, doando o *Droit de Ceinture*, o tributo medieval que datava dos dias do cinto e da casula adornados de jóias — e era característico de Maria Antonieta ter minimizado sua própria ação, dizendo que de qualquer forma já não se usavam mais cintos.

Às quatro da tarde, 16 carruagens de gala, cada qual puxada por oito cavalos, que tinham ficado à espera o dia inteiro do lado de fora do palácio, já estavam a caminho para levar a família real para longe da atmosfera contaminada de Versalhes. Concordou-se que, durante os primeiros nove dias, permaneceriam reclusos em Choisy, sem ver nenhum dos ministros que haviam estado em contato com o falecido rei. Dezessete pessoas que haviam estado de serviço no palácio, ao que se sabia, já tinham morrido, e o medo do contágio era tal que nenhum dos cortesãos que vieram render homenagens a Luís Augusto tiveram permissão de lhe beijar as mãos. O jovem rei amava o avô e estava esmagado por sua morte e pela carga espantosa que lhe caíra sobre os ombros. Suas primeiras palavras ao ouvir a notícia foram: "Sou o homem mais infeliz do mundo." Somente seus fortes sentimentos religiosos e seu senso de dever evitaram que ele desistisse, e suas primeiras ordens escritas foram claras e concisas. Ele seria conhecido como Luís — Luís XVI — e todos os ministros, governadores e funcionários administrativos que haviam servido a seu avô deveriam permanecer, pelo momento, em seus postos. Mas todos sabiam que d'Aiguillon tinha seus dias contados, e todos esperavam uma limpeza em regra no governo corrupto e irregular. Os partidários de Choiseul já reuniam forças, confiando no apoio da jovem rainha.

Maria Antonieta, que desde a doença do rei fora forçada a assumir responsabilidades estranhas à sua natureza, estava à beira de um colapso nervoso. A companhia desagradável de suas cunhadas piemontesas, com quem ela partilhara cada refeição nas últimas semanas, e as exortações contínuas do embaixador de sua mãe haviam se juntado para minar o seu moral. Mas ela estava longe de ser a menina sentimental e assustada descrita nas memórias de madame Campan, e suas lágrimas pelo rei Luís não duraram muito tempo.

Em uma de suas primeiras cartas como rainha para a imperatriz, ela já escrevia: "O público espera muitas mudanças no novo regime. O rei já despachou aquela 'criatura' para um convento e baniu todos os seus parentes da corte. Ele devia isso ao povo de Versalhes que, quando o falecido rei agonizava, atacou a carruagem de madame de Mazarin, uma das amigas mais íntimas da favorita." Maria Theresa ficou chocada pela veemência de sua filha contra madame du Barry, quando "a infeliz criatura perdeu tudo e necessitava mais de piedade do que qualquer outra pessoa". Na verdade, os termos do banimento foram suaves, conforme a condessa foi a primeira a admitir, pois lhe foi permitido conservar todas as propriedades e as jóias que lhe haviam sido dadas por seu amante real, e, dentro de um ano, tinha permissão de retornar a seu pavilhão em Louveciennes.

Enquanto Luís XVI se dirigia para Choisy através de quilômetros de multidões que o aclamavam, a morte de um monarca que reinara por mais de 60 anos passava sem ser lamentada por seus súditos. O país inteiro estava mergulhado em luto, mas os poucos que realmente haviam amado o rei Luís estavam chocados com a indiferença da maioria do povo. No dia seguinte à sua morte, apareceu a primeira de uma série de quadrinhas populares insultando sua memória:

Louis a rempli sa carrière
et fini ses tristes destins.

Tremblez voleurs, fuyez putains,
*vous avez perdu votre père.**

Somente os padres permaneceram no quarto fétido do palácio deserto, onde ninguém ousava se aproximar do cadáver, até que trabalhadores comuns da cidade de Versalhes foram convocados à força para colocar o corpo num caixão de chumbo cheio de ervas aromáticas. Secretamente, à noite, escoltados por guarda-costas, os restos do rei que em sua juventude fora conhecido como "Luís, o Bem Amado", foram transportados num coche de três parelhas para o lugar de seu último repouso, em St Denis.

O rei está morto. Viva o rei! A alegria dos parisienses era quase indecente, de tanto que se esperava do novo reinado e daquele jovem tímido que não tinha nada mais para oferecer além de suas boas intenções. "O que é certo", escreveu Maria Antonieta à mãe, "é que o rei tem uma inclinação autêntica para a economia, e o maior desejo de fazer o seu povo feliz. Ele precisa e quer aprender, e só espero que Deus recompense sua boa vontade." Mas, ao fundo, já corriam as intrigas. Madame Adelaide e suas irmãs foram enviadas em quarentena a uma pequena casa dentro da propriedade de Choisy. As pessoas questionavam: "Por que tão próximas?" "Por que expor o rei a tal risco?" Mas madame Adelaide estava agora determinada a desempenhar o papel pelo qual esperava há tanto tempo. Antes dela e suas irmãs sucumbirem todas à varíola, ela conseguiu fazer chegar uma carta ao rei contendo uma lista de ministros confiáveis, compilada pelo pai dele, o falecido Delfim. Os dois nomes que encabeçavam a lista era os de Machault e Maurepas, homens excelentes em suas juventudes, que haviam incorrido no ressentimento da Pompadour e sido exilados durante 25 anos, enquanto Luís XV se esquecia de suas existências. Ambos tinham agora 73 anos, um tanto velhos para servirem de conselheiros para um rei de 20 anos. Mas a maior parte dos homens mais jovens disponíveis pertenciam ao partido de Choiseul, e Choiseul era exatamente a pessoa que Luís Augusto estava determinado a nunca ter em seu governo. Sua primeira declaração pública, em que prometia proteger a religião, que se encontrava em grande necessidade de proteção, bem como evitar os homens corruptos e cruéis, e cuidar de seu povo, deixou suficien-

* Luís encerrou sua carreira / e cumpriu seu triste destino. / Tremam, ladrões, fujam, putas, / Vocês perderam um pai. (N.T.)

temente claro que ele nunca indicaria um homem que fora responsável pela proscrição dos jesuítas e de quem se sabia ser amigo de Voltaire. Madame Adelaide vencera sua primeira batalha contra Maria Antonieta, que havia contado em trazer Choiseul de volta. Muitos dos amigos do ex-ministro lamentaram o fato de nenhuma das tias do rei ter morrido de varíola. No final de maio, estavam fora de perigo e madame de Deffand, uma cortesã que não tinha nenhum amor por Mesdames, escreveu: "O anjo exterminador embainhou sua espada. Mais uma vez vamos encontrar as três solteironas instaladas na nova corte, tecendo suas intrigas mesquinhas".

O surto de varíola em Choisy fez com que a família real fosse para La Muette. E, no menor e mais delicioso de todos os palácios de verão, passou-se aquilo que foi descrito como a "lua-de-mel do novo reinado". O Bois de Boulogne, que havia sido fechado quando a corte estava ali em residência, fora agora aberto ao público e, sem a presença de guardas, o jovem rei e a jovem rainha podiam ser vistos caminhando de braços dados como qualquer casal burguês. O duque de Croy descreve "aqueles primeiros dias de verão, quando a pequena e encantadora rainha ia cavalgar no bosque, ao lado de sua grande amiga, a princesa de Lamballe, tão atraente e graciosa quanto ela própria. Era delicioso — toda Paris vinha às ruas, e era como se fosse uma única festa contínua. Todos pareciam felizes e soltavam gritos de alegria, e até batiam palmas."

Certa vez, quando a rainha estava cavalgando, ela deparou com o rei, que caminhava sozinho, ao que desmontou e correu em sua direção, tendo ele tomado-a em seus braços e, para a delícia do público, "plantado dois bons beijos em suas bochechas". Em outras ocasiões, Maria Antonieta e suas cunhadas foram vistas sentadas num banco na floresta, comendo morangos e bebendo leite. Não espanta que o romântico duque descrevesse semelhantes cenas de simplicidade arcadiana como "deliciosas".

Mas, apesar de todas as suas boas intenções para com a rainha, Luís a fez compreender desde o começo que não queria nem sugestões nem conselhos. A simples menção do nome de Choiseul era suficiente para fazê-lo cair em silêncio e dois dias após sua elevação o conde de Maurepas, de 73 anos, um cavalheiro espirituoso e amigável, finalmente recebeu uma carta lisonjeira do jovem rei, pedindo-lhe que atuasse como seu mentor e conselheiro: "Tenho apenas 20 anos e me faltam tanto o conhecimento quanto a experiência.... Sempre ouvi falar de sua probidade e da grande reputação que o senhor adquiriu por saber lidar com todos os problemas, motivo pelo qual peço-lhe que me dê sua valiosa ajuda, seus valiosos conselhos." Em certo sentido foi uma escolha sábia, pois não ofendia ninguém, exceto a rainha, a qual, ainda que zangada, não ousou questionar a escolha feita pelo marido. Maurepas era um homem conhecido como desambicioso, que não desejava o posto de primeiro-ministro e se contentava em não ser mais do que o conselheiro e confidente do rei.

Em Viena, Maria Theresa, que era mais cética a respeito das insuficiências do novo conselheiro, escreveu à filha: "Estou espantada com a escolha de Maurepas, pela qual, presumo, Mesdames são responsáveis. Que imprudência tê-las deixado ir para Choisy, e a que risco." Ao contrário de Maria Antonieta, nem ela nem seu ministro, o príncipe Kaunitz, haviam desejado o retorno de Choiseul, que era excessivamente cioso do prestígio francês para dar apoio à política expansionista da Áustria. Ambos teriam preferido um ministro fraco e acomodado como d'Aiguillon. Mas d'Aiguillon não apenas conseguira o ódio da rainha, mas da maior parte da nação francesa, e nem mesmo o fato da esposa de Maurepas ser sua tia poderia salvá-lo da demissão. Foi uma demissão acompanhada de um aperto de mão áureo, nada menos de 500 mil francos, uma soma que, em vista de sua impopularidade geral, foi suficiente para despertar o temor de que o jovem rei, de quem tanto se esperava, terminaria tão fraco quanto seu predecessor. Maria Theresa foi a primeira a desaprovar a generosidade do genro "que despertou comentários consideráveis, não de admiração por sua bondade, mas de medo de que ele se deixe levar pelos outros e termine tendo suas favoritas."

Numa carta surpreendentemente madura para uma moça de 18 anos, Maria Antonieta respondeu às críticas de sua mãe:

> Por enquanto só há elogios e admiração pelo rei, o que ele merece completamente, por ser tão honesto e estar tão ansioso por fazer o bem. Mas me preocupo quanto ao tempo que o entusiasmo dos franceses vai durar. Do pouco que entendo de política, parece que as coisas no momento estão muito difíceis e que o falecido rei deixou o país em muito mal estado. É impossível satisfazer a todos num país em que o povo é tão volúvel e impaciente a ponto de querer ter tudo feito de uma só vez. Mas o rei não será nunca tão fraco quanto seu avô, nem, eu espero, virá a ter favoritas... Apesar de eu temer que ele possa ser muito gentil e complacente, como quando deixou monsieur de Maurepas dar 500 mil francos a monsier d'Aiguillon.

Maria Antonieta tinha todo o direito de se ressentir dessa soma enorme ter sido dada a um ministro que não fizera outra coisa senão intrigas contra ela nos últimos anos, enquanto que foi somente após lágrimas e súplicas que ela conseguiu que o duque de Choiseul fosse chamado de volta do exílio.

A corte mal tinha se reinstalado em Versalhes, quando o ex-ministro apareceu para render homenagem ao rei. Enquanto Maria Antonieta se mostrou o mais graciosa e encantadora possível para com "o homem que foi responsável por torná-la a mulher mais feliz do mundo", Luís foi rude e quase ofensivo. "O senhor envelheceu bastante, monsieur de Choiseul. Ganhou muito peso e perdeu muito cabelo." E antes que o duque pudesse responder, ele já lhe dera as costas. O conde de Provence, que agora era conhecido como "Monsieur", teve a delicadeza de perguntar pela duquesa. A essa altura Choiseul já percebera que o apoio da jovem rainha não era suficiente para destruir a inimizade que o Delfim mais velho transmitira, do túmulo, através de suas três irmãs, para seu filho primogênito. Choiseul deixou Versalhes ainda ostentando a máscara de sorridente indiferença que ele adotara em toda a sua vida. Em Paris, muiltidões se reuniram em frente a sua casa para saudá-lo, mas ele foi elegante na derrota e, não desejando causar problemas para o jovem rei, voltou às suas propriedades na Touraine.

Teria a história sido diferente se Choiseul voltasse ao poder, ficando em posição de aconselhar a jovem rainha naqueles primeiros e perigosos anos? Somente ele poderia ter transformado uma princesa austríaca numa rainha realmente francesa, algo que, apesar de todas as suas boas intenções, o conde Mercy não poderia nunca fazer. O embaixador sempre agiria primeiro e, acima de tudo, no interesse da imperatriz, e apesar de ser muito ajuizada, Maria Theresa cometeu muitos erros. Sua intensa antipatia pelo príncipe Luís de Rohan e sua determinação em conseguir afastá-lo de Viena, dessa forma ofendendo uma das mais importantes famílias da França, não podia ter sido mais bem calculada para conquistar inimigos para sua filha entre os Rohan. Nem tampouco seus contínuos pedidos em favor dos Lorena, que eram invejados e antipatizados na França, poderiam aumentar sua popularidade. Mas talvez o mais insensato de tudo tenha sido sua insistência para que o abade Vermond mantivesse seu posto de leitor da rainha. Nem o conde Mercy nem a imperatriz parecem ter levado em conta a grande antipatia que o jovem rei tinha pelo abade, que para ele era uma criatura de Choiseul, ao ponto de nunca ter-lhe dirigido uma palavra. Um homem mais forte teria demitido Vermond, mas a devoção da rainha àquele seu servidor impediu Luís de tomar uma decisão que teria provocado cenas e lágrimas sem fim, do tipo que ele já havia aprendido a temer.

A única decisão tomada pelo rei, que se diz ter sido influenciada por sua esposa, foi sua inoculação contra a varíola. Até então nenhum dos Bourbon havia seguido o exemplo das cortes do Norte, onde a inoculação era praticada há já 20 anos. A notícia de que o rei e seus dois irmãos, nenhum dos quais ainda tinha herdeiro, iriam ser vacinados ao mesmo tempo foi considerada, de uma maneira geral, tanto perigosa quanto temerária. Como se sabia que Luís era contra qualquer tipo de operação, e fora ouvido dizendo que preferia morrer do que ser inoculado, Maria Antonieta, cujos seis irmãos e irmãs já haviam sido inoculados em Viena, foi considerada por todos como a responsável. O país inteiro, e em particular as províncias, ficaram num estado de suspense. As ações da bolsa caíram ao seu nível mais baixo. Inúmeras petições foram apresentadas ao rei pedindo-lhe que não se submetesse a uma operação tão perigosa, e todo aqueles que eram contrários à rainha austríaca deram livre voz às suas denúncias. Nem mesmo o resultado feliz das inoculações poupou-a da acusação de ser uma influência perigosa sobre o rei. Somente Maria Antonieta sabia quão pouco ela contava na vida do marido, e como a sua própria podia ser solitária e sem amigos nos mil quartos do palácio de Versalhes.

CAPÍTULO
9

A ERA DAS FAVORITAS tinha se acabado. Após mais de cem anos, o país tinha finalmente uma rainha de quem todos os franceses podiam se orgulhar. Mas Maria Antonieta estava há apenas um ano no trono, quando se viu sujeita a calúnias e acusações, que vieram não dos parisienses, que a adoravam, mas dos salões de Versalhes, permitindo que um aventureiro inescrupuloso como Beaumarchais, então em sua maré de sorte mas baixa, se aproveitasse da situação. O ministro da Polícia, que se dispusera a pagar milhares de libras* para impedir a circulação de um panfleto difamatório contra a amante do rei, estava preparado para pagar ainda mais para evitar uma acusação contra a jovem e inocente rainha. O terrível panfleto — que Beaumarchais alegava ter descoberto em Londres, em posse de um rico judeu — continha todos os ingredientes inflamáveis, perfeitamente calculados para provocar um ministro, como monsieur de Sartines, que estava ansioso para mostrar seu valor ao novo governo. Intitulado *Aviso à Linhagem Espanhola de Bourbon,* a publicação tinha forma epistolar e tratava da impotência do rei e das intenções adúlteras da rainha. Beaumarchais informou a monsieur de Sartines que seria necessário um agente esperto, com amplos fundos à sua disposição, para entrar em posse de um panfleto que deveria aparecer ao mesmo tempo em Londres e em Amsterdã. Se Sartines percebeu ou não que a história toda era um embuste, isso não deve ter importado, uma vez que lhe fornecia uma

* A libra francesa, ou *livre de Tours,* que durou de 1667 a 1795. (N.T.)

grande oportunidade de provar sua eficiência. Ele sugeriu ao rei Luís que Beaumarchais, que tinha conexões tão úteis na Inglaterra, seria a pessoa mais adequada para receber uma missão tão delicada. A princípio, o rei se mostrou relutante em dar sua autorização a um homem em quem ele confiava tão pouco como Beaumarchais, mas sob a pressão de Sartines finalmente consentiu em conceder as credenciais oficiais.

Em Beaumarchais, esse homem de muitos papéis, o artista agora tomava o lugar do escroque. Dando livre rédea à sua imaginação, ele perseguiu o judeu mítico da Inglaterra até a Holanda e da Holanda até a Alemanha, onde encenou um falso ataque ao judeu numa floresta nas cercanias de Nurenberg, alegando tê-lo finalmente subjugado, tomado-lhe o manuscrito, estando agora a caminho de Viena. Até mesmo Sartines deve ter achado difícil aceitar esta história fantástica como verdadeira, mas ele não ousou desacreditar suas próprias ações, ou lançar suspeitas sobre um homem a quem ele próprio fornecera uma carta do rei.

Beaumarchais esperou encontrar em Viena novas vítimas para o seu talento, mas nem a imperatriz nem seus ministros eram tão crédulos, ou tão cínicos, quanto seus colegas franceses, e Beaumarchais teve uma recepção fria no Hofburgo, onde suas credenciais oficiais lhe garantiram uma audiência imperial. Mas sua arte de persuasão não teve efeito sobre a imperatriz, que ficou enojada com as acusações injuriosas levantadas contra sua filha. O panfleto foi entregue ao príncipe Kaunitz, que não hesitou em declará-lo falso, e Beaumarchais foi colocado sob prisão domiciliar, enquanto sua história fantástica era investigada pela polícia. Sob custódia, ele parece ter perdido completamente a cabeça, contradizendo constantemente sua própria história e, ao final de várias semanas, foi libertado e ignominiosamente expulso do país. Mas a corrupção na França era de tal ordem que Sartines recusou-se a aceitar o julgamento do príncipe Kaunitz, enquanto Maurepas divertiu-se tanto com a descrição de Beaumarchais de suas aventuras fictícias que convenceu o jovem rei de que aquele homem não passava de um lunático inofensivo que não devia ser levado a sério. Essa atitude indulgente surpreendeu até mesmo Beaumarchais, e chocou o príncipe Kaunitz, levando-o a se perguntar se o próprio Sartines não teria tomado parte na conspiração, ou se a França não estaria tão podre que seus ministros e até mesmo o rei se divertiam com impostores.

O príncipe Kaunitz guardou essa opinião para si, mas Maria Theresa deu total vazão a seus sentimentos indignados escrevendo a seu embaixador:

> Nunca imaginei que esse ódio inveterado contra os austríacos, contra minha própria pessoa e a pessoa da pobre e inocente rainha ainda estivesse tão profundamente enraizado nos franceses. É nisso que dá toda a adulação, todo o amor que eles alegam ter por minha filha? Nada poderia ser mais revoltante, mais calculado para me levar a desprezar uma nação, que não tem nem religião, nem moral, nem sentimentos. Não vou entrar nos detalhes de toda a história, mas aborrece-me profundamente termos detido aquele homem aqui. Teria sido melhor tê-lo tratado desde o princípio como um impostor, despachando-o em poucas horas pela fronteira, fazendo-o compreender que as pessoas não são tolas e que ele só se livrara por pura caridade. Posso prever que ainda teremos muitos problemas com ele. Às vezes é melhor saber pouco do que muito. O interesse e a curiosidade do príncipe Kaunitz foram despertados pelo nome desse miserável patife, que parece ter sido a figura principal no famoso caso Goezman, e autor daquelas *Memórias* que se tornaram tão populares e que todos andaram lendo no inverno passado — todos, exceto eu, pois não encontro prazer nenhum nessa espécie de coisa. Só me entristece pensar que alguém possa desperdiçar seu tempo e seu talento para ridicularizar coisas que deveriam ser levadas a sério. Mas a essa altura você já deve estar cansado de ouvir meus aborrecimentos. Sinto-me absolutamente utrajada e só tenho curiosidade em saber quais serão as reações na França. Não estou dizendo muito sobre isso a minha filha, pois não quero que ela perceba até que ponto está cercada de patifes e traidores — e até agora nem esperança de um herdeiro.

Maria Antonieta, que secretamente ressentia-se da atitude despreocupada assumida pelo rei, não obstante o apoiou ao escrever à mãe: "Esqueci-me de contar-lhe sobre Beaumarchais. O rei em pessoa me informou. Foi mais uma oportunidade dele me demonstrar sua confiança e amizade. Ele encara esse homem como um lunático inofensivo e acho que ele está certo." O conde Mercy, no entanto, escreveu a sua soberana que, assim que a rainha soube da história, chamou-o a Versalhes e exigiu saber por que fizera segredo disso para ela durante tanto tempo. O rei a essa altura já lhe tinha falado da acusação, mas de forma a fazê-la suspeitar de que ele nunca a lera, tratando a questão como se não tivesse qualquer conseqüência, que só o incomodava por ter aborrecido a imperatriz. A rainha declarou que a questão a aborrecia muito mais que a sua mãe, e pediu-lhe que fizesse todos os esforços para desencavar a verdade de toda aquela história extraordinária, e evitar que novas cópias dessa difamação circulassem pela França.

O embaixador era da mesma opinião do príncipe Kaunitz, considerando Beaumarchais um escroque perigoso, cujos talentos, de algum modo, eram úteis a seus soberanos. Nem Sartines nem o conde Maurepas queriam dar provas de que a história era fictícia e ambos defenderam Beaumarchais como alguém que pode, em certas ocasiões, ser descuidado e inescrupuloso, mas que até agora ainda não havia sido definitivamente desonesto. O resultado foi que o homem que voltara a seu país como um proscrito agora ousava queixar-se do tratamento ultrajante que recebera em Viena, e o príncipe Kaunitz achou mais prudente pôr um fim à questão pagando-lhe a soma de mil ducados para compensá-lo por sua prisão. Interpretando o papel de cavalheiro ofendido, Beaumarchais recusou-se a aceitar o dinheiro e o embaixador imperial ofi forçado a engolir sua indignação e presenteá-lo com um belo anel de brilhantes.

Esse incidente permitiu que Maria Thereza tivesse uma percepção mais aguda do tipo de coisa que sua filha deveria esperar de um país onde o rei era muito fraco e seus ministros muito cínicos para defenderem a honra da rainha, e onde a própria rainha era jovem e despreocupada demais para reconhecer os perigos que se atravessavam em seu caminho. Maria Antonieta não era tão despreocupada quanto deixara a mãe acreditar. Seus quatro anos na França tinham lhe ensinado a se adaptar às pessoas entre as quais tinha que viver e a se contentar com um marido que não era nem um amante nem um companheiro, e que desde sua elevação ficara tão tomado pela formação do novo governo que suas visitas a seus apartamentos eram ainda menos freqüentes do que antes. Os aposentos que se comunicavam diretamente com os apartamentos do rei, e que antes haviam pertencido a madame du Barry, eram agora ocupados pelo conde Maurepas, que tinha acesso a Luís em todas as horas do dia e que, devido a seu medo de ser suplantado por Choiseul, fazia tudo em seu poder para afastar Luís da rainha.

Luís era devotado a sua jovem esposa, se bem que à sua maneira fria e reservada. Mas havia ocasiões em que seus ânimos borbulhantes e seu riso barulhento lhe davam nos nervos, em que seu gênio explosivo e suas lágrimas súbitas o constrangiam. Ele tentou adaptar-se a essas inconveniências como um marido de generosidade infalível e Maria Antonieta escreveu à mãe, em tom de triunfo, sobre a largueza do rei, contando-lhe que sua pensão pessoal havia sido dobrada para 200 mil libras francesas por ano, e que ganhara de presente o pavilhão e os jardins conhecidos como Le Petit Trianon, onde agora até mesmo o rei tinha que ser convidado por ela.

O conde Mercy pintou um quadro menos róseo da vida no palácio de Versalhes, dos ciúmes das cunhadas piemontesas, que se recusavam a prestar aos jovens rei e rainha a visita matinal de cerimônia que estes sempre haviam prestado a seu avô, das impertinências juvenis do conde d'Artois, agora com 17 anos, que não observava a etiqueta, ao ponto de passar na frente do rei e até mesmo, em certas ocasiões, interrompê-lo enquanto este falava. Ainda pior era sua familiaridade com a rainha, que era vista excessivamente em sua companhia. O conde de Provence era mais circunspecto em seu comportamento e sempre tratava o rei e a rainha com a máxima deferência. Mas, examinando alguns papéis do avô, Luís deparou-se com algumas cartas que provavam que seu irmão havia feito intrigas contra ele com o duque d'Aiguillon, uma descoberta que custou ao ambicioso Estanislau Xavier seu assento no Conselho de Estado. Não obstante, o rei estava determinado a que não houvesse brigas em família e que todos vivessem nos mesmos termos de intimidade de antes. As indiscrições de Artois eram invariavelmente perdoadas e "Monsieur" nunca foi reprimido em seus gostos extravagantes, no que tangia à construção de casas e à coleção de obras de arte.

Luís era ainda mais indulgente no tratamento dispensado às tias. Mesdames Vitória e Sofia, que partilhavam uma mesma residência, agora exigiam acomodações separadas — uma questão que implicava uma considerável despesa. Quando as princesas viajavam para seu tratamento anual em Vichy, uma estação de águas que elas recentemente tinham transformado em moda, nunca o faziam com uma comitiva de menos de 300 pessoas. E nenhum ministro, nem mesmo o novo controlador-geral, monsieur Turgot, que estava empenhado numa política de reforma econômica, ousou sugerir que essa despesa poderia ser reduzida. Madame Adelaide ainda era uma força a ser temida e o conde Maurepas, o ministro que ele elevara ao poder, era um visitante constante de seu *salon*, onde seu antigo professor de música, aquele "encantador e inteligente monsieur de Beaumarchais", recuperara seu prestígio, divertindo os convidados de madame com suas brilhantes imitações do príncipe Kaunitz e da imperatriz Maria Theresa, e suas narrativas sarcásticas da vida no império Habsburgo. Entre aqueles que participavam da corte de madame Adelaide estavam seus primos, os príncipes de Condé e Conti, ambos oponentes ferozes de Choiseul e da aliança austríaca. Na opinião do conde Mercy, aqueles elegantes apartamentos, dando para os jardins de Versalhes, eram um ninho de intrigas dirigidas contra a rainha, onde quadrinhas graciosas, temperadas de malícia, eram ouvidas por Mesdames com sorrisos de desaprovação.

Os relatórios do embaixador trouxeram muito pouca alegria à imperatriz envelhecida. Quando o conde Mercy descreveu o rei como sendo "muito bom", ela entendeu que ele queria dizer "muito fraco", e o que poderia acontecer a sua filha com um marido que era tão fraco e tão indiferente quanto a dar-lhe conselhos ou advertências? "Vocês dois são muito jovens e a carga muito pesada. Eu me preocupo — me preocupo terrivelmente quanto ao que pode acontecer", escreveu Maria Theresa.

Mas, aos 19 anos, a rainha não tinha espírito para levar a sério suas obrigações, e até se regozijava por não estar mais sob a tutela de suas tias. "Já não se pode mais dizer que elas me governam. Quanto a Monsieur e Madame, não tenho escolha senão aceitá-los como são e, apesar do conde d'Artois poder ser muito avoado às vezes, sei quando é necessário colocá-lo em seu lugar."

Maria Antonieta ainda era muito jovem, muito inclinada a só se divertir, e d'Artois era o único membro da família que lhe permitia fugir do tédio de Versalhes. Mas d'Artois tinha companheiros perigosos, e o mais perigoso de todos era seu primo, Felipe d'Orléans, duque de Chartres, que atraía para o Palais Royal todos os elementos mais dissipados de Paris. Lá, as apostas no jogo eram altas, a bebida excessiva e as prostitutas as mais belas e mais caras de Paris. D'Artois admirava seu primo mais velho por sua imensa riqueza, sua elegância no trajar e sua anglomania tão em moda. As primeiras corridas de cavalo na Plaine de Sablon, organizadas por Chartres e d'Artois, foram assistidas pela rainha, cuja presença em companhia de seu cunhado e de um grupo de moços animados e esportistas, todos fazendo apostas altíssimas, foi imediatamente relatada, para a desaprovação da imperatriz. Nem os cortesões mais velhos de Versalhes apreciavam quando Sua Majestade era vista passeando somente com seu cunhado, num pequeno cabriolé aberto, conhecido como *"un diable"*. Ainda mais criticado foi o fato de ela ter comparecido a um baile a fantasia dado em sua honra pelo duque de Chartres. Até então, nenhuma rainha da França tinha comparecido a um baile no Palais Royal. E foi signifcativo que o rei, que não gostava de seu primo Orléans, tivesse se recusado a comparecer.

A presença da rainha no Palais Royal se devia não tanto a d'Artois quanto à princesa de Lamballe, que no ano anterior se tornara sua "amiga mais querida e mais próxima". Maria Antonieta, que era amorosa e afeiçoada por natureza, era ávida por amizades e nessa jovem frágil e infeliz, de grandes olhos azuis e longos cachos louros, ela esperava ter encontrado a companheira ideal com quem partilhar as delícias do Trianon e trocar confidências das experiências matrimoniais, que para uma tinham sido tão trágicas e, para a outra, tão frustrantes. Era a época das amizades sentimentais, quando as mulheres que pouco tinham a fazer trocavam cartas longas e comovidas, dirigindo-se umas às outras como "Querido Amorzinho". E Maria Teresa de Lamballe, dependente, delicada e anormalmente sensível, era a pessoa exata para atrair uma criatura tão solitária quanto Maria Antonieta.

Apesar de toda a sua sensibilidade e da facilidade de suas lágrimas, madame de Lamballe era uma carreirista igual a qualquer outra em Versalhes, e mal se firmou junto à rainha e já começava a pedir favores não só para si própria, mas também para seus parentes. Seu irmão, o príncipe de Savóia-Carignan, em benefício de quem suas primas, as princesas piemontesas, já haviam feito solicitações em vão, queria receber o comando de um regimento francês, uma nomeação perfeita para provocar inveja e oposição tanto nas forças armadas quanto na corte. Mas sua irmã era mais determinada e persistente do que as primas. Apelando para sua solidão, para o seu desejo de poder contar com um irmão vivendo na França, ela conseguiu convencer a rainha a abraçar sua causa. E o rei terminou por ceder, contra o conselho do seu ministro da Guerra.

Um dos traços mais irritantes da princesa era seu excesso de orgulho e arrogância. Encarando-se como uma nobre em nível de realeza, ela se ressentia de, como viúva sem filhos, não ter um *status* oficial em Versalhes. Financeiramente ela dependia por completo da generosidade de seu sogro, o imensamente rico duque de Penthièvre, com quem ela passava vários meses do ano isolada no campo. Em sua obsessão por sua nova amiga, Maria Antonieta estava determinada a arrumar-lhe uma posição que a mantivesse permanentemente em Versalhes. O posto de "superintendente da Corte da Rainha", que a falecida rainha tivera a inteligência de cancelar por ser muito caro, desnecessário e sob medida para causar problemas com as outras damas de companhia, seria agora revivido em benefício de uma mulher que era delicada demais e ineficiente demais para cumprir com deveres que exigiam um tato infinito e um grande conhecimento do mundo. O rei e seus ministros foram contra o restabelecimento do cargo. Monsieur Turgot, o controlador-geral, foi particularmente loquaz sobre a questão, recusando-se a considerá-la, a não ser que o restabelecimento se desse numa base mais econômica do que no passado. Mas o duque de Penthièvre, o último neto natural de Luís XV ainda vivo, declarou que sua nora só poderia aceitar a posição se esta retivesse todas as suas antigas prerrogativas e direitos. A princesa foi em lágrimas à rainha, a rainha foi em lágrimas ao rei, e o conde Maurepas, que naquele momento achava útil estar nas boas graças de Maria Antonieta, aconselhou Luís a ceder.

Maria Teresa de Lamballe viu-se então estabelecida em Versalhes com o controle completo da corte da rainha e o enorme salário de 150 mil francos por ano. Madame de Noailles foi a primeira a se ofender e não perdeu tempo em apresentar sua demissão sem consternações. A dama de honra, a princesa de Chimay, só consentiu em permanecer se seu pai, o duque de Fitz-James, fosse feito marechal, para o que tinha tão poucas qualificações que cinco outros marechais tiveram que ser indicados, a fim de justificar sua promoção. Quando o conde Mercy aventurou-se a censurar a rainha por ter concedido a madame de Lamballe uma honra tão desnecessária, ela respondeu: "Eu queria que minha amiga querida ficasse feliz."

Não há dúvida de que a princesa amava a rainha, como ela mais tarde iria provar de forma tão heróica. Mas, em Paris, ela vivia no mundo do Palais Royal e aceitara tanto seus hábitos quanto sua extravagância. Seu salão, freqüentado por Maria Antonieta, era um centro orleanista, do qual o duque de Chartres e seus amigos eram *habitués*. Entre esses encontrava-se o jovem duque de Lauzun, o mais fascinante e rematado dos devassos, que dissipara uma vasta fortuna à época em que tinha apenas 25 anos, e podia se gabar de ter amantes em todas as capitais da Europa. Em memórias que são em sua maior parte apócrifas, Lauzun se vangloria de ter conquistado a rainha. Madame Campan, a fiel camareira, admitiu em certa época que o belo duque contava com as maiores simpatias da rainha, e registra uma ocasião em que Maria Antonieta foi insensata o bastante para admirar e aceitar o presente de uma bela pluma de garça que ele usava no chapéu, e de até aparecer num baile ostentando-a. No entanto, a modéstia e a pureza naturais da rainha — havia quem classificasse isso de frigidez — evitavam que ela sucumbisse a libertinos como Lauzun, e este nunca foi perdoado quando abusou do direito de uma audiência privada com ela, para tentar seduzi-la a deitar-se com ele.

Madame Lamballe, que já ia a meio dos seus 20 anos, deveria ter prevenido a jovem rainha com relação ao duque de Chartres e seus amigos. Mas ela só se importava com quem ou o que estava na moda, *"le bon ton"*, fossem as lojas maçônicas de que Chartres era o grão-mestre, ou as modas de mademoiselle Bertin. A pequena chapeleira de Abbeville, que agora estava no auge da fama, ditava a moda na Europa, e os penteados enormes de Maria Antonieta, de gaze e plumas, eram copiados por todas as mulheres elegantes, de Londres a São Petersburgo. Nenhum tema era por demais recôndito ou por demais bizarro, que não pudesse fornecer material para a imaginação fértil da chapeleira. O funeral de Luís XV inspirou-lhe um modelo de um cipreste e um sol nascente, que anunciava o novo reinado. A inoculação do rei rendeu um penteado encantador, com a serpente de Esculápio enroscada na oliveira da sabedoria. Algumas das pretensas líderes da moda chegaram ao ponto de carregar reproduções de montanhas, rios e pradarias em suas cabeças. A duquesa de Chartres, que era uma mulher particularmente burra, comemorou o nascimento de seu primeiro filho com a cena de um *accouchement* feito de gase e crina de cavalo. O mau gosto foi ao extremo de registrar a revolta pela falta de pão, nos primeiros meses de 1775, com uma peruca chamada *"coiffure à la Révolte"*.

Apesar de Maria Antonieta nunca se permitir extravagâncias desse gênero, seus penteados de plumas e flores subiam a alturas tão estonteantes que ela mal podia entrar em sua carruagem. De Viena, a imperatriz escreveu cartas de reprimenda, deplorando esses modismos tão exóticos.

> Li nas gazetas que seus penteados de fitas e plumas crescem a cada dia. Você sabe que sempre fui de opinião que devem se seguir as modas com moderação. Uma rainha jovem e bonita, com atrativos naturais, não deveria se permitir essas loucuras. Ao contrário, um simples penteado deveria servir apenas para destacar seus encantos, além de ser mais

adequado a sua categoria. É ela quem deve ditar a moda, e todos seguirão o que ela escolher fazer.

"É verdade que tenho grande interesse em roupas", respondeu Maria Antonieta, "mas, quanto às plumas, todo mundo as usa, e eu pareceria fora do comum se fosse a única a aparecer sem elas." Não eram apenas os penteados da filha que preocupavam a imperatriz. As gazetas estrangeiras forneciam longas narrativas das festividades brilhantes e dispendiosas de Versalhes, das visitas da rainha incógnita aos bailes da Ópera, "na companhia de seu cunhado, mas nunca com o rei".

A vida da rainha era agora de constante dissipação e o abade Vermond relatou que ela não abria um só livro. No papel de tutor, mais do que no de embaixador, o conde Mercy chegou ao ponto de advertir a rainha sobre a questão de sua frivolidade, e sobre o hábito de se deitar em horas tardias, o que a afastava cada vez mais do rei, o qual estava sempre na cama antes das onze. Maria Antonieta era complacente o bastante para ouvi-lo até o fim. Então, deixando cair sua habitual máscara sorridente, ela se defendeu dizendo que sua vida conjugal anormal não lhe deixava outra escolha a não ser a frivolidade, acrescentando: "O senhor sabe, a idéia de me chatear me deixa aterrorizada."

CAPÍTULO 10

TENDO CONSEGUIDO a demissão do duque d'Aiguillon, e facassado na tentativa de reintegrar Choiseul, a rainha perdeu a maior parte de seu interesse pela política, apesar de se dar ao trabalho de ouvir o rei nas raras ocasiões em que ele lhe falava de seu novo governo. A escolha de Maurepas foi, no total, sensata. Homem desprovido tanto de preconceitos quanto de convicções, ele conseguira reconciliar elementos amplamente divergentes. O mais surpreendente de tudo foi a indicação de Jacques Turgot, um ex-*intendant* (administrador) de Limoges, para o posto de controlador-geral. Turgot, líder dos *Philosophes* (livre-pensadores) era em geral reconhecido como um dos homens mais esclarecidos da França. Como *intendant* de Limoges, trouxe ordem e prosperidade a um dos municípios mais pobres e mais sobrecarregados de impostos do país. Mas, apesar de ser um homem de imensa inteligência e cultura, era desprovido de bom senso e humanidade, determinado a só agir de acordo com seus princípios, contra toda e qualquer oposição. O rei não gostava dos *Philosophes,* nem dos salões intelectuais de Paris, que aclamavam Turgot como um oráculo, incorruptível, totalmente comprometido com uma política econômica de livre comércio do trigo, e com a dissolução das corporações fechadas e dos monopólios, política que ia contra todos os interesses do capital no país, e em particular contra os escalões mais altos da nobreza. Mas o país precisava ser varrido por uma vassoura de sangue novo e Turgot, admirado pelos jovens, defendido pelos enciclopedistas, era um ministro deliberadamente indicado para agradar a Paris, e não a Versalhes.

Em fevereiro de 1775, o filho caçula da imperatriz, o arquiduque Maximiliano, um menino de 17 anos, sem nada que o recomendasse a não ser uma certa amabilidade enfadonha, chegou a Paris para visitar a irmã. Maria Theresa não tinha ilusões quanto aos talentos de seu filho mais novo. Numa carta de instruções para ele, escreveu: "Sua profunda indiferença é o que tão freqüentemente o leva a esquecimentos voluntários. Suas respostas '*gauches*' às vezes lhe dão o ar de um imbecil, enquanto suas observações banais e sua expressão de tédio não podem ser consideradas como um estímulo para aqueles que tentam despertar seu interesse."

Nem Kaunitz nem Mercy foram favoráveis à visita desse jovem imaturo que não poderia fazer nada para ampliar a reputação dos Habsburgo e acabaria fazendo uma triste figura na corte de sua irmã. Mas, para Maria Antonieta, Maximiliano, somente dois anos mais moço do que ela, era o irmãozinho com quem ela havia brincado em sua infância feliz e despreocupada em Shönbrunn. E ela aguardava sua chegada com ansiedade comovente. Mas o jovem arquiduque por certo não valia o trabalho que sua irmã teve para preparar sua visita. As vistas de Paris, os museus e as academias, Les Invalides e o Jardin du Roi, o célebre jardim botânico, tudo isso o deixou indiferente. Quando o famoso naturalista Buffon presenteou-o com exemplares especialmente encadernados de suas obras, ele cometeu a gafe de recusar-se a aceitá-los, dizendo que não queria privá-lo de livros tão preciosos. Esta observação correu toda Paris e o príncipe Habsburgo foi taxado de idiota.

Viajando incógnito sob o nome de conde de Burgau, uma forma de viajar que o imperador sempre gostou de adotar, mas que requeria considerável tato e conhecimento do mundo, o arquiduque teve a arrogância de presumir que os príncipes do sangue reais tratariam o conde de Burgau como um príncipe Habsburgo, fazendolhe a primeira visita de cortesia. Os príncipes, que ao menos dessa vez estavam com a razão, recusaram-se a isso e todos os elementos antiaustríacos da corte apoiaram sua decisão. A rainha teve a insensatez de apoiar as pretensões do irmão, indo ao extremo de afrontar o orgulhoso e velho duque de Orléans em público, por ter sido grosseiro para com um membro de sua família a quem o rei havia tratado como um irmão e convidado a cear sozinho com ele em seus apartamentos particulares, "uma honra à qual, presumo, o senhor nunca ousou pretender". Até mesmo o conde Mercy ficou chocado com esta explosão e fez o melhor que pôde para remediar essa ofensa, convidando todos os membros mais velhos e mais importantes da corte, incluindo o duque d'Aiguillon, inimigo da rainha, para conhecer o arquiduque, numa série de *soirées* suntuosas na embaixada austríaca. Mas a popularidade de Maria Antonieta estava declinando e, até agora, nem sinal de um herdeiro. Uma quadrinha maliciosa correu pela cidade, lembrando à rainha sua vulnerabilidade.

Petite reine de vingt ans,
Vous qui traitez si mal les gens,
Vous repasserez la Barrière.
*Lairela Lairela**

Em seu estilo gentil e cavalheiresco, o rei defendeu a rainha e os príncipes foram proibidos de aparecer em Versalhes durante quinze dias. A essa altura, Maria Antonieta já tinha dado ouvidos à voz da razão e escreveu à mãe: "Quando o príncipe de Condé e seu filho vieram para uma ceia festiva na corte, tratei-os como se nada tivesse acontecido." Mas o mal já havia sido feito.

Maria Antonieta foi uma das primeiras a se dar conta de que a visita do arquiduque tinha sido um fiasco. "A partida de meu irmãozinho me deixou muito infeliz. Para mim, é terrível sentir que posso nunca mais voltar a vê-lo. Ele foi admirado por seus bons modos e suas atenções para com todos. Infelizmente, foi muito criticado pela falta de interesse que demonstrou nos lugares que visitou. Talvez tivesse sido melhor esperar até que ele fosse mais velho."

É curioso como uma mulher tão inteligente quanto Maria Theresa tenha patrocinado essa visita. E isso só pode ser explicado pelo fato de que, viajando com o arquiduque, como seu tutor, ou antes, seu mentor, estava o conde Rosenberg, que era amigo e confidente da imperatriz há mais de 40 anos e com quem ela podia contar para receber um relatório exato e detalhado da vida de sua filha na corte da França. Maria Theresa começava a suspeitar que seu embaixador estava sendo muito parcial, muito caído pelos en-

---

* Rainhazinha de vinte anos, / Que tratais tão mal as pessoas, / Retornareis pela fronteira. / Lalari Larará. (N.T.)

cantos de uma rainha jovem e bonita, e muito inclinado a culpar o rei pelo fracasso de um casamento que, em seu quinto ano, ainda não havia sido consumado. A notícia da gravidez da condessa d'Artois deu à imperatriz novos temores quanto ao futuro. Maria Antonieta ainda era amada em Paris, mas quando passava em sua carruagem pelas ruas, as peixeiras a saudavam com seus gritos estridentes de "Madame, quando vai nos dar um Delfim?" Muitas vezes ela voltou para casa em lágrimas.

Mercy era um dos poucos a saber que, por baixo da alegria e do riso, havia uma espessa camada de tristeza, a crescente melancolia de uma mulher frustrada e insatisfeita. Maria Theresa, a quem faltavam a sutileza e a compreensão do seu embaixador, atribuía tudo ao fato de que "eles não têm o nosso bom hábito germânico de partilhar uma cama de casal", e ficou chocada ao saber da distância que separava os apartamentos do rei dos da rainha. Mercy recebeu instruções de providenciar para que sua filha fizesse construir uma passagem secreta e uma escadaria que, atravessando os apartamentos, lhe desse acesso mais próximo ao rei.

No entanto, o conde Rosenberg disse à imperatriz que nem o marido nem a mulher tiravam muito proveito dessa passagem, e que as semanas corriam sem que Luís visitasse o quarto de sua rainha. Como mãe de 16 filhos, Maria Theresa não conseguia se acostumar com a idéia de que sua filha pudesse ser frígida, ou, se não frígida, indiferente, incapaz de se adaptar aos hábitos e ao modo de vida do rei. Rosenberg botou a culpa no séquito de mulheres enfadonhas e jovens desregrados que a arrastavam para um vórtice de prazeres e a faziam sentir que era mais importante ser a rainha da moda do que ser a rainha da França. No entanto, apesar de toda essa leviandade, Maria Antonieta permanecia essencialmente pura.

O príncipe de Ligne, um dos nobres mais encantadores do "Santo Império" e o mais fervoroso admirador da rainha, escreveu: "Os casos amorosos de que ela foi acusada nunca passaram de amizades, que ela concedia a poucos, e seu comportamento a coqueteria de uma mulher, ou antes de uma rainha, que quer agradar ao mundo. Mesmo nos dias de sua juventude, quando sua falta de experiência podia nos ter estimulado a estarmos mais à vontade em sua companhia, não houve um entre nós que tivesse abusado de sua condescendência. Ela permaneceu sempre a rainha e nós a adorávamos, sem nem sonhar em amá-la."

Numa sociedade imoral e corrupta, onde não havia mulher sem amante, nem homem livre de dívidas; onde as grandes damas iam à missa com romances pornográficos escondidos sob os breviários, e onde cada cargo em Versalhes era comprado, onde, nas palavras do visconde de Ségur, "os cortesãos não se importavam com nada que não fosse dinheiro, e os jovens nobres caminhavam sobre um tapete de flores que escondia um abismo", o rei e a rainha permaneciam os membros mais honestos de sua corte.

O conde Rosenberg não hesitou em dizer à imperatriz que Maria Antonieta não estava minimamente apaixonada pelo marido. Uma carta que ele recebeu dela após sua partida não lhe deixou qualquer ilusão a respeito. Escrevendo numa veia irreverente, muito diversa da empregada nas cartas que dirigia à mãe, ela confessou: "Meus gostos não são os do rei, que só gosta de caçar e inventar geringonças mecânicas. O senhor há de concordar que eu pareceria um pouco deslocada numa forja. Eu não poderia ser Vulcano, e se assumisse o papel de Vênus, isso o desagradaria ainda mais do que minhas atuais dissipações, as quais ele de forma alguma desaprova."

Maria Antonieta nunca suspeitou que o velho e manhoso Maurepas estava deliberadamente incitando o rei a tolerar as frivolidades que a manteriam longe da política. Nos primeiros anos de seu reinado, Luís tinha um excesso de problemas para resolver, para poder devotar muito tempo à esposa. Mas tomava parte nas festividades da corte, e temos notícia dele ter aparecido num baile de carnaval, envergando a fantasia de rei Henrique IV, num *tableau* representando uma partida de caça daquele período. Uma idéia feliz da rainha, fazer o marido aparecer no papel do mais popular dos monarcas. Mas ele não fazia mais do que uma aparição perfunctória nos bailes que Maria Antonieta dava duas vezes por semana em seus apartamentos particulares, onde nunca permanecia além das onze horas. Dizem até que a rainha e seus amigos às vezes adiantavam o relógio, para se livrarem de sua presença constrangedora e indesejável.

Mas, no total, Maria Antonieta fez esforços autênticos para domar o seu "Selvagem", para que ele superasse sua timidez natural, e para torná-lo mais habituado à companhia de mulheres. A primeira de suas reformas na corte, e que foi feita contra a oposição de Mesdames, foi criar pequenas ceias festivas em que ela e o rei podiam receber aqueles que desejavam destacar com seus favores. Até então a etiqueta proibia que a rainha e as princesas reais comessem na companhia de outros homens que não seus maridos. Nessas ceias festivas, o rei convidava os cavalheiros, e a rainha as damas. Quando ela foi ao rei pela primeira vez com a idéia, a reação imediata de Luís foi recusar-se a se comprometer sem consultar as tias. Mas desta vez Maria Antonieta estava determinada a fazer prevalecer sua vontade e a não ser intimidada, e após uma cena de mau gênio, Luís terminou por ceder. A primeira dessas ceias festivas foi deliberadamente arranjada num momento em que madame Adelaide estava presa ao leito, com um resfriado, e quando ela melhorou o suficiente para aparecer na corte, as ceias festivas da rainha já tinham se tornado uma instituição aceita e bem-vinda. Nessas ocasiões, Maria Antonieta parece ter se comportado com discrição exemplar ao incluir cortesãos mais velhos e de maior distinção entre seus convidados, e o duque de Croy era um dos muitos que saíam encantados com sua afabilidade.

Dessa vez a imperatriz ficou satisfeita. "Acho essas ceias festivas uma idéia admirável. Eu preferiria que elas ocorressem três vezes, em vez de uma, por semana. Mas uma vez por semana é melhor do que nada, especialmente se as noites são assim melhor empregadas do que o foram até o presente momento." Como Maria Antonieta devia estar cansada de ter sua mãe sempre repisando o mesmo assunto, um assunto que até mesmo as mulheres de Les Halles não a deixavam esquecer, que era mencionado em cada salão, em cada residência, e despertava interesse em todas as cortes européis. No tempo do velho rei, seus problemas matrimoniais haviam sido abertamente comentados por seu marido e seu avô. Médicos haviam sido consultados e remédios foram sugeridos. Houve até menção de uma operação. Mas Luís encolheu-se à idéia da faca, e desde sua elevação o assunto foi completamente ignorado. Maria Antonieta nunca soube o quanto o marido se incomodava com as canções obscenas e os panfletos irreverentes que circulavam por Versalhes e, entre os quais, uma das mais populares dizia:

Chacun se demand tout bas
Le roi peut-il, ne peut-il pas?
La triste Reine se desespère
Lerela

L'un dit, il ne peut l'eriger,
L'autre, il ne peut y nicher,
L'autre, il est fluté traversière
Lerela

Ce n'est pas là que le mal gît
Dit le Royal clitoris
Mais il vient que l'eau claire
*Lerela**

O conde de Maurepas, que foi ele próprio dado como impotente, fez o melhor que pode para evitar que essas obscenidades chegassem aos ouvidos do rei, o qual, nos primeiros anos do seu reinado, estava por demais tomado pelo trabalho, para prestar muita atenção às fofocas e injúrias de Versalhes. Seu avô deixara-lhe uma triste herança de dívidas, miséria e descontentamento. E, por todo o país, desde os príncipes do sangue até as famílias dos magistrados exilados, que se queixavam de pobreza e privações, o povo se manifestava pela volta dos velhos *parlements*. Para aplacar esse espírito perigoso, Maurepas escolheu novos ministros entre os *Philosophes,* em vez de entre os nobres de Versalhes. Além de Turgot, havia Vergennes nas relações exteriores, Saint Germain no ministério da guerra e Malesherbes como secretário de estado da Casa do Rei, uma posição de enorme responsabilidade, dandolhe poder sobre a polícia, sobre as questões eclesiásticas e sobre grande parte do governo das províncias. De todos esses ministros, Vergennes foi o único que permaneceu no cargo até a sua morte, em meados de seus 80 anos. Era um diplomata consumado, que muito tinha feito para incrementar os interesses franceses em Estocolmo e Constantinopla, onde perdera o favor de Choiseul ao se casar de forma um tanto insensata com a viúva grega de um mercador turco fanariota, atitude que, na época, lhe fez perder o cargo. Madame de Vergennes não havia sido recebida em Versalhes até então, quando, por instigação de sua mãe, Maria Antonieta convenceu o rei a permitir que ela fosse apresentada à corte e, ela

* Todo mundo se pergunta baixinho / O rei pode, ou não pode, coitadinho? / Triste rainha, está desesperada. / Laralá / Um diz que ele não pode levantar, / Outro diz que ele não pode enfiar, / Outro ainda, que a coisa é atravessada. / Laralá / Não é aí que está o mal / Diz o Clitóris Real, / É que dali só sai água gelada. / Laralá. (N.T.)

escreveu, "quando anunciei essa decisão a seu marido, ele ficou emocionado até quase as lágrimas".

A indicação mais surpreendente foi a do conde de Saint Germain, de 70 anos, que sucedeu, no ministério da guerra, o recém-falecido conde de Muy. Era um soldado brilhante e intransigente, o qual, tendo entrado em litígio com seus superiores, passara a maior parte de sua vida lutando no estrangeiro. Mas suas reformas não foram mais populares com os soldados do que com os oficiais. Suas medidas draconianas de manutenção de disciplina, e sua tentativa de introduzir o modo prussiano de castigo corporal, as pancadas com a parte plana da espada, provocaram uma oposição tão violenta entre as fileiras, que ele não permaneceu no cargo mais de um ano.

Não fazia muitos meses que Luís estava no trono, quando Maurepas o aconselhou a reconvocar os velhos *parlements*. Tanto o rei quanto seus ministros estavam perfeitamente cônscios do perigo de se recriar uma instituição em que os elementos revolucionários estavam sempre prontos a criar problemas. Num discurso de abertura do *Lit de Justice* que teve lugar no grande Salão do Louvre, o rei Luís disse: "Cavalheiros, o rei, meu honrado senhor e ancestral, foi forçado por sua contínua resistência à sua autoridade, a suspender seus deveres. Hoje, eu os reconvoco, para que retomem as funções que nunca deveriam ter deixado. Sejam gratos a minha clemência e nunca se esqueçam dela." Mas, apesar dos discursos floreados e dos tributos graciosos ao jovem rei e sua adorável rainha, quantos eram realmente leais naquela assembléia, que abrigava tantos futuros jacobinos, homens ambiciosos esperando apenas que virasse a maré da opinião popular, para exibir sua oratória demagógica?

Até mesmo a rainha, que entendia tão pouco de política, ficou preocupada com esse *lit de justice*. Até agora ela sempre se recusara a permitir que o conde Mercy lhe falasse sobre assuntos muito difíceis à sua compreensão. Mas ficou orgulhosa e deliciada quando, na noite anterior à abertura do *lit de justice*, o rei trouxe-lhe um documento explicando as funções dos velhos *parlements*. E ela não perdeu tempo em escrever para sua mãe:

> A principal questão do momento, a do Parlamento, está finalmente concluída. Apesar de eu não ter desejado interferir ou fazer perguntas, fiquei muito satisfeita com a confiança que o rei depositou em mim. Minha querida mãe pode julgar por esse documento que estou aqui anexan-

do. Está na caligrafia do próprio rei e me foi dado na véspera do *lit de justice*. Tudo correu perfeitamente bem e os príncipes do sangue vieram nos ver no dia seguinte. Estou contente com a idéia de que não existe mais ninguém exilado ou infeliz. Quando suspenderam os *parlements*, muitos dos príncipes e padres estavam na oposição. Hoje tudo está ajeitado. Parece-me ainda que, se o rei souber manter sua autoridade, a monarquia será mais grandiosa e mais forte do que no passado.

Assim escreveu a rainha com o otimismo dos seus 20 anos. Mas, na primavera, a reforma de Turgot pelo livre comércio do trigo defrontou-se com forte oposição e houve revoltas por causa de pão em todo o país, revoltas que em muitos casos foram maliciosamente provocadas por um príncipe do sangue real.

CAPÍTULO 11

A MAIS ERRÔNEA e também a mais persistente de todas as acusações levantadas contra Maria Antonieta é a de que na época das revoltas pelo pão, em 1775, ela teria dito: "Se as pessoas não têm pão, então que comam brioches". É uma observação completamente em desacordo com a índole de uma mulher cujo erro principal sempre foi o de ter tido um coração mole, sempre pronta a solicitar favores para os seus amigos e conseguir promoções para seus empregados. Quando jovem Delfina ela fora prevenida pelo conde Mercy dos perigos de permitir que a explorassem. Seu coração gentil pôde se mostrar em centenas de modos diferentes. Quando saía para caçar, era o único membro da família real que, mesmo na excitação do abate da presa, nunca cavalgava através do trigal de um camponês. Se um cavalariço, ou um postilhão, sofria um acidente, ela era sempre a primeira a parar e cuidar para que lhe dessem um tratamento médico adequado.

Quando as reformas drásticas de Turgot se opuseram ao capital da burguesia rica e da mais alta nobreza, a rainha ficou muito mais preocupada com as provações dos pobres do que com os bandidos que convergiam para Versalhes. O rei comportou-se com calma admirável, recusando submeter-se aos parlamentares rebeldes que, após serem reconvocados em nome da liberdade, estavam fazendo tudo que podiam para obstruir as reformas liberais e de longo alcance implementadas por Turgot. Quem falava mais alto em seus protestos era o príncipe de Conti, o mais inteligente, mas também o mais malévolo de todos os príncipes reais, para quem a supressão dos monopólios e a introdução do livre comércio significava a perda de uma grande parte de sua renda, derivada dos estabelecimentos comerciais que ficavam em recintos alugados em seu palácio do Temple. O rei, agindo em grande parte por iniciativa própria, forçou os magistrados rebeldes à submissão, convocando um *lit de justice* em que defendeu a política de Turgot e acusou certos elementos amotinados em seu meio de tentar deliberadamente levar o país à fome interceptando os navios carregados de cereais e interrompendo os transportes para impedir que os estoques chegassem às cidades. O príncipe de Conti, cuja idade e posição lhe davam licença máxima de falar, era o único que ousava responder em nome da oposição. Mas Luís encerrou a sessão antes dele ter terminado o seu discurso.

Os soldados foram chamados. As padarias ficaram sob guarda e comboios militares escoltaram os suprimentos de grãos para a capital. Em menos de 15 dias a ordem tinha sido completamente restaurada tanto em Paris quanto nas províncias. Turgot e o rei haviam triunfado. Mas agora eles haviam chegado a uma encruzilhada. Enquanto Luís advogava clemência, seu ministro mostrava uma dureza desnecessária na repressão ao motim, e em sobrepor-se aos desejos tanto do monarca quanto do Grande Conselho. Dois dos revoltosos, um deles um cabeleireiro, o outro um trabalhador preso pilhando uma padaria, foram sumariamente enforcados, e ambos subiram ao cadafalso gritando: "Morremos pelo povo!" Em Versalhes, a jovem rainha chorou ao saber dessas mortes e censurou o abade Vermond, amigo de Turgot, por apoiar semelhante brutalidade. A essa altura a maior parte do país havia perdido a fé em Turgot. Ele perdeu a amizade de seus colegas e o rei começava a se perguntar se seu controlador-geral não seria excessivamente teórico, agarrado demais a um sistema.

A iminente coroação representou uma nova encruzilhada. Há mais de 12 séculos os reis da França eram sagrados em Rheims, um ato que tinha uma tremenda significação espiritual para um homem tão profundamente religioso quanto o rei Luís. Mas, para um livre-pensador como Turgot, as cerimônias hierárquicas e a pompa caríssima de Rheims significavam apenas despesas desnecessárias. Ser coroado em Paris não apenas daria imensa satisfação ao povo, mas atrairia multidões muito maiores, estimulando o comércio ao atrair um grande número de visitantes para a capital. Uma mudança na tradição também daria a oportunidade de mudar o juramento arcaico, e a essa altura obsoleto, em que o rei tinha de se comprometer "a exterminar todos os hereges". Luís ouviu pacientemente cada argumento em favor ou contra a coroação em Rheims. Mas, em seu íntimo, já estava inteiramente decidido a seguir os passos de seus ancestrais e a ser ungido com a espada e investido com a coroa de Carlos Magno na cidade santa de Rheims.

Na corte da rainha fervilhavam os murmúrios e as especulações sobre se Sua Majestade seria incluída na cerimônia. Em viena, a imperatriz Maria Theresa parece ter tido dúvidas, pois escreveu a seu embaixador: "Não creio que irão conceder à rainha a honra de ser coroada com o rei. O senhor agiu bem, mantendo-se fora dessa questão e não tendo deixado que minha filha se envolvesse em qualquer intriga." Apesar de sua atitude de indiferença sorridente, Maria Antonieta deve ter sofrido ao ser relegada ao papel de espectadora. Mais de dois séculos já tinham se passado desde que uma rainha fora coroada em Rheims. Os últimos três reis, os Luízes XIII, XIV e XV, eram todos solteiros na época de suas coroações, e não havia nenhuma lei de precedência que impedisse Maria Antonieta de ser coroada como rainha da França. Em sua maneira sutil e comedida, o conde Mercy fez o máximo que pôde para conseguir aquilo que, apesar das instruções dela, sabia ser o desejo secreto de sua senhora real. Mas encontrou em seu caminho tanto Turgot quanto Maurepas, que dessa vez estavam unidos em sua posição. O primeiro, porque estava ansioso por evitar maiores gastos, o segundo porque estava determinado a combater a crescente influência de Choiseul, que desde seu retorno a Paris andava ativamente envolvido em intrigas com a rainha e seus amigos. A simples menção do nome de Choiseul foi suficiente para decidir o rei, o qual, apesar da autêntica afeição que devotava à esposa, ainda não perdera sua desconfiança inicial da arquiduquesa austríaca que lhe fora escolhida por Choiseul.

Maria Antonieta não tomou parte na cerimônia histórica de Rheims, não teve lugar na grande procissão que entrou na cidade na tarde de 9 de junho de 1775, em que o rei veio sentado sozinho em sua carruagem pintada de ouro, com as quatro plumas brancas no teto e os cavalos ajaezados em prata e ouro, seguido por 16 outras carruagens trazendo os príncipes do sangue real, os ministros de estado e os grandes oficiais da coroa. Dois destacamentos da cavalaria, todos em uniforme de gala, escoltaram-no numa viagem para a qual nada menos de 20 mil cavalos foram requisitados. A rainha, que viajou com as irmãs mais novas do rei, sua cunhada, a condessa de Provence, e seu cunhado, o conde d'Artois, precedeu o marido de várias horas, chegando a Rheims numa noite clara de luar. Apesar do tardio da hora, as multidões já se enfileiravam nas estradas para saudar a brilhante procissão de rostos jovens e sorridentes, as sofisticadas damas da corte com seus chapéus floridos e emplumados, os jovens e elegantes oficiais nos uniformes azuis e dourados da guarda da rainha, o conde de Provence, amplo e magnífico, coberto de medalhas e de jóias, e o conde d'Artois, uma figura vistosa e brilhante, a cavalo, respondendo alegremente às saudações dos camponeses da Champagne. Ao final da procissão vinha a rainha, uma visão radiosa sob o luar, fazendo um grande esforço para sorrir e conter as lágrimas, por causa dos votos de felicidades gritados a d'Artois pela esposa grávida que ele deixara em Versalhes.

Alguns dias depois, Maria Antonieta escrevia à mãe: "Faço o melhor que posso para responder ao entusiasmo do povo e, apesar do calor e das multidões enormes, a fadiga que sinto não me afeta em absoluto a saúde. Pois é maravilhoso e ao mesmo tempo espantoso receber semelhante acolhida, após apenas dois meses das revoltas e com o preço do pão, que continua a ser terrivelmente caro. O que há de extraordinário a respeito do caráter francês é como esse povo se deixa levar pelas agitações e, quase que imediatamente depois, volta à maneira certa de pensar. O que é garantido é que onde se é tão bem tratado por um povo que tem tão pouco a agradecer, a gente se sente mais do que nunca obrigado a tentar fazer esse povo feliz."

Era uma carta sincera, refletindo as emoções que ela sentira em Rheims após assistir à cerimônia em que pôde ver seu marido elevado a alturas quase sobre-humanas; cerimônia que livre-pensadores tais como Turgot e Condorcet podiam deplorar como "ultrapassadas e absurdas", mas que para o rei e seu povo confirmavam o direito divino de governar. Ninguém ficou mais comovido do que a rainha ao ver aquele jovem tímido, que fazia tão má figura nos salões de Versalhes, transformado em Rheims num ser semelhante a um deus, santificado pelos bispos ao ser ungido pelos óleos santos dos frascos miraculosos, de St Rémy, cingindo com a espada e com a coroa de Carlos Magno. "A cerimônia sacra foi perfeita em todos os aspectos", escreveu ela. "Todos ficaram maravilhados com o rei, e com muita razão. Desde os mais importantes até os mais humildes de seus súditos, todos foram igualmente entusiastas. Houve mesmo um momento durante a coroação em que a cerimônia foi interrompida por uma explosão de aclamações espontâneas. Foi tão tocante que, por mais que eu tivesse tentado, não pude conter as lágrimas." E, para a congregação reunida, talvez o momento mais comovente daquele dia tenha sido quando o jovem rei, ao notar as lágrimas de sua esposa, lançou-lhe um olhar de beatífica satisfação.

Apesar de toda a cerimônia e pompa, Luís e Maria Antonieta nunca haviam estado tão próximos de seu povo do que em Rheims. Apesar da rainha não ter papel a desempenhar na cerimônia, foram ambos hospedados no palácio do arcebispo e, no entardecer do dia da coroação, eles puderam ser vistos caminhando de braços dados pelas ruas, tendo como única escolta um capitão da guarda. Não se fez qualquer esforço para afastar as multidões que invadiram a galeria de madeira dourada que fora construída para unir o palácio do arcebispo à catedral e, por mais de uma hora, o casal real se misturou com a multidão extasiada.

As festividades duraram quatro dias, com uma cerimônia depois da outra. Após a coroação, veio a missa solene em St Rémy, onde, de acordo com uma tradição antiqüíssima, o rei tinha de cavalgar pela cidade e, depois, dirigir-se aos jardins para dar o toque aliviador nos milhares de atingidos pela escrofulose, a chamada "doença do rei".

O duque de Croy escreveu que "apesar de faltarem ao jovem rei a majestade e a beleza do falecido monarca, seu ar de inefável bondade mais do que compensou seus defeitos". Mas foi a rainha que arrancou as maiores aclamações da multidão, conquistando todos os corações com sua doçura e seu encanto. O velho duque notou a presença do duque de Choiseul, que viera assistir às cerimônias na condição de cavaleiro da "Ordem do Espírito Santo" e notou também a ausência do duque d'Aiguillon, o qual, como comandante hereditário do Regimento de Cavalaria Ligeira do Rei, estava a caminho de Rheims, quando recebeu uma ordem de se afastar, seguida por uma carta do rei instruindo-o a se retirar para suas propriedades na Gasconha.

Ninguém teve dúvidas de que o repentino exílio de d'Aiguillon foi obra direta da rainha. Ela mesma se gaba disso numa carta ao confidente de sua mãe, o conde Rosenberg. "A partida daquele homem horrível se deveu inteiramente a mim. Ele realmente se excedeu na espionagem e na intriga." O tom desta carta é muito diferente do empregado naquela que Maria Antonieta estava escrevendo à mãe, e na qual não dá a entender nada do papel político que andava desempenhando nos últimos meses e que estava sendo tão perturbador para os ministros do rei.

Nos últimos anos, o julgamento do conde de Guines fora uma daquelas *"causes célèbres"* que dividiram a sociedade entre os seus defensores e os seus detratores. O conde, amigo de Choiseul e funcionário nomeado por este, além de figura popular em Versalhes, estava em Londres, como embaixador, quando foi acusado de tirar vantagem de sua posição para fazer passar contrabando e especular na Bolsa de Valores londrina. O acusador foi um de seus secretários, que vinha sendo usado como cobertura, mas a quem ele se recusou a pagar quando algumas de suas especulações deram errado. Foi um caso desagradável e tanto o *parlement* de Paris quanto o Grande Conselho não hesitaram em condená-lo, chamando-o de volta de seu posto. Mas a essa altura a questão já tinha se transformado numa luta política entre os seguidores de Choiseul e os de d'Aiguillon e seus "Devotos". Ao apelar contra o veredito, o embaixador acusou d'Aiguillon de difamar seu caráter. E esse último respondeu com uma contra-acusação.

As cartas e memórias da época estão cheias quase que somente desse caso, que se arrastou por diversos anos. Madame de Deffand, amiga de Choiseul e apaixonada defensora de de Guines, escreve longamente a respeito em sua correspondência com Horace Walpole. E todo o grupo da rainha, do conde d'Artois e do duque de Chartres até a princesa de Lamballe e a princesa de Chimay, encarava o conde como uma vítima das intrigas nefandas dos "Devotos". A rainha, que não sabia sobre de Guines nada além do fato de ser ele um bom dançarino e excelente flautista, desposou sua causa com seu entusiasmo habitual. Quando o embaixador, preparando sua defesa, quis fazer uso de alguns documentos secretos de seus arquivos ministeriais, seu pedido foi muito corretamente recusado por Vergennes, porque isso seria tirar vantagem dos privilégios diplomáticos. Mas Maria Antonieta, influenciada pelos amigos, fez uma tal cena com o rei, acusando Vergennes de favorecer deliberadamente seus inimigos, que Luís terminou cedendo e passando por cima da decisão de seu ministro. Uma carta e um memorando do conde de Guines foram suprimidos pelo Grande Conselho, por seu ataque injurioso ao duque d'Aiguillon, e novamente a rainha veio em sua defesa, convencendo o rei a escrever ao embaixador, permitindo-lhe fazer uso do material. Maria Antonieta não teve dificuldades para influenciar o rei Luís, que sempre teve prevenção contra d'Aiguillon, por sua amizade e apoio a madame du Barry. No final, quando de Guines foi eventualmente inocentado e reconduzido a seu posto, foi ela que insistiu para que o duque d'Aiguillon fosse enviado ao exílio, uma atitude tola que lhe valeu muitos inimigos, em particular a condessa de Maurepas, de quem ele era um sobrinho favorito.

O papel desempenhado por Maria Antonieta no julgamento do conde de Guines trouxe à luz tanto o melhor quanto o pior de seu caráter, uma lealdade apaixonada para com seus amigos, nesse caso Choiseul, e um rancor infantil contra seus inimigos. Uma qualidade perigosa para uma rainha era o fato de que ela não conseguia perdoar nem esquecer. Não espanta que um homem como Maurepas considerasse que o jovem rei tinha que ser protegido de sua esposa e, em particular, de Choiseul, cujas manobras secretas em favor de seu antigo embaixador haviam conseguido levá-lo à absolvição. D'Aiguillon estava a caminho de suas propriedades na Gasconha e Choiseul estava em Rheims, circulando "como sempre, com o nariz empinado", não dando nenhum sinal de sua ruína iminente, as dívidas imensas que já o haviam forçado a vender seus cavalos e sua prata. A perda de seus polpudos salários através das vinganças de madame du Barry, em particular daquele oriundo do comando dos guardas suíços, que revertera para o jovem conde d'Artois, agora o havia levado à beira da bancarrota. Mas a rainha estava determinada a que a presença de que seu ex-ministro em Rheims não passasse inteiramente despercebida. E, numa carta ao conde Rosenberg, tão tola e indiscreta que provocou as recriminações imperiais em Viena, ela se gabou da forma esperta como havia manobrado para que o próprio rei marcasse a hora de sua entrevista com Choiseul.

> O senhor deve ter ouvido falar de uma entrevista que concedi ao duque de Choiseul em Rheims. Foi tão comentada que não me surpreenderia saber que o velho Maurepas teve dificuldades para conciliar o sono. Eu, naturalmente, não iria ver o duque sem primeiro falar com o rei. Mas o senhor não imagina a maneira inteligente como manobrei, para não dar a impressão de estar deliberadamente pedindo anuência. Fiz isso tão bem que o *pobrezinho* marcou ele mesmo a hora em que seria mais conveniente recebê-lo. O senhor tem de admitir que, nessa ocasião, demonstrei possuir considerável astúcia feminina.

O conde Rosenberg ficou tão chocado com a forma como a rainha da França se referiu a seu marido, como "o pobrezinho", que sentiu-se no dever de mostrar a carta à imperatriz. Maria Theresa ficou furiosa, mas seu filho, o imperador sentiu-se ultrajado. Aquele homem estranho e frio, que gostava mais de sua irmãzinha do que qualquer outro membro de sua família, não obstante a encarava, antes de qualquer outra coisa, como um instrumento político numa aliança que era vital para sua futura política de expansão na Baviera e nos Países Baixos. Tanto ele quanto o príncipe Kaunitz começavam a suspeitar que não era apenas Luís o culpado pelo fracasso do casamento. As histórias de suas dissipações, exageradas mil vezes, haviam chegado a Viena, circulado entre os amigos do príncipe Luís de Rohan. E José planejava ir à França, para julgar por si mesmo uma situação que, se se permitisse continuar, poderia ter conseqüências deploráveis. Ele escreveu uma carta extremamente contundente, que a imperatriz teve a sabedoria de interceptar, sabendo que Maria Antonieta aceitaria da mãe o que não toleraria de um irmão:

> Pode alguém escrever alguma coisa mais impudente, mais sem juízo e mais inconveniente, do que aquilo que você escreveu ao conde Rosenberg com respeito ao modo como manobrou para ter o seu encontro com o duque de Choiseul? Imagine se uma carta dessas se extravia; se alguma vez você usou esse tipo de linguagem com os seus íntimos, o que eu não duvido, então só posso prever um futuro sombrio para você, o que, levando em conta o afeto que lhe dedico, me causaria infinita dor. Aqueles que a influenciam a tal comportamento não são seus amigos, mas seus inimigos. Ouça a voz de um verdadeiro amigo, de um homem que você sabe que a ama; da única pessoa que pode lhe dizer a verdade. Não se imiscua nas questões públicas. Tente obter a amizade e o respeito do rei. Antes de qualquer coisa, isso é o seu dever. O único interesse que deveria medrar em seu coração. Tente estar com ele o máximo de tempo possível, mas não seja nunca inoportuna, e ganhe sua confiança através do seu afeto e de sua discrição.

Mas a censura gélida de José não poderia ferir tanto Maria Antonieta quanto a carta que Maria Theresa achou conveniente escrever à filha teimosa, e que o conde Mercy foi o primeiro a deplorar.

> Não posso esconder de você o fato de que a carta que escreveu a Rosenberg me deixou absolutamente horrorizada. Que estilo! Que petulância. O que aconteceu ao coração gentil e à natureza generosa de minha arquiduquesa Antonieta? Tudo que vejo aqui é intriga, ódios mesquinhos,

uma mania de perseguição e uma tentativa de ironia — o tipo de intriga que teria caído bem numa Pompadour ou numa du Barry, mas certamente indigna de uma rainha, uma grande princesa, uma princesa boa e decente oriunda da casa da Áustria e da Lorena. Seus sucessos superficiais e seus aduladores me fizeram temer por você, vendo-a indulgir numa ronda constante de frivolidade, usando aqueles penteados ridículos, saindo em constantes viagens de diversão, com ou sem o rei, sabendo que ele nem gosta nem aprova essas coisas, e só as consente pela bondade de seu coração. Todos os meus medos recentes estão mais do que confirmados por esta carta. Que linguagem! "O pobrezinho". Onde estão o respeito e a gratidão devidos por tanta gentileza, tanta amabilidade? Deixo-a com sua reflexões e nada mais direi, apesar de haver muita coisa que eu podia dizer.

Na opinião do conde Mercy, ela já dissera muito. Ele, que conhecia Maria Antonieta muito melhor que José ou Maria Theresa, percebeu que a rainha não perdoaria nunca ter sido comparada à Pompadour e à du Barry. Sua resposta foi a carta mais fria que ela jamais escreveu à mãe.

Eu não ousaria nunca escrever a minha venerada mãe, se achasse que tinha a metade da culpa que ela parece acreditar que tenho. Ser comparada com a Pompadour ou com a du Barry, e estigmatizada com os mais terríveis epítetos, é algo que dificilmente se aplica a sua filha. Escrevi uma carta a um amigo seu, que acreditava ser também um amigo meu. Como ele conhece este país, sabe como se fala com facilidade aqui. E achei não ter feito nada errado. Mas a senhora parece pensar de forma diversa. E, nesse caso, não me resta nada a fazer a não ser curvar minha cabeça e esperar que em outras circunstâncias me ache merecedora de maior consideração e me julgue como acho que mereço.

Ao conde Mercy ela confessou: "Não pude escrever nada mais. Estava muito perturbada. Tudo o que pude fazer foi mostrar-lhe meu respeito." Mas o embaixador notou que pela primeira vez não se falou em amor.

CAPÍTULO 12

AS FESTIVIDADES em Versalhes continuaram durante o verão, combinando as comemorações em honra do casamento da irmã do rei, Clotilde, com o príncipe do Piemonte, e o nascimento de um filho e herdeiro da condessa d'Artois. O comportamento da rainha nessas ocasiões foi exemplar. Ela dedicou atenções afetuosas à gorda e pouco atraente Clotilde, que demonstrou estar sentindo muito pouco deixar uma corte onde não tinha nenhuma outra amiga a não ser a governanta real, a condessa de Marsin, a mais fascinante, mas também a mais perigosa de todos os Roham, que não fizera outra coisa senão intrigas contra Maria Antonieta desde a época em que esta chegou à França. A condessa deveria se aposentar, mas os Roham tinham o direito hereditário àquela que era uma das posições mais importantes na corte, e o posto de governanta de *"Les Enfants de France"* passou para sua sobrinha, a igualmente fascinante princesa de Guéménée, filha do príncipe de Soubise, casada com outro Roham, e cuja amizade pela rainha viria a se mostrar tão perigosa quanto a inimizade de sua tia. Madame Elisabete, a irmã caçula do rei, uma menina sensível de 11 anos, agora estava sob os cuidados dessa mulher interessante mas totalmente amoral, que poderia muito bem ter exercido sobre ela uma influência corrupta, não tivesse a rainha cuidado de sua jovem cunhada tão ternamente quanto qualquer mãe, dando-se a infinitos trabalhos para ganhar a afeição de uma menina que fora influenciada contra ela desde a mais tenra infância. "Ela é uma menina encantadora, muito sensível e desesperada pela partida de sua irmã", escreveu Maria Antonieta. "Temo que possa vir a me apegar muito a ela."

A rainha demonstrou gentileza ainda maior no tratamento que dispensou à jovem condessa d'Artois na época do puerpério, tendo inclusive passado as últimas horas antes do parto no quarto dela, apesar de ter confessado a Mercy como lhe custava ver um herdeiro do trono que não era seu próprio filho. Ela chegou a convencer o conde d'Artois a se concentrar um pouco na esposa e na criança, afastando-se das dissipações do Palais Royal.

De acordo com o conde Mercy, as festividades em Versalhes não foram tão extravagantes nem brilhantes como de costume. Numa tentativa de economia para agradar ao rei, Maria Antonieta proibiu suas damas de exibirem ornamentos de ouro ou de prata em seus vestidos. Horace Walpole, que foi convidado a um desses bailes, e não costumava ser um crítico generoso, descreve Maria Antonieta em termos ardentes na carta que escreveu a um amigo. "Só se tinham olhos para a rainha. As Hebes, as Floras, as Helenas e as Graças não passam de moças comuns das ruas, comparadas com ela. Seja sentada ou de pé, ela é a estátua da beleza, quando se movimenta é a própria personificação da graça. Estava usando um vestido prateado, com guarlandas de rosas, muito poucos diamantes, e plumas na cabeça. Não notei outras belezas, mas talvez isso se deva ao fato da rainha as ter eclipsado a todas."

Horace Walpole pode não ter notado, mas naquela multidão de belas jovens havia uma cujo aspecto encantador e vestido simples atraíram a atenção da rainha. Iolanda Gabriela de Polignac era raramente vista na corte, onde havia sido apresentada por sua cunhada solteira, a condessa Diane, recentemente indicada como dama de companhia da condessa d'Artois. A rainha, que sempre se sentiu atraída pela beleza, perguntou-lhe por que ela não a havia visto antes, e recebeu a resposta ingênua de que ela e o marido não tinham meios suficientes para residir em Versalhes. Foi uma resposta na medida certa para atrair Maria Antonieta, que ficou comovida de conhecer alguém tão adorável e aparentemente tão pouco mimada. Madame de Polignac, que vinha de uma família boa mas não particularmente ilustre, atravessou o caminho da rainha numa época em que os ministros do rei começavam a mostrar preocupação com a crescente ascendência da soberana sobre seu marido jovem e fraco, e em particular com o papel predominante que ela desempenhara garantindo a absolvição do conde de Guines. A *jeunesse dorée* que cercava a rainha, composta toda ela de partidários de Choiseul, desprezava Maurepas como um homem que não tinha nem honra nem convicção. Mas Maurepas era inteligente o suficiente para saber que nenhum daqueles jovens e brilhantes cortesãos, com quem a rainha participava de corridas de cavalo e caçadas, e que dançavam com ela em seus bailes semanais, tinham mais do que uma participação efêmera em suas afeições. Suas confidências e intimidades eram reservadas para suas amigas, aquelas que ela admitia que freqüentassem *"Les Petits Cabinets"*, mulheres tais como Maria Teresa de Lamballe e a sofisticada Lucie Dillon, em parte de extração irlandesa, casada com um primo, o coronel-em-chefe hereditário do famoso regimento irlandês que lutou com os franceses em Fontenoy. A afeição da rainha pela bela jovem irlandesa valeu-lhe um lugar em sua corte e a posição de dama de companhia, causando dessa forma mais ciúmes num meio onde as absurdas pretensões de madame de Lamballe já estava causando problemas. Mas nem a princesa de Lamballe, que era um membro do Palais Royal, nem Lucie Dillon, que dependia inteiramente de seu tio, o imensamente rico arcebispo de Marbonne, tinham qualquer interesse para Maurepas. O que ele precisava era de um aliado no círculo da rainha, alguém em quem pudesse confiar para influenciá-la em seu favor e revelar-lhe suas confidências.

Quando o embaixador austríaco começou a fazer perguntas a respeito da condessa de Polignac, disseram-lhe que ela era sobrinha de Maurepas e que o velho ministro era responsável pela ascensão da cunhada da condessa à posição de dama de companhia da condessa d'Artois — notícias perturbadoras para um diplomata que temia constantemente as indiscrições da jovem rainha.

Devia haver alguma coisa extraordinariamente atraente em Iolanda de Polignac. Pois em todas as memórias da época, desde os arroubos de madame Campan, até os comentários mais ácidos do duque de Levis, é tudo um longo hino em louvor "da serenidade de sua beleza, da mágica de seu sorriso". Devassos de meia idade, como Besenval, o comandante-em-chefe da guarda suíça, a adoravam, e cortesãos mais velhos, como o duque de Croy, ficavam igualmente encantados com ela. Jovens inteligentes como Felipe de Ségur ficaram sob a influência do círculo dos Polignac e garantiram que "a influência da condessa era só para o bem". Até mesmo o rei, que costumava ser tão frio e distante com as damas de sua corte, gostava de comparecer às festas da condessa de Polignac. No entanto, quase todos concordavam em dizer que ela não era nem inteligente nem brilhante, sendo calma e até indolente por natureza; uma mulher que não dava a impressão de ser ambiciosa nem de ter qualquer desejo de brilhar, mas que, não obstante, deve ter possuído alguma qualidade secreta que a capacitava a ser qualquer coisa para qualquer homem ou qualquer mulher e que fascinou e cativou a rainha desde o dia do seu primeiro encontro. As amizades apaixonadas de Maria Antonieta por mulheres já haviam provocado muitos comentários maliciosos. A tenacidade com que ela lutou para garantir à princesa de Lamballe o posto totalmente desnecessário de superintendente de sua corte foi violentamente criticada em Versalhes, onde a moda das canções satíricas não poupava nem o rei nem a rainha. "Eles foram liberais o bastante para me acusarem de ter bom gosto tanto para mulheres quanto para amantes", escreveu Maria Antonieta nos últimos dias de 1785. Mas, poucas semanas depois, escrevia:

> Minha querida mãe tem razão quando fala do caráter volúvel dos franceses, mas eu ficaria realmente surpresa se ela viesse a nutrir aversão por eles. O caráter deles é inconseqüente, mas não é mau. Suas penas e suas línguas escrevem e dizem muitas coisas que na verdade eles não queriam dizer. A prova de que não nos odeiam é que, dada a ocasião, eles louvam a pessoa muito mais do que ela merece. Acabei de ter esse tipo de experiência. Houve um incêndio terrível no Palais de Justice, no mesmo dia em que eu deveria ir à ópera. Naturalmente não fui, mas enviei 200 luíses para ajudar as vítimas. A partir daquele momento, as próprias pessoas que espalhavam calúnias contra mim começaram a me colocar nas alturas.

Mas a imperatriz não conseguia se reconciliar com o fato de que sua filhinha inocente tivesse sido tachada de lésbica e que a própria Maria Antonieta tivesse se tornado tão cínica e francesa a ponto de deixar de lado essa acusação como uma questão sem importância.

A amizade da rainha com a princesa de Lamballe e a princesa de Guéménée, que, juntas, estimulavam todas suas extravagâncias, seu amor pelo jogo, sua crescente paixão por jóias e seu interesse desordenado por roupas, não era tão perigosa quanto sua amizade com a gentil e insinuante condessa de Polignac, que gradualmente foi obtendo sucesso em isolá-la da vida da corte, cercando-a em sua própria e pequena *coterie,* composta quase que inteiramente de seus parentes e amigos. Por trás de Iolanda estava sua cunhada, Diane, que o jovem Talleyrand descreveu como sendo "feia como um pinto pelado, com nariz adunco e olhos miúdos como contas", mas de uma inteligência tão brilhante, tão versada em ridicularizar os ares e as pretensões de suas rivais, que ela era a companhia mais fascinante que se podia imaginar e, apesar de toda a sua feiúra, podia se gabar de ter mais amantes do que muitas belezas reconhecidas.

Ainda mais importante era a tia de Iolanda, a condessa d'Andlau, banida de Versalhes por causa de uma brincadeira impensada 20 anos antes, quando emprestou à jovem princesa Adelaide um romance pornográfico. Esse livro causou uma tal impressão na menina de 14 anos, recém-saída de um convento-escola, que ela o deu ao irmão, o Delfim puritano e intolerante, que foi imediatamente à presença do rei e exigiu que a condessa fosse expulsa. O rei Luís, que intimamente se divertiu muito, não teve escolha senão concordar. A condessa nunca mais botou os pés em Versalhes e Maria Antonieta não a conheceu até o dia em que ela apareceu com os Polignac na condição de tia favorita. De acordo com o conde Mercy, ela era uma péssima influência sobre a sobrinha, que emulava sua indiferença pela opinião pública gabando-se abertamente da sua ligação com o conde de Vaudreuil. Os membros femininos do círculo Polignac consistiam unicamente de parentes; a bela filha de madame d'Andlau, a condessa de Chalons e sua cunhada Ivone de Polastron, cuja beleza lânguida iria mais tarde conquistar a devoção do conde d'Artois pelo resto da vida.

Os homens que pertenciam a esta *coterie* eram todos *habitués* do grupo da rainha, Besenval, de Ligne, Cogny, Ségur, um húngaro Esterhazy e aquela amável nulidade, o marido de Iolanda, Jules de Polignac. O membro mais inteligente e de longe mais perigoso dessa *coterie* era o amante oficial de Iolanda de Polignac, o conde de Vaudreuil, um homem culto, de excelente bom gosto, imenso charme e fascinação, irresistivelmente atraente para as mulheres, mas com um caráter prejudicado por um mau gênio violento e incontrolável que o impedia de desempenhar qualquer papel ativo na vida pública, mas ao mesmo tempo o capacitava a dominar e aterrorizar uma amante que o idolatrava.

O conde de Vaudreuil era uma força a ser temida naqueles anos em que a rainha era subjugada por Iolanda de Polignac, e a condessa era subjugada por seu amante. Mas foi só gradualmente que a *coterie* dos Polignac conseguiu dominar a rainha. Madame de Lamballe ainda era a sua companhia favorita durante o inverno de 1775-6, o mais frio de que se tem memória, quando a neve permaneceu no chão durante meses e Maria Antonieta regrediu aos prazeres de sua infância austríaca, mandando tirar velhos trenós dos estábulos reais e organizando corridas de trenó no parque. Madame Campan tece rapsódias à beleza da rainha e da princesa de Lamballe, envoltas em suas peles de arminho e zibelina, "seus rostos jovens e cheios de frescor dando um sinal de primavera, deslizando pela neve, em seus trenós dourados, puxados por cavalos emplumados, ao tilintar dos sininhos."

Deve ter sido um espetáculo encantador, mas o inverno foi muito duro, e muita gente sentia frio e fome, para poder apreciar a visão da rainha se divertindo na neve. Quanto o conde d'Artois fez arranjos para que um comboio de trenós entrasse em Paris, Maria Antonieta, ao menos dessa vez, teve o bom senso de se manter afastada. Ela escreveu à mãe: "Eu adoraria ter ido, mas não quis estimular mais fofocas." O rei desaprovava essas diversões em trenó e nunca tomou parte nelas. Em certa ocasião, quando o conde d'Artois e seus amigos estavam saindo do palácio, Luís apontou para toras de lenha cortadas nas florestas reais por sua ordem, para distribuição entre os pobres, e disse com um sorriso: "Estes, meus caros cavalheiros, são os meus trenós."

Mas as corridas de trenós estavam entre as diversões mais inofensivas, na ronda sem fim de prazeres com que a rainha tentava encher o vazio de sua vida. Suas freqüentes visitas em incógnito aos teatros de ópera com seus cunhados, mas quase sempre sem o rei, deram motivo à uma grande quantidade de comentários desfavoráveis. O comportamento de Artois era normalmente barulhento e indiscreto, e houve até um incidente desagradável com Monsieur, que fora rudemente empurrado por um companheiro de farra, respondendo-lhe com um soco na cara, ao que foi preso por um dos guardas, desmascarado e reconhecido como o irmão do rei. Houve também a famosa ocasião em que a carruagem da rainha quebrou a caminho do baile e ela e sua dama de companhia tiveram que se abrigar numa loja antes de conseguirem fazer parar uma carruagem de aluguel. A história nunca teria sido divulgada, não fosse pela própria rainha, que ficou deliciada com sua aventura e a contou para toda Versalhes: "Imaginem só, eu andando numa carruagem alugada!" Essa foi uma das ocasiões em que até mesmo um admirador como o príncipe de Ligne observou que "a encantadora rainha podia às vezes ser muito cansativa com suas histórias incessantes sobre suas aventuras nos bailes de máscaras."

Essas ocasiões em que ela retornava a Versalhes nas primeiras horas da manhã e assistia à missa antes de ir para a cama ou, às vezes, não indo para a cama, mas dirigindo-se direto para uma corrida a cavalo com d'Artois, separavam ainda mais a rainha do rei. Ela adorava dançar e era uma das poucas que conseguiam manipular com graça as pesadas anquinhas de barbatanas enquanto dançava o minueto.

Em suas memórias, madame de la Tour du Pin escreve que as modas da época transformavam a dança numa forma de tortura, "com os saltos finos, de sete e meio centímetros de altura, que mantinham o pé sempre na mesma posição, constantemente na ponta dos dedos, anquinhas de barbatanas pesadas e duras abrindo-se para cada lado; cabelos penteados com pelo menos 30 centímetros de altura, polvilhados com meio quilo de pó-de-arroz e pomada, que o menor movimento sacudia sobre os ombros, e coroados com um diadema conhecido como *pouf,* em que plumas, flores e diamantes se empilhavam a esmo — uma ereção que estragava bastante o prazer de dançar." Mas Maria Antonieta gostava de tantas formas de dança, fossem o minueto pomposo dos bailes da corte, fossem os *bals champêtres* do Trianon. Ela chegou a ter aulas de danças camponesas inglesas, com o popular embaixador inglês, Lorde Stormont. Mas o que mais a divertia em tudo isso era organizar quadrilhas em que se perdiam horas ensaiando e fazendo consultas com mademoiselle Bertin sobre o tema e as cores dos trajes.

Graças ao apoio de Maria Antonieta a pequena chapeleira se tornara um personagem importante em Versalhes, onde suas pretensões e sua insolência eram duramente ressentidas pela corte da rainha. Ela se via como uma espécie de ministra da moda e falava de seu "trabalho com a rainha". Todos os meses uma nova forma ou cor surgiam de seu cérebro inventivo. Em 1776, tanto os homens quanto as mulheres usavam um púrpura acastanhado conhecido como *couleur de puce* (cor de pulga). Um tom mais sutil da mesma cor foi chamado de "estômago da pulga". Damas elegantes preferiam cores suaves e macias, a mais popular das quais era um ouro pálido conhecido como *"couleur des cheveux de la Reine"* (cor dos cabelos da rainha). Esses trajes eram deslumbrantes, pouco práticos e extravagantes; maridos e amantes se queixavam de que as mulheres passavam duas vezes mais tempo dentro de suas roupas do que antes. A rainha encomendava 12 vestidos de gala todos os invernos, 12 vestidos simples e 12 vestidos formais para serem usados sobre anquinhas. Isso não incluía os vestidos de linho e musselina para o verão, os complicados *déshabillés*, os incontáveis acessórios e ornamentos, que eram trocados a cada estação.

Madame Campan descreve a etiqueta, segundo a qual toda manhã, antes da rainha se levantar, as primeiras damas da real câmara de dormir apresentavam-lhe um livro de modelos, para que ela escolhesse suas roupas daquele dia — o traje formal para a missa, o *déshabillé* para as horas de intimidade nos *petits cabinets,* o vestido de gala para a noite. Apesar do número de vestidos encomendados a mademoiselle Bertin parecer comparativamente modesto, é preciso lembrar que cada vestido de gala, normalmente coberto com bordados de ouro ou pérolas, custava bem mais de mil francos.

Madame de Lamballe era a principal responsável pela moda extravagante usada pela rainha, mas era a princesa de Guéménée que estimulava sua crescente paixão pelas jóias, incitando-a a comprar a crédito e a trocar alguns de seus próprios diamantes a fim de adquirir um par de brincos de brilhantes *chandelier,* pelo qual o joalheiro da moda, Boehmer, pedia a fantástica soma de 400 mil francos. Seis meses mais tarde, quando suas dívidas haviam já se acumulado a mais do dobro de sua pensão anual, Maria Antonieta comprou um par de braceletes por 200 mil francos e, não tendo como pagar por eles, foi ao rei e pediu-lhe que lhe emprestasse o dinheiro. Por mais que ele desaprovasse, o complacente Luís acabou cedendo. Quando a imperatriz protestou contra a tola extravagância da filha, a única resposta de Maria Antonieta foi dizer que ela estava surpresa por sua querida mãe se incomodar por semelhante "bagatela".

Como *gouvernante des Enfants de France,* sem outra criança para cuidar senão Elisabete, agora com 12 anos, e que breve se livraria das mãos da governanta, madame de Guéménée dedicou-se a divertir a rainha, revivendo os bailes semanais dados por madame de Noailles para a jovem Delfina. Mas os bailes dados nos apartamentos dos Guéménée nas Tulherias, onde o príncipe tinha o seu próprio teatro particular, eram muito diferentes das festinhas decorosas dadas por madame de Noailles, que sempre terminavam ao bater das nove horas. Nos de madame de Guéménée podia-se dançar e jogar a noite inteira. Jogos de carta cortesãos, como *cavagnole* e *lansquenet,* eram trocados pelo faraó, jogo mais na moda, em que imensas somas se perdiam em uma noite, em que Maria Antonieta, que não era por natureza uma jogadora, era levada por seus amigos a fazer apostas altíssimas. Em um ano o faraó se tornara o jogo preferido para espantar o tédio de "*les petits voyages*" — as visitas a Choisy e Fontainebleau.

Foi numa dessas festas, quando o jogo estava no auge, que a anfitriã entrou no salão de jogos com ar de consternação no rosto, fazendo o anúncio dramático de que o conde de Guines havia sido reconvocado da embaixada londrina. A notícia foi recebida com manifestações de indignação dos convidados, que eram todos amigos de Guines. Foi tudo atribuído a Vergennes, que estaria assim dando vazão a seu rancor em cima de um amigo de Choiseul. Nos últimos meses ele havia sido descrito a Maria Antonieta como um homem que acabaria minando a monarquia, apesar de se concordar, de uma maneira geral, que Vergennes nunca teria ousado agir sem o apoio de Turgot.

CAPÍTULO 13

Se Maria Antonieta fosse mãe de um *dauphin,* ela poderia ter conseguido indicar um ministro de sua escolha, mas, pelo momento, sua única esperança era subjugar o rei com as artimanhas sexuais para as quais ela não tinha nem conhecimento nem inclinação, ou então dominá-lo pelo medo. Choiseul aconselhou a última solução, o caminho mas fácil de ser adotado por uma jovem, que se sentia particularmente frustrada pelo fato de sua cunhada d'Artois estar, conforme soubera, mais uma vez grávida. Cercada pelos rapazes mais atraentes da França, ela só podia ver o marido em desvantagem. Suas tentativas malsucedidas na cama deviam há muito ter se tornado motivo de aversão para ela. Mercy relata que seus nervos começavam a sentir a tensão de sua vida matrimonial antinatural. "Ela tem crises de melancolia, lágrimas e acessos de raiva, e apesar de não ter nenhuma afeição natural por de Guines, permite que os amigos a influenciem a tal ponto que submete o pobre rei a uma cena atrás da outra". Luís poderia ter tido a coragem de resistir a ela se contasse com o apoio total de Maurepas, mas, na falta desse apoio, ele acabou sacrificando Turgot ao rancor infantil de sua rainha.

Maurepas, que se considerava mentor do rei, ficou muito satisfeito de deixar para a rainha o ônus de se livrar de um homem que há muito tinha se tornado uma carga para ele. Mas foi Turgot que assinou sua própria sentença de morte ao endereçar uma carta a Luís que nenhum monarca absolutista poderia ter aceitado. Enfurecido com a decisão de Maurepas de substituir Malesherbes por uma nulidade completa, ele implorou ao rei que não se deixasse dominar por Maurepas, e que não se esquecesse de que a fraqueza levara Carlos I ao cadafalso — dificilmente uma carta dessas seria bem recebida, mesmo pelo mais modesto dos Bourbon. Depois disso, não foi preciso muito esforço da rainha para provocar sua queda. Ela agora se encontrava em tal estado de histeria por causa da reconvocação de de Guines, que foram necessários os esforços conjuntos do abade Vermond e do conde Mercy para impedi-la de exigir que Turgot fosse mandado para a Bastilha.

Somente mais tarde Maria Antonieta seria acusada da queda de Turgot. Na ocasião, sua opinião era a mesma da maior parte das classes superiores da França, e ela foi admirada, muito mais do que condenada, pela habilidade com que conseguiu obter a demissão de um homem que era visto com maus olhos por todos, exceto pelo povo comum, as massas sem voz que, de forma um tanto confusa, achavam que ele estava tentando fazer algum bem. No exterior, ele era quase que universalmente admirado. E a cega madame de Deffand, cuja pena continuava azeda e severa como sempre, censurou Horace Walpole por transformar em herói um homem "que poderia ter virado tudo de cabeça para baixo se tivesse permanecido no poder". Mas a opinião de Horace Walpole era não apenas a dos ingleses, mas de quase toda a Europa. Na Toscana, o irmão de Maria Antonieta, o arquiduque Leopoldo, admirava tanto Turgot que adotou o seu sistema na administração de seu país, e até mesmo o imperador declarou admirar suas reformas. A própria rainha parece ter lamentado seu comportamento, pois informou à mãe que, apesar de não lamentar a mudança de ministros, não tivera nada a ver com aquilo. Ela, não obstante, forçara Luís a recompensar, com a honra de um ducado, um embaixador incompetente, um diplomata que se mostrara idiota ao ponto de declarar ao governo inglês que Luís nunca iria em ajuda dos insurgentes americanos. Isso foi na primavera de 1776, quando todos os jovens oficiais estavam inflamados de entusiasmo para se apresentarem como voluntários e lutarem com os rebeldes americanos, e o rei lia com interesse um relatório sobre as condições das colônias americanas da Inglaterra, escrito, surpreendentemente, pelo autor de *O Barbeiro de Sevilha*.

Caron de Beaumarchais sofrera mais uma metamorfose em sua extraordinária carreira. Apesar de ainda privado de seus direitos civis, seu sucesso no Théâtre Français, quando *Fígaro* fez sua primeira e imortal aparição, trouxera-lhe de volta a fama e o prestígio que ele gozara nos dias do caso Goezman. Já se fora o tempo em que ele tinha de ganhar a vida compondo canções e panfletos difamatórios, por encomenda de três princesas amarguradas que haviam sido suas primeiras protetoras, ou freqüentar o submundo de espiões e delatores desacreditados que haviam alimentado as fontes de informação da diplomacia secreta do velho rei. A última e mais bem-sucedida de suas missões à Inglaterra fora a de contatar e pagar o mais astuto e mais perigoso desses espiões, o célebre *chevalier* D'Eon, metade homem, metade mulher, que começou a vida como oficial dos dragões da cavalaria, e que era um dos espadachins mais mortais de sua época. Era igualmente bem-sucedido como espião, quando, vestindo roupas de mulher, foi empregado como *liseuse* na corte da czarina Elisabete da Rússia; ou quando serviu como diplomata na corte de St James. Brilhante, valente e inescrupuloso, premiado por seu valor com a Cruz de São Luís, mas ainda assim excessivamente aventureiro para ser bem-sucedido, ele terminou como vítima de sua própria duplicidade.

Foi um golpe brilhante por parte do governo francês, colocar um aventureiro contra o outro. "Nos conhecemos", escreveu D'Eon "compelidos sem dúvida pela curiosidade natural de dois animais raros de examinar um ao outro." Mas Beaumarchais era o mais astuto e o mais sutil dos dois. Para ele, D'Eon não passava de um personagem de uma peça, um personagem mais extraordinário do que ele próprio ousaria inventar. Os documentos comprometedores do falecido rei foram entregues por D'Eon em troca de uma pequena pensão, um indulto e imunidade contra seus inimigos. Mas a partir de agora o mais bem-sucedido dos agentes secretos de Luís XV tinha de desaparecer e ser substituído pela *chevalière* D' Eon, uma dama vivendo de uma subvenção do governo, tendo recebido um enxoval pago pelo rei. Na verdade, ela recebeu dois enxovais. Pois, assim que essa história chegou a Versalhes — o tipo de história atraente para os amigos da rainha —, Maria Antonieta insistiu em dar à *chevalière* um dote de 24 mil francos para poder comprar "uns vestidinhos bonitos", acrescentando o presente pessoal de um leque pintado, para compensá-la pela perda de sua espada.

Beaumarchais ainda estava em Londres negociando com D' Eon, quando sua imaginação foi atraída para um palco muito mais amplo do que qualquer outro que ele tivesse até então vislumbrado. Nos clubes e cafés de Londres ouviu Whigs e Tories * discutindo os erros e acertos do domínio colonial britânico. Ele entrou em contato com alguns agentes americanos que trabalhavam em Londres, ouviu suas queixas a respeito de impostos injustificados, e soube de sua determinação de preferirem lutar a serem governados por Whitehall. No final de fevereiro de 1776, Beaumarchais, que ainda era legalmente um fora-da-lei privado de seus direitos civis, escrevia a Vergennes: "Devemos ir em ajuda dos americanos. Eles pedem armas e munição, e estariam dispostos a oferecer à França, como preço dessa ajuda, um tratado comercial secreto, que a favoreceria exclusivamente."

Tratamento preferencial para os produtos franceses; um novo mercado de ultramar, até então controlado pela Inglaterra; um aliado pacífico no Norte para proteger as ilhas francesas do Caribe. O entusiasmo de Beaumarchais contagiou até mesmo uma pessoa tão cautelosa quanto Vergennes. Mas desta vez foi o rei que influenciou seu ministro do Exterior, e não o contrário. Pelo menos desta vez foi Luís, normalmente tão lento e obtuso, o primeiro a vislumbrar o potencial de uma América independente. Apesar de toda a sua desconfiança de Beaumarchais, a quem ele sempre encarava como um louco inescrupuloso, reconheceu não obstante a centelha de gênio nas cartas e artigos enfatizando a necessidade urgente de ajudar os rebeldes americanos. Em junho de 1776, um mês antes da Declaração de Indepedência Americana, Beaumarchais já tinha sido creditado como agente secreto atuando para o governo com o propósito de fornecer armas e munição para os insurgentes americanos. Tudo que Beaumarchais aprendera na época de seu estágio com o grande banqueiro Paris-Duverney era agora posto em prática. O primeiro de seus navios carregados de munições já zarpara quando, no final de setembro de 1776, Benjamin Franklin, de 70 anos, o filho mais ilustre da América, desembarcou em Le Havre, como primeiro embaixador não-oficial na França.

---

* Whig e Tòry, os dois partidos em que se dividia a política britânica nos séculos XVIII e XIX. Os Tories eram conservadores radicais e até hoje são assim chamados os membros do Partido Conservador. Os Whigs, apesar de no fundo também serem conservadores, para a época eram bastante liberais, opondo-se aos abusos do colonialismo do império. Nos EUA, esse nome designou um partido que lutava pela libertação da América do jugo britânico, e que evoluiu para o atual partido Republicano. (N.T.)

Franklin conquistou os salões de Paris e se tornou uma das figuras mais populares da capital, mas quase dois anos tiveram de se passar até que o rei Luís pudesse vencer sua natural falta de inclinação a se aproveitar das dificuldades da Inglaterra, e esquecer seu legado Bourbon — ao menos o suficiente —, para receber um embaixador republicano em Versalhes.

A rainha não tinha nenhuma simpatia pelos revoltosos americanos. Somente mais tarde, quando seus cortesãos favoritos haviam deixado Versalhes para se apresentarem como voluntários nos exércitos de Washington; quando a América se tornara moda de uma tal forma que os alfaiates parisienses copiavam os trajes de Franklin e mademoiselle Bertin criou um gorro de pele *à la Franklin,* que Maria Antonieta se dispôs a dar uma acolhida de heróis a jovens oficiais que retornavam a Versalhes exibindo com orgulho as folhas de carvalho da Ordem de Cincinnatus.

No decorrer dos anos de 1776 e 1777, ainda se considerava *bon ton* ser anglófilo. O embaixador britânico, Lorde Stormont, era um convidado preferencial em Versalhes, e visitantes do outro lado do Canal traziam seus cavalos e seus jóqueis para correr no Bois de Boulogne e em Fountainebleau, onde uma pista foi aberta numa clareira da floresta. A rainha fez construir ali um pavilhão com um palco giratório, de onde ela podia ver as corridas e onde um bufê frio era servido a uma multidão de apreciadores do turfe, jovens e barulhentos, a maior parte deles amigos de Chartres e de d'Artois, os quais, para horror do conde Mercy e de alguns dos velhos cortesãos, mostravam-se diante da rainha em roupas esportivas e com botas enlameadas, gritando e discutindo a respeito de suas diferentes apostas. O fato de se saber que o rei não gostava de corridas e de que muitos dos ingleses presentes tinham má reputação notória, tornou as corridas de cavalos impopulares para a maioria dos franceses, trazendo grande descrédito para a rainha.

Os relatórios do conde Mercy foram se tornando cada vez mais sombrios. "Se a rainha persistir em suas dissipações, ela perderá toda a boa vontade que conquistou enquanto era a Delfina." O abade Vermond escreveu uma carta desesperada à imperatriz:

> Os amigos da rainha tomam todo o seu tempo e impedem-na de me dar a mínima atenção. Engoli toda a minha amargura e desapontamento enquanto isso dependia apenas de mim, pois ainda vivo na esperança de que poderei voltar a ser útil para a rainha. Durante mais de um ano

ela mal me ouviu, mas ainda confia em mim, e eu, por minha parte, ainda acho que há certas coisas que ela não conta a ninguém, a não ser a mim. Meu próprio caráter e aquilo que acredito ser o meu dever nunca me impedem de lhe dizer a verdade... Mas fico consumido de preocupação quando penso em toda a infelicidade que ela prepara para si mesma.

No final de 1776, depois de passar um mês infeliz em Fontainebleau, no qual os dias se passavam sem que ele sequer visse a rainha, Vermond finalmente decidiu entregar sua carta de demissão. Maria Antonieta recusou-se a aceitá-la, dizendo que não havia ninguém em que ela confiasse mais do que ele, de que ninguém lhe era mais necessário, e que ela nunca consentiria que ele a abandonasse. Mas a arrogância e a grosseria com que ele era tratado pelos novos amigos da rainha, em particular pelas duas favoritas, Maria de Lamballe e Iolanda de Polignac, que percebiam naquele abade honesto e sem meias-palavras um oponente incorruptível, tornaram-lhe a vida tão desagradável em Versalhes que foi às custas das maiores dificuldades que Mercy conseguiu convencê-lo a passar uma quinzena por mês à disposição da rainha.

A imperatriz estava desesperada. "Este bom homem ameaça deixar minha filha quando ela se encontra no estágio mais crítico, tendo perdido todo o senso e caminhando direto para o desastre." O embaixador continuou a escrever sobre os crescentes problemas na corte — como o caso do primeiro dos bailes semanais de Versalhes — que deveriam continuar durante todo o inverno —, que ficou praticamente vazio, sem mais de dez ou doze damas dançando. Isso, disse ele, era certamente culpa da rainha, a qual, por causa de seus outros divertimentos, havia reduzido o número de recepções formais que, nos tempos do falecido rei, sempre eram dadas regularmente em dias específicos da semana. Os parisienses estavam perdendo o hábito de ir a Versalhes, pois não sabiam nunca quando teriam a oportunidade de serem recebidos na corte. As pequenas ceias festivas íntimas, durante as quais o jovem rei e sua rainha recebiam os seus cortesãos mais velhos e ilustres, quando Maria Antonieta havia conquistado todos os corações, acabaram por aborrecer a ambos. O rei preferia as ceias de caça de St Hubert. A rainha só se sentia feliz naquilo que ela chamava de sua *"société"*, com o resultado de que aqueles que tinham o direito a *Les Grandes Entrée* na corte, e estavam acostumados a desempenhar um papel importante em Versalhes, sentiram-se humilhados e negligenciados.

Como governanta da corte da rainha, era dever da princesa de Lamballe cuidar para que sempre houvesse *open house,* e convidar para a ceia todas as damas que compareciam aos bailes da rainha. Mas eram de tal ordem suas pretensões, sua insistência em ser tratada como membro da realeza e a delicadeza de sua saúde — que servia sempre como desculpa para evitar receber as pessoas —, que as damas chegavam de Paris, ficavam à-toa, em seus vestidos de gala, durante diversas horas, sem receberem um grão de comida, e voltavam a Paris, famintas, à meia-noite. Conforme Mercy escreveu à imperatriz, "todos esses esforços, todo esse trabalho não resultam para elas em nenhuma distinção ou honra particular, tal como uma ceia nos apartamentos privativos, de tal forma que, sempre que possível, evitam ir a Versalhes."

Maria Antonieta aprendeu a lição e, após o fracasso de seu primeiro baile, botou a princesa de Lamballe para trabalhar, dizendo-lhe que, tendo em vista seu enorme salário, era seu dever garantir *open house* e convidar as pessoas para a ceia após os bailes. Como de costume, houve lágrimas de protesto, alegações de ser muito delicada para poder receber tantos convidados, acusações contra todos aqueles que estavam tentando minar sua amizade, e tudo isso estava começando a dar nos nervos da rainha.

No começo de 1777 os Polignac estavam instalados na corte. Para agradar à rainha e satisfazer seus próprios interesses, Maurepas convenceu o rei a pagar as dívidas da condessa e, apesar da rainha não ter pedido mais do que 200 mil francos, Maurepas dobrou esta quantia, mostrando assim, com a maior clareza, o interesse que ele tinha em se dar com os Polignac. A condessa parece ter dito à rainha que seria para ela impossível permanecer em Versalhes, a não ser que seu marido recebesse uma indicação adequada na corte. Uma das posições mais importantes na corte da rainha era a de estribeiro-mor, um cargo que há três gerações passava de pai para filho aos condes de Tessé. O atual conde, uma figura respeitada e familiar na corte, tinha 40 anos de idade e não tinha filhos. Como era casado com uma Noailles, imaginava-se que o posto reverteria a um dos membros da família, e todos os Noailles ficaram em pé de guerra quando a rainha subitamente anunciou que o conde Jules de Polignac, de 28 anos, havia sido o escolhido.

Ofender os Noailles, como ela já havia ofendido os Rohan ao recusar-se a incluir o príncipe Luís de Rohan em suas festas tanto em Versalhes quanto no Trianon, significava antagonizar duas das mais poderosas famílias da França. E tudo por conta de um apego adolescente a uma jovem que pouco tinha em seu favor além de seus grandes olhos azuis e seu sorriso angelical. "Uma amiga por quem sinto uma infinita afeição", escreveu ela à mãe — palavras perfeitas para chocar a imperatriz, a quem os relatórios do seu embaixador falavam de um crescente afastamento entre o jovem rei e sua rainha e das muitas noites que passavam separados. Não apenas a imperatriz ficou chocada, mas também seu filho, e no começo da primavera de 1777 José chegara à conclusão de que aquele era o momento certo para ele fazer a viagem à França que vinha planejando há vários anos. Fazer sua jovem irmã voltar ao bom senso e forçá-la a compreender a vulnerabilidade de sua posição, estabelecer contato pessoal com seu cunhado, e ajudar um casal ignorante com seus conhecimentos e sua experiência, eram coisas que o jovem imperador, que era extremamente seguro de si, esperava conseguir numa expedição em que, como de costume, ele viajaria incógnito, o que lhe permitiria visitar lugares e encontrar pessoas que ele não teria nenhuma oportunidade de ver numa visita de estado.

Maria Theresa tinha pouca fé nessa viagem. "Uma das duas coisas irá acontecer. Ou minha filha irá subjugar o irmão com suas palavras e seus sorrisos doces. Ou então ele vai ser muito duro e enervá-la ao lhe fazer sermões."

CAPÍTULO 14

A TARDE de 18 de abril de 1777 estava fria e chuvosa, e as ruas de Paris estavam desertas, quando uma carruagem aberta, alemã, parou em frente à embaixada austríaca, no palácio do Petit Luxembourg. O duque de Croy — que por acaso passava por ali naquela hora, e ouvira dizer que os criados do imperador já haviam chegado ao vizinho Hôtel de Treville, onde os quartos haviam sido reservados em nome do conde de Falkenstein — enviou um lacaio para fazer perguntas. O homem voltou em extrema agitação, dizendo não apenas que o imperador havia chegado, mas que até pudera vê-lo. Era um dos jovens na carruagem. Foi difícil para o velho duque de Croy, nascido no reinado de Luís XIV e criado no esplendor de Versalhes, conceber que aquele jovem, com sobretudo molhado de chuva, e sem outro séquito a não ser os dois criados na boléia da carruagem, era na verdade o imperador da Alemanha, irmão da rainha da França.

Esse foi apenas o primeiro de muitos choques que José daria na aristocracia francesa durante o seu mês de visita à França. Mas esse disfarce cuidadosamente estudado, que aborreceu sua irmã, irritou o rei e levou o mestre-de-cerimônias de Versalhes às lágrimas de frustração, encantou os parisienses que, com seu amor pelas novidades, receberam de braços abertos o imperador democrático que se recusara a dormir em Versalhes e ia a toda parte sem guardas nem criados. Ninguém poderia ser mais encantador do que José, quando ele queria. Sabendo que tanto sua mãe quanto o conde Mercy haviam sido contrários à sua visita, ele se preocupou em ser simples e simpático, mostrando interesse em tudo que via e em todos que lhe eram apresentados, de tal forma que, no final do mês, ele escrevia a seu irmão Leopoldo, a única pessoa a quem fazia confidências: "Você vale mais do que eu, mas eu sou muito mais charlatão, e neste país é necessário ser assim. Continuo bancando o modesto e o compreensivo, talvez exageradamente, pois isso parece ter provocado um entusiasmo que está começando a se tornar embaraçoso."

Quando o imperador chegou a Paris, o conde Mercy estava preso ao leito, com um forte ataque de gota, mas sua impossibilidade de se pôr ao serviço de José perturbou muito mais a ele próprio do que a seu senhor imperial, que sempre o encarou como o espião de sua mãe e se ressentia da correspondência secreta que eles mantinham às suas costas. Exteriormente, José mostrou-se extremamente generoso, sentando-se à sua cabeceira, ouvindo as infinitas exortações e conselhos sobre como evitar as armadilhas de Versalhes.

A magnífica hospitalidade oferecida por um embaixador famoso por sua mesa e sua soberba adega de 15 mil garrafas de vinho raros, fato dificilmente apreciável por um imperador que só bebia água, só foi aceita com a condição de que ele recebesse o mais simples dos quartos e tivesse a liberdade de jantar com o seu séquito no hotel vizinho. A doença de Mercy foi uma bênção inesperada para José, deixando-o livre para explorar Paris na companhia do conde Belgiojoso, seu embaixador na Inglaterra, que estava agora a caminho da Espanha, e era um jovem da sua idade.

De todos os Habsburgo, José era um dos mais inteligentes e mais mal interpretados. Ele vivia sob a sombra de sua formidável mãe, partilhando com ela a carga de governar um império imenso que se esboroava, constantemente frustrado e sempre lutando para se ver livre das rédeas maternas. Maria Theresa podia dizer que amava seu filho difícil e teimoso, o qual, desde a mais tenra infância, "nunca soube o que era obedecer", mas era ela quem em parte tinha responsabilidade pelos traços frios e cruéis do caráter de José. Forçá-lo a casar-se com Josefa e expulsar do país sua amante mais encantadora, a bela Eleanor Franchi, foram atos que não podiam senão enfurecer um homem que, desde a morte de sua primeira esposa, só encontrara satisfação sexual com mulheres de uma classe mais baixa. E, como um sensual experiente, José agora sentia-se amplamente qualificado a dar instruções conjugais à irmãzinha que precisava tanto de conselhos.

Ainda chovia quando, em 19 de abril, de manhã bem cedo, o imperador, acompanhado do conde Belgiojoso, chegou por uma entrada lateral de Versalhes, onde o abade Vermond esperava para conduzi-lo até uma escadaria particular que levava diretamente aos apartamentos da rainha. Usando um de seus mais encantadores *déshabillés,* com o cabelo desempoado, o rosto sem ruge, deixando de lado todas as etiquetas em seu entusiasmo, Maria Antonieta correu para abraçar o irmão. À primeira visão da jovem adorável, que ele vira pela última vez como uma menina de 14 anos, José, que normalmente era tão frio e contido, sentiu uma onda de afeição como não lhe acontecia há anos. Tomados pela emoção, caíram um nos braços do outro e, por um momento, nenhum deles falou, até que, meio rindo, meio chorando, Maria Antonieta começou a botar para fora tudo que havia guardado para dizer ao irmão que ela amara tanto, mas cujas críticas ela tanto temia — tanto que, de certa forma, ficara apreensiva com sua chegada, imaginando como ele reagiria àqueles Bourbon estranhos e apáticos, se aceitaria seus amigos e se levaria em conta suas dissipações. Ela gostaria de impressionar Versalhes com a grandiosidade dos Habsburgo, de ver seus cortesãos cheios de empáfia curvarem os joelhos diante do imperador da Alemanha, mas em vez disso ele insistira em se disfarçar de conde Falkenstein, usando uma roupa escura simples, sem ordens nem condecorações, mas ainda assim parecendo tão elegante e tão inconscientemente arrogante, que ninguém poderia se enganar.

Dizem que, no primeiro momento, Maria Antonieta fez a José uma narrativa franca de sua situação matrimonial, contando-lhe que ainda era virgem, "*encore grande fille*". Dizem também que ele teria respondido: "Bem, já é mais do que tempo de seu marido se tornar *un grand garçon.*" Mas não houve palavras ásperas, nenhum sinal de crítica ao seu comportamento para com o rei. Ouvindo sua história patética de sete anos de fracasso, de sua solidão e de sua ânsia por ser amada, José só sentiu piedade por essa irmãzinha bonita, amarrada a um homem que, particularmente, ele desprezava como "um sujeitinho ridículo". Galantemente ele lhe disse: "Se eu pudesse conhecer uma pessoa só com a metade de seu encanto, estaria pronto para me casar amanhã." Maria Antonieta, que estava tão acostumada a ser adulada, corou como uma garotinha diante desse cumprimento inesperado.

Chegara o momento da rainha levar o irmão aos apartamentos do rei, imaginando de que forma alguém tão tímido e reservado como Luís reagiria à perspectiva de discutir os detalhes mais íntimos e humilhantes de seu casamento com um cunhado em relação a quem ele era instintivamente inamistoso.

Luís sabia que sua propalada impotência era fato conhecido nas cortes da Europa. Mas ele, e talvez José, eram os únicos a saber que Maria Antonieta também deveria partilhar a culpa, pronta para se agarrar a qualquer pretexto, tal como a menor indisposição, para não ter que se deitar com ele. Por esse motivo, ele recebeu José como a pessoa mais competente para lidar com a situação, sendo indulgente com as manias do imperador e permitindo-lhe vagar por Paris como o simples conde Falkenstein.

Do que se depreende de todas as narrativas, começando com a do duque de Croy, um dos cronistas mais observadores e fidedignos, o rei comportou-se admiravelmente durante toda a visita do imperador, lidando de forma muito natural com o difícil problema de uma pessoa incógnita que dava tantas dores de cabeça a seus fidalgos de companhia. O duque traça um quadro curioso do primeiro jantar real em Versalhes, entre o rei, a rainha e o conde Falkenstein, o qual, em um palácio de 1.100 aposentos, ocorreu no quarto de dormir da rainha, com uma mesa, pomposamente servida, encostada na cama. Para resolver o problema do incógnito, Luís, Maria Antonieta e José sentaram-se todos, ou antes se encarapitaram desconfortavelmente, em banquinhos dobráveis exatamente do mesmo tamanho. Apesar das correntes de ar de uma noite fria de primavera, as portas foram deixadas abertas, de forma a que alguns dos cortesãos mais favorecidos pudessem dar uma olhada nesse espetáculo extraordinário. Observou-se que, dos três, o rei era o que estava mais à vontade, conversando e rindo muito, e parecendo se divertir com os rostos horrorizados de seus cortesãos. A rainha, ao contrário, parecia nervosa e constrangida, enquanto o conde Falkenstein tinha o ar de um estrangeiro cheio de deferência. Quando o jantar acabou, os dois cunhados tiveram uma longa conversa, enquanto a rainha, ainda parecendo nervosa, como se lamentasse deixá-los juntos, retirou-se para ser penteada.

O duque de Croy escreve que, no decorrer de sua longa vida, nunca testemunhou nada tão curioso quanto a chegada do imperador a Versalhes. No entanto, ninguém teria feito isso com maior elegância e compostura. Monsieur, Madame, o conde e a condessa d'Artois, Mesdames de France, os príncipes do sangue real, os ministros e suas esposas, foram todos visitados, cada um a seu turno.

José teve até o gesto gracioso de pedir para ver o pequeno duque d'Angoulême, enquanto a altiva madame Adelaide ficou tão encantada com seus modos que insistiu em dar-lhe "um beijo de uma tia velha".

A única pessoa que antipatizou instantaneamente com ele foi Monsieur, uma antipatia em grande parte motivada pelos ciúmes de um homem intensamente vaidoso, fisicamente prejudicado por uma obesidade cada vez maior, condenado a desempenhar um papel secundário numa corte onde ansiava por brilhar. Tanto Luís quanto Maria Antonieta eram extremamente francos e abertos por natureza para esconder sua aversão àquele irmão, que, nos tempos do velho rei, intrigara ativamente contra eles com o duque d'Aiguillon, e que, no palácio do Luxembourg, liderava um círculo de poetastros e *beaux esprits* sempre prontos a recompensar sua generosidade com versos maliciosos sobre a rainha e sua corte. Escrevendo a seu amigo, o rei da Suécia, cujos gostos eram de certa forma semelhantes aos seus, Monsieur descreve o imperador como sendo "muito lisonjeiro em seus modos, profuso em seus protestos de amizade, até que se descobre que, por baixo daquela aparência de franqueza, existe um desejo de arrancar informações. Mas nesse particular ele é muito inepto, pois com um pouco de lisonja, que para ele nunca é bastante, acaba sendo ele que é pego de jeito e se entrega. É também excessivamente vaidoso e seus conhecimentos são superficiais." Mas Monsieur é que era o mais superficial dos dois, e era também excessivamente apressado em seu julgamento de alguém tão complicado e tão tortuoso quanto o imperador. De sua parte, José parece tê-lo achado ainda menos atraente do que o rei, "um ser indefinível, mortalmente frio, sua esposa feia e vulgar, não é à-toa que é piemontesa — uma massa de intriga." Artois ele despreza como um "almofadinha amável, sua mulher a única que produz filhos, mas que de resto é uma completa imbecil."

Por mais que os Bourbon e os Habsburgo pudessem se detestar mutùamente, e por mais cuidadoso que o imperador possa ter sido para preservar seu incógnito, a etiqueta exigia que, em seguida ao concerto de domingo da rainha, no qual o conde Falkenstein misturou-se com a corte, uma ceia em família fosse oferecida por Madame, da qual o conde Mercy, em seu leito de doente, parece ter sabido até o último detalhe através da eficiência de seus espiões. O fato de que José nunca ceava, nem bebia vinho, dificilmente o tornaria interessante para seus cunhados, que comiam e bebiam, todos, copiosamente. Fosse por tédio, ou numa tentativa deliberada de envergonhar o rei, Monsieur cumulou seus irmãos com tantos vinhos raros que eles se arrastaram para fora da mesa num estado de ébria euforia, entregando-se às brincadeiras mais infantis, correndo uns atrás dos outros em torno do salão e caindo sobre os sofás, de tal modo que a rainha e as princesas ficaram zangadas e envergonhadas com seus maridos. José comportou-se impecavelmente, não reparando neles e continuando a conversar calmamente com as princesas, até que Madame, tendo notado que a rainha estava à beira das lágrimas, pediu ao marido que pusesse fim àquele comportamento de garotos mal educados, e a noite terminou muito amigavelmente, com o imperador ainda tratando o rei com uma polidez cheia de deferência.

Irmão e irmã passaram o dia seguinte no Trianon, com apenas duas das damas do palácio fazendo-lhes companhia, uma delas a duquesa de Duras, cuja inteligência intimidava a rainha, mas que, provavelmente, assim pensou Maria Antonieta, seria mais apreciada por seu irmão do que algumas amigas mais íntimas. O imperador não perdeu tempo em dizer-lhe que achou a princesa de Lamballe "uma chata intolerável, que não vale um quarto de seu salário." E a rainha, que começava a se irritar com a princesa, admitiu ter cometido um erro ao fazê-la *superintendente* de sua corte. Nem tentou defender a princesa de Guéménée quando o irmão a censurou por visitar uma mulher "cujo salão não passa de um antro de jogo". Mas nem mesmo José ousou ser muito duro em seu julgamento da condessa de Polignac. Sua irmã necessitava de alguém que pudesse amar, e uma amizade sentimental por uma mulher no geral burra era algo menos perigoso do que ter um amante. Foi só mais tarde que o embaixador do imperador esclareceu a respeito da moral dos homens e mulheres que pertenciam à *"société Polignac"*, aos quais a bela condessa parecia ser tão devotada que dificilmente um mês se passava sem que alguma lucrativa indicação para um posto na corte lhes caísse nas mãos.

Mas numa bela manhã de primavera, nos jardins do Trianon, até mesmo um irmão mais velho encontrou dificuldades para resistir à encantadora rainha, que exibia com um prazer infantil seu recém-completado jardim inglês. Os canteiros de herbáceas foram plantados com flores do mundo inteiro: milhares de narcisos, tulipas e jacintos, cem diferentes espécies de iris e todas as variedades de moitas floridas, desde os lilases cultivados por Artois em Bagatelle até os arbustos raros enviados por embaixadores e viajantes como um tributo à rainha. "E o que foi feito daquele jardim botânico, das famosas estufas que eram o orgulho e a alegria do velho rei?" Era típico de José fazer uma pergunta tão sem tato. Maria Antonieta, que não tinha o menor interesse em botânica, destruiu-as todas e as plantas exóticas foram mandadas para o Jardin du Roi, em Paris. Em lugar "daquelas estufas velhas e chatas" havia gramados verdes e um riacho, que serpeava os rochedos e cavernas artificiais, e um pagode chinês desenhado por Mique, que havia se tornado seu arquiteto preferido. Conservara o pequeno templo do amor, e foi ali que ela e José partilharam sua refeição frugal de galinha, morangos e leite. Que cenário poderia ser mais adequado para confidências íntimas, e conselhos ainda mais íntimos? Como conquistador experiente e sem disfarces que era, José teve que escolher as palavras para não chocar a irmãzinha, a respeito de quem escreveu a seu irmão Leopoldo: "Ela é um pouco infantil e, essencialmente, decente e virtuosa."

Ruborizada e constrangida, Maria Antonieta confessou tudo que havia de errado com seu casamento, informações que José não hesitou em repetir a Leopoldo numa linguagem que teria horrorizado a irmã. "Este é o segredo — na cama, ele tem ereções boas e duras. O órgão fica ali, imóvel, por uns dois minutos mais ou menos, em seguida se encolhe, ainda rijo, mas sem se descarregar, e ele vai dormir. Isso não faz sentido, uma vez que, de tempos em tempos, ele tem poluções noturnas. Nunca completa ele próprio o ato, e no entanto vive contente, tendo ele mesmo dito que o faz por puro dever e sem o menor prazer. Se ao menos eu pudesse estar lá uma única vez, poderia ajeitar as coisas. Ele precisa apanhar feito uma besta para conseguir descarregar aquela minhoca. Com tudo isso, minha irmã tem pouco apetite pela coisa e, juntos, formam um casal irremediavelmente inepto."

O velho rei, que naquele templo do amor havia passado suas últimas horas felizes com madame du Barry, teria se divertido ao ouvir o jovem imperador instruindo sua irmã nas artes do amor, com Maria Antonieta ouvindo obediente, como uma criança na escola. Pois José se deu ao trabalho de enfatizar a vulnerabilidade da posição dela, a escolha entre continuar como rainha ou ser repudiada, com a aterradora possibilidade de um convento. "Não tente pressionar seu marido; seja terna, seja calorosa, acima de tudo seja paciente. Leve-o para a cama de tarde. Não adianta esperar até após a ceia, quando ele já está mergulhado num estado de apatia." O conselho era bom, mas não ia ser fácil, pois conforme José disse a Leopoldo, "ela não está nem um pouco apaixonada por ele. Sua relação com o marido é absolutamente peculiar. Ela o força a fazer coisas que ele não quer fazer. Quanto ao rei, ele é um pouco fraco, mas não é um imbecil. Tem idéias e um julgamento sólido. Mas, na mente e no corpo, é apático. Conversa razoavelmente, mas não tem nem curiosidade nem desejo de aprender. Na verdade, o *fiat lux* ainda não chegou. A matéria está lá, mas completamente sem forma." Seria Maria Antonieta um dia capaz de fazer estalar a centelha que faltava?

José era consciencioso por natureza e, determinado a fazer o máximo que podia, devotou muitas horas durante suas primeiras semanas na França a conquistar a confiança do jovem rei, até que gradualmente Luís superou sua timidez e começou a falar franca e abertamente de seu desejo de ter filhos e de levar a vida normal de um homem casado. Ele era extremamente cavalheiresco para culpar a esposa, que sempre falava da necessidade de uma operação. Mas José não parecia achar que se tratasse de algum defeito de constituição, que o embaixador espanhol já havia mencionado nos primeiros meses do casamento. Conforme ele disse a Leopoldo, aquilo nada mais era do que uma questão de ignorância, falta de jeito e, em parte, erro de sua irmã.

A maior parte dos biógrafos recentes de Luís refutam a teoria de que José convenceu o cunhado a se submeter a uma operação, pois, de acordo com seus diários, o rei quase nunca perdeu um dia de caça. Mas lemos a respeito dele ter saído para caçar com o imperador numa carruagem, e a questão sobre se ele sofreu ou não uma operação continua discutível. Mas, seja lá o que for que José possa ter recomendado, parece ter sido eminentemente bem-sucedido.

Maria Antonieta não ficou inteiramente satisfeita com o fato dos cunhados terem chegado a um entendimento, pois, como confessou ao conde Mercy, temia que o irmão pudesse aconselhar o rei a que não pagasse suas dívidas, nem cedesse às suas solicitações em favor de seus amigos. Ela fez tudo que pôde para desestimular esses *tête-à-têtes*, e ficou furiosa quando José, conversando com o rei diante de suas damas, observou que era uma sorte para a França Choiseul não estar no poder, pois, "com sua inquietação e sua ambição presunçosa, ele já teria envolvido o país numa guerra", com o que o rei concordou calorosamente.

No papel do conde Falkenstein, o imperador esteve presente a todas as cerimônias oficiais de Versalhes, *La Messe du Roi, Le Grand Couvert, Le Débotté du Roi,* onde os cortesãos brigavam pela honra de segurar uma vela para o rei. Mas às vezes o imperador se esquecia de interpretar o papel de cortesão cheio de deferências, como quando retornou de uma visita aos Invalides, autenticamente entusiasmado com o que considerou ser um dos mais belos edifícios da Europa, e ficou horrorizado ao saber que o rei nunca o vira, nem tinha a menor intenção de ir lá. O imperador, que visitara cada província de seus vastos domínios, não conseguia compreender a falta de curiosidade de Luís, o fato dele não mostrar nenhum desejo de se aventurar além da Île de France, e de não se interessar pelos maravilhosos tesouros abrigados nos armazéns reais, na esquina da rua Royale e na praça Luís XV. Havia salas cheias de mobília requintada e tapeçarias raras, só ocasionalmente vistas por algum visitante privilegiado, e que, na opinião de José, deveriam ser colocadas num museu aberto ao público. Mas o que o chocou acima de tudo foi que mascates tivessem permissão de vender suas mercadorias do lado de fora dos palácios reais e nos pátios internos de Versalhes.

A língua sarcástica de José nem sempre era apreciada por sua irmã. Participando de suas refeições matinais, ao despertar, ele a criticava ou por usar muito ruge, ou por gastar muito em roupas, ao que ela respondia que era seu dever se vestir com sedas e brocados caros, uma vez que metade dos fabricantes de seda da França fechariam se ela puxasse a moda vestindo-se de forma mais simples. Quando ela lhe pediu que admirasse um penteado extravagante e elaborado, ele observou de uma forma um tanto brutal que "isso poderia ficar encantador numa atriz, mas é frágil demais para apoiar uma coroa". Não surpreende que Maria Antonieta, apesar de seu amor e admiração pelo irmão, às vezes se ressentisse de suas críticas, especialmente quando feitas diante de suas damas. Ele a repreendia por não ter bastante consideração com o marido, por fazê-lo esperar pela ceia em dias de jejum, quando ele não havia jantado, por ignorar seus gostos e forçá-lo a participar de seus prazeres, dizendo abertamente diante do conde Mercy que, se ela fosse sua esposa, ele saberia como fazê-la se comportar e agir como ele queira.

Não obstante, ele se esforçou para agradá-la, saindo de seu incógnito para participar de uma festa dada em sua honra nos jardins iluminados do Trianon, na qual ele encantou os convidados, desde madame Adelaide e a condessa de Noailles, até as mais jovens damas do palácio. Nessa ocasião o rei mostrou-se em seu estado de espírito mais jovial, conversando e rindo com seu cunhado, a quem ele sempre se referia como "o imperador".

A essa altura, o incógnito de José já estava se tornando uma espécie de farsa. Ele compareceu a uma revista de tropas com o rei e a uma corrida de cavalos com a rainha, onde desaprovou abertamente a familiaridade com que Artois e seus amigos tratavam sua irmã e as altas apostas que eram feitas em sua presença. Ele e Maria Antonieta foram juntos ao teatro e à ópera, onde receberam uma ovação de pé da platéia, e em certa ocasião ela conseguiu arrastá-lo para uma festa da princesa de Guéménée, uma mulher com quem ele antipatizava intensamente, e onde ele se recusou a sentar-se a uma mesa de jogo, dizendo que não era rico o bastante para competir com jogadores tão experientes. Naquela mesma noite, uma beleza enfadonha, na esperança de se insinuar junto ao democrático imperador, perguntou-lhe se ele simpatizava com os insurgentes americanos, e recebeu uma resposta cortante: "Madame, faz parte do meu negócio ser monarquista."

"Aqui só se fala do imperador", escreve madame de Deffand. "Ele fala muito bem a nossa língua, e com grande facilidade, e é de uma simplicidade encantadora. Fica surpreso que alguém se surpreenda. Diz que a condição natural não é ser rei, mas ser homem. Não há nada que ele não queira ver ou conhecer." Quando livre de suas obrigações em Versalhes, José estava determinado a ver o máximo que pudesse de Paris, começando às oito da manhã, sem contar nem a seu embaixador nem a ninguém os seus planos. Os cavalheiros de seu séquito nunca sabiam, até o último minuto, onde poderiam estar indo, se ao hospital de Saint Dieu, ou às prisões de Bicètre e da Salpêtrière; às fábricas de Gobelin e de Sèvres ou ao ministério das obras públicas, onde prestou homenagem ao gênio de monsieur Perronet, cuja ponte em Neuilly ele considerou ser uma das mais belas vistas de Paris. Quando visitou o Jardin du Roi, bem próximo ao seu hotel, convocou a presença do veterano naturalista Buffon e fez-lhe o encantador cumprimento de dizer que viera buscar os livros que seu irmão havia inadvertidamente deixado lá, desta forma resgatando a gafe cometida pelo arquiduque Maximiliano.

Na Académie Française ouviu durante mais de uma hora as lisonjas retóricas de Marmontel, La Harpe e d'Alembert, que intimamente o mataram de tédio, pois na realidade ele tinha tão pouco interesse em literatura quanto sua irmã. Sentiu-se muito mais feliz discutindo finanças com Laborde, banqueiro e ministro e um dos homens mais ricos da França, ou com Jacques Necker, o brilhante banqueiro suíço que o rei acabara de nomear diretor de suas finanças, uma indicação corajosa, levando-se em consideração o fato de que Luís nunca confiou realmente num protestante. Dedicou uma longa visita a Turgot, cuja política econômica havia sido adotada por seu irmão Leopoldo na Toscana, e outra ao cientista Lavoisier.

Apesar de seu incógnito, multidões extasiadas o seguiam aonde quer que fosse. Mas algumas das visitas do imperador eram de natureza estritamente privadas, o que seu hábil embaixador se absteve de mencionar em suas cartas a Maria Theresa. Houve certas ceias íntimas na companhia de atrizes deliciosas que ele admirara no palco, pois José amava o teatro e passava muitas noites num camarote privativo no Teatro Italiano ou na Comédie Française. De todas as visitas do imperador, a que melindrou mais profundamente a rainha aconteceu quando ele foi examinar os chafarizes de Marly, e, encontrando-se nas vizinhanças de Louveciennes, parou para ver madame du Barry, a qual, pela clemência real, tinha tido permissão de voltar a seu antigo lar, onde ainda reinava sobre uma corte de seguidores apaixonados. O pavilhão de Louveciennes, uma obra-prima de Le Duc, menor e mais íntimo do que o Trianon, onde cada quadro e cada peça do mobiliário, até a grande cama entalhada e dourada, evocavam alguma memória de seu amante real, era o cenário perfeito para madame du Barry, cuja voluptuosa beleza madura, intocada pela idade, era muito mais ao gosto do imperador do que a beleza delicada e langorosa de uma Iolanda de Polignac. Fosse por acidente ou por desígnio, José vagou pelos jardins, apresentando-se como conde Falkenstein, sem enganar ninguém, muito menos a condessa, que o recebeu com honras reais, num papel que ela aprendera a desempenhar muito bem. Durante uma hora eles ficaram juntos, um agradável interlúdio em que o imperador e a condessa ficaram mutuamente encantados, mas quando a notícia desse encontro chegou a Versalhes, não foi apreciada nem pelo rei nem pela rainha. Foi ainda menos apreciada em Viena, de onde Maria Theresa queixou-se ao seu embaixador que considerava totalmente desnecessário da parte de seu filho ter visitado aquela mulher horrorosa".

Apesar de suas richas ocasionais, Maria Antonieta gostou da visita do irmão e fez tudo a seu alcance para que ele prolongasse sua estadia, enquanto que, meio a contragosto, José se permitiu sucumbir a "sua doçura e seu charme, e aos prazeres de uma vida que eu achava ter deixado de lado, mas para a qual descobri ainda não ter perdido o gosto. Passei horas e horas em sua companhia, sem notar como o tempo passava". Mas agora era tempo dele partir para a excursão que planejara pelas províncias francesas. "Eu não queria sair de Versalhes, pois havia me ligado realmente a minha irmã. Ela é doce e boa, e foi preciso toda a minha força para poder me separar." Maria Antonieta ficou infeliz e teve dificuldade em refrear sua dor diante da corte. Eles se despediram à meia-noite, igualmente tristes de dizerem adeus. Mas José estava consciente de ter feito algum bem, pois notou-se que a rainha era agora mais gentil e mais cheia de considerações na maneira de tratar o rei. Luís, a essa altura profundamente apaixonado pela esposa, disse-lhe: "Nos vimos com muito mais freqüência durante a visita do imperador. E por isso sou muito grato a ele."

CAPÍTULO 15

Duas semanas após a partida do imperador, Maria Antonieta escreveu à mãe: "Fiquei muito feliz durante o tempo que ele passou aqui. Mas agora tudo parece um sonho. O que me resta desse sonho são os bons conselhos que ele me deu e que estão gravados para sempre em meu coração. O que me proporcionou maior prazer foram as instruções escritas que ele me deixou, conforme eu lhe havia pedido. Caso eu venha a esquecer o que ele me disse, o que duvido, terei sempre essas instruções à minha frente para recordar-me do meu dever."

No entanto, de acordo com o conde Mercy, a rainha não apreciou inteiramente o tom das instruções dadas pelo irmão, que eram desagradáveis em vários sentidos, por serem muito ásperas e, com freqüência, reminiscentes da carta zangada que sua mãe interceptou e na qual ele a censurava por suas indiscrições na carta que ela enviara ao conde Rosenberg. José era muito chegado a sermões e muito pedante para deixar passar em branco as fraquezas da irmã, e suas instruções eram quase sempre escritas ao final de um dia cansativo, quando se irritara numa festa da princesa de Guéménée, ou com o comportamento do conde d'Artois. Ele ficara realmente chocado com a atitude de Maria Antonieta para com o marido, e em suas instruções longas e repetitivas pedia-lhe que se esforçasse mais para agradar ao rei, pensasse na glória dele mais do que na dela própria, e que nunca tentasse brilhar às custas dele. Implorava-lhe que fosse mais doce e mais gentil, e que confiasse mais no marido. O imperador, que afetava simplicidade e desprezava toda pompa e etiqueta, reprovou a irmã por neglicenciar seus deveres de rainha, por ter uma *coterie* em vez de uma corte, e por escolher como companheiros gente que não se afinava com os melhores elementos da sociedade. As instruções de José eram deliberadamente exageradas, com a intenção de assustar Maria Antonieta para que ela adotasse um modo de vida mais sensato. Ele previu os perigos que havia no caminho, a animosidade que ela provocava com sua negligência e seu egoísmo. "Tremo ao pensar em sua felicidade, pois as coisas não podem continuar assim indefinidamente. A Revolução, se vier, será cruel e, provavelmente, provocada por você própria."

Viajando pelas províncias do oeste da França, visitando os portos do Atlântico, José ficou tão impressionado com a prosperidade natural do país e com a industriosidade do povo, quanto ficou consternado com a incompetência do governo, a falta de cooperação nos vários departamentos e os parlamentos divididos que bloqueavam qualquer tentativa de reforma. O conselho que deu ao cunhado, de visitar algumas de suas cidades de província, resultou apenas no envio dos irmãos do rei em viagens inúteis e extravagantes, envolvendo despesas enormes, sugando os recursos do campo e chocando as populações locais com seu estilo arrogante e ostentoso.

Não poderia haver contraste maior do que entre essas excursões régias e a de Sua Majestade Imperial, o imperador da Alemanha, que percorreu a França numa carruagem simples, descansando nas estalagens locais, e que, ao passar pela Touraine, evitou deliberadamente passar por Chanteloup, onde o duque de Choiseul havia preparado elaboradas festividades em sua honra, atitude que agradou ao rei, mas que aborreceu Maria Theresa e Maria Antonieta. Considerando-se a escassez de estadistas experientes na França, Maria Theresa achou insensato ofender um homem que poderia um dia voltar ao poder. Mas José já conhecia o rei Luís o suficiente para perceber que Choiseul não seria reintegrado por ele de maneira nenhuma. Mais surpreendente ainda foi o imperador ter passado a poucos quilômetros de Ferney sem parar para uma visita a Voltaire. Mas José era sempre imprevisível, e essa pode ter sido uma das ocasiões em que ele preferiu agradar à mãe, em vez de contentar os filósofos dos salões de Paris.

A imperatriz, ao contrário do que esperava, ficou feliz com o sucesso da viagem de seu filho à França. De volta a seu próprio país, ele esqueceu a irritação de Versalhes e falou com amor da "rainhazinha encantadora, que seria perfeita se desse menos ouvidos aos carreiristas e bajuladores que a cercam." Nem o irmão nem a irmã foram inteiramente honestos para com a mãe, que nunca viu as instruções pelas quais Maria Antonieta manifestou gratidão tão extravagante, mas que, segundo o conde Mercy, mal olhou após os primeiros meses. Em todas aquelas páginas repetitivas de instruções não havia um único conselho tão sábio quanto aquele que Francisco de Lorena escrevera no testamento deixado a seus filhos, prevenindo-os contra as armadilhas que cercavam um trono, "os companheiros, que deviam ser cuidadosamente escolhidos, as afeições, que não deviam nunca ser dispensadas irrefletidamente." Apesar de todo o seu brilhantismo, faltavam a José a sutileza e a compreensão de seu pai, e ele não conseguiria nunca ajudar a irmã da forma que seu pai teria feito. Mas deu-lhe muitos conselhos úteis, e Mercy relatou à imperatriz que, durante os meses de verão, a rainha foi muito mais atenciosa para com o marido, deixando de lado suas próprias diversões para acompanhá-lo às ceias de St Hubert e demonstrando a mais profunda solidariedade quando ele se feriu com uma faca, por ocasião de uma expedição de caça em Compiègne.

Finalmente, no mês de agosto, a rainha pôde soltar um grito de triunfo: "Esta é uma ocasião de extrema alegria para mim, pois finalmente alcancei a mais essencial de todas as felicidades. Há oito dias, meu casamento foi finalmente consumado, e ontem novamente, e ainda mais completamente que da primeira vez. Quis mandar um correio especial para que minha querida mãe soubesse disso imediatamente. Mas achei que isso poderia causar muito tumulto. Não acho que já esteja grávida, mas finalmente tenho a satisfação de saber que isso pode se dar a qualquer momento. Amando-me como me ama, posso imaginar a alegria de minha queridíssima mãe, quase como se fosse a minha própria."

Mas Maria Theresa teve que esperar muitos meses antes de ter a satisfação de saber que a filha estava grávida. O outono, durante o qual o rei se devotou à caça e a rainha retornou a suas dissipações costumeiras, parece ter amortecido seu ardor matrimonial. Maria Antonieta queixou-se à mãe de que o rei não gostava nem um pouco da cama de casal. "Faço o melhor que posso para evitar que ele volte ao hábito de dormirmos separados, e ele às vezes passa a noite comigo. Acho mais prudente não pressioná-lo muito com isso, pois ele vem sempre me visitar de manhã, e está mais gentil e afetuoso do que nunca." Mercy, ao contrário, disse à imperatriz que, se o rei se abstinha de ir para a cama com a esposa, era principalmente a fim de não perturbá-la, pois ela ficava sentada até o meio da madrugada jogando cartas e não queria ser despertada de manhã.

Tudo o que se desejava era que a rainha mudasse de hábitos, para se adequar aos do marido. Infelizmente, sua decepção por não engravidar, enquanto a condessa d'Artois estava esperando o terceiro filho, resultou em seu retorno à vida dissipada de costume. O jogo nunca foi feito com apostas tão altas quanto naquele outono em Fontainebleau, e quem não podia se dar ao luxo de perder cem luíses por noite tinha de se afastar da mesa de jogo da rainha. O conde d'Artois, de volta de sua excursão pelas províncias do oeste, estava mais uma vez em boas graças, e seu companheiro inseparável, o barão de Besenval, era um dos íntimos da rainha. Maria Antonieta era suficientemente tola para achar que seus cabelos grisalhos o qualificavam para ouvir suas confidências, e um dos versinhos populares que circulavam por Versalhes tinha a ver com a rainha e o maduro coronel dos guardas suíços.

La Reine dit imprudemment
A Besenval, son confident,
Le Roi est un pauvre sire.
L'autre répond d'un ton léger
Tout le monde le pense sans y dire.
*Vous le dites sans y penser.**

A amizade de Besenval com a rainha deu-lhe acesso à *coterie* dos Polignac, onde ele se tornou um dos mais ardorosos admiradores da condessa. A maior parte de sua popularidade se devia a ser ele um solteiro rico que não desejava nem honrarias nem recompensas para si próprio, e só se importava com a ilusão do poder, o apoio a indicações no exército e a nomeação e demissão de ministros. Mas Besenval não era o único a adorar o sol nascente de Iolanda de Polignac. Cada carreirista de Versalhes aspirava a um convite para ir a seu salão, que começava a assumir as proporções de uma corte, a que a rainha, para se divertir, comparecia como convidada. Os cortesãos mais velhos ficavam horrorizados ao ver a rainha atravessar a Galeria dos Espelhos de braços dados com a condessa de Polignac. No final de 1777, o poder dessa *coterie* era tal que o ministro do Exterior teve de cancelar a indicação de seu irmão para ministro na Suíça, um dos postos mais bem remunerados do serviço

* A rainha diz, imprudente, / A Besenval, seu confidente, / Que o rei é um pobre infeliz, / Para o outro logo retrucar: / Todo mundo pensa mas não diz, / E a senhora diz sem pensar. (N.T.)

diplomático, em favor do pai do conde Jules de Polignac, que não tinha qualquer qualificação além de seu parentesco com a favorita da rainha.

É curioso que o amante da condessa, monsieur de Vaudreuil, fosse o único membro do grupo a não ter conseguido nunca uma indicação mais importante do que a de falconeiro real, posição que dificilmente satisfaria as ambições de um homem que sonhava em se tornar ministro da corte do rei. Fosse por ciúmes, ou por bom senso, Maria Antonieta jamais gostou de Vaudreuil, e deu ouvidos ao conselho do abade Vermond, que conseguiu manter aquele homem perigoso longe dos cargos públicos. Em conseqüência, todos os Polignac odiavam Vermond e fizeram tudo que podiam para instigar o rei em sua antipatia por um homem que fora escolhido por Choiseul.

Enquanto Versalhes estava entregue às disposições e às intrigas, Benjamin Franklin, de seu quartel-general em Passy, dirigia uma bem-sucedida campanha em favor dos rebeldes norte-americanos. Aquele quacre da Filadélfia tinha virado moda, e a *jeunesse dorée* da França, que imitava tão servilmente os ingleses, agora ansiava por combatê-los em ultramar. Na primavera de 1777 ocorreu um evento que, na época, foi eclipsado pela visita do imperador, mas que, não obstante, causou considerável empolgação tanto em Paris quanto em Versalhes. O marquês de Lafayette, de 19 anos, casado na poderosa família de Noailles, desobedeceu às ordens tanto de seu sogro quanto do rei, e embarcou para a América, a fim de lutar ao lado dos exércitos de Washington. Numa idade em que a maior parte dos jovens de seu mundo ainda dependia de suas famílias, Gilberto de Lafayette encontrava-se na afortunada posição de ter herdado uma fortuna suficientemente ampla para garantir-lhe uma noiva entre os Noailles. Seu casamento levou-o para o círculo de jovens charmosos tais como seu cunhado, Luís de Noailles, e Felipe de Ségur, amigos do conde d'Artois e parceiros de dança da rainha. Alto e esguio, com um cabelo ruivo brilhante que, por mais que se empoasse, não se conseguia esconder, mau cavaleiro e dançarino indiferente, fazia má figura em Versalhes. Certa vez, quando dançava em uma das quadrilhas da rainha, tropeçou e caiu, e Maria Antonieta, sempre disposta a ridicularizar os outros, não conteve o riso. Apesar da acolhida régia que ela lhe daria quando ele retornasse em triunfo da América, o jovem orgulhoso não se esqueceria nunca desse riso, e a partir daquele momento ele se desgostou de Versalhes e de tudo que a corte representava.

Os Noailles eram gentis com aquele parente jovem e desajeitado, e ele tinha uma esposa jovem, doce e amorosa. Mas, tendo que estar de acordo com a moda, ele cortejou a bela amante do duque de Chartres, para acabar descobrindo que até mesmo sua grande fortuna não podia competir com a do mais rico entre os príncipes reais. Frustrado, inquieto e insatisfeito, Gilberto de Lafayette teve com a guerra americana a oportunidade de se tornar um herói no Novo Mundo. Era o único de seus amigos que podia se proporcionar a independência de alugar um navio às suas próprias custas e, desafiando as ordens do governo, partir para a América. Mais tarde eles foram às levas — os Noailles, os Lauzun, os Ségur, e suecos românticos, como o conde Sttedynk e Axel Fersen, abandonaram os prazeres de Versalhes para enfrentar provações nos exércitos de Washington. Mas foi Lafayette quem ficou com a glória de ter sido o primeiro dos voluntários a desembarcar em solo americano, o único a ficar conhecido e amado como o "Marquês Americano".

Para os Noailles, a partida de seu jovem parente foi então apenas um constrangimento, mas um ultraje, particularmente considerando-se que um de seus primos era embaixador em Londres e a Inglaterra um país oficialmente em paz com a França. Apesar da opinião pública como um todo ser a favor dos rebeldes americanos, e de jovens entediados marcando passo em guarnições nas cidades fortificadas estarem ansiosos por uma luta, apesar de Beaumarchais estar enviando secretamente armas e munições para portos americanos pelo caminho das Índias Ocidentais, Maurepas, o mentor do rei, ainda não queria se comprometer numa guerra total. Necker, o prudente banqueiro suíço que era agora diretor de finanças, era da mesma opinião e, como Turgot, acreditava que seria loucura para a França embarcar numa guerra que esgotaria seus recursos, impossibilitando assim realizar as necessárias reformas no país.

Tanto Vergennes quanto o rei estavam do lado dos rebeldes, e percebiam que as dificuldades da Inglaterra davam à França a oportunidade de se vingar das humilhantes derrotas sofridas na Guerra dos Sete Anos. Mas Luís era muito honesto, e muito convicto do direito divino dos reis, para apoiar uma rebelião armada contra uma coroa. E foi só depois que navios franceses sofreram agressões de pirataria britânica no mar que, nos primeiros meses de 1778, ele foi finalmente convencido a concluir uma aliança com os 13 estados americanos. Em 8 de fevereiro, no começo do carnaval, o embaixador britânico, Lorde Stormont, estava num dos bailes da rainha em Versalhes, quando chegou o conde de Provence, vindo de uma reunião do Grande Conselho, para dar a notícia, recebida com aclamações cheias de júbilo pelos mesmos jovens que, apenas algumas noite antes, tinham sido convidados de Stormont na embaixada britânica.

Seis semanas depois, em 20 de março de 1778, Benjamin Franklin e Silas Dean, o primeiro sem espada ou peruca empoada, foram recebidos oficialmente em Versalhes como enviados acreditados da América Republicana, acolhidos como aliados pelo rei Bourbon e sua rainha Habsburgo. Festiva, satisfeita e sequiosa de glória, a França embarcou numa guerra que teria para ela conseqüências incalculáveis. Foi ao mesmo tempo uma iniciativa brilhante e uma bravata imprudente, que viria a esvaziar seu tesouro e infundir um espírito novo e perigoso numa classe que até então aceitara sem restrições as palavras de ordem do antigo regime. O mais estranho de tudo, porém, é que essa mais imprudente e altruísta das guerras ocorreu no reinado do mais timorato dos reis, que nessa oportunidade demonstrou uma energia e uma tenacidade ainda mais surpreendentes por ter sido numa época em que o imperador José ameaçava engolfar toda a Europa Central numa guerra.

A morte do Eleitor da Baviera, que não tinha filhos, deu a José a oportunidade de afirmar sua reivindicação a uma parte do sul da Baviera, que ele sempre cobiçara, e a respeito da qual afirmava que os Habsburgo tinham direito por meio de um tratado que datava do século XV. O Eleitor Palatino, que era o herdeiro legítimo, quis chegar a um acordo. Mas o velho inimigo da Áustria, o rei da Prússia, não tinha a menor intenção de deixar que os Habsburgo ampliassem sua hegemonia na Alemanha. Pobre, velho e doente, Frederico ainda tinha o melhor exército da Europa, e José viu-se defrontado por tropas prussianas e saxônicas avançando pela Boêmia. Maria Theresa estava desesperada, o príncipe Kaunitz desaprovava aquela iniciativa, que julgava insensata e injusta. Mas José, que se via como um grande líder militar, estava preparado para lutar, contando com o apoio de seu cunhado e aliado, o rei da França. Nem o rei Luís nem seu ministro do Exterior, no entanto, tinham qualquer intenção de puxar a brasa para a sardinha de José. Até Maria Antonieta, que costumava ser tão legal para com seus parentes Habsburgo, queixou-se a sua adorada Iolanda de Polignac que José, como sempre, só pensava em si mesmo. Não obstante, mostrou-se pronta a defender o irmão quando seu marido lhe disse: "As ambições de sua família vão estragar tudo. Eles começaram com a Polônia, e agora é a Baviera. Fico chateado por você." Como rainha da França, Maria Antonieta ficou zangada e envergonhada ao saber que todos os diplomatas acreditados nas cortes alemãs receberam instruções de adotar a linha de que a política do imperador na Baviera era contrária aos interesses da França.

Mais importante do que qualquer evento político de 1778 foi a gravidez da Rainha. Em 19 de abril, Maria Antonieta escreveu para a mãe vibrando de alegria, ainda um pouco temerosa de que alguma coisa pudesse correr mal. "Já há oito dias que eu queria lhe contar sobre minhas esperanças, mas não ousei fazê-lo, por medo da decepção que lhe daria se elas não se materializassem." Em maio a notícia foi confirmada, dando à infeliz e atormentada Maria Theresa o único consolo do ano. "Que notícia maravilhosa e inesperada. Deus seja louvado, agora que minha amada Antonieta conseguirá afirmar sua posição brilhante, dando herdeiros à França." Era o chefe de estado falando, e não a mãe; a imperatriz agora via sua filha mais poderosa e influente, mais capaz de convencer o marido a apoiar as pretensões da Áustria. Para Maria Theresa, seu país contava mais que qualquer filho. Por mais que ela pudesse desaprovar as ações impensadas de José, ele era, não obstante, o imperador que ditava a política externa da Áustria, e Maria Antonieta não passava de um instrumento político para servir aos interesses dos Habsburgo e de seu império.

Esse ano de 1778, um ano de orgulho e realizações para Luís e Maria Antonieta, foi perturbado por conflitos políticos e lealdades divididas, em função da guerra na América. Maria Antonieta era uma francesa patriota de corpo e alma, deixando de lado suas simpatias inglesas no eclodir das hostilidades, esquecendo seus preconceitos aristocráticos em favor dos aliados republicanos, "aqueles queridos americanos". Ela participou do culto a Franklin, cujos óculos simples e cabelos grisalhos, sem pó-de-arroz, eram considerados o máximo do *bon ton*, sendo solidária em suas enfermidades e colocando uma das liteiras reais à sua disposição para a viagem de Passy a Versalhes.

Ela cortou suas despesas, cancelando uma festa no Trianon, recusando o presente de um colar caríssimo, dizendo ao rei que preferia gastar o dinheiro num navio de guerra. Nenhuma rainha merecia ser mais popular. Se ao menos sua família a tivesse deixado em paz, sem atormentá-la para apoiar suas pretensões na Baviera. Jogando com todos os seus trunfos emocionais, Maria Theresa apelou para suas afeições, lealdades, e seu amor por sua terra natal. Desesperada e histérica, lembrou-lhe seus "dois irmãos em perigo", pois o imperador havia arrastado Maximiliano, contra a vontade deste, para a frente de batalha. A França queria que a Europa fosse dividida entre a Prússia e a Rússia? O rei não entendia que a paz dependia da força da aliança franco-austríaca? Mas Luís e Vergennes foram firmes na recusa a se envolverem, e todas as cenas lacrimosas de Maria Antonieta de nada valeram. Seu insucesso só fez acirrar a insistência da mãe, que nunca parou para considerar que a gravidez de sua filha exigia repouso e paz de espírito. Enquanto a imperatriz jogava com suas afeições, o imperador se dava a heroísmos. "Se você não quer parar esta guerra, então pelo menos, querida irmã, irá descobrir que somos valentes e que, em quaisquer circunstâncias, você nunca terá que se envergonhar de um irmão que será sempre merecedor de sua estima." Seria preciso um caráter mais forte que o de Maria Antonieta para enfrentar esse fogo cerrado de emoções. Mas, ao apoiar as pretensões de seus parentes, Maria Antonieta provocou o antagonismo dos ministros de seu marido e a desconfiança de seus súditos. A partir de agora ela era chamada de "a austríaca".

CAPÍTULO 16

O ANO de 1778 marcou o retorno do conde Axel Fersen, que chegou ao país após quatro anos de ausência na Suécia, onde vivera sob a tutela de um pai exigente e de um rei ainda mais exigente. O senador Fersen, um dos homens mais importantes do seu país, tanto como soldado quanto como estadista, era um velho e ferrenho adepto da disciplina, que achava já ser tempo para o seu filho de 23 anos de idade, bonito e mimado, se estabelecer e casar com uma herdeira rica. O rei Gustavo tinha outros planos para Axel, reservando para ele o papel de favorito da corte, um bom companheiro para com ele partilhar suas diversões e acompanhá-lo em suas viagens. Nenhum desses papéis tinha qualquer apelo para um jovem que, em sua primeira visita à França, sucumbira aos encantos do *douceur de vivre* que não existia em nenhum outro lugar a não ser em Paris. A rica herdeira escolhida pelo pai vivia na Inglaterra. Uma tentativa, feita com pouco empenho e ainda menos resultado, de apressar seu casamento, acabou fazendo-o voltar a Paris, onde ele encontrou a corte ainda instalada em Versalhes, tendo sido canceladas as visitas anuais a Compiègne e Fontainebleau.

A Delfina jovem e alegre, em sua fantasia de veludo cinza, que certa noite o encantara num baile da ópera, havia se aquietado numa vida doméstica tranqüila, absorta pelas alegrias da iminente maternidade. O bibelô de Dresden tinha se transformado numa mulher ampla, imponente, orgulhosa de sua barriga cada vez maior, medindo a cintura como que para se assegurar de que havia realmente um bebê a caminho. O dia em que este fez o seu primeiro movimento, ela foi rindo até o rei. “Vim queixar-me, Majestade, com relação a um dos seus súditos, que teve a audácia de me dar um chute na barriga." Luís tomou-a nos braços e abraçou-a de forma muito pouco régia, o que provocou olhares de desaprovação dos seus elegantes fidalgos de companhia. Sua recém-descoberta masculinidade dera-lhe uma nova injeção de confiança e ele demonstrava uma gratidão tocante para com a esposa, dizendo a sua tia Adelaide, que por certo não era a pessoa indicada para apreciar tal observação, que ele só lamentava ter perdido tanto durante tanto tempo. Maria Antonieta, de sua parte, mostrava-se doce e amorosa para com o pai de seu filho ainda não-nascido, e o jovem casal nunca esteve tão unido quanto durante aquele verão de 1778, em que Axel Fersen voltou a Versalhes.

"Ele é um velho conhecido", disse a rainha numa voz que traía seu prazer em ver de novo o jovem sueco, em quem ela mal pensara nos últimos quatro anos, mas que agora retornava de maneira tão vívida à sua mente. O rapaz de 19 anos havia amadurecido e se tornado um homem impressionantemente belo, a quem uma certa melancolia só emprestava um pouco mais de charme. O próprio rosto, com seus traços perfeitos, era impassível, quase frio; somente os olhos, os olhos claros e luminosos, tão cambiáveis quanto o céu do Norte, traíam um homem que era reservado e introspectivo, poético e apaixonado — uma pessoa perigosa para entrar na vida de uma rainha que, aos 23 anos, nunca se apaixonara, que havia só flertado e se dado a frivolidades em seu mundo rococó, sem conhecer qualquer romance. E, desde o dia em que seu embaixador o apresentou à corte, Axel Fersen teve entrada para *les petits appartements,* e convites para o Trianon. Oficialmente, era a posição de seu pai que lhe abria todas as portas, pois o senador Fersen havia lutado no exército francês, sob o marechal de Saxe, e fora líder do partido pró-francês, os chamados Chapeaux, que levara o rei Gustavo ao poder.

Nas cartas que mandava para casa, Axel tinha o cuidado de lisonjear o pai, dizendo-lhe o quanto ele devia à reputação do senador na França. Seu entusiasmo pela rainha é evidente desde a primeira carta, escrita em 8 de setembro, quando Maria Antonieta, no quinto mês de gravidez, ainda guardava o poder de seu fascínio. "A rainha, que é a princesa mais bonita e mais gentil que conheço, teve a extrema gentileza de perguntar por mim. Queria saber por que eu não comparecera aos seus jogos de cartas de domingo, e chegou ao ponto de se desculpar quando soube que eu lá estivera num domingo, sem ter podido vê-la."

O final do verão em Versalhes foi uma estação sem festividades ou bailes, quando todas as ações pareciam suspensas, à espera do grande evento do parto real. O tempo estava quente e úmido e a rainha raramente saía, a não ser tarde da noite, quando ela e as princesas reais iam até o terraço para ouvir música tocada pela banda dos guardas reais. Às vezes elas se aventuravam nos jardins e se misturavam com as multidões — um divertimento inofensivo mas, como qualquer outra coisa relacionada com a rainha, pronto para ser criticado e mal interpretado. O fato do povo de Versalhes ter permissão de participar desses concertos noturnos, de que os jardins eram fracamente iluminados e as figuras das princisas em seus vestidos de musselina clara mal podiam ser percebidas, logo levaram a histórias de encontros secretos e prazeres ilícitos, seguidas pela habitual enxurrada de canções maliciosas sobre os folguedos noturnos da rainha. Maria Antonieta, que ficava ao mesmo tempo magoada e enfurecida, retirou-se cada vez mais para a privacidade do Trianon e a companhia de uns poucos amigos escolhidos. E já se começava a falar de Fersen, pois o círculo dos Polignac rapidamente notou o interesse da rainha naquele conde sueco de aspecto romântico, que eles encaravam tanto como um desafio quanto como um perigo para os seus interesses.

Mas o próprio Fersen estava ausente. Após umas poucas semanas em Versalhes, ele partira para a costa da Normandia, a fim de assistir às preparações militares para uma eventual invasão da Inglaterra. Reinava uma atmosfera de guerra no país. Todos os seus amigos estavam se apresentando voluntários para lutar, e ele tinha a esperança de ser comissionado para o exército francês. Na sua relutância de retornar à Suécia, chegara ao ponto de oferecer seus serviços ao rei da Prússia — algo que ele não mencionou à rainha da França, que dificilmente teria gostado de saber que "*le beau Fersen*" estivera pronto a lutar no exército do inimigo de seu irmão. Seus caminhos poderiam nunca ter se cruzado se Frederico tivesse aceitado a oferta de Fersen, mas a última coisa que ele queria era um jovem sueco mimado introduzindo um componente estranho em seu exército espartano.

As conexões de seu pai e seu sucesso pessoal em Versalhes deram-lhe a possibilidade de fazer uma carreira bem melhor na França. Apesar de sua aparência sonhadora e romântica, Axel Fersen estava interessado, antes de qualquer coisa, em si próprio, e em suas cartas para casa ele se revela vaidoso, egoísta e auto-satisfeito. No final de outubro estava de volta a Versalhes, de onde escreveu ao pai: "A rainha continua a me tratar com a maior gentileza. Ela sempre faz questão de falar comigo quando vou prestar-lhe minhas homenagens. Soube de nosso novo uniforme sueco e quer que eu o use quando comparecer a sua próxima cerimônia matinal."

O uniforme sueco dos dragões do rei, com sua capa azul, a túnica branca, culotes de camurça muito justos e a barretina vistosa, de plumas azuis e amarelas, fora especialmente desenhado pelo rei Gustavo para exibir a figura masculina com o máximo de realce. Quando usado pelo conde Fersen na cerimônia matinal da rainha, atraiu a atenção de todas as mulheres no salão, começando por Maria Antonieta. Os que estavam próximos a ela notaram o rubor repentino, o ligeiro tremor da mão, o olhar de excitação reprimida, que duraram um rápido momento, tendo ela logo recobrado o controle e a costumeira máscara sorridente com que recebia os estrangeiros ilustres. Seguiram-se umas poucas palavras amigáveis, um cumprimento ao uniforme de seu país e ao bom gosto do rei. Talvez ela tenha se demorado muito e se interessado demais pelos detalhes, pois ao final do dia todos os cortesãos de Versalhes sabiam que o jovem conde Fersen era o novo favorito da rainha. No entanto, fosse por discrição ou por fastidiosa relutância de estar presente quando do parto da rainha, Axel ausentou-se de Paris no último mês de sua gravidez.

Com sua partida, Maria Antonieta voltou a cair num estado de melancolia complicado por medos e aflições. Toda a França rezava por um Delfim. De Viena, sua mãe não parava de escrever sobre o filho homem que era vital tanto para ela quanto para a aliança austríaca. Apesar da imperatriz garantir à filha que não queria que ela fizesse nada que a tornasse importuna para o rei, suspeita diante de seus ministros e odiosa para a nação, não pôde deixar de comparar a lealdade dos aliados russos da Prússia com o comportamento covarde da França:

> Odeio dizer-lhe isso, pois é muito pouco o que você pode fazer, uma vez que as coisas foram longe demais para poderem ser consertadas a tempo. Mas uma política mais forte teria sido muito mais vantajosa para a França, e devo confessar que estou profundamente chocada com o modo com que os franceses abandonam nossos interesses num momento em que sua gravidez os tornam tão vitais para o seu país. O que se pode

esperar do futuro, já que nenhum poder consegue sobreviver sem a ajuda de um aliado leal?

Esta carta, datada de 2 de novembro, só pode ter chegado a Versalhes umas poucas semanas antes do parto da rainha, e dificilmente teria o efeito de acalmar e reconfortar uma mulher nos últimos momentos de sua gravidez.

Acostumada à agitação e ao movimento incessante, Maria Antonieta começava a ficar aborrecida com a vida calma, as infinitas precauções recomendadas pelos médicos. No começo de dezembro ela se queixava a Luís que naquele ano iria perder a maior parte de diversão do carnaval, e o rei, a fim de diverti-la, chegou ao extremo de fazer encenar um espetáculo de máscaras em seus apartamentos privados, para o qual os seus ministros mais idosos foram convencidos a usar as fantasias mais absurdas e fantásticas. Maurepas, que aos 78 anos continuava alegre e espirituoso como sempre, apareceu como um Cupido alado, com sua mulher, velha e encarquilhada, de Vênus. Sartines, o ministro da marinha, era Netuno, enquanto Vergennes chegou com um gorro na cabeça, um mapa da América na barriga e um da Inglaterra nas costas. O traje mais aplaudido foi o usado pelo marechal de Richelieu, de 86 anos, que se fantasiou de Tritão e dançou um minueto leve e gracioso com a septuagenária marquesa de Mirepot, fantasiada de Aurora. Somente o embaixador austríaco manifestou um certo constrangimento em seu relatório a Maria Theresa, por sentir que, nas atuais circunstâncias, nem a imperatriz, nem seu filho apreciariam esse gênero de humor dos Bourbon. Mas Maria Antonieta estava encantada e os cortesãos, que normalmente ficavam tão entediados e desocupados quanto ela, cumprimentaram o rei por aquele passatempo original e divertido, que eles nunca o haviam imaginado capaz de criar.

Uma semana depois, o médico e parteiro da rainha, irmão do abade Vermond, mudou-se para os aposentos adjacentes aos apartamentos reais. Quatro amas-secas cuidadosamente escolhidas ficaram de prontidão. Mercy escreveu para Viena dizendo que era tamanho o interesse público que cerca de 200 famílias de qualidade, que normalmente residiam em Paris, se haviam estabelecido em Versalhes, onde não havia um único cômodo vago, fosse no palácio, fosse na cidade.

As dores do parto começaram na manhã de 18 de dezembro e, à uma e meia da tarde, madame de Lamballe — superintendente da corte da rainha e totalmente inapta, tanto por temperamento quanto por sua condição física, para prestar assistência num parto — foi chamada para o quarto da rainha. Às três horas da tarde foram buscar o rei, após o que houve um pandemônio geral. Todo mundo tinha o direito de estar presente. Mal os médicos anunciaram que a rainha estava para dar à luz, houve uma disparada que nem os guardas nem os criados foram capazes de controlar.

A criança nasceu pouco antes da meia-noite e, para a decepção geral, era uma menina. A única exceção foi o rei, que olhava feliz sua filhinha, quando ela foi entregue à princesa de Guéménée, que a levou para ser lavada e vestida, seguida pelas amas reais, o rei e seus fidalgos de companhia.

De repente houve pânico no quarto da rainha — uma corrida para se abrirem as janelas, um grito urgente pedindo água quente. A rainha sofrera uma ligeira crise e tinha que ser sangrada imediatamente. Apesar dos preparativos elaborados, nenhum dos médicos ou enfermeiras havia pensado em deixar à mão um jarro de água quente. Com imensa presença de espírito, Vermond ordenou aos médicos que fizessem a sangria da paciente sem os preparativos habituais, e sua intervenção, provavelmente, salvou a vida da rainha. Ela abriu os olhos e um suspiro de alívio percorreu o quarto, seguido por uma explosão de alegria histérica, com as pessoas rindo, chorando e se abraçando umas às outras ao mesmo tempo. Somando-se à confusão, a princesa de Lamballe desmaiou de emoção.

O embaixador austríaco, que muito contra a sua vontade fora forçado a testemunhar o parto, ditou seu primeiro relatório a Viena pouco menos de uma hora após o nascimento e, a fim de não alarmar Maria Theresa, amenizou a descrição do incidente. "A rainha demonstrou grande coragem, e os esforços que fez para controlar as dores de parto provocaram-lhe um movimento convulsivo dos nervos. Decidiu-se fazer-lhe uma sangria que foi absolutamente bem-sucedida. No momento em que escrevo ela está tão bem quanto seria de se esperar." Foi somente alguns dias depois que esse solteirão de meia idade fastidioso admitiu o quanto havia sofrido por ter que se submeter "aos costumes curiosos deste país", estando presente a um parto, experiência que o fez sentir-se muito mal.

A rainha, que nunca soube ter corrido perigo de vida, teve uma recuperação notavelmente rápida. Uma decepção natural por não ter conseguido produzir um herdeiro foi compensada pela felicidade radiante de seu marido, e até mesmo o mais cínico dos cortesãos ficou tocado pelo espetáculo encantador do casal real junto à filha. "Pobrezinha", disse a rainha, quando a pegou nos braços pela primeira vez. "Você não foi desejada, mas, apesar disso, me será muito querida. Vai pertencer só a mim. Vai estar sempre sob meus cuidados para partilhar minhas alegrias e aliviar minhas dores."

Em Paris, a decepção com os 21 tiros de canhão, em vez dos 101 que teriam anunciado um delfim, deu lugar a um grande júbilo diante da prodigalidade do abono real. Tanto o rei quanto a rainha foram generosos em seus donativos, como se a criança tivesse sido um menino. Entre as somas distribuídas aos pobres de Paris encontrava-se a curiosa doação de 12 mil francos para libertar os devedores que haviam sido presos por não terem pago suas amas-secas. Cem jovens casais, selecionados pelos curas das várias paróquias, foram casados pelo arcebispo e ganharam enxovais e dotes pagos pela rainha. Para celebrar o nascimento real, houve fogos de artifício no Hôtel de Ville, enquanto em todos os bairros pobres da cidade as fontes jorravam vinho, e houve distribuição grátis de pão e carne. Os espetáculos realizados na Comédie Française seguiram uma velha tradição, com o camarote do rei reservado para os carvoeiros e o camarote da rainha para as peixeiras.

Mas houve pouca sinceridade nas comemorações em Versalhes, e nos cumprimentos à família real. Monsieur, irmão do rei, poderia encontrar algum consolo no fato do bebê ser menina, mas agora que Luís provara sua masculinidade, e Maria Antonieta era uma mulher excepcionalmente saudável, não havia motivo para que eles não produzissem uma grande família. Artois, cujo filho ainda era o herdeiro, estava muito ocupado com seus prazeres para pensar no futuro. Mas sua esposa e sua cunhada, aquelas princesas piemontesas amarguradas, que nunca haviam sido consideradas na corte, odiavam cordialmente Maria Antonieta, e se ressentiram com um acontecimento que aumentava o prestígio da rainha. As tias, ao contrário, estavam autenticamente satisfeitas por seu sobrinho ter conseguido fazer um filho, e durante um pequeno período de tempo estiveram reconciliadas com sua sobrinha austríaca.

Com exceção de uma pequena *coterie,* Maria Antonieta tinha muito poucos amigos de verdade na corte. Maurepas temia sua crescente influência sobre o rei, enquanto sua esposa não perdoava o exílio de seu sobrinho favorito, o duque d'Aiguillon. As *"grandes charges",* as grandes famílias com direito hereditário a sentarem-se no quarto da rainha durante um parto real, ficaram ultrajadas ao verem madame de Polignac instalada à cabeceira. A princesa de Lamballe e a princesa de Guéménée, as duas mulheres com as posições mais importantes na corte da rainha, estavam unidas em sua antipatia pela nova favorita, sem cuja companhia a rainha parecia incapaz de existir.

Dos mais altos aos mais baixos escalões, espalhou-se uma atmosfera de inveja e desconfiança; uma subversão subjacente minando a autoridade real. O velho duque de Richelieu, que vivera sob três reinados, certa vez foi solicitado pelo rei a dar suas impressões a respeito das cortes em que havia servido, ao que ele respondeu: "Sire, sob seu grande ancestral, o rei Luís XIV, ninguém ousava dizer uma palavra; sob seu avô eles começaram a sussurrar, e agora falam em voz alta", ao que o rei achou apropriado rir. Mas não riu quando, poucos dias antes do parto de sua esposa, um maço de papéis foi atirado através de uma janela do Oeil de Boeuf, consistindo de uma série de sátiras imorais sobre a rainha e várias damas da corte. A polícia recebeu ordens imediatas de pôr as mãos no ofensor. Mas nenhuma outra medida foi tomada quando se descobriu que o autor era o filho do marquês de Champenetz, um jovem cujas quadrinhas inteligentes e libertinas o haviam tornado muito popular na corte, particularmente com o conde de Maurepas, cujo humor despreocupado se deleitava com canções cômicas.

Com um rei que era fraco demais para fazer valer sua vontade, e um ministro que era cínico demais para ligar, os abusos se multiplicavam. O mais afrontoso de todos foi quando madame Marsan, ex-governanta dos príncipes reais, que se alinhara entre os inimigos de Maria Antonieta desde o dia de sua chegada à França, conseguiu convencer o rei a promover seu sobrinho devasso, Luís de Rohan, ao posto de grão-esmoler da França. Era suficientemente escandaloso que alguém tão debochado quando o príncipe Luís fosse sagrado cardeal e arcebispo de Estrasburgo, em sucessão a seu tio. Mas que agora ele recebesse um dos postos eclesiásticos mais elevados do reino, por nenhum outro motivo a não ser o de um falecido rei o ter prometido a sua tia, era uma afronta tanto ao clero quanto à coroa. Ninguém sentiu mais raiva do que a rainha, mas nem lágrimas nem cenas adiantavam contra a lealdade teimosa e equivocada do rei para com seu avô e sua governanta. Em 18 de dezembro, o dia de seu nascimento, Maria Teresa Carlota foi batizada solenemente na capela real de Versalhes por Sua Eminência o cardeal de Estrasburgo, grão-esmoler da França. A partir de agora a jovem rainha, que não aprendia mesmo nem a esquecer nem a perdoar, jurou que, ainda que ela tivesse de aceitar a presença do cardeal em Versalhes, ele nunca seria admitido em seus domínios, no Trianon. O orgulho inflexível de Maria Antonieta e a vaidade espantosa de Rohan viriam a se mostrar desastrosos para ambos.

CAPÍTULO 17

No COMEÇO de fevereiro, o rei e a rainha foram a Paris para assistir a uma missa de ação de graças em Notre Dame, evento que normalmente só ocorre pelo nascimento de um delfim. Maria Antonieta nunca pareceu tão linda quanto naqueles primeiros meses de maternidade, quando irradiava felicidade e boa vontade. Mas as multidões não foram tão grandes, nem as saudações tão altas quanto se esperara. Nem as comemorações públicas, nem a generosidade dos donativos reais conseguiram compensar o alto custo de vida e os impostos arrasadores, para pagar uma guerra tão distante e tão sem significado para o francês médio. As batalhas navais travadas no Atlântico não traziam lucro ao operário parisiense, e nos bairros pobres de St Antoine havia muito pouca gente que já tivesse pelo menos ouvido falar em Washington. As calúnias de Versalhes começaram a se espalhar pela cidade, e as pessoas cuja atividade era lidar com a sujeira providenciaram para que as quadrinhas indecentes e os panfletos difamadores que se originavam na imprensa privativa do palácio do Luxembourg e do Palais Royal chegassem até as mais humildes tavernas. Escritores frustrados, jornalistas desempregados e poetas sem vintém estavam prontos a vender seus artigos a quem pagasse melhor. Como escreveu Beaumarchais em uma de suas comédias imortais, "nada é tão poderoso quanto a calúnia, que pode crescer de um primeiro fôlego até se tornar uma tempestade de escândalo".

Tanto Monsieur, o irmão do rei, quanto o duque de Chartres estavam plenamente conscientes de que Maria Antonieta era inocente a um ponto quase infantil, e intrinsecamente virtuosa, porém um alvo mais vulnerável que o rei, que era amado e reverenciado pelo povo.

A amargura de Felipe d'Orléans contra a corte era comparativamente recente, apesar das relações entre os ramos mais velho e mais jovem da Casa de Bourbon terem sido sempre comprometidas pelos ciúmes e desconfianças. O jovem duque de Chartres, imensamente rico e intensamente ambicioso, esperava tornar-se almirante-mor da armada, em sucessão a seu sogro, o duque de Penthièvre. Estava ansioso para lutar e colher seus louros no mar, e a guerra americana fornecia uma oportunidade há muito esperada. Mas, dentro da autêntica tradição Bourbon, Luís XVI sempre sentiu inveja e antipatia por seu primo mais brilhante, e nem ele nem seus ministros tinham a intenção de permitir que um Orléans se tornasse herói naval. Apesar de seus companheiros terem dado testemunho de sua coragem na batalha de Ushant, um erro na interpretação de um sinal, que o levou a retirar seus navios no momento crítico do combate, deu a seu almirante a oportunidade de transformá-lo no bode expiatório de uma batalha que terminou num empate em vez de uma vitória.

Como príncipe do sangue, Chartres recebeu a honra de trazer seus despachos para Paris, onde lhe foi dada uma recepção de herói no teatro da Ópera e no Palais Royal. Mas em Versalhes, um relatório secreto dirigido ao ministro da marinha o acusava de negligência e covardia. Quando ele apareceu na corte, o rei mal lhe dirigiu a palavra, e os cortesãos, pegando a deixa dada pelo rei, debocharam dele pelas costas. Vendo suas esperanças de se tornar almirante se desfazerem numa nuvem de opróbrio, Chartres demitiu-se da Marinha e, numa carta cheia de amargura e orgulho, escreveu ao rei Luís: "Eu esperava servir a Vossa Majestade no mar e, em vez disso, ao que parece, pus a perder a minha própria reputação". Tudo que ele queria agora era ser transferido para o exército e limpar sua honra. Artois, que era seu único amigo na corte, obteve o apoio da rainha para conseguir-lhe alguma indicação adequada. Maria Antonieta, que adorava agradar, usou toda sua influência para convencer um rei de má-vontade a criar um novo comando, fazendo-o coronel-em-chefe dos *Chevaux-Légers* (a cavalaria ligeira), posição que não satisfazia absolutamente suas ambições, e logo os espirituosos de Versalhes o haviam apelidado de "Coronel-em-chefe de *Les Têtes Légères*" (os cabeças ocas), um epigrama do qual, ao ouvi-lo, a rainha teve a falta de senso de rir com aquele riso franco e aberto, tão negligente e alegre, tão completamente desprovido de malícia, mas tão perigoso num país onde a espirituosidade era sempre mordaz e suficiente para transformar um homem vaidoso e zangado num inimigo — um inimigo mais poderoso e mais perigoso que Provence, que era excessivamente tímido e circunspecto para abrir o jogo.

Chartres era agora o líder reconhecido da Fronda, o defensor da causa do povo contra a corte, e porta-voz do parlamento rebelde. O Palais Royal tornou-se o ponto de encontro de todos os elementos descontentes da cidade, e, como grão-mestre dos maçons franceses, Chartres viu-se ainda mais sob a influência das sociedades secretas que, com a cobertura das lojas maçônicas, agiam para desintegrar a sociedade. As livrarias do Palais Royal vendiam panfletos contra a corte, e nos jardins os músicos que tangiam suas guitarras sob as castanheiras cantavam os amores secretos da rainha. Pouco antes do nascimento real, ouviu-se o duque dizer em público: "O filho de Coigny não será nunca meu rei." O duque de Coigny, um dos membros da *coterie* da rainha, estava entre aqueles que, muito erradamente, se acreditava serem seus amantes. Essas palavras chegaram a Maria Antonieta, que com desprezo e uma certa tristeza disse: "Devo confessar que não me é muito agradável ter coisas dessa natureza ditas a meu respeito". Então, com um lampejo de humor, ela acrescentou: "Mas se é pouco gentil das pessoas me acusar de ter tantos amantes, é peculiar da minha parte não ter tido sequer um". Nenhum amante, somente um marido, que agora, quando ela mal havia se recobrado do parto, estava mais apaixonado e ávido do que jamais se tinha visto, e que no entanto fora tão inapto e desajeitado nas suas tentativas anteriores de satisfazer sua jovem esposa. Mas ela estava feliz com a filha, feliz em ser mãe. Suas cartas à imperatriz são abundantes em detalhes do progresso do bebê, que lhe interessavam muito mais do que os acontecimentos políticos. Isso levou Maria Theresa a queixar-se de que seu genro havia feito pouco para proteger os interesses de seu aliado.

Tanto Luís quanto Vergennes haviam permanecido firmes na posição de não se envolverem numa guerra por causa da Baviera. Após uma campanha frustrante e malsucedida, o imperador fora forçado a ceder ao desejo de paz de sua mãe, uma paz que foi dura para Maria Theresa, pois trouxe para as mesas de negociação da Europa Catarina da Rússia, uma mulher cujo caráter e cuja moral ela detestava. Catarina e seu genro, o rei Luís, seriam os dois mediadores na Paz de Teschen.

"A paz foi finalmente assinada e quero que você transmita minha gratidão ao rei. E com ela vai também minha gratidão a você, querida filha, pois o que ele fez foi devido à ternura que sente por você", escreveu a imperatriz, apesar de privadamente achar que sua filha não tinha feito nem a metade do que podia. Mas, conforme Maria Antonieta disse ao embaixador de sua mãe, "quando se trata de política, tenho muito pouca influência sobre o rei". Tanto Maurepas quanto Vergennes fizeram tudo para impedir o rei de partilhar segredos de estado com sua esposa, e não se pode culpá-los. Quando Gilberto de Lafayette voltou da América, no começo da primavera de 1779, foi prevenido por Maurepas para não contar detalhes dos preparativos militares à rainha.

Ao recebê-lo em Versalhes, ela perguntou-lhe sobre os planos para a invasão da Inglaterra, e ele teve a falta de tato de responder que havia sido especialmente instruído no sentido de não discutir esses assuntos. Maria Antonieta ficou furiosa. Ela não gostava de Lafayette quando este era um adolescente imaturo. Gostava dele ainda menos agora que ele estava muito cheio de si, de sua própria importância, fazendo-se de porta-voz do general Washington. Mas em Versalhes era considerado *"bon ton"* se empolgar com o marquês de 20 anos que, desafiando as ordens do seu rei, partira para lutar pela liberdade. Sua popularidade era tal, que a única punição pela sua desobediência foi uma semana de prisão domiciliar na mansão parisiense de seu padrasto. Ele em seguida voltou para ser festejado em Versalhes, onde até mesmo a rainha tinha que ser atenciosa e permitir-lhe beijar sua mão.

A maior parte da *jeneusse dorée* havia se apresentado voluntária para a luta, alguns por ambição, outros por tédio, uns poucos por idealismo, atraídos pela vida simples num novo mundo. Mas havia um entre eles que se apresentara na esperança de fugir de si mesmo e do interesse que estava começando a despertar numa mulher a quem ele não poderia nunca ousar aspirar.

Num despacho datado de 10 de abril de 1779, o embaixador sueco, o conde Creutz, escreveu a seu rei:

> Quero confidenciar a Vossa Majestade que o conde Fersen foi distinguido pela rainha de tal forma que causou ofensa a certas pessoas. Con-

fesso que não posso deixar de pensar que ela tem uma fraqueza por ele, pois tenho suficientes provas para não poder duvidar. O comportamento do conde Fersen nessa ocasião foi absolutamente admirável, tanto por sua modéstia e reserva quanto pela decisão que ele tomou de partir para a América, dessa forma evitando qualquer perigo possível. Mas foi preciso certamente uma força de caráter incomum na sua idade para resistir a tal tentação. Nesses últimos dias a rainha não conseguia despregar os olhos dele. Olhando-o, eles ficavam cheios de lágrimas. Suplico a Vossa Majestade que guarde esse segredo, tanto pelo bem dela quanto do senador Fersen. Todos os favoritos ficaram felizes ao saber que ele ia embora. A duquesa de Fitz-James disse-lhe: "Mas então, *monsieur*, o senhor vai abandonar suas conquistas?", ao que ele respondeu: "Tivesse eu feito conquistas, madame, não as teria abandonado. Mas parto completamente livre e, infelizmente, sem ter o que lamentar". Sua Majestade há de concordar que semelhante resposta demonstra uma sabedoria incomum nessa idade.

Deve ter sido difícil para Axel Fersen separar-se das delícias de Versalhes e da encantadora rainha. Podemos vê-la tal como ele a deve ter visto na primavera de 1779 — o ano em que madame Vigée-Lebrun pintou-a, ao vivo, pela primeira vez — um retrato destinado a seu irmão, o imperador. Muitas variantes desse retrato viriam a ser feitas entre os anos de 1779-87, durante os quais a artista pintou a rainha nada menos do que 30 vezes. Ela trabalhava com as mesmas duas ou três fórmulas, apesar de a cada vez conseguir transmitir com surpreendente frescor os encantos evanescentes de uma mulher que não era estritamente bela, em certos aspectos quase nada bonita, a boca saliente com os espessos lábios Habsburgo a fronte alta, exuberante, mas que, não obstante, possuía uma característica radiante que desafiava qualquer tipo de crítica.

Maria Antonieta não era um tipo fácil de se pintar. Muitos tentaram e fracassaram, entre eles artistas bem estabelecidos, como Ducreux e Duplessis. As cartas da imperatriz a sua filha estão cheias de queixas de que nenhum dos retratos enviados a Viena lhe faziam justiça. A jovem Vigée-Lebrun, da mesma idade da rainha, foi a única que conseguiu captar sua semelhança, ao mesmo tempo que minimizava seus defeitos e enfatizava seus lados bons, como no encantador retrato com a rosa, que exibe suas lindas mãos. Nesta pintura, feita em 1779, ela surge tal como Vigée-Lebrun a descreveu em suas memórias.

Maria Antonieta era alta e de corpo admiravelmente bem feito, sendo um tanto robusta, mas não em excesso. Seus braços eram soberbos, suas mãos

> pequenas e admiravelmente bem formadas... Tinha o melhor pescoço entre todas as mulheres na França, portando a cabeça elevada, com uma dignidade que a marcava como rainha no meio de toda a sua corte. Seu porte majestoso não diminuía em nada a doçura e a amabilidade do seu rosto. Seus traços não eram regulares; seus olhos azuis não eram grandes, mas alegres e gentis. O nariz era fino, a boca não muito larga, apesar de talvez os lábios serem um pouco espessos. Mas o mais notável era o esplendor de sua tez. Nunca vi nenhuma tão brilhante e transparente.

Vigée-Lebrun vê Maria Antonieta com os olhos de uma pintora, ainda que sejam os olhos pouco críticos de uma pintora da corte, cuja carreira dependia da proteção de uma mulher que queria ser imortalizada como rainha da moda, mais do que como rainha da França.

Maria Antonieta poderia estar usando o vestido de cetim azul pálido desse retrato, quando Fersen a viu, no final de março, numa festa no Trianon. Foi seu último encontro, pois dois dias depois ela adoeceu: pegara sarampo. Até mesmo sua doença foi motivo de fofocas, quando se soube que ela a pegara de madame de Polignac, que estava presa ao leito em sua casa, perto de La Muette. A separação do marido, até mesmo da filha, significava menos para Maria Antonieta do que a separação de uma amiga cuja companhia se tornara essencial para sua felicidade. Nenhuma das damas do palácio, nem mesmo Maria Teresa de Lamballe, e ainda menos suas cunhadas italianas, que, de acordo com a etiqueta, tinham de estar à sua disposição durante a doença, eram capazes de divertir a rainha, a qual, quando a febre se foi, teve de enfrentar três semanas de quarentena, passadas no Trianon. Pelo menos isso lhe deu a oportunidade de dormir pela primeira vez no pavilhão que havia sido redecorado recentemente, de acordo com o seu gosto. A mobília sofisticada foi desenhada por Roentgen & Jacob, os bronzes eram de Gouthière, as estatuetas de mármore de Clodion e as paisagens românticas de Hubert Robert, todas escolhidas pela rainha com a ajuda de seu arquiteto, Mique. Havia presentes de uma mãe amorosa: retratos de família vindos de Viena, vasos de madeira petrificada enfeitados com pedras preciosas, porcelanas raras, caixinhas em lápis-lazúli, quartzo e cristal. Era um pavilhão encantador em que tudo era luminoso e arejado, feminino e frívolo, num cenário de branco e ouro, com cortinados de seda rosa e turquesa, e tetos pintados em afrescos por Barthélemy, que fora aluno de Boucher. O Trianon era o domínio da rainha, o lugar em que ela se sentia em casa e onde a vida poderia ser simples e idílica, não fosse pelos ciúmes de Versalhes, onde seus inimigos o chamavam de "Pequena Viena".

Leviana e irrefletida, Maria Antonieta não tinha ninguém que a aconselhasse, a não ser o embaixador de sua mãe, que se encontrava numa posição difícil para desaprovar abertamente suas ações tolas, quando estas contavam com a condescendência do rei e eram aceitas por seus ministros. Naquelas primeiras semanas de quarentena, ela conseguiu chocar todos os elementos mais respeitáveis da corte ao selecionar quatro dos homens mais divertidos de sua *coterie* para lhe fazer companhia no Trianon. Nenhum dos quatro era um *garde malade* adequado a uma rainha da França. Eram de Guines, que nunca fora completamente absolvido por sua participação num julgamento notório; Coigny, o qual, de acordo com as fofocas, era amante da rainha; Estherázy, um húngaro que servia no exército francês, e Besenval, um solteiro de 50 anos e famoso libertino. Os quatro eram partidários de Choiseul, todos prontos a instigar Maria Antonieta em suas queixas contra Maurepas. Tudo que Mercy podia fazer era garantir que aqueles "fidalgos de companhia" ficassem à disposição somente no decorrer do dia. Ainda assim, de sete da manhã às onze da noite transcorriam horas longas para se distrair uma jovem rainha entediada que sentia falta da companhia de Iolanda de Polignac e ficava sonhando com o jovem sueco romântico que conquistara sua imaginação.

De Guines, com sua flauta, suas réplicas licenciosas, e Besenval, com suas quadrinhas maliciosas e suas tiradas mordazes, sabiam muito bem como denegrir os ministros do rei. De uma forma mais sutil e mais insidiosa, eles denegriam o próprio rei, manipulando a vaidade e o orgulho de Maria Antonieta e sugerindo os nomes daqueles que ela poderia empurrar para funções ministeriais, homens com cuja lealdade ela poderia contar e que nunca ousariam se opor à sua vontade. "O veneno de sua linguagem só é moderado pela presença de Madame", escreveu Mercy a Maria Theresa. "Mas Madame — e fica muito difícil culpá-la — não passa o dia todo à cabeceira de uma cunhada que lhe deixou muito claro ficar aborrecida em sua companhia."

Enquanto isso, corriam muitas ironias e risos em Versalhes sobre quem, numa situação semelhante, seriam as quatro damas escolhidas pelo rei. Todos os inimigos da rainha estavam loucos para arranjar uma amante para o rei Luís, mas este não mostrava nenhuma inclinação nessa direção, confessando a Maurepas que estava tão apaixonado pela esposa que achava difícil recusar-lhe alguma coisa, palavras que não agradaram de forma nenhuma ao seu "mentor", que percebia com a maior clareza as tempestades que vinham pela frente.

CAPÍTULO

18

NA FRANÇA, A guerra estava se tornando cada vez mais impopular, pois o ano de 1779, que levara as armadas conjuntas da Espanha e da França para o canal da Mancha em preparativos para uma invasão da Inglaterra, terminara num fracasso total. Os navios espanhóis chegaram tarde e houve outros atrasos devidos às rixas a respeito de precedência entre os aliados. Ventos contrários tiraram os navios de seus cursos e as condições de falta de higiene a bordo, acrescidas à falta de suprimentos, causaram surtos de escorbuto e disenteria entre as tripulações. Numa carta datada de 13 de setembro, Maria Antonieta escreveu a sua mãe, mostrando pela primeira vez uma preocupação verdadeira com o descontentamento público: "As pessoas se queixam muito que *monsieur* d'Orvilliers, com forças em tudo e por tudo superiores às inglesas, não conseguiu em nenhum momento engajá-las numa batalha, nem pôde impedir os navios mercantes de voltarem aos portos. Uma grande quantidade de dinheiro foi gasta para nada, e não creio que haja a menor chance de termos paz nesse inverno". Um mês depois, ela volta a escrever:

> Desistimos de nossa visita a Fontainebleau, devido às despesas causadas pela guerra, e também para estarmos mais ao alcance das notícias militares. Passamos cinco dias em Choisy e saímos amanhã para uma quinzena em Marly... É uma campanha perdida, de imensas despesas, e, para tornar as coisas ainda piores, as doenças que irromperam nos navios causaram pesadas baixas. As tropas em terra, esperando o momento da invasão, foram atingidas pela disenteria, que grassa ao longo das costas da Normandia e da Bretanha.

Em maio de 1780, a força expedicionária francesa, comandada pelo general Rochambeau, estava finalmente a caminho da América.

A bordo ia o conde Axel Fersen, que se alistara pelo período que durassem as hostilidades. Seu bom senso, mais do que os conselhos de Breteuil (o embaixador francês), lhe dissera que já era tempo de partir e esquecer aquilo que ele agora reconhecia como seu amor sem esperanças pela rainha. Maria Antonieta chorou à sua partida, mas as lágrimas não duraram muito tempo. Pois a doença de madame de Polignac, culminando numa gravidez da qual se dizia que o responsável era ou Vaudreuil ou d'Adhémer, tirou de sua cabeça todas as outras preocupações. Ignorando o escândalo, ela anunciou sua intenção de assistir ao parto, e ninguém ousou dar um pio quando o próprio rei ordenou que o conde de Polignac fosse transferido para La Muette, a fim de que a rainha pudesse ter acesso mais fácil a sua amiga, que tinha uma casa perto do Bois de Boulogne. Vivendo em acomodações exíguas, desconfortáveis, num lugar muito pequeno para acomodar uma corte, as damas do palácio foram nutrindo seu rancor contra os Polignac. Em Bellevue, as tias do rei não faziam segredo de sua desaprovação e surgiram panfletos escandalosos, com desenhos da rainha no papel de parteira. Com sua despreocupada indiferença, Maria Antonieta ignorou o falatório de sua corte. Mal a condessa se recobrou do parto, seu marido era feito duque e, para fúria de todas as duquesas e princesas, Iolanda de Polignac tornou-se "*une dame à tabouret*", com o direito de sentar-se num banquinho na presença do rei. Mas, escrevendo à imperatriz, o conde Mercy descreve os Polignac como uma família que estava muito mais interessada em dinheiro do que em honrarias.

Ter sua filha, a rainha da França, assistindo ao parto de uma mulher de moral dúbia e reputação manchada deixou a velha e orgulhosa imperatriz perturbada a um tal ponto que isso se refletiu em sua saúde, a qual já vinha se deteriorando rapidamente desde o ano anterior. Uma decepção seguia-se à outra. Por um lado havia seu filho, oferecendo amizade à imperatriz da Rússia, uma mulher que ela sempre encarou com aversão e desprezo. Por outro, a filha, para quem ela conseguira o maior partido matrimonial da Europa, estava se deixando dominar por um sentimento que poderia ser chamado, na melhor das hipóteses, de uma paixonite de colegial. Nem Maria Theresa nem José parecem ter tido dúvidas de que o relacionamento de Maria Antonieta com Iolanda de Polignac era completamente inocente. No final de sua vida, o imperador continuava a encarar sua irmã como uma das mulheres mais virtuosas que ele havia conhecido. A imperatriz, que em particular se referia a Iolanda de

Polignac como "aquela mulher", ficou irritada por ouvir o barão de Breteuil falar dela em termos elogiosos, discorrendo sobre a "maravilhosa influência" que ela tinha sobre a rainha. "Nesse ponto, mudei de assunto", escreveu Maria Theresa, com uma nota áspera.

A imperatriz não conseguia ver aonde estava essa "maravilhosa influência" de Iolanda de Polignac, se sua filha se entregava a uma dissipação sem sentido. Enquanto Necker tentava economizar as imensas despesas da corte real, suprimindo centenas de cargos supérfluos nas cozinhas e nos estábulos, economia essa que a rainha aprovara, ele por outro lado era excessivamente cortesão para questionar os gastos pessoais da soberana. Em 1780, quando o exército de Rochambeau estava a caminho da América, tendo deixado para trás dois mil homens por falta de meios de transporte, Maria Antonieta estava ocupada em dar os últimos retoques em seu teatro no Trianon, uma construção requintada, desenhada por Mique, com uma fachada clássica simples e um interior refulgente de dourado, reproduzindo em menor escala a decoração elaborada do teatro de Gabriel em Versalhes.

Nesse palco, a rainha, Artois e alguns de seus amigos escolhidos interpretaram comédias pastorais tais como *Le Devin du Village*, de Rousseau, comédias de exaltação da vida simples, que estavam na moda à época. Num certo sentido eles regrediam aos prazeres de sua primeira juventude, às peças que haviam interpretado em segredo nos porões de Versalhes, longe dos olhos desaprovadores das tias reais. Mas teria sido melhor se tivessem continuado a agir em segredo, pois eles eram ao mesmo tempo muito exclusivos e muito públicos. Todos os atores pertenciam à *coterie* dos Polignac, enquanto as platéias consistiam apenas do rei, Monsieur, as princesas reais e os homens e mulheres que pertenciam à equipe doméstica do Trianon. Nenhuma das damas do palácio, nem mesmo madame de Lamballe, era admitida, o que provocou muitas ofensas e recriminações. O primeiro fidalgo da câmara da rainha, o duque de Fronsac, chegou ao ponto de entregar uma queixa oficial, reclamando seu direito de estar presente, ao que a rainha respondeu que ninguém poderia reclamar um direito de corte quando ela estava sendo apenas atriz, e sendo o Trianon não um palácio, mas uma residência particular.

Quando Maria Theresa escreveu, alarmada, sobre a inconveniente paixão da filha pelas representações teatrais, o conde Mercy respondeu que as peças no Trianon pelo menos tinham a vantagem de manter o casal real reunido, pois o rei nunca perdia uma récita e sempre aplaudia mais alto quando a rainha estava no palco. E, particularmente, Mercy pode ter achado que Sua Alteza Imperial não tinha o direito de se queixar, uma vez que esse amor pelo teatro fora incutido em seus filhos desde a mais tenra infância, e seus próprios ministros haviam criticado Maria Theresa por permitir que sua família aparecesse com tanta freqüência no palco. O próprio imperador ainda tinha uma fraqueza pelo teatro, por passear disfarçado pelas ruas no papel de um moderno Harum-al-Rachid, hábito que sua mãe, em sua velhice intolerante, desaprovava inteiramente.

De todos os 16 filhos de Maria Theresa, seu filho mais velho e sua filha mais nova, os dois em quem ela depositara as maiores esperanças, eram os que lhe dariam menos satisfação. Tudo o que ela ainda esperava da vida era ver o nascimento de um Delfim da França. Não há uma única carta escrita para Maria Antonieta em que ela não bata na mesma tecla. "Precisamos ter um Delfim. Estou ficando impaciente. Não tenho tempo para esperar." Torturada pelo reumatismo, atormentada pelo catarro crônico, tão obesa que já não podia mais subir as escadas, sua mente ainda lúcida, mas se tornando cada vez mais esquecida, Maria Theresa continuou se esforçando, sempre esperando receber a notícia que não chegava nunca. No que seria sua última carta à filha, ela ainda escrevia sobre o que já havia sido discutido mil vezes. "Se ao menos vocês tivessem dormido juntos à maneira alemã e desfrutado da intimidade que advém de se dormir numa cama de casal." Dois dias depois, Dia de Finados, ela pegou um resfriado ao fazer sua peregrinação habitual ao sepulcro da família na igreja dos Capuchinhos. A pneumonia se instalou e, após uma quinzena de dores agoniantes, de tosse e falta de ar, a um ponto tal que ela não podia sequer ficar na cama, a imperatriz morreu em plena posse de suas faculdades, ela própria anunciando que havia chegado o momento de lhe serem ministrados os sacramentos. José, que ficou com ela até o fim, recusou-se a acreditar que ela tinha de morrer. Quando ela finalmente expirou em seus braços, ele soluçou feito criança.

Maria Theresa morreu em 29 de novembro de 1780, mas a notícia só chegou a Versalhes no dia 6 de dezembro. O rei, que não teve coragem de fazer a comunicação à esposa, passou essa tarefa ao abade Vermond. Maria Antonieta ficou inconsolável. Uma tristeza autêntica pela morte de uma mãe que ela reverenciava, um remorso combinado com uma sensação de que havia falhado para com ela, e sido indigna de seu amor, reduziram-na a um tal estado de infelicidade que durante várias semanas ela se recusou a aparecer em público e permaneceu fechada no Trianon, ou com madame de Lamballe, ou com Iolanda de Polignac, em reminiscências da mãe, do pai e de sua infância em Shönbrunn. Numa carta desesperada ao imperador, ela dizia: "Escrevo em lágrimas, subjugada pela dor — oh, meu irmão, meu amigo, você é tudo que me resta num país que me será sempre querido. Cuide-se bem e preserve suas forças. Você deve isso ao mundo... *Adieu*, pois minhas lágrimas fluem tão depressa que já não posso mais ver direito o que estou escrevendo. Receba o meu abraço." A morte de sua mãe fez com que José assumisse para ela toda a importância — uma figura heróica em contraste com o marido, de quem ela gostava e que aprendera a estimar, mas que não poderia nunca admirar. Fisicamente, Luís não melhorava com o passar do tempo. Com 26 anos, ele já se tornava obeso, com um estômago grande e um queixo duplo pronunciado. Seus modos eram bruscos e muito freqüentemente rudes, com um humor áspero e alerta que às vezes magoava até sem querer. Conforme José escreveu a seu irmão Leopoldo, "Não deve ser muito agradável para nossa irmã ir para a cama com Luís." Mas, naqueles meses de luto, durante os quais a rainha nem uma única vez sentou-se a uma mesa de jogo, e os cortesãos resmungavam sobre a monotonia da vida em Versalhes, o conde Mercy pôde afirmar ao imperador que a vida conjugal do rei e da rainha agora dava grandes esperanças para o futuro, e, no final de abril de 1781, Maria Antonieta foi oficialmente dada como novamente grávida.

CAPÍTULO 19

As 101 SALVAS de canhão que, em 22 de outubro de 1781, anunciaram o nascimento de um Delfim, proclamaram também aquele que viria ser o ano mais glorioso do reino. No mesmo dia, do outro lado do Atlântico, o general inglês Cornwallis rendera-se em Yorktown às tropas franco-americanas comandadas por Rochambeau em Washington. E, apesar da guerra ainda se arrastar por mais um ano, a vitória já estava à vista. O entusiasmo com que o povo francês acolheu o nascimento de seu filho deu a impressão de que Maria Antonieta ainda poderia reconquistar a popularidade de que desfrutara enquanto Delfina e que perdera como rainha. Fora um parto fácil e dessa vez os médicos tomaram precauções para impedir que multidões de cortesãos inoportunos invadissem o quarto da rainha e, no caso da criança ser mais uma vez menina, esconder a notícia da mãe até que todo perigo estivesse superado e ela tivesse sido removida do *lit du travail* e levada de volta a sua própria cama.

A pobre Maria Antonieta esperava ansiosa, preparada para mais uma decepção, quando Luís apareceu a seu lado, meio-rindo, meio-chorando, dizendo-lhe numa voz trêmula de contentamento: "Madame, *Monsieur le Dauphin* pede permissão para entrar." Lá estava madame de Guéménée carregando um pequeno embrulho de rendas — ao mesmo tempo sua vingança e seu triunfo.

Um Delfim: tudo esquecido e tudo perdoado — todos os anos de sarcasmos e humilhações, desde as queixas e conselhos de sua mãe até os gritos insolentes das peixeiras: "O que precisamos é de um Delfim!" Maria Antonieta sentiu um amor ciumento, dominador, por aquele filho que pertenceria à nação, mais do que a ela, e abraçou-o como se fosse a primeira e a última vez, antes de entregá-lo a madame de Guéménée, dizendo: "Leve-o de volta, pois ele não pertence a mim, e sim ao país. Minha filha, no entanto, é somente minha."

A partir do momento em que as portas douradas dos *petits appartements* foram escancaradas ao som de trompetes, e o nascimento de um Delfim foi anunciado ao mundo, Versalhes foi tomada por uma explosão de alegria. Todos queriam ser os primeiros a ver, os primeiros a cumprimentar, quando madame de Guéménée, radiante de orgulho, segurando o bebê nos braços, foi carregada numa cadeira através da Galeria dos Espelhos, aclamada por uma multidão em êxtase. Bem perto dela seguia o rei Luís, que não tirava os olhos da criança, amigável e afável com todo mundo, dando sua mão a todos — um homem que, pela primeira vez, sentiu-se como um rei ao lado de seu povo, que compartilhava sua alegria. A todo momento podia-se ouvi-lo repetindo a frase mágica: "Meu filho, o Delfim."

Naquela mesma tarde, na capela real de Versalhes, o menino foi batizado Louis Joseph Xavier François, em cerimônia oficiada pelo grão-esmoler da França. Representando o padrinho, o imperador, estava Monsieur, de forma que dois dos inimigos mais encarniçados de Maria Antonieta participavam da cerimônia. Monsieur estava sorridente e inescrutável como sempre, jamais traindo, fosse por palavra, fosse por gesto, a sua decepção com um nascimento que o afastava ainda mais do trono. Artois se importava menos, mas demonstrava mais. Quando seu filho, o pequeno duque d'Angoulême, observou que o seu primo bebê era "muito pequeninho", ele respondeu com um humor pesaroso: "Não se preocupe. Um dia você vai achar que ele é bastante grande." Mas Artois era suficientemente generoso para ficar feliz por causa de sua bela cunhada, cuja vida de casada deve ter sido tão tediosa quanto a dele próprio, apesar de que agora, que ele já cumprira com seu dever, produzindo três filhos, sua feia esposa era raramente honrada com suas visitas.

Hoje em dia toda a crítica se cala sobre a emoção cheia de júbilo que invadiu Versalhes, espalhando-se para Paris e por toda a França, onde houve canto e dança em cada esquina, em cada praça. Não houve um teatro de província que não tivesse produzido alguma alegoria sobre o casal real, nem um único jornal local que não tivesse publicado um poema laudatório, exortando suas virtudes, poemas que em muitos casos foram escritos por homens que, poucos anos depois, estariam entre os mais ferozes jacobinos.

Durante mais de um mês, uma comemoração seguiu-se à outra. O dia de máximo alvoroço, porém, foi o da chegada do duque de Lauzun a Paris, trazendo a notícia da rendição de Cornwallis em Yorktown. Rochambeau homenageara Lauzun como um oficial que ele considerava entre os mais bravos dos bravos, um homem que tomou o Senegal praticamente sozinho e que, às suas próprias custas, convocara o regimento que havia comandado com valor na América. Mas Lauzun não era mais *persona grata* em Versalhes. Maria Antonieta não esquecera sua insolência ao propor fazer amor com uma rainha. Foi um episódio em que sua coqueteria inocente teve grande responsabilidade e que poderia ter sido esquecido muito facilmente, se não fosse desproporcionalmente exagerado pela *coterie* dos Polignac, que viam no fascinante Lauzun alguém que era mais aconselhável destruir. Foram feitos todos os esforços para diminuí-lo aos olhos da rainha, e o duque chegou a Versalhes para ser oficialmente recebido pelo rei e seus ministros, mas também para ser deliberadamente ignorado por Maria Antonieta, que fez de sua convalescência uma desculpa para recusar-lhe audiência, mais um erro cometido com absoluta leviandade, e que mais tarde seria tão amargamente lamentado. Com o tratamento que dispensou a Lauzun, a rainha perdeu um amigo que a teria defendido até o fim.

É curioso que Axel Fersen estava entre os que reconheciam as qualidades cavalheirescas de um homem que era idolatrado por seus soldados e que durante a guerra recusara os luxos negados a seus homens. Sentado com companheiros em torno da fogueira do acampamento na América, muito longe das intrigas de Versalhes, o jovem sueco ouvia em transe Lauzun contar suas proezas amorosas, falando das mulheres lindas que ele amara em todas as capitais da Europa. Mas, um ano depois, quando Fersen voltou à França, achou seu amigo tristemente mudado, tendo ficado endurecido e amargurado, um *habitué* do Palais Royal, que evitava Versalhes.

Em 1782, todas as honras e ovações que celebravam a vitória foram para o jovem Lafayette, que chegou a Paris em 21 de janeiro, o dia em que a cidade festejava oficialmente o nascimento do Delfim. Não havia ninguém em casa no Hôtel de Noailles. A marquesa, que em sua ausência fora indicada como *dame de Palais,* estava no Hôtel de Ville atendendo à rainha. Mas assim que Maria Antonieta soube de sua chegada, teve o gesto gracioso de levar a jovem marquesa em sua carruagem, diretamente para o Hôtel de Noailles, onde Adriana ficou tão emocionada ao ver seu amado marido, que desmaiou nos braços dele, um visão que deixou deliciadas as multidões, convergindo de todas as ruas e praças para aclamar a rainha e o marquês de Lafayette.

Finalmente ele era famoso. Até mesmo as peixeiras conheciam seu nome, cantando-o em coro, enquanto lhe atiravam flores. Os Noailles, que o haviam menosprezado, a rainha, que rira dele, o recebiam como o herói do momento. Aos 25 anos, Gilberto de Lafayette ainda não percebera a volubilidade da aclamação pública. Durante uma temporada ele foi o queridinho de Versalhes e Adriana teve que ser a esposa paciente, submissa, enquanto as mulheres mais bonitas da corte disputavam seus favores. No baile de gala dado em honra do czarevich da Rússia e da grã-duquesa Maria Feodorovna, que viajavam incógnitos sob os títulos de conde e condessa du Nord, Lafayette foi escolhido pela rainha como par para dançar, e agora estava fora de questão Maria Antonieta rir de sua dança. Mas tampouco havia necessidade de madame de Polignac temer que o jovem marquês pudesse ameaçar seu império, pois Lafayette e a rainha não tinham nenhuma simpatia verdadeira um pelo outro. Ambos tinham muito pouco tato e ambos eram extremamente vaidosos. Nesse baile, um dos mais esplêndidos que aconteceram em Versalhes, ouviu-se Gilberto de Lafayette dizer em voz alta que o custo de uma festa daquelas daria para alimentar um regimento na América durante um ano inteiro. Maria Antonieta não apreciava críticas dessa espécie, não mais do que o rei Luís havia apreciado a presunção de Necker quando publicou o seu famoso *Compte Rendu*, fornecendo um relatório detalhado e otimista das finanças do país, omitindo porém os polpudos empréstimos que fizera junto a bancos estrangeiros para dar uma injeção na economia.

A antipatia do rei por aquilo que ele encarou como sendo uma peça de autoglorificação por parte de um banqueiro protestante deu a Maurepas a oportunidade de se livrar de um ministro cuja popularidade com o grande público o estava fazendo excessivamente poderoso. Sua reputação era tal que sua queda, no verão de 1781, afetou o crédito da França no exterior, o que a mediocridade de seus sucessores imediatos pouco fez para restaurar. No final do ano, o próprio Maurepas estava morto, nas palavras do jovem Talleyrand "mais lamentado do que merecia". Ministro pouco depois de completar 20 anos, quando fora despedido do cargo por ironizar madame de Pompadour, Maurepas chegara à idade de 81 anos sem nunca tentar ser sério, ainda inclinado a se divertir com quadrinhas debochadas e caricaturas espirituosas, mesmo quando eram feitas às suas próprias custas. Mas o rei Luís amara o seu velho mentor, que lhe dera suas primeiras lições no reinado e o ajudara a afrouxar a intolerância e a aspereza de uma educação preconceituosa e de mentalidade estreita. E também evitara que a rainha interferisse na política. Pois uma das únicas convicções de Maurepas era a de que nenhuma rainha da França tivesse a permissão de participar do governo do país. O conde Mercy chegara ao ponto de acusá-lo de incitar a rainha deliberadamente em suas loucuras e extravagâncias, e de favorecer sua amizade com os Polignac. Isto provavelmente era verdade, pois Maurepas pode muito bem ter achado que Maria Antonieta interpretando uma pastora no Trianon fazia menos mal do que quando tentava se meter em política. Mas ele nunca imaginou que a criaturinha gentil, a parenta pobre por quem ele fizera a rainha se interessar, traria com ela, em sua ascenção, um séquito de sanguessugas. À medida que sua saúde começou a fraquejar, ele foi vendo que era cada vez mais difícil se opor à rainha quando ela terminava uma frase com as palavras "*j'exige*" (eu exijo).

Levada pelos Polignac e sua *coterie* a desempenhar um papel para o qual ela não tinha nem o conhecimento nem a compreensão, Maria Antonieta interferiu cada vez mais na nomeação e na demissão de ministros. Ela não parece ter tido nada a ver com a demissão de Necker, pois a mulher deste escreve em seu diário. "A rainha ficou tão perturbada pelo fato de Necker deixar o governo que chorou um dia inteiro." Ela e sua *coterie* foram, no entanto, diretamente responsáveis pela indicação do marquês de Castries para o ministério da Marinha e do conde de Ségur para o ministério da Guerra. Este último foi sua derradeira vitória sobre Maurepas, o qual, tal como o rei, considerava Ségur, pai de um dos cortesãos favoritos da rainha, muito velho e enfermo para o posto. Mas a rainha foi tão insistente, tão determinada a ter sua vontade cumprida, que ele não teve escolha a não ser concordar. Maurepas confessou a um amigo que tinha sido o golpe mais cruel que sofrera em toda a sua carreira política.

No dia da indicação de Ségur, Maria Antonieta anunciou com orgulho a madame Campan: "A senhora acaba de ver um ministro de minha própria escolha. Estou satisfeita pelo rei, porque ele é um bom homem. Mas de certa forma lamento ter desempenhado um papel em sua nomeação, porque isso me torna responsável". Tinha todo os motivos para lamentar. Ségur fora um soldado valente e honesto, mas tinha os padrões rígidos de um velho cego a um mundo em transformação. Para ajudar os filhos da nobreza mais pobre, que não tinham outra carreira aberta à sua frente a não ser o exército e a igreja, ele fez passar uma lei segundo a qual nenhum cidadão comum, a não ser aqueles cujos pais tivessem ganhado a cruz de São Luís, podia ser promovido além do posto de capitão, eliminando dessa forma, com uma penada, todas as reformas úteis introduzidas pelo conde de St Germain, que abrira o exército para as classes médias emergentes. Engenheiros de primeira classe, como o futuro jacobino Lazare Carnot, e brilhantes oficiais de artilharia, como Chordelos de Laclos, tiveram suas carreiras bloqueadas para dar a passagem a homens, que, em muitos casos, não tinham nada que os recomendasse a não ser seus títulos. Quando Maria Antonieta lamentou ter ajudado a obter a nomeação de Ségur, ela não fazia a menor idéia do quanto lhe caberia como responsabilidade. Nem se deu conta de que o livro que todo mundo lia e discutia naquele verão de 1782, que ela própria lia às escondidas do rei, tinha sido escrito por um oficial amargurado vingando-se de uma sociedade que, por não ter ele nenhum brazão, barrou-lhe qualquer possibilidade de assumir um comando.

Quem era esse Chordelos de Laclos, capaz de descrever com uma precisão tão assustadora a moral depravada de um mundo ao qual ele nunca tivera acesso? Certas grandes damas de Versalhes não teriam gostado de ouvir que o autor conhecera suas contrapartidas nas províncias, levando a vida entre bocejos, em castelos frios e úmidos, e que havia tantas "madames de Merteuil" nas cidades fortificadas de Grenoble e La Rochelle, quanto nos palácios parisienses dos princípes do sangue. O debochado "Valmont", que era tido como um retrato de Lauzun pelos inimigos deste em Versalhes, poderia ter sido qualquer jovem oficial entediado que ia procurar prazer na corrupção das moças locais. Após 200 anos, *Les Liaisons dangereuses (As ligações perigosas)* continua a ser o mais cruel e também o mais profundo de todos os libelos contra o antigo regime. Mas, em 1782, o livro não foi mais do que um *succès de scandale*, esquecido dois anos depois quando *Fígaro* reapareceu no palco, censurado, proibido, mas finalmente triunfante. Como tantos outros oficiais desiludidos, Laclos descobriu o caminho do Palais Royal, para tornar-se a *âme damnée* do futuro "Phillippe Egalité" (Felipe Igualdade).

Já se falava do *Fígaro* de Beaumarchais na época da visita russa. A grã-duquesa Maria Feodorovna, que queria fornecer a sua formidável sogra, a imperatriz Catarina, o mais recente escândalo da Paris literária, pediu ao barão Grimm que conseguisse que monsieur de Beaumarchais lhe lesse extratos de sua mais recente peça. O rei proibira que *O casamento de Fígaro* fosse representada em público, e Beaumarchais estava ávido pela oportunidade de fazer apresentações particulares de sua peça, pois quanto mais pessoas a ouvissem, mais falariam sobre ela, e mais difícil se tornaria para o rei Luís persistir em seu veto. Luís fora um dos poucos que haviam reconhecido a dinamite por baixo do riso. Por mais que seus cortesãos se divertissem em serem descritos como "parasitas inúteis que não fizeram nada na vida além de se darem ao trabalho de nascer", ele, Luís, não estava preparado para permitir que ridicularizassem sua administração, para ver suas instituições vilipendiadas por um homem que ironizava tudo que deveria ser objeto de respeito no estado. Um homem como Beaumarchais era particularmente perigoso no atual estado de espírito do país, quando se considerava *bon ton* falar mal do governo. No entanto, o veto do rei não impediu que monsieur de Beaumarchais fosse recebido como uma atração em todos os salões elegantes, ou que divertisse a grã-duquesa russa com uma leitura de trechos seletos de sua peça.

A dama de companhia de Maria Feodorovna, madame d'Oberkirch, escreveu em suas memórias: "Achamos a peça extremamente interessante e monsieur de Beaumarchais um homem extremamente fascinante." Tanto ela quanto sua senhora real estavam deslumbradas com todos que conheciam e tudo que viam na França, desde o esplendor de Versalhes até a beleza das festas de verão dadas pelos Condé em Chantilly, pelo duque de Orléans em Rainey e pelo conde d'Artois em Bagatelle, aquele pavilhão extremamente gracioso, cercado por roseirais, construído em seis semanas, como uma aposta com a rainha. No baile a fantasia dado no teatro de Gabriel em Versalhes, onde nada menos de cinco mil velas tremeluziam em candelabros de cristal, e onde, por ordem da rainha, todas as damas que dançavam tinham que usar dominós de cetim branco com saias armadas e caudas, Maria Antonieta apareceu usando um chapéu de plumas brancas enfeitado com o famoso diamante Pitt, avaliado em nada menos de dois milhões de francos.

Nunca houve uma orgia de gastos semelhante à daquele ano, quando os custos da guerra na América haviam levado o país à beira da bancarrota. A governanta do guarda-roupa teve que pedir ao tesouro um adiantamento de 111 mil francos na conta do guarda-roupa da rainha, para pagar por todos os vestidos de gala necessários à visita russa. Mademoiselle Bertin teve um ano excepcional, pois não apenas a rainha e sua corte, mas também todos os visitantes russos a honraram com suas encomendas. Baú em cima em cima de baú de modas parisienses foram mandados para São Petersburgo, para receberem a desaprovação da imperatriz Catarina, que os mandou todos de volta a Paris, dizendo à sua pobre nora que mulheres gordas como elas ficavam muito melhor com a moda simples e digna da Rússia.

Durante aquelas breves semanas em Paris, Maria Feodorovna viveu num mundo encantado, com a rainha no papel de uma fada madrinha benevolente, assoberbando-a de presentes. Por mais entediada que Maria Antonieta pudesse estar com a grã-duquesa pesadona e pedante, por mais que ela quisesse rir do czarevich ridículo, com seus tiques nervosos e seu rosto feio de mongol, eles representavam, não obstante, uma força nova e incalculável, que precisava ser cortejada como um aliado para o futuro.

Em suas memórias, madame d'Oberkirch descreve Maria Antonieta como a mais encantadora e atenciosa das anfitriãs, tratando até a dama de companhia como se fosse uma convidada de honra, perguntando-lhe sobre seus gostos e sobre o que lhe agradaria. Houve uma visita aos fabricantes de porcelana de Sèvres, onde os visitantes russos gastaram mais de 300 mil francos, para descobrir, no final da visita, que o mais belo e extravagante de todos os conjuntos de toilette, em lápis-lazúli com insígnias esmaltadas, era um presente da rainha para Maria Feodorovna.

De todos os divertimentos noturnos, o mais memorável foi a festa dada pela rainha, numa bela noite de junho, no Trianon, onde os fogos de artifício refletiram as cores de cada flor, e lanternas chinesas lançavam sombras misteriosas sobre a água. Fantasiados de ninfas e faunos, dançarinos adejavam em meio às árvores e músicos tocando sobre um palco flutuante, ancorado no lago, executavam as mais recentes árias de Grétry. Aqui não havia nada da grandiosidade pomposa de Versalhes. A rainha e suas damas haviam deixado de lado suas sedas e cetins, e usavam vestidos de gase branca diáfana, com flores, em vez de diamantes, nos cabelos. Maria Antonieta estava recebendo a realeza russa em seus domínios privados, aos quais somente seus amigos eram convidados. Mas quem era a figura misteriosa envolta numa capa, que não falava com ninguém e que no decorrer da noite conseguiu escapar ao olhar dos guardas? Foi somente perto do fim, quando as carruagens reais já partiam, que alguém notou as meias escarlates que saíam da capa — um prelado de alta distinção, mas que prelado iria sem convite ao Trianon? Seria possível que o grão-esmoler da França, o príncipe de Rohan, que a rainha jurara jamais seria convidado ao Trianon, abusasse de sua posição ao ponto de subornar o porteiro para deixá-lo entrar nos jardins, sob a alegação de que tudo que queria era ver os fogos?

Este incidente extraordinário nos dá uma primeira noção da mentalidade distorcida de um homem tão estragado pela fortuna. Tão insanamente vaidoso que se recusava a admitir que havia sido excluído dos favores da rainha. É o prelúdio a toda a fantástica história do "colar da rainha", que nenhum dramaturgo, por mais cheio de imaginação, poderia ter inventado.

Maria Antonieta ficou furiosa quando soube que o cardeal ousara penetrar em seus jardins e o infeliz porteiro foi ameaçado de demissão. Madame Campan arrogou-se o crédito de ter convencido a rainha a perdoá-lo, com o argumento de que isso daria muita publicidade a sua antipatia pelo cardeal. Mas o comportamento extraordinário de Luís de Rohan logo seria esquecido pelo escândalo retumbante que se abateu sobre sua família no outono de 1782, quando a falência de seu primo, o príncipe Rohan de Guéménée, fez Versalhes tremer nos alicerces.

CAPÍTULO 20

A DÍVIDA DO PRÍNCIPE de Guéménée, 33 milhões de libras francesas, era de tal ordem que sua falência afetou a todos, desde o duque de Lauzun até os camponeses da Bretanha que, encarando os Rohans como descendentes de seus reis, haviam posto suas economias nas mãos dos administradores fraudulentos do príncipe. Fosse ele um banqueiro ou um comerciante, teria sido certamente posto na prisão. Mas um Rohan, portando um dos maiores nomes da França, recebeu apenas uma ordem do rei para retirar-se às suas propriedades no campo. O seu notário, que provavelmente o fraudou tanto quanto ele havia fraudado seus credores, foi condenado à prisão. Os parentes do príncipe, muitos dos quais tinham por ele uma antipatia cordial, apesar disso se uniram para preservar o nome da família. Seu sogro, o velho príncipe de Soubise, vendeu seus cavalos; sua tia, madame de Marsan, vendeu seus quadros; sua nora, a princesa de Montbazon, devolveu ao joalheiro os diamantes que havia ganhado em seu casamento. A sensação geral em Versalhes era de simpatia pelos Guéménée, que eram um dos casais mais populares da corte, e lamentou-se muito quando a princesa teve que entregar seu pedido de demissão do cargo de governanta dos filhos reais. Apesar de Maria Antonieta ter usado toda a sua influência para garantir-lhe sua pensão e o rei ter vindo em sua assistência, comprando-lhe sua propriedade em Montreuil como presente para sua irmã, a família real parece ter sido, no total, indiferente às dificuldades dos Guéménée. As proporções do escândalo, as milhares de pessoas que foram reduzidas à penúria pela dissipação de um *grand seigneur* podem ter levado Luís e Maria Antonieta a não quererem se identificar muito com o casal que, a partir de agora, estava proibido de aparecer na corte.

Neste caso o comportamento da rainha só fez aumentar sua impopularidade. As pessoas falavam da volubilidade de suas amizades, e lembraram Lucie Dillon, a bela jovem irlandesa que, por um curto tempo, foi companheira inseparável da rainha, até que ficou tísica e não pôde continuar com as dissipações de Versalhes. Maria Antonieta continuou a visitá-la e mandava diariamente mensageiros para saber de sua saúde, derramando lágrimas sentidas quando ela morreu, aos 31 anos de idade. Mas 24 horas depois ela já manifestava vontade de ir ao Théâtre Français, e teve que ser lembrada pela duquesa de Duras, a dama de companhia que ela mais temia, que seria melhor que ela fosse à ópera, caso contrário, ao passar por St Sulpice, ela poderia se deparar com o féretro de madame Dillon. A rainha teve a gentileza de corar e ficou em casa. Mas a história correu Versalhes, até ser repetida à filha de Lucie Dillon, Henrietta, que nunca conseguiu perdoar Maria Antonieta por ter chorado sua mãe apenas um dia.

Iolanda de Polignac foi a única mulher que conseguiu manter sua influência sobre as afeições tão voláteis de Maria Antonieta. Quando colocou-se a questão de quem sucederia a madame de Guéménée como governanta dos filhos reais, e o nome da favorita foi o primeiro a ser sugerido, Monsieur, que normalmente tinha o cuidado de não se comprometer, chegou ao ponto de dizer ao rei que ele seria inculpado por toda a França se desse o posto à favorita da rainha. Luís, que sempre permaneceu ligado a suas tias, cujas opiniões religiosas aprovava, gostaria de contar com madame Adelaide para cuidar dos seus filhos. Mas bastou se mencionar o nome dela à esposa, para Maria Antonieta prorromper em lágrimas e acusá-lo de crueldade por ousar sugerir alguém que envenenara sua vida desde o primeiro dia de seu casamento. O pobre Luís, que nunca conseguiu resistir às suas lágrimas, viu-se reduzido a uma aquiescência silenciosa quando a rainha apareceu, trazendo a duquesa de Polignac pelas mãos e dizendo: "Eis a minha escolha." Iolanda prostrou-se diante dele para pedir-lhe a bênção, e a visão daquela bela jovem a seus pés foi tão comovente que reduziu o rei igualmente a lágrimas.

Se lhe fosse permitido escolher, madame de Polignac, que tinha a saúde fraca e era indolente por natureza, podia muito bem ter recusado uma oferta que envolvia responsabilidades tremendas. Mas sua *coterie*, e Vaudreuil em particular, continuaram a insistir com ela para que aceitasse um posto que seria tão vantajoso tanto para ela quanto para seus amigos. Num palácio que abrigava mais de 12 mil pessoas, e onde até mesmo os príncipes do sangue, quando de serviço em Versalhes, queixavam-se de suas acomodações exíguas e desconfortáveis, a governanta dos filhos reais recebia um apartamento de 13 quartos, dando para a *orangerie* e adjacente ao apartamento de seus pupilos reais. Mesmo isso não era suficientemente amplo para receber todos os aspirantes a carreiristas que vinham lhe prestar homenagem, e um conservatório todo de madeira, com um piano e uma mesa de bilhar, foi construído no final do apartamento. Ali, três vezes por semana, a duquesa recebia todo o governo e a corte e concordava-se em geral que nenhuma festa era tão agradável quanto as dadas pelos Polignac, onde qualquer etiqueta era banida e a atmosfera era de completo relaxamento. Era estranho ver a rainha da França, que só gostava de receber no Trianon, comparecer como convidada em seu próprio palácio de Versalhes. Chegou o dia em que ela se arriscou a queixar-se de algumas das pessoas presentes e a duquesa teve a impertinência de responder que, porque Sua Majestade a honrava com a sua presença, isso não era razão para criticar seus amigos, e se ela tivera o infortúnio de desagradar a Sua Majestade, só havia uma coisa que lhe restava fazer, que era renunciar a seu posto. Besenval, que narra esse incidente, escreve que Maria Antonieta ficou tão surpreendida por esse tom de voz tão frio e reprovador, que tentou se justificar, mas a duquesa recusou-se a ser complacente, até que Maria Antonieta teve que pedir em lágrimas para ser perdoada. É difícil acreditar nessa história, pois Besenval nunca se mostrou nem fidedigno nem discreto. Mas o simples fato de que ele tivesse ousado contá-la mostra até que ponto ia a obsessão da rainha por madame de Polignac e como a amizade delas estava sendo abertamente discutida. Houve uma história ainda mais prejudicial pela qual o conde d'Artois foi o responsável, pois, entrando sem ser anunciado no quarto da rainha, encontrou as duas amigas abraçadas e, em voz alta, para que todos pudessem ouvir, pediu que o desculpassem por ter perturbado uma cena tão amorosa. Mas esta era a época das amizades sentimentais e, diante de uma crescente impopularidade, cujas razões ela não conseguia compreender, Maria Antonieta sentia uma necessidade cada vez maior de simpatia e compreensão por parte da única amiga em que, apesar de todas as suas falhas, ela sentia que ainda podia confiar.

As críticas contra a rainha já não se limitavam aos panfletos anônimos. Quando um retrato feito por Vigée-Lebrun, em que ela usa um vestido simples de musselina branca, foi exposto pela primeira vez no Salon du Louvre, provocou uma tal tempestade de ofensas que teve de ser retirado. Tendo sido anteriormente condenada pela extravagância de suas roupas, ela era agora acusada de "vestir-se como uma camareira" e de delibedaramente promover as indústrias de linho dos Países Baixos austríacos em prejuízo dos fabricantes de seda de Lions. A verdade era que esses vestidos de musselina branca, conhecidos como *"gaulles"*, que a rainha introduzira no Trianon, eram uma moda importada, via Bordeaux, das *créoles* da Martinica. E Vigée-Lebrun, a pintora mais em moda da sua época, estava convencendo seus modelos a usarem esses vestidos clássicos simples em vez das anquinhas e das plumas dos vestidos formais da corte.

Parecia que a rainha não conseguia fazer nada direito. Orgulhosa demais para reagir, ela foi se retirando cada vez mais para o mundo de fantasias do Trianon, onde seu arquiteto Richard Mique e seu artista favorito, Hubert Robert, estavam construindo para ela uma aldeia-modelo à beira de um lago, com oito cabanas e uma fazenda completa, incluindo padaria e leiteria — um cenário arcadiano, digno dos pintores de maior imaginação, descendo aos detalhes dos paralelepípedos partidos e das rachaduras pintadas nas paredes. Aqui se encontravam as ovelhas mais brancas e as vacas mais limpas, o leite era despejado em jarras de porcelana dos fabricantes de Sèvres e a manteiga era batida pelas mais belas leiteiras. Rousseau e Bernardin de Saint-Pierre haviam exaltado os encantos da vida rural. Seus livros fizeram disso uma moda, mesmo que a rainha nunca tenha lido uma palavra de Rousseau, a não ser *Le Devin du village*, que fazia parte do repertório teatral do Trianon.

Maria Antonieta não era a única a ter o seu *"hameau"* (lugarejo). O príncipe de Condé tinha um bem mais elaborado em Chantilly, mas, como de costume, era a rainha que se via acusada de jogar dinheiro fora em nada mais do que um brinquedo. Até mesmo um cortesão leal como o marquês de Bombelles escreveu: "Muito dinheiro foi gasto para dar ao *'hameau'* da rainha o aspecto de pobreza. Gastando um pouquinho mais, Sua Majestade poderia ter melhorado as condições daqueles que são realmente pobres, num raio de 30 quilômetros mais ou menos, e transformar suas choupanas em lares decentes... Imitar num lugar destinado ao divertimento a existência desafortunada do semelhante parece uma coisa cruel de se fazer."

Em 1783, o ano do tratado de paz com a Inglaterra, que libertou Dunkirk após 20 anos da presença dos comissários britânicos, ano em que os franceses conquistaram os céus e os balões dos Montgolfier flutuaram sobre a Île de France, a rainha passou a maior parte do verão em seu retiro no Trianon. Suas iniciais adornaram os balões azuis e dourados em que Pilâtre de Rozier e François Laurent d'Arpandes fizeram sua primeira ascensão aos céus. Mas o rei Luís subsidiara as invenções dos Montgolfier e testemunhara o lançamento do primeiro balão carregando como tripulação um galo, uma galinha e um coelho. Não aprovava que vidas humanas fossem arriscadas num empreendimento tão perigoso, e proibiu a esposa de comparecer ao acontecimento histórico ocorrido nos terraços de La Muette. O único membro da família real a assistir foi o Delfim, de dois anos de idade, com sua governanta e algumas de suas amigas. La Muette agora havia sido passada ao Delfim, ou antes aos Polignac, e a duquesa presidia sobre o que era conhecido como a *"Cour de Monsieur le Dauphin"*.

Dez dias depois, o rei, que já era lento para chegar a uma decisão, foi convencido a dar sua sanção oficial aos "homens subindo em balões", e em 1º de dezembro uma multidão de mais de 100 mil pessoas viu mais dois aeronautas heróicos, Charles e Robert, ascenderem num balão de hidrogênio dos terraços das Tulherias, uma aventura patrocinada pelo duque de Chartres. Dessa vez toda a família real esteve presente, e um viajante inglês que viu a rainha assistindo de uma sacada observou que ela parecia invulgarmente séria, talvez porque o duque de Chartres estava sendo aclamado mais estrepitosamente do que qualquer membro da família.

Axel Fersen, que voltara da América no verão de 1783, estava chocado com a impopularidade da rainha e com a falta de lealdade de seus próprios cortesãos. Seus anos no exterior o haviam endurecido e amadurecido. O jovem Adônis havia se tornado mais viril e mais fascinante e, em seus sentimentos, mais amoroso e protetor para com uma mulher que tinha uma necessidade tão desesperada de amigos. Maria Antonieta não fez segredo dos seus sentimentos. Os que estavam presentes quando ele retornou a Versalhes, e entrou no salão onde ela estava sentada tocando harpa para algumas de suas damas, viram seu rosto se iluminar de satisfação e, julgando pelo calor espontâneo de suas boas-vindas, viram que nada havia mudado nos últimos anos. A chegada de Fersen em Paris pode ajudar a explicar as longas visitas da rainha ao Trianon, onde ela poderia estar com ele mais livremente.

Enquanto isso, o pai de Axel o pressionava para se casar, dizendo que ele não podia mais sustentar seu modo extravagante de vida em prejuízo de seus irmãos e irmãs mais novos. A filha de Necker, a mais rica herdeira protestante da Europa, estava em idade de casamento, mas a loquacidade e o brilho de Germaine Necker, seus traços grosseiros e seu corpo maciço, não tinham a menor possibilidade de atrair um jovem que confiara à irmã que ficaria solteiro, uma vez que não podia pertencer à única mulher a quem gostaria de dedicar sua vida. A essa altura ele sabia que seus sentimentos pela rainha eram recíprocos. Mas como poderia permanecer na França, se seu país se recusava a pagar 100 mil francos, o custo de permanecer com o regimento dos suecos reais, um dos regimentos estrangeiros mais exclusivos e caros da França? Felizmente o rei Gustavo estava de seu lado. A ambição insaciável da Rússia era tal que a Suécia, seu vizinho mais vulnerável, exigia novos subsídios e um novo tratado de aliança com a França. Uma carta de Maria Antonieta exaltando "o senador Fersen e seu admirável filho" deixou o rei Gustavo livre de qualquer ilusão quanto à posição de Axel em Versalhes. Ter um de seus ajudantes-de-ordens preferidos instalado na corte francesa representava um trunfo valioso para o rei. Ainda mais satisfatório era o fato de que o "comportamento exemplar" do jovem Fersen lhe valera a simpatia do rei Luís, que achava o sueco calmo e de fala suave muito mais a seu gosto do que a multidão de jovens barulhentos que cercavam a rainha. No final, foi o rei da França que permitiu a Axel Fersen ter seu regimento, cancelando o pagamento de 100 mil francos e dando-lhe uma renda de 20 mil como coronel dos suecos reais.

O rei Gustavo, no entanto, não tinha a menor intenção de se privar da companhia do capitão de seus guardas, por quem ele próprio estava mais do que apenas um pouco enamorado. Fersen, que não devia retomar seu regimento senão no ano seguinte, estava para partir em visita ao pai na Suécia, quando recebeu ordens de seu rei para acompanhá-lo numa demorada excursão à Itália, que o manteve longe de Versalhes de setembro de 1783 até junho de 1784 —

nove meses durante os quais sua influência estabilizadora poderia ter evitado que Maria Antonieta tivesse cometido tantas ações tolas.

Durante todo esse tempo ele foi forçado a acompanhar o rei Gustavo numa ronda infinita de farras e mascaradas — uma vida totalmente inadequada a alguém com seu caráter introspectivo e solitário. Não obstante, ele era suficientemente apaixonado e sensual por natureza para se consolar com uma série de aventuras amorosas e, enquanto sonhava com uma princesa inacessível, permitia-se relacionamentos sentimentais com as inglesas encantadoras que encontrava em sua viagens. Houve a deliciosa Emily Cooper, futura Lady Palmerston, e a mal-casada Elizabeth Foster, a quem poucos homens conseguiam resistir e que queria desempenhar o papel de amante ou confidente. Fersen, que era tão discreto em seu comportamento em Versalhes, parece ter-se disposto a falar de sua paixonite por Maria Antonieta a qualquer mulher que o quisesse ouvir.

Enquanto Fersen permanecia, contra a vontade, servindo a seu rei, Maria Antonieta voltou ao que ela encarava como a servidão de Versalhes. Um de seus pajens, Alexandre de Tilly, de 16 anos, deixou um retrato claro e, no todo, simpático de sua soberana real. Ele escreveu: "Ela nos tratava a todos com doçura singular e nós todos a adorávamos. Seu erro mais destrutivo e que causou muito mal, era sua antipatia por toda a pompa e formalidade, formalidade que é mais necessária na França do que em qualquer outro lugar. Ela era infantil e inconseqüente, sem idéias definidas, a não ser a de se livrar dos laços constrangedores que sua posição lhe impunha. Quando ela queria, ninguém sabia ser mais régio e digno. Nunca se viu ninguém fazer mesuras com tanta graça, destacando dez pessoas em uma única reverência e concedendo a cada uma, em troca, o olhar que lhes era devido." Tilly chamou a atenção para outro erro, muito mais perigoso: suas simpatias e antipatias exageradas, freqüentemente assumidas à menor provocação. Uma vez que alguém perdera seu favor, ele ou ela era raramente perdoado, e era muito fácil para os criadores de problemas que abundavam em Versalhes se aproveitar dessa fraqueza.

Muitos críticos de Maria Antonieta se referem a sua infantilidade e inconseqüência, mas somente os dotados de maior discernimento percebem a melancolia subjacente a essa busca febril de diversão. Cunhada amorosa, mãe ainda mais amorosa, ela nunca conseguiu o afeto nem de madame Elizabete nem de sua própria filha.

A irmã caçula do rei Luís parecia uma camponesa pesadona, de compleição fresca, que nem mesmo o pincel lisonjeiro de uma Vigée-Lebrun poderia transformar numa beleza. Intensamente devotada aos irmãos, e em particular ao belo e charmoso Artois, essa moça tímida, desajeitada, nunca se sentiu à vontade no mundo artificial do Trianon. Maria Antonieta viu seu afeto ser rejeitado não apenas por madame Elisabete, mas por sua própria filha de 5 anos, que já mostrava o caráter duro da futura duquesa d'Angoulême. Criança, ela se ressentia da mãe bonita que, quando visitava seu quarto, passava o tempo todo conversando com a duquesa de Polignac. Certa ocasião, quando Maria Antonieta caiu de seu cavalo durante um passeio, e o abade Vermond a aconselhava a ser mais cuidadosa no futuro, ele voltou-se para a princesinha, que por acaso estava presente, e pediu-lhe que falasse com a rainha, tendo como resposta, no mais frio tom possível, que o que quer que acontecesse com sua mãe era para ela uma questão absolutamente indiferente. O abade, achando que ela não sabia o que dizia, insistiu: "Mas imagine se Sua Majestade tivesse batido com a cabeça e morrido. Você entende o que a morte significa?" E, com a mesma voz fria, a criança respondeu: "Sim, *monsieur l'abbé*. Sei o que a morte significa. Significa que não se tem mais que ver as pessoas, depois que estão mortas. Se eu não tivesse mais que ver a rainha, seria deixada em paz e poderia fazer o que quisesse."

Pobre Maria Antonieta, que pertencera a uma família grande e unida, não podia compreender as reações de sua filha desnaturada. Uma governanta, acusada de colocar a madame Royale contra a mãe, foi sumariamente demitida. Mas ninguém ousou repetir a Maria Antonieta a observação feita pela princesinha que, quando foi admoestada pelo modo como falava da rainha, respondeu: "Não, não amo minha mãe. Ela está sempre interferindo comigo e ao mesmo tempo não percebe que eu existo. Quando me leva para visitar as tias, caminha bem à minha frente e nem sequer olha para trás, para ver se a estou seguindo, enquanto papai me leva pela mão e cuida de mim."

Foi no começo de 1784, quando madame Royale ainda não tinha completado seis anos, que o duque de Chartres pediu sua mão em casamento para seu filho mais velho, o duque de Valois. A oferta foi recusada de forma lacônica, quase rude. Não apenas a princesa já estava meio-prometida ao filho de Artois, o jovem duque d'Angoulême, mas nem o rei nem a rainha estavam preparados para dar a filha em casamento a um dos odiados Orléans. A história poderia ter sido bem diferente se, em 1789, a princesa de 11 anos fosse a noiva prometida do filho do duque de Orléans. Pois o futuro sogro de madame Royale nunca teria seguido o caminho de Felipe Igualdade, e na velhice a princesa triste e amargurada poderia ter conhecido alguns anos gloriosos como rainha da França.

CAPÍTULO 21

No Outono de 1783, Maria Antonieta sofreu um aborto que afetou sua saúde pelos vários meses seguintes. A gravidez fora difícil desde o começo e, nos primeiros quatro meses, ela já estava tão grande que os médicos prognosticaram gêmeos. Seus inimigos rapidamente disseram que o aborto havia sido provocado por sua falta de cuidados, sua dissipação excessiva, e ela levou algum tempo para recobrar sua vitalidade e sua força habituais. Durante esses meses de lassidão e melancolia, ela se apoiou quase que inteiramente na companhia daquilo que chamava de sua "*société*", na qual ela era governada por madame de Polignac, que por sua vez era governada por Vaudreuil. Este homem brilhante, mas desequilibrado, frustrado em seus talentos e vivendo sempre cheio de dívidas, foi, mais do que qualquer outra pessoa, o responsável pela indicação de Calonne para o posto de controlador-geral, uma indicação desastrosa, que levou a França, já à beira da bancarrota, à insolvência completa.

Como *intendant* de várias cidades da província, Calonne há muitos anos tinha a esperança de se tornar o controlador-geral, sempre encontrando o caminho barrado pela desconfiança inata de Maurepas. Mas agora Maurepas estava morto e a antipatia do rei por Necker, bem como a incompetência de seus sucessores, abriram caminho para Calonne, que prometia tudo para todos e era tão popular nos círculos bancários quanto na corte. As mulheres o adoravam e os nomes mais orgulhosos da *Noblesse d'Epée* o encaravam como o único membro da *Noblesse de Robe* que poderia ser tratado como um igual. Em seu retrato feito por Vigée-Lebrum, uma de suas mais famosas amantes, nós o vemos elegante e cortês, um homem que deve ter sido o mais encantador dos companheiros num jantar e o mais delicioso dos amanes, mas cujos talentos como estadista nunca passaram de superficiais. Ele possuía facilidade, mais do que capacidade, brilhantismo, mais do que profundidade. Até mesmo o rei Luís acabou sendo levado pelas frases bonitas de Calonne, e por sua visão estonteante de uma França regenerada. O ministro apelou para as inclinações científicas do rei, desencavando o dinheiro para as experiência de Lavoisier e as viagens de La Perouse. Ao estimular a indústria, ele convenceu as grandes famílias dotadas de capital a investirem em minas e indústrias têxteis. Os capitalistas estrangeiros, especialmente os ingleses, foram convidados a abrir fábricas na França e, ao final de dois anos de paz, os ingleses já haviam inundado o mercado com produtos baratos, em detrimento dos fabricantes franceses. Mas, nos primeiros meses da administração de Calonne, parecia que a idade de ouro estava para voltar. Houve enormes especulações com terras, particularmente em Paris, que estava sendo gradualmente transformada na cidade que conhecemos hoje. As casas esquálidas, empilhadas ao longo do Sena, estavam sendo substituídas por belos cais e prédios públicos. Ruas estreitas e mal-iluminadas abriram caminho para bairros residenciais prósperos. O conde de Provence forneceu um lar para o Théâtre Français, construindo um novo teatro perto daquilo que é hoje conhecido como o Odeón. O duque de Chartres construiu galerias de lojas, com belas arcadas, que entravam pelos famosos jardins do Palais Royal. Os ricos estavam ficando mais ricos, mas pouco ou nada, exceto sob a forma de caridade privada, estava sendo feito pelos pobres.

O rei em pessoa se mostrava imensamente caridoso e, no duro inverno de 1784, ele doou três milhões de francos de seus fundos particulares para serem distribuídos entre os pobres. Ele foi o primeiro de seus nobres a mandar que as árvores das florestas reais fossem cortadas para fornecer lenha. A fim de obter as boas graças da rainha, Calonne ofereceu-lhe um milhão de francos do tesouro real para que ela distribuísse em seu próprio nome. A oferta foi orgulhosamente recusada. A caridade que ela podia fazer só deveria se originar do que ela economizasse de sua pensão pessoal. Ao cortar suas despesas, Maria Antonieta conseguiu doar quase um milhão de francos aos pobres de Versalhes. O rei e a rainha eram mais generosos do que muitos de seus cortesãos. Em suas descrições da vida na corte de Versalhes, a jovem Henrietta Dillon, futura madame de la Tour du Pin, pintou um retrato desagradável da cupidez e do egoísmo do típico jovem aristocrático. Ela escreveu que, durante os duros invernos, a rainha, ao entrar na *Salle de Jeu,* carregava uma bolsinha e, de cada um dos cortesãos, extraía uma certa soma "para os pobres". Esperava-se que as damas dessem uma moeda de prata no valor de seis francos, e os homens um luís de ouro — uma quantia irrisória em comparação com o que se perdia todas as noites nas mesas de jogo, "mas que, não obstante, provocou considerável ressentimento entre os jovens cortesãos". Apesar de Calonne favorecer a aristocracia, anos mais tarde ele viria a dizer que um ministro da França sob o antigo regime parecia uma árvore coberta de lagartas, e que aqueles insetos vis se agarravam à árvore até terem comido a última folha. Mas, durante seus primeiros meses de tranqüilidade no poder, todos o exaltavam, do conde d'Artois aos Polignac, dos banqueiros da corte ao rei. Somente a rainha tinha suas desconfianças, o que Calonne percebia e que mais tarde faria dele um de seus inimigos mais cruéis. Mas quando os números assustadores do déficit público se tornaram conhecidos e Calonne, tendo sido o mais popular, tornou-se o homem mais odiado da França, foi a rainha que culparam por sua indicação, e que apelidaram de "Madame Déficit".

A essa altura os Polignac já eram mais uma cabala do que uma *coterie,* e Maria Antonieta estava começando a perceber o mal que lhe fazia a amiga. A posição da duquesa foi reforçada quando sua cunhada, Maria Luíza de Polastron, tornou-se amante do conde d'Artois, que abandonou o cenário do Palais Royal para se tornar amigo de Vaudreuil e *habitué* do salão Polignac, que era agora todo-poderoso em Versalhes, tão poderoso que puderam fazer uma produção da peça de Beaumarchais, apesar da oposição do rei. Madame Campan descreve a indignação de Luís quando a peça lhe foi lida pela primeira vez, e como ele disse à rainha que ela podia estar certa de que ele jamais permitiria que fosse encenada. Apesar de toda a sua decepção, Maria Antonieta estaria pronta para apoiar a decisão dele, não fosse pela raiva de sua *coterie,* e em particular a fúria de Vaudreuil, o qual, como amigo e admirador de Beaumarchais, não hesitou em descrevê-lo como "uma vítima da tirania e da opressão". O modo brilhante com que o dramaturgo angariou o favor da opinião pública, até que todas as pessoas elegantes de Paris e Versalhes só falavam de *Fígaro*, terminou por transformar a rainha na mais ardorosa entre os seus defensores.

Mas o rei era mais obstinado do que pensavam. Em 3 de julho de 1783, *O Casamento de Fígaro* deveria ser encenada na *salle des menus plaisirs,* em Versalhes, na presença do barão de Breteuil, ministro da corte de Sua Majestade, cuja vaidade fora adulada por Beaumarchais ao pedir-lhe que sugerisse mudanças no texto que ele considerasse necessárias. Os ensaios foram encerrados e as filas já se formavam em frente à bilheteria, com toda Paris e Versalhes lutando para conseguir uma poltrona, quando, na última hora, chegou o veto do rei, cancelando a apresentação.

A notícia provocou uma explosão geral de indignação. Cortesãos que nunca souberam o significado da palavra liberdade, disseram que a proibição do rei era "uma violação das liberdades civis", e a observação famosa de Beaumarchais, de que "só as pessoas pequenas se amedrontavam com pequenos escritos", correu por toda Versalhes. Os Polignac não deram paz à rainha, até ela suplicar ao rei que reconsiderasse sua decisão. Sutil e complacente, sabendo que tinha a opinião pública a seu lado, Beaumarchais consentiu em submeter-se a novas censuras. A essa altura ele já tinha o apoio de Calonne, o qual, com sua habitual liberalidade, entregara-lhe o dinheiro que o governo ainda lhe devia por suas transações com os americanos. Além de Calonne, ele já tinha o apoio do chefe de polícia, que o ajudara em algumas das fases mais sombrias de sua carreira. Como resultado, os censores nem sequer se deram ao trabalho de ver se as passagens ofensivas haviam sido removidas do texto.

Uma representação particular, em honra do conde d'Artois, foi dada por monsieur de Vaudreuil no teatro dos jardins de Genevilliers. Havia 50 convidados escolhidos, todos pertencentes à *coterie Polignac*, os quais relataram todos à rainha que a peça era "encantadora, divertida e totalmente inócua", enquanto d'Artois, que adorava provocar seu real irmão, disse ao rei que *O Casamento de Fígaro* não passava de "conversa fiada do primeiro ao último ato". Vacilante, mas ainda não convencido, Luís terminou por ceder às importunações da esposa e dos amigos dela. Houve mais alguns cortes no texto, que eram quase que instantaneamente restaurados, e *Fígaro,* brilhante, perigoso e irreprimível, afinal subiu ao palco.

"Finalmente triunfamos", escreveu Beaumarchais a seu amigo, o famoso ator Preville, que estava para se aposentar quando foi convencido a voltar para representar naquele que seria o maior sucesso de sua carreira.

Meu velho e querido amigo, não se deve nunca desesperar. O grande ator, que o público adora, não deve nunca poder se aposentar, e o escritor corajoso não deve nunca se deixar abater por reveses temporários. Agora já consegui a aprovação do rei, a aprovação de seus ministros, até a aprovação do chefe de polícia. Tudo de que preciso neste momento é de você, para transformar minha peça num sucesso retumbante. A peça em si mesma pode não ser muito importante, mas vê-la encenada após três anos de esforços quase ininterruptos é o que a torna tão importante para mim.

Em 27 de abril de 1783, *Le Mariage de Figaro ou La Folle Journée** tomou Paris de assalto. Desde manhã bem cedo, multidões sem precedentes cercaram o teatro, esperando a abertura da bilheteria, e o rei e seu chanceler eram os únicos que ainda esperavam que a peça fosse um fiasco e que os cortes exigidos pela censura a privassem de seu sabor. "O senhor acha que vai ser um sucesso?", perguntou Luís a um de seus cortesãos, o qual, não querendo se comprometer, respondeu: "Só posso esperar que fracasse, Majestade." "Eu também", disse o rei. Mas se ele tivesse ido aos camarins do Théâtre Français no dia da estréia, e visto a excitação crescente dos atores, ou ouvisse as apostas que se faziam nos clubes e nos cafés sobre o tempo em que ela ficaria em cartaz; se ele soubesse que algumas das mais importantes damas de sua corte estavam se humilhando diante de *monsieur* de Beaumarchais para conseguirem um lugar na platéia, então saberia que suas esperanças eram vãs. O bobo da corte, que na Idade Média divertia seu monarca com ironias e impertinências, foi chutado para escanteio quando ousou ir longe demais. Mas agora o bobo se tornara mais importante que o rei, e toda Paris e Versalhes riam e aplaudiam cada sátira mordaz, cada insulto velado dirigido contra elas próprias. Ninguém que fosse alguém ousava perder aquele que prometia ser o acontecimento mais badalado do ano. E os atores se

---

* *O Casamento de Fígaro ou Um Dia de Louco.* Sob o título *As Bodas de Fígaro* (*Le Nozze di Figaro*), a peça se transformou numa das mais importantes óperas de Mozart, hoje muito mais famosa do que o original de Beaumarchais. Por isso, essa história picaresca de desmoralização da nobreza é muito mais conhecida por seu título musical do que pelo título teatral. Mas vamos respeitar, na tradução, a tradição. (N.T.)

puseram à altura da ocasião, fascinando com sua virtuosidade, tirando o máximo de cada frase espirituosa, recebendo aplausos em cima de aplausos, e Beaumarchais, que assistia de um camarote privado, observou a um amigo: "Só existe uma coisa mais absurda do que minha peça: é o seu sucesso."

Menos de dois meses depois, *Fígaro* recebia suas honras oficiais com a presença de Maria Antonieta numa récita de gala em honra do rei da Suécia, que visitava Paris incógnito. Naquela noite, a rainha estava mais bela do que nunca. As melancolias e as depressões, a lassidão e o tédio de que ela sofrera nos últimos meses haviam desaparecido. Fersen estava de volta a Paris, como ajudante-de-ordens do rei da Suécia, e todas as honras prestadas por Maria Antonieta a esse "conde de Haga" eram um tributo ao homem que ela amava.

Não havia nada que aborrecesse tanto o rei Luís quanto o hábito das visitas em incógnito, transformadas em moda por seu cunhado, o imperador, e imitadas por todos os seus colegas soberanos. Ele estava caçando feliz em Rambouillet, quando uma mensagem urgente de Vergennes lhe foi enviada, dizendo que o rei da Suécia chegara a Paris e estava a caminho de Versalhes. A desorganização do imenso palácio, onde *"les grandes charges"* estavam nas mãos de cortesãos incompetentes, era tamanha, que o rei voltou a Versalhes para descobrir que seu valete principal havia saído com as chaves de seu apartamento e que era impossível encontrar qualquer um de seus criados pessoais. Os valetes e pajens que estavam disponíveis vestiram-no à altura de suas habilidades, e o rei da França recebeu o rei Gustavo usando um sapato de salto vermelho e fivela dourada, e outro de salto preto e fivela prateada. Mas desta vez a rainha, que costumava ser tão severa com a aparência desleixada do marido, limitou-se a rir, perguntando-lhe se ele ia a um baile a fantasia, pois estava tão feliz em ver Fersen que não se importava por o rei da França estar usando um par de sapatos tão esquisito. Nem ela nem o rei Luís se sentiam atraídos pelo seu hóspede real, cujos maneirismos e afetações, e sua mania de falar sem parar, irritavam a ambos. Maria Antonieta também podia achar outro motivo de irritação com o rei Gustavo, por ele manter seu ajudante-de-ordens durante tanto tempo ocupado com seu serviço íntimo. Suas tendências homossexuais eram conhecidas de todos. Dizem que a rainha de Nápoles escreveu à irmã que, numa excursão ao Vesúvio, o rei levou Fersen até a beira da cratera e ameçou atirar-se lá dentro, a não ser que ele renunciasse ao seu amor pela rainha da França. O que não passa de uma fofoca napolitana, pois o rei Gustavo era ambicioso demais para permitir que seus sentimentos particulares interferissem na política, e *"le beau Fersen"* na corte de Versalhes era-lhe mais útil que qualquer embaixador.

Aquelas seis semanas de festas e bailes contínuos devem ter sido tantalizantes e frustrantes para um casal que não podia nunca estar sozinho por mais do que alguns momentos, constantemente expostos aos olhos vigilantes de uma corte invejosa e às exigências severas do rei sueco. Dia após dia, Fersen tinha que acompanhar seu soberano real numa ronda vertiginosa de diversões. "Tive que fingir estar doente, só para poder ter tempo de lhe mandar uma carta", escreveu Axel ao pai. "Já tivemos uma noite de gala de ópera em Versalhes, bem como um baile a fantasia, sem contar os inumeráveis teatros, jantares e ceias. Amanhã temos uma festa nos jardins da rainha no Trianon... Fico em casa esta noite até a hora da ceia em Versalhes."

A ceia em Versalhes aconteceu nos apartamentos privativos da rainha, recém-decorados por Richard Mique em ouro e turquesa. A rainha, num vestido de ouro e prata, coruscante de diamantes, encantou seu hóspede real; foi doce e afetuosa com o marido, rindo de suas piadas pesadas e sem graça; flertou com os jovens pajens em serviço; e tudo isso pelo bem do oficial sueco que a olhava com tão óbvia adoração.

A *coterie* dos Polignac estava alerta, e houve sinais de uma primeira cisão com a rainha. Quando Maria Antonieta compareceu à récita de gala de *O Casamento de Fígaro*, viram-na rir tão gostosamente quanto qualquer outro membro da platéia. Porém mais tarde o conde Fersen, ou talvez o rei Gustavo, que apesar de todos os seus caprichos nunca permitiu a menor crítica por parte de qualquer de seus súditos, observou que a peça continha material perigoso e inflamável, e nunca deveria ter tido permissão para ser produzida. A rainha aceitou essa crítica e culpou os Polignac por terem-na levado a influenciar o rei, contra o seu bom senso.

Iolanda de Polignac, que sentia sua posição ameaçada por aquele estrangeiro jovem e orgulhoso que nunca se preocupara em prestar-lhe homenagem, melindrou-se com essas críticas e, apesar de sua amizade com Maria Antonieta, não fez a menor tentativa de negar o boato ligando o conde Fersen à rainha.

Contavam-se histórias da rainha dirigindo-se ao Trianon com um único cavalariço a seu serviço, sendo vista disfarçada, caminhando pelo parque, acompanhada por um estrangeiro alto — histórias ridículas, uma vez que Fersen estava em serviço constante de um rei ciumento e a rainha era o alvo constante de mil olhos.

A rainha deu uma festa no Trianon em honra do "conde de Haga" — uma noite de tal encantamento que lhe valeu a devoção do impressionável rei Gustavo pelo resto da vida, tendo ele escrito: "Tinha-se a impressão de estar caminhando nos Campos Elíseos com uma deusa do Olimpo." O parque foi aberto ao público. A única condição exigida para a entrada era que todas as mulheres tinham de estar vestidas de branco — cor que se tornara o uniforme do Trianon. Uma apresentação de *La Dormeuse eveillé* de Marmontel, com música de Picciny, foi seguida por uma ceia nos bosques iluminados. O menu servido à mesa real consistiu de apenas três tipos de entradas, um assado e quatro doces, e foi muito modesto em comparação aos 180 pratos servidos nas outras mesas. A própria rainha, que nem dançou nem sentou-se para a ceia, manteve-se em constante movimento, uma anfitriã encantadora, sem nenhuma dama de companhia. Naquela noite ela estava em seus próprios domínios, conversando com todos, mostrando os seus jardins, o parque inglês, a cabana com a padaria e a leiteria, o pavilhão chinês e a gruta, com uma satisfação infantil pela admiração de seus convidados. Todos os estrangeiros receberam algum tipo de atenção e em particular os belos suecos da comitiva do "conde de Haga" — o conde Stedynk, o barão Taube, recentemente indicado como embaixador em Paris, o jovem De Staël e o ajudante-de-ordens do rei, o conde Fersen. Ela ia de um ao outro, animada e alegre; parava por um instante à sombra de uma árvore; sussurrava de modo a que ninguém a pudesse ouvir; e talvez ninguém tenha notado que era sempre com Fersen que ela se afastava mais dos grupos.

Em meados de julho, o "conde de Haga" voltava à Suécia, após uma visita altamente bem-sucedida, durante a qual ele conseguira arrancar de uma França empobrecida não apenas grandes subsídios em dinheiro, como também a posse da ilha de St Barthélemy, nas Índias Ocidentais. Num novo tratado de aliança, assinado em Versalhes, a França e a Suécia se prometiam ajuda recíproca em caso de guerra. Como Catarina da Rússia era o agressor mais provável, esse tratado favorecia muito mais a Suécia do que a França.

O ajudante-de-ordens do rei Gustavo deve ter ficado igualmente satisfeito, mas seu último encontro com a rainha foi triste. Havia tanta coisa que ambos queriam dizer, tantos encontros furtivos a que não puderam comparecer. Ambos prometeram escrever e não há dúvidas de que essas promessas foram mantidas. Mas as cartas que sobrevivem dizem respeito apenas ao envio de um enorme cão pastor sueco pedido pela rainha. Alguns dos biógrafos de Fersen alegam que uma série de cartas escritas a uma misteriosa "Josefina" eram dirigidas à rainha da França. Mas essas cartas foram escritas a alguém que tem muito pouca relação com a frívola rainha do Trianon, uma dama que somente a tragédia iria transformar numa mulher.

CAPÍTULO

22

ÀS OITO HORAS da noite de 22 de março de 1785, o rei Luís escreveu um bilhete a seu cunhado, o imperador, para informar-lhe que a rainha dera à luz, com saúde, um segundo filho homem, que ele chamara de duque da Normandia. Essa carta, endereçada a um homem por quem ele nutria uma antipatia cordial, terminava: "Fique certo, meu querido cunhado, de meus verdadeiros sentimentos e de minha sincera afeição."

Durante os últimos nove meses a ambição sem sossego de José havia mais uma vez ameaçado desequilibrar a balança do poder na Europa. Dessa vez a briga foi com os holandeses, cujo controle da foz do Scheldt impedia o fluxo livre do comércio dos Países Baixos austríacos, e em particular do porto de Antuérpia. O imperador levou a questão a um ponto crítico, tentando forçar a passagem de um de seus navios, ao que os holandeses responderam com um tiro de canhão na bandeira austríaca. Enfurecido por essa insolência, José mandou tropas para a fronteira e pediu o apoio do seu aliado, o rei da França, apoio que nem o rei Luís nem seu ministro Vergennes queriam dar.

O contraste entre os dois cunhados reais nunca foi tão evidente quanto em seu modo de tratar as questões internas e externas. Luís que era tão fraco e vacilante na França, mostrava um excelente juízo em sua forma de lidar com os assuntos externos. José, ao contrário, era admirável na Áustria e desastroso em sua política externa. A Áustria deve-lhe algumas de suas reformas mais importantes e de mais longo alcance, tais como o ensino público compulsório, a liberdade de opinião, a abolição da servidão e, acima de tudo, o famoso édito de tolerância religiosa, segundo o qual os judeus e outros dissidentes podiam ter seus próprios templos e escolas, e os judeus já não eram mais obrigados a usar a humilhante tarja amarela. Mas quando chegava a hora da política externa, sua ambição de domínio e seu desejo quase obsessivo de reconquistar para os Habsburgo o poder que eles haviam perdido para a Casa dos Brandenburgo, levou-o a uma situação desastrosa após a outra.

Em 1778, Maria Antonieta tivera todo o decorrer de sua primeira gravidez perturbado pela briga de seu irmão por causa da Baviera. Desta vez era novamente a questão da Baviera, pois, após brigar com os holandeses em benefício de seus súditos flamengos, José oferecia friamente trocar suas províncias nos Países Baixos austríacos pela maior parte da Baviera, sem parar para consultar os desejos de seus súditos flamengos, ou para considerar a oposição que isso provocaria na Prússia e em todos os outros estados germânicos menores. No decorrer de sua quarta gravidez, Maria Antonieta foi perturbada pelas cartas do irmão queixando-se da deslealdade do rei Luís e do comportamento pérfido de Vergennes. Em 1781 José fez uma visita de seis dias a Paris, durante a qual ele tentou convencer o governo francês da pureza de suas intenções políticas. Mas nem Luís, e nenhum de seus ministros ficou convencido, sabendo que as ambições do imperador não parariam senão com o estabelecimento de uma hegemonia Habsburgo sobre toda a Alemanha.

O imperador teve, ao final, que renunciar a suas pretensões na Baviera, mas insistiu em exigir ou o porto de Maastricht ou uma compensação de 12 milhões de florins. Pelo bem da paz, o rei Luís ofereceu-se como mediador. Em torno da mesa de conferência em Fontainebleau, os 12 milhões de florins foram reduzidos a dez, dos quais os holandeses pagaram oito milhões enquanto a França contribuía com os dois restantes, um gesto político que deixou o povo francês amargamente ressentido. Toda a culpa foi posta na rainha austríaca, e este incidente, exagerado e distorcido, constituiu uma das principais acusações levantadas contra Maria Antonieta no tribunal revolucionário.

O ano de 1785 viria a ser desastroso para Maria Antonieta, quando uma sucessão de acontecimentos combinou-se para fazê-la perder seus últimos vestígios de popularidade. Arrogância, estupidez, uma falta completa de percepção política por parte de uma mulher mimada e caprichosa, que sempre agia por seus impulsos e não parava nunca para raciocinar, contribuíram para sua queda. Foi no primeiro ano do ministério de Calonne, quando o tesouro parecia ter um lastro de ouro inexaurível, que o rei comprou o palácio de St Cloud do velho duque de Orléans para servir de lar a sua mulher e seus filhos. As reformas extensas que tinham de ser feitas em Versalhes justificavam a compra de uma nova casa para a família real. A saúde do pequeno Delfim começava a causar preocupação e achava-se que St Cloud tinha ares melhores do que Versalhes ou Trianon. Em seu amor e gratidão pela esposa que acabara de lhe dar um segundo filho, Luís cometeu o erro absurdo de comprar St Cloud no nome da rainha, numa época em que as despesas do Trianon já eram amplamente criticadas pelo público. O letreiro pregado nos portões de St Cloud, declarando que aquela era uma propriedade privada da rainha, despertou uma tempestade de indignação. Deputados furiosos ergueram-se nos *parlements* para dizer que era ao mesmo tempo "imoral e ilegal" que palácios reais pertencessem às rainhas da França.

Quando Maria Antonieta foi a Paris para assistir às comemorações públicas do nascimento do duque da Normandia, foi recebida com um silêncio gélido pelo povo. Em sua volta a Versalhes procurou o marido chorando e dizendo: "Mas por que será que me odeiam? O que será que fiz a eles?" Esta foi uma das ocasiões em que Luís poderia ter falado à esposa com gentileza e firmeza, dizendo-lhe que foram sua própria insensatez, sua leviandade, seu contínuo intrometer-se em assuntos que não eram de sua conta, que terminaram por enfurecer um povo que estivera tão disposto a amá-la. Mas as lágrimas da esposa só conseguiram deixar embaraçado o tímido rei.

Esse ano de 1785 foi o da morte de Choiseul, o único homem que, se Luís o tivesse trazido de volta ao poder, poderia ter conseguido transformar Maria Antonieta no tipo de rainha que os franceses teriam amado. Ele teria permitido que ela fosse frívola e extravagante, árbitro da moda, e que pagasse contas imensas a mademoiselle Bertin. Mas o estadista que criara a aliança austríaca nunca teria permitido que ela se sujeitasse à política de Viena, ou contasse com Mercy d'Argenteau como seu conselheiro íntimo. Nem lhe teria permitido jamais se tornar uma presa dos Polignac.

Choiseul morreu, pranteado pela rainha que, durante sua doença final, mandava mensageiros duas vezes a Paris para saber de seu estado de saúde. Os legados deixados a seus criados e seus amigos foram tão generosos quanto suas dívidas eram enormes. Com sua prodigalidade costumeira, Calonne pagou as dívidas com dinheiro do tesouro real. Mas a viúva de Choiseul, uma mulher de uma nobreza e integridade de caráter raramente vistos no antigo regime, retirou-se para um convento com apenas dois criados, até ter terminado de pagar ao rei o total das dívidas do marido.

Da mesma forma que Luís não conseguiu perdoar Choiseul pelos agravos feitos a seu pai, o falecido Delfim, ele agora tampouco conseguia perdoar Beaumarchais pelo sucesso de *Fígaro*. Irritava-o saber que os moleques das ruas de Paris cantavam trechos de canções tiradas de *Fígaro,* que cada jornal continha alguma referência ao maior dramaturgo do século. Um dia, um artigo escrito por Beaumarchais, em que ele dizia que teve de vencer "leões e tigres" para ter sua peça representada, deu ao rei a oportunidade de punir sua impertinência. Seguindo um conselho de Monsieur, que odiava Beaumarchais por ter se recusado a entrar em sua lista de pagamento, um dos homens mais famosos de Paris foi condenado à prisão — não a Bastilha, pois o pequeno *monsieur* Caron não era considerado digno de ser prisioneiro do estado, mas em St Lazare, uma casa de correção para criminosos menores, pajens licenciosos, filhos caçulas insubordinados, um lugar em que os valorosos monges tinham a permissão de infligir o castigo salutar de uma boa sova. Até mesmo o chefe de polícia discordou da sentença e fez tudo que pôde para mitigar suas agruras. A opinião pública ficou do lado de Beaumarchais, de Calonne a Lafayette, de Artois à rainha, todos os quais o consideravam vítima de Monsieur.

Uma vez apaziguada sua raiva, o rei Luís reconheceu o erro e Beaumarchais não passou mais que poucos dias na prisão. Mas, por estranho que pareça, aqueles poucos dias foram suficientes para dobrar-lhe o espírito. O filho do relojoeiro, que no fundo era tão vulnerável, que ironizou os aristocratas e, ainda assim, ansiava por ser um deles, nunca se recobrou da humilhação de ter sido mandado para St Lazare. Aceitou sua sentença com docilidade e dignidade. Mas o pássaro falante nunca mais cantaria nem tão altivo nem tão alegremente quanto antes. Até o final de seus dias, Beaumarchais preservou aquele talento extraordinário para fazer dinheiro, fosse através do comércio, fosse através da escrita. Mas nunca mais haveria outro *Casamento de Fígaro.*

Fosse por irreflexão ou por ela achar que Beaumarchais havia sido tratado com grande injustiça, a rainha decidiu ela própria interpretar um papel em *O Barbeiro de Sevilha,* numa representação privada no Trianon. Maria Antonieta tomar parte numa peça de um autor que no começo do ano havia sido mandado para St Lazare era uma coisa que dificilmente seria aprovada por *"les grandes charges"* de Versalhes. Mas, pelo menos desta vez, a rainha pode ter feito uma demonstração de bom julgamento, ao reparar aquilo que ela acreditava ter sido uma injustiça.

Foi no começo de agosto de 1785, quando estava ensaiando a peça, que Maria Antonieta ouviu pela primeira vez a história extraordinária de como os dois joalheiros da corte, Bohemer e Basange, lhe haviam vendido, sem o seu conhecimento, o mais caro colar do mundo. É uma história que nem mesmo a imaginação de Beaumarchais poderia ter concebido, e de uma vilania mais viciosa do que todas aquelas sonhadas por Laclos. Poetas e escritores, de Goethe a Dumas, ficariam fascinados com a história do "Colar de Diamantes", uma história que supera os limites da probabilidade.

Jeanne de St Rémy de Valois, descendente do rei Henrique II, foi a última de uma linha longa e decadente de bastardos reais. Seu pai era um bêbado e larápio, e a mãe uma criada libertina. Mulher consumida pela ambição e pelo ódio, que desconhecia tanto a gratidão quanto a piedade, para com seus benfeitores ou as vítimas dos seus logros, ela pode ser comparada à legendária Mandrágora, cujas próprias raízes eram o mal. O outro protagonista principal foi o cardeal Luís de Rohan, arcebispo de Estrasburgo, grão-esmoler da França, um homem de pretensão, vaidade e credulidade imensas, obcecado pelo desejo de reconquistar o favor da rainha e chegar a um alto posto no governo. Ambos os personagens eram possuídos por um elemento de insanidade, e tinham imaginações absolutamente fora de controle.

A história do colar de diamantes foi contada mil vezes. É a de uma pequena mendiga, cuja alegação patética de ser uma descendente dos reis de Valois chamou a atenção da benevolente marquesa de Boulainvilliers. A marquesa colocou Jeanne de Valois e sua irmã sob sua proteção, pagou seus estudos e, após ter se garantido sobre seu *pedigree* real, conseguiu para ela uma pequena pensão do rei. Um pequeno estipêndio, uma educação num convento, seguida por um período de aprendizado no respeitável estabelecimento de uma costureira, de modo algum satisfazia as ambições de mademoiselle de St Remy, que agora se transformara numa jovem mulher bonita e trapaceira. Em 1781, ela e sua irmãzinha fugiram do convento de Longchamps para aparecerem em Bar-sur-Aube, onde ainda havia remanescentes das propriedades da família, uns poucos campos e casas isoladas, há muito vendidos a camponeses locais. Lá, a história patética de Jeanne, e seu jeito bonitinho, despertaram a compaixão da esposa de um magnata local, que abrigou a ambas em sua casa. Mas a chegada de seu sobrinho, Marc de la Motte, um jovem oficial da *gendarmerie,* abriu-lhe os olhos para a moral daquela jovem doce que, em poucas semanas, havia seduzido de la Motte a casar-se com ela, com um bebê já a caminho.

Expulsos da casa da tia, o Sr. e a Sra. de la Motte, que não tardaram muito a conseguir o título espúrio de conde e condessa, começaram a sua vida de casados sem ter nada além de suas dívidas, o certificado do *pedigree* real da mulher e uma pensão que, dados os seus gostos extravagantes, não poderia mantê-los nem por um par de meses. Em Nancy, onde eles tinham ido para que Marc se juntasse ao seu regimento, levaram uma vida de expedientes sórdidos, tomando dinheiro emprestado dos oficiais, comprando a crédito e botando coisas no prego, nas lojas de penhor locais. Quando estavam em sua maré mais baixa de sorte, Jeanne voltou a encontrar a benevolente marquesa de Boulainvilliers, que estava a caminho da Alsácia e, perdoando-lhe as delinqüências do passado, esta a apresentou ao cardeal de Rohan, que estava morando em seu castelo de Saverne.

Isto foi em setembro de 1781 e levou três anos para que uma aventureira sem um tostão reduzisse um dos mais ricos príncipes da Igreja a um tal estado de sujeição, que ele acreditava na trama de mentiras tecida pela imaginação distorcida da jovem. Isto jamais teria acontecido se Rohan estivesse em seu estado normal. Mas ele havia caído nas garras de um dos maiores charlatães do século XVIII, Giuseppe Balsamo, *alias* conde de Cagliostro, cujas experiências com alquimia atraíam as atenções dos ambiciosos e dos grandes. Este indivíduo extraordinário parecia ter sido dotado de certos poderes hipnóticos sobre suas vítimas, que lhe permitiam extorquir delas vastas somas, com suas curas miraculosas, suas poções que prometiam a beleza às mulheres feias, a longevidade e a potência sexual aos homens. Ele descobriu no cardeal de 50 anos de idade a vítima perfeita, e não há dúvida de que ele deve ter lhe ministrado certas drogas que lhe afetaram o cérebro, pois o fiel braço direito do cardeal, o abade Georgel, conta em suas memórias que a personalidade do príncipe se deteriorou a partir do momento em que Cagliostro tornou-se uma influência dominante em sua vida.

Em Saverne, Jeanne vislumbrou um luxo e uma grandiosidade com que nunca havia sonhado. Mas, em seu primeiro encontro, ela causou impressão muito pequena no cardeal, e não foi senão no ano seguinte, após meses de lamúrias e pedidos a ministros indiferentes e a funcionários da corte, que Jeanne de la Motte, que a esta altura estava à beira da indigência, tendo penhorado sua pensão, apareceu no palácio de Estrasburgo, na rua du Vieille Temple, em Paris, para solicitar uma audiência com o grão-esmoler da França. Ela mostrou-se elegante, graciosa e tocante em sua miséria, e sua história triste conseguiu comover o mais impressionável dos homens. "Ela tinha a astúcia de uma Circe", escreveu o abade Georgel. No final do ano, já tinha se tornado amante do cardeal, e, na primavera seguinte, ele afiançou-lhe um empréstimo de 1.600 francos, tomados de um judeu de Nancy. Logo, ela não era mais somente sua amante, mas também sua confidente, a quem ele revelava suas ambições frustradas, seu desejo de se reconciliar com a rainha. Cada confissão dessas servia para atear combustível a sua imaginação já bastante inflamada. Ela, que nunca vira a rainha, a não ser numa carruagem dourada saindo pelos portões de Versalhes, inventou uma história tão fantasiosa, que somente alguém tão abestalhado como o cardeal poderia ser levado a lhe dar crédito — sua história era extraordinária, mas, dada a reputação da rainha, não era impossível.

Nas antecâmaras de Versalhes, Jeanne ouvira com avidez cada escândalo, cada acusação sussurrada contra Maria Antonieta: seus numerosos amantes, suas tendências lésbicas e sua amizade com madame de Polignac, que arranjava mocinhas para o prazer da rainha. Porque o cardeal não iria acreditar que ela havia se tornado a mais recente favorita? E, certo dia, foi até ele, com os olhos brilhando, para lhe dizer que todos os seus problemas tinham chegado ao fim. A rainha tinha se interessado nela, e logo suas propriedades ancestrais lhe seriam restituídas. Vendo que o cardeal não se cansava nunca de ouvir estes tipos de histórias, ela as bordou cada vez mais, falando-lhe de encontros amorosos secretos, mostrando-lhe cartas que passaram por ter vindo da rainha — pequenos bilhetes escritos em papel com bordas douradas e assinados Maria Antonieta de França. Como era possível que Rohan, cuja família sempre ocupara altos postos na corte, não soubesse que a rainha não se assinava nunca senão como "Maria Antonieta?" Ou será que ele estava drogado demais, ou enfeitiçado demais, para dar importância a isso?

Não demorou muito para que a humilde suplicante se transformasse na amiga inestimável que se ofereceu para intervir em seu favor, levando ao conhecimento da rainha uma carta cheia de veneração, onde o grão-esmoler da França suplicava que ela o perdoasse por qualquer ofensa que ele pudesse, inadvertidamente, ter feito. Em resposta, veio um bilhete, com a mesma moldura dourada, em que a rainha afirmava ficar feliz se ele pudesse provar sua inocência.

Essas cartas haviam sido forjadas por um dos oficiais companheiros de la Motte, um certo Rétaux de Villete, um jovem amável, com um certo talento para a falsificação, que ele não hesitava em pôr a serviço de uma jovem encantadora, cujos favores ele partilhava com o marido e o cardeal. Mas chegou o tempo em que sua vítima não se satisfazia mais com bilhetes bordados a ouro, e insistiu em obter uma audiência com a rainha, ao que madame de la Motte foi se tornando cada vez mais evasiva, até que um dia, em meados de julho de 1784, ela lhe disse que seus desejos estavam para ser atendidos, e que, naquela noite mesmo, ele deveria ir disfarçado a Versalhes e esperar no pequeno bosque que era conhecido como "Le Bosquet de Venus".

"La Scène au Bosquet" é uma das cenas mais famosas da história. Uma mulher alta e jovem, vestida de branco, e que na graciosidade de seus movimentos e no porte altivo da cabeça se parecia extraordinariamente com a rainha, ofereceu ao cardeal deslumbrado uma rosa, murmurando: "O senhor sabe o que isto significa, mas continue a ser discreto". No minuto seguinte, um homem apareceu, dizendo-lhe que saísse depressa, pois d'Artois tinha sido visto se aproximando. O homem que o cardeal tomou como sendo um dos criados da rainha, não era outro senão Rétaux de Villete.

Como esses cúmplices devem ter rido, ao ver o grande Rohan se prostrar de joelhos para beijar a orla do vestido de uma certa senhorita d'Oliva, que la Motte havia visto nos jardins do Palais Royal e, notando sua semelhança impressionante com a rainha, contratou a seu serviço. Em sua fúria e indignação, Maria Antonieta se referiria a ela mais tarde como *"une barboteuse des rues"*. Mas a bela senhorita d'Oliva era bem melhor do que uma simples prostituta. Era uma pobre moça, de moral fácil, pronta para ser seduzida pelo vistoso conde de la Motte, com seus ares de grande cavalheiro e suas promessas de uma rica recompensa, se ela concordasse em representar um certo personagem da mais alta posição, que não deixaria de lhe oferecer sua gratidão.

Jeanne de la Motte havia triunfado. De agora em diante, o cardeal estava completamente sob seu feitiço. Ela e o marido viviam em condições principescas na sua cidade de Bar-sur-Aube, com dinheiro extraído em nome da rainha — uma caridade aqui, outra caridade ali —, dinheiro que sempre terminava nos bolsos da dupla ou de Cagliostro, que a essa altura havia se tornado um aliado, incitando esses planos com suas profecias de um futuro grande e glorioso. No final de 1784, madame de la Motte Valois começava a ser falada, tanto em Paris como em Versalhes. Naquele mundo que engordava com as sobras da corte, as pessoas murmuravam sobre a nova amiga da rainha. Maria Antonieta vivia tão exclusivamente em sua *société,* no mundo pequeno e privado do Trianon, que Jeanne podia se gabar de suas conexões na alta roda sem correr o risco de ser descoberta.

É estranho que alguém tão sóbrio e responsável como o joalheiro da corte, Boehmer, tenha sido logrado por uma aventureirinha insinuante, ao ponto de abordá-la, com vistas a vender à rainha o mais caro colar do mundo. Luís XV ainda estava no trono, quando os joalheiros da corte, Boehmer e Bassange, começaram a colecionar os mais raros e mais perfeitos diamantes para fazer um colar de beleza incomparável, a fim de que o velho rei o oferecesse a madame du Barry. Sua morte foi um golpe pesado, pois para eles o custo havia superado de longe todos os seus cálculos. Mas suas esperanças reviveram na jovem rainha, que, conforme se sabia, era louca por diamantes, e, no nascimento do seu primeiro filho, o fabuloso colar foi mostrado ao rei Luís, que, cheio de amor e gratidão pela esposa, ofereceu-se para comprá-lo. Mas, ao menos uma vez, Maria Antonieta mostrou bom senso. A guerra americana estava sendo travada, e o colar custava 1.600.000 francos. A rainha o recusou, o que poderia significar a ruína dos infelizes joalheiros, que haviam penhorado todos os seus créditos por um colar que era praticamente impossível de se vender. Somente soberanos poderiam pagar um tal preço, e os soberanos eram muito poucos. Os reis Hanover não eram dados a gastar dinheiro, nem com suas amantes, nem com suas esposas, e até mesmo Catarina da Rússia preferia dispender o seu em guerras ou em amantes. Em duas ocasiões sucessivas, Boehmer apelou à rainha; da última vez ele ficou de joelhos, dizendo que iria se matar, a menos que ela o salvasse da bancarrota. Maria Antonieta, justificavelmente irritada, disse-lhe que não se comportasse como um tolo. Se ele não podia vender o colar, ele que o desmanchasse e vendesse as peças separadas, e estariam encerradas todas as suas dificuldades.

A situação estava neste pé, quando o infeliz Boehmer ouviu falar da misteriosa amiga da rainha, de quem se dizia ter superado madame de Polignac, e, mais para o final do ano, Jeanne de Valois, que apenas uns poucos anos antes andava esmolando às portas dos grandes, estava agora dando uma audiência ao joalheiro da corte, que lhe pediu que intercedesse em seu favor. A visão do colar — faiscando com uma centena de gemas sem jaça — parece ter despertado um elemento de insanidade que estava latente no caráter de uma mulher que, até então, se limitara a pequenos furtos, falcatruas e mentiras, mas que agora tramava um estratagema tão louco, sem a menor possibilidade de sucesso, e que só poderia terminar trazendo ruína para todos os envolvidos.

Duas circunstâncias estavam a seu favor. A primeira era que nem Boehmer nem Bassange jamais haviam abusado da confiança da rainha e não sabiam nada de suas relações com o cardeal. A segunda era que o cardeal, que poderia ter ouvido a respeito por qualquer um dos seus pares na corte, nada sabia da oferta do rei de comprar o colar para a esposa. Tudo o que ele sabia era o que lhe havia sido contado por madame de la Motte, que a rainha ambicionava o colar e estava preparada para comprá-lo, mas que no momento queria manter isso em segredo do rei. Se o cardeal a ajudasse a comprá-lo, ele conseguiria tanto sua gratidão quanto sua amizade. Tudo que ele tinha que fazer era comprar o colar em seu nome e assinar um contrato com o joalheiro que somente na última hora saberia que a destinatária era a rainha. Sua majestade se dispunha a pagá-lo em quatro mensalidades de 400 mil francos. a primeira das quais seria paga antes de agosto de 1785.

Jeanne de Valois certamente deve ter possuído a "astúcia de uma Circe", porque nem o cardeal nem o joalheiro parecem ter questionado a natureza extraordinária desse negócio. Em 1º de janeiro de 1785, o colar foi entregue por Boehmer no Hotel de Estrasburgo, e o joalheiro, feliz da vida, recebeu o contrato de compra, onde, em cada parágrafo, estava assinado Maria Antonieta de França. Também lhe foi mostrado um trecho de bilhete num papel de moldura dourada em que estava escrito: "Não tenho o costume de fazer transações com meus joalheiros desta forma, por isso, guarde este bilhete e faça o que achar melhor." Naquela mesma noite, o cardeal partiu com o colar para Versalhes, onde madame de la Motte estava hospedada num hotel. Mal ele o havia entregue, quando chegou um homem que ele reconheceu como o criado da rainha que o prevenira para sair aquela noite para o jardim, que não era outro senão Rétaux de Villette. Esta foi a última vez que se viu o lendário colar, que havia levado seus criadores à beira da ruína. Em poucos dias ele já havia sido desmanchado, contrabandeado por monsieur de la Motte para Londres e vendido, peça a peça, entre os joalheiros da cidade.

Nos meses seguintes, o cardeal ficou esperando por um sinal de aprovação da rainha, que continuou a tratá-lo com a mesma indiferença gélida. Festa após festa se passava, sem que a rainha usasse o colar de diamantes, e por volta de julho Rohan já começava a duvidar da boa fé de sua amante. Estava começando a se aproximar a data do pagamento da primeira prestação e Boehmer começou a ficar ansioso. A única que continuava fria e autoconfiante, como sempre, era Jeanne de la Motte, que agora ditava a Retaux uma carta onde a rainha se queixava de ter sido explorada na venda do colar e exigia uma redução de 200 mil francos, oferecendo, como uma forma de compensação, um primeiro pagamento de 700 mil francos em 1º de outubro. Pressionados por seus credores, os joalheiros não ousaram recusar e, seguindo um conselho de Rohan, Boehmer dirigiu uma carta obsequiosa a Maria Antonieta, onde declarava que seu zelo e respeito por Sua Majestade eram tantos, que ele aceitava os termos, feliz em pensar que o mais belo colar que existia no mundo iria adornar a maior e melhor de todas as rainhas.

Não surpreende que esta carta tenha sido totalmente incompreensível para a rainha, que viu nela mais uma prova de que o joalheiro tinha perdido completamente o juízo. Atirou-a fora sem lhe dar a menor atenção, até que em 9 de agosto, quando estava no meio de um ensaio para o *Barbeiro de Sevilha,* que, na ocasião, era o que ocupava suas atenções, foi subitamente interrompida por madame Campan, que havia recebido a visita de Boehmer, o qual lhe contara uma falcatrua gigantesca, em que o cardeal de Rohan não hesitara em implicar sua rainha.

CAPÍTULO 23

ERA SEGUNDA-FEIRA, 15 de agosto, e Versalhes estava cheia para a festa da Assunção de Maria, que era também o dia de festa do onomástico da rainha. Apesar de sua crescente impopularidade, Maria Antonieta ainda conseguir atrair multidões de Paris, que ficavam enfileiradas na "Galeria dos Espelhos", para vê-la passar a caminho da missa. Mas naquela manhã a missa estava atrasada. Envergando suas vestes cardinalícias de seda púrpura, carregando o seu báculo incrustado de jóias, o grão-esmoler esperava para liderar a procissão real até a capela, quando foi repentinamente chamado por um dos guardas do rei, para acompanhá-lo até o estúdio de Sua Majestade. Lá ele encontrou o rei, a rainha e três dos ministros, Breteuil, Vergennes e Miromesnil. Luís, sempre um homem de poucas palavras, foi direto ao ponto. "Quem é essa pessoa que o encarregou de comprar um colar de diamantes de Boehmer?" E o cardeal, que empalidecera visivelmente, respondeu: "Uma dama chamada condessa de la Motte Valois, que mostrou-me uma carta da rainha." Nesse momento a rainha, que obviamente estava com dificuldade para se controlar, explodiu: "Como o senhor pode ter pensado que eu, que não lhe dirigia uma palavra há oito anos, o teria escolhido para agir em meu nome e com uma mulher daquela espécie!"

Vendo a fúria gelada no rosto da rainha, Rohan deve ter compreendido que estava perdido e respondeu, gaguejando de nervoso: "Vejo agora que fui cruelmente enganado. Estou pronto para pagar pelo colar. Estava tão ansioso para fazer um favor a Sua Majestade, que perdi completamente a cabeça e achei que estava agindo em boa fé." Ao que entregou a carta forjada que madame de la

Motte lhe dera como tendo sido enviada pela rainha. O rei, que apesar de sua calma exterior, estava quase tão zangado quanto a esposa, olhou a carta rapidamente e atirou-a no chão, dizendo: "Isto não é a caligrafia da rainha, nem sua assinatura. Será possível que um príncipe da casa de Rohan, que é também o grão-esmoler da França, não sabe que a rainha nunca se assina senão pelo seu nome de batismo? Quanto à caligrafia, é tão falsa quanto a assinatura." Continuando num tom suave, ele acrescentou: "A coisa toda é inexplicável. Gostaria que o senhor se justificasse, pois não quero chegar à conclusão da sua culpa. Mas o senhor deve explicar o significado de todas essas tratações estranhas com Boehmer, essas promessas e cartas." Vendo que o cardeal se achava em dificuldades para responder, Luís lhe disse que fosse a uma sala anexa, onde encontraria tinta e papel, se sentasse e transcrevesse tudo o que tinha a dizer.

Enquanto isso, a tensão crescia no estúdio real. O rei estava ultrajado, não apenas devido ao insulto a sua esposa, mas por causa da mácula que o comportamento do cardeal lançava sobre a Igreja. Breteuil, que sucedera a Rohan como embaixador em Viena, onde fora um fracasso em seguida ao popular príncipe, estava ávido para provar sua culpa, enquanto Vergennes e Miromesnil estavam ambos inclinados à moderação, percebendo que a prisão de um príncipe da Igreja traria complicações infinitas. Mas, diante da fúria da rainha, das lágrimas que ela não podia mais controlar, nenhum deles ousou dizer uma palavra em defesa do cardeal. Quando Rohan voltou ao estúdio, o rei, falando no mesmo tom gentil, disse-lhe que não lhe restava outra escolha senão mandar prendê-lo. Foi nesse momento, que Rohan, o presumido, tolo e debochado, mostrou que ainda sabia se comportar como um *grand seigneur,* aceitando a notícia com dignidade e calma, pedindo apenas para não ser exposto à vergonha de uma prisão pública diante de toda a corte; e pedindo não tanto por si msmo, mas em consideração às vestes cardinalícias que usava. E somente as lágrimas da rainha impediram Luís de ceder a esse pedido.

Calmo e composto, não olhando nem para a direita, nem para a esquerda, Rohan atravessou lentamente a Galeria dos Espelhos, onde ninguém ousou emitir sequer um sussurro, até que de repente Breteuil gritou em voz estentória: "Prendam o cardeal", ao que seguiu-se um momento de silêncio chocado, em que até mesmo o capitão da guarda pareceu hesitar antes de ousar pôr as mãos num

Rohan. Aquele momento de hesitação foi o suficiente para o cardeal que, agindo com surpreendente presença de espírito, agachou-se ostensivamente para ajeitar a fivela de um sapato, e rabiscou um bilhete para seu vigário geral, o abade Georgeil, dizendo-lhe que destruísse todas as cartas que lhe haviam sido endereçadas por madame de la Motte. Naquela mesma noite ele foi levado para a Bastilha, e o mais indigno e desprezível dos homens, uma desgraça para seu próprio nome e para o nome da Igreja, transformou-se num mártir da noite para o dia.

Versalhes estava num estado de efervescência. Com a exceção de Breteuil, que se regozijava abertamente pela prisão de Rohan, o resto dos ministros lamentava a decisão do rei — uma decisão que teve a intenção de servir como uma exibição de força, mas que não passou de fraqueza em ceder às lamentações de sua mulher. Madame Campan escreve em suas memórias que Breteuil e o abade Vermond influenciaram o comportamento da rainha. Mas numa carta enviada ao imperador, que ela escreveu quatro dias após a prisão do cardeal, Maria Antonieta disse:

> Tudo foi arranjado entre o rei e eu mesma. Os ministros não sabiam nada até o momento em que o rei exigiu que o cardeal viesse à presença do Lorde Chanceler e do Barão de Breteuil, e fiquei realmente emocionada pelo bom senso e pela firmeza que o rei demonstrou neste caso tão desagradável. Quando o cardeal implorou ao rei para não prendê-lo, ele respondeu que, tanto como rei quanto como marido, era impossível para ele fazer diferente... Espero que logo tudo esteja resolvido. Não se sabe ainda se ele será julgado pelo Parlamento ou se sua família vai se atirar aos pés do rei pedindo sua mercê. Mas, tudo o que quero é que este negócio horrível seja mostrado diante do mundo todo.

Impulsiva, honesta e inocente, a rainha ignorava as repercussões surpreendentes que a prisão de Rohan iria despertar, tanto na corte, quanto no público em geral. Não podia imaginar que alguém tão vil quanto Jeanne de la Motte, ainda pudesse arrastar o nome da rainha da França na lama. Ela escreveu ao irmão:

> O cardeal acredita ter comprado em meu nome um colar pela soma de 1.600.000 francos. Ele diz que foi enganado por uma certa madame de la Motte Valois. Esta criatura da mais baixa espécie, que nem sequer é daqui, e em quem nunca pus os olhos, foi levada para a Bastilha há dois dias atrás. Apesar de ela ter se relacionado intimamente com o cardeal, nega com toda a firmeza ter desempenhado qualquer papel na compra do colar.

A aventureira fora presa em Bar-sur-Aube, onde estava vivendo em grande pompa às custas dos seus ganhos ilícitos. Acuada pela polícia, voltou-se como uma víbora contra o homem que fora seu amante e protetor. Seus cúmplices tendo escapado, ela ainda acreditava que podia sustentar sua inocência às custas do cardeal. Mas, antes que o julgamento começasse, Rétaux de Villette foi descoberto vivendo sob um nome fictício em Genebra e a pobre senhorita d'Oliva foi trazida de seu esconderijo em Bruxelas. Ambos confessaram tudo no primeiro interrogatório.

Mais uma vez, os Rohan se ergueram como um só homem para defender a parentela, da mesma forma como haviam apoiado o príncipe de Guéménée na época de sua bancarrota. A antiga governanta do rei, madame de Marsan, cuja influência havia conseguido para o sobrinho o posto de grão-esmoler, agora se pôs de joelhos diante da rainha a quem detestava, implorando-lhe que tivesse piedade do cardeal. Mas Maria Antonieta voltou-se sem dizer uma palavra. Por trás de Rohan estavam as tias do rei, prontas para acreditar que seu sobrinho havia sido envolvido numa intriga nefanda. Ao lado de Mesdames estavam o príncipe de Condé, o mais antiaustríaco de todos os príncipes do sangue, o velho inimigo da rainha, o duque d'Aiguillon, e todos aqueles que, em algum momento, haviam sido rebaixados, ignorados ou privados de algum posto hereditário em favor dos Polignac. Não apenas a nobreza, como também o clero agora se erguia para protestar contra o fato de um príncipe da Igreja ser julgado pela lei secular, afirmando que somente o Papa poderia julgar o cardeal. Mas Luís cometeu o erro de permitir que Rohan fosse julgado pelo Parlamento, um corpo fracionado de homens que constantemente desafiava a autoridade real.

Enquanto isso, Maria Antonieta continuou a se comportar com incrível despreocupação, interpretando *O Barbeiro de Sevilha,* de Beaumarchais, somente quatro dias após o cardeal ter sido recolhido à Bastilha. Todas as narrativas dizem que ela foi uma Rosina adorável, enquanto Artois se superou no papel de Fígaro. Mas não impressionou a nenhum deles ouvir o famoso libelo de Beaumarchais contra a calúnia, "que começa tão calma e suavemente quanto as asas de uma andorinha, roçando pelo chão antes de uma tempestade, espalhando-se pouco a pouco, gradualmente ganhando força, até que se transforma numa tempestade."

Nas ruas de Paris, a campanha de calúnia contra a rainha crescia diariamente. As pessoas acusavam-na abertamente de ter sido conivente com o cardeal na fraude contra os joalheiros. Orgulhosa e aparentemente indiferente, Maria Antonieta ignorava os boatos, escrevendo ao irmão em 19 de setembro:

> O cardeal usou meu nome como se fosse um trapaceiro vulgar e inepto. Ele provavelmente estava sem dinheiro e achou que poderia pagar ao joalheiro na data que havia fixado sem que nada fosse descoberto. Estou satisfeita de não ouvir mais nada a respeito. O julgamento não poderá acontecer antes de dezembro. Nunca vou esquecer o comportamento maravilhoso do rei para comigo. Ele não permitiu que os seus ministros o influenciassem em nada, apesar de alguns deles terem conexões com o cardeal e outros com os parentes dele.

Ah!, teria sido melhor se o sábio e prudente Vergennes tivesse podido evitar que seu monarca cometesse o erro desastroso de submeter o cardeal a julgamento. O que a rainha acreditava ser o fim do caso, era apenas o começo. Axel Fersen, que estava de volta à França, servindo com seu regimento na cidade fortificada de Landrecies, compreendeu a gravidade da situação, informando ao rei Gustavo que

> As histórias que se repetem, particularmente nas províncias, são espantosas. As pessoas se recusam a acreditar que a compra do colar e as cartas forjadas sejam o verdadeiro motivo da desgraça do cardeal. Continuam a imaginar que existe algum motivo político por trás disso. O que certamente não é o caso. Até mesmo em Paris dizem que a rainha usou o cardeal para os seus próprios interesses, que ela só fingia odiá-lo, enquanto, ao contrário, dava-se com ele muitíssimo bem, o fez comprar o colar e passou o dinheiro para seu irmão.

Quando Fersen voltou a Paris no outono de 1785, a rainha já tinha ido para Fontainebleau, onde estava muito mais interessada em completar a nova decoração de seus apartamentos, do que no julgamento que se aproximava. A temporada em Fointainebleau nunca foi tão brilhante. O rei passava os dias fora caçando, e a rainha, que estava no começo de uma nova gravidez, desfrutava de excelente saúde e do melhor estado de espírito possível. As arrastadas negociações do imperador a respeito dos Países Baixos haviam chegado a uma conclusão satisfatória, com a França pagando os dois milhões de florins que completavam os dez milhões exigidos por José como indenização. O que fora um movimento inteligente por parte de Vergennes, parecia ao público em geral ser o roubo de milhões de florins, feito pela rainha para financiar as guerras do irmão. Cinco anos depois, quando o rei e a rainha já eram prisioneiros nas Tulherias, José escreveu a seu irmão Leopoldo: "Os franceses estão obcecados com a idéia de que nossa irmã me enviou milhões secretamente, enquanto eu não sei por que nem como poderia ter lhe pedido isto, e tampouco como ela podia tê-lo conseguido para mim. Na verdade, nunca recebi um centavo da França. É uma calúnia horrível." José dizia a verdade. Os dois milhões de florins pago pela França eram parte de um tratado entre os franceses e os holandeses, altamente vantajoso para a França. Mas, a partir de 1786 e até a época em que ela foi julgada pelo tribunal revolucionário, Maria Antonieta seria acusada de agir contra os interesses de seu país. E isso numa época em que José a criticava por ter se tornado completamente "afrancesada", dizendo que tudo que ela conservara da Alemanha eram seu rosto e seu corpo. Dividida entre duas obrigações, tendo herdado da mãe a convicção de que a aliança franco-austríaca era vital para o futuro dos dois países, a pobre Maria Antonieta, que entendia tão pouco de política, terminou não agradando a ninguém.

Enquanto o cardeal mofava na Bastilha e os seus advogados preparavam a sua defesa, durante os interrogatórios em que Jeanne de la Motte, com uma desfaçatez abominável, continuava a afirmar sua inocência, e a opinião pública crescia todos os dias em favor dos prisioneiros, a corte dançava numa série de bailes, cada um mais magnífico do que o outro. Os dias tranqüilos da administração de Calonne estavam chegando ao fim numa última explosão de fogos de artifícios. Em 1786, as contas da rainha com mademoiselle Bertin foram tão astronômicas que tiraram várias noites de sono da governanta do guarda-roupa, que ousou pedir uma prestação de contas detalhada da chapeleira arrogante e impertinente. Até a rainha se assustou ao saber que tinha gastado a soma de 87.594 libras francesas num único ano, o que não incluía as contas da costureira da corte, madame Eloffe, nem os 31 mil francos gastos nos trajes de amazona encomendados a seu alfaiate inglês. Aos 30 anos, Maria Antonieta estava obcecada pelo medo de ficar velha. Estava ganhando peso, e tendo consciência de seus seios fartos, de seu *embonpoint,* já não queria mais usar as modas exageradas de sua juventude. "Nada mais de flores e plumas", disse ela a mademoiselle Bertin, "nada mais de extravagâncias." Mas ela ainda conservava toda a sua elegância e graça, o caminhar deslizante, o porte altivo da cabeça e, aos olhos de Fersen, ainda era a mulher mais bela de sua corte.

Para agradar ao rei da Suécia, e incidentalmente ao conde Fersen, o rei e a rainha da França assinaram um contrato de casamento para as núpcias que aconteceriam na capela da embaixada sueca entre o novo embaixador, barão de Staël-Holstein, e a filha de Necker, Germaine, que trouxe para o marido um dos maiores dotes da França. Duas semanas mais tarde, em 31 de janeiro de 1786, a jovem embaixatriz era apresentada em Versalhes, onde, para citar suas próprias palavras, "a rainha me recebeu com uma graciosidade que não deixa jamais que se esqueça que ela é a rainha, mas conseguindo convencer a todos que havia se esquecido disso". Germaine, de 21 anos, que era acanhada, desajeitada, e não estava acostumada à etiqueta complicada de Versalhes, rasgou a cauda de seu vestido no momento em que fazia sua mesura. As damas do palácio abafaram o riso por detrás dos leques, mas Maria Antonieta foi doce e simpática, mandando chamar uma criada para consertar imediatamente o estrago, uma gentileza que Germaine nunca esqueceria.

O rei Gustavo ganhou uma brilhante correspondente em sua jovem embaixatriz, que complementava os despachos diplomáticos do marido com descrições vívidas da vida em Versalhes nos últimos anos do antigo regime. Em meio às suas narrativas das puerilidades e trivialidades da vida da corte, de bailes extravagantes, em que os jardins do Trianon, com suas fontes, estátuas e árvores, eram fielmente reproduzidos na *Salle de Spectacle,* ela escreveu a respeito "do pobre cardeal sofrendo de asma em seu aposento estreito e úmido na Bastilha." Pois, Germaine, como a maioria das jovens elegantes de Paris, simpatizava com o desafortunado Rohan, enganado por sua amante e vítima da corte. Nas corridas de Longchamps, era chique usar chapéus *"à la Cardinal"* e fitas em vermelho e amarelo — *coleur Cardinal sur paille* [cor de cardeal sobre palha, uma piada cruel, referindo-se às enxergas de palha das prisões].

O julgamento imensamente prolongado, cujas preliminares duraram mais de nove meses, finalmente chegou ao fim em 31 de maio de 1786. Nos últimos dez dias, os acusados foram acareados diante dos juízes — o cardeal calmo e cheio de dignidade, Jeanne de la Motte cuspindo rancor e peçonha, perdendo-se num emaranhado de mentiras. Na manhã do dia 31, multidões sem precedentes haviam se reunido ao longo do Sena, do lado de fora da Conciergerie, e no Quai des Tournelles. Quando o cardeal entrou no salão, foi tratado não como um prisioneiro, mas como um *grand seigneur;* todos os conselheiros e magistrados se puseram de pé, após o que ele foi convidado a sentar-se. À entrada do salão estava uma sólida falange de Rohans, todos vestidos de preto, chefiados por madame de Marsan que, à chegada dos juízes, gritou: "*Messieurs,* os senhores vieram julgar a nós todos". Era do conhecimento geral que diversos daqueles homens supostamente incorruptíveis já haviam sido comprados pela família.

O promotor público foi justo, porém severo, declarando o cardeal culpado de *lèse-majesté,* por ter ousado presumir que a rainha da França se imiscuiria em tratações secretas e encontros furtivos. Mas mal teve tempo de terminar seu discurso, e já era interrompido por violentas demonstrações por parte de partidários do cardeal, alguns dos quais não hesitaram em chamá-lo de "vítima das intrigas da corte". E apesar de até então ninguém ter ousado mencionar a rainha, a própria violência dos seus protestos eram uma ofensa a sua honra. Rohan foi absolvido. Não apenas foi absolvido, mas todas as acusações levantadas contra ele na ocasião de sua prisão foram dadas como nulas e vazias, mostrando que o *parlement* de Paris ousava desafiar a autoridade da Coroa. O julgamento da corte condenou *in absentia* o conde de la Motte a ser enviado para as galés, Rétaux de Villette a ser banido para o resto da vida e Cagliostro a ser deportado do país. A senhorita d'Oliva, que impressionou os juízes com sua inocência, foi declarada livre de qualquer culpa. Mas Jeanne de la Motte viria a pagar inteiramente a pena por seus crimes, setenciada a ser publicamente açoitada e marcada a ferros quentes com um "V" (*vouleuse,* ladra), antes de ser encarcerada pelo resto da vida na notória prisão de La Salpêtrière — uma sentença tão selvagem que fez com que um súbito sussurro percorresse o salão lotado. No entanto, nem mesmo seu advogado conseguiu encontrar uma palavra para dizer em sua defesa.

Houve um júbilo generalizado com a absolvição do cardeal. As peixeiras coroaram os juízes com flores e nas ruas de Paris elas cantavam:

Le Saint Père l'a rougi
Le roi et la Reine l'ont noirci
Le Parlement l'a blanchi
*Allelujah**

Rohan retornou ao Hotel de Estrasburgo, brilhantemente iluminado, como herói e mártir, enquanto a mulher que fora sua amante nos últimos três anos recebia a primeira parte de sua sentença no pátio da Conciergerie. Sua luta foi tão violenta que foram necessários quatro homens para subjugá-la, e ela mordeu um deles na mão com tanta força que o ferro escorregou e marcou seu peito, em vez de seu ombro, após o que ela desmaiou e foi carregada inconsciente para La Salpêtrière. Mas mesmo então ela não perdera sua força maligna. Os inimigos da rainha e mesmo alguns de seus amigos, tal como a compassiva madame de Lamballe, estavam chocados com a severidade de uma sentença que condenara a última descendente dos reis Valois a ser marcada como um ladrão comum. Chartres, que com a morte do pai se tornara Duque de Orléans, lançou um fundo para financiar o apelo; grandes damas levaram-lhe presentes na prisão. Em 2 de junho de 1787 os portões da Salpêtrière, uma das mais guardadas prisões do estado, misteriosamente se abriram e Jeanne de la Motte, disfarçada de garoto, fugiu para a Inglaterra, onde publicou memória em cima de memória de veneno acumulado, atacando tanto o seu antigo amante quanto a rainha, acusando Maria Antonieta de todo e qualquer vício natural e antinatural, dizendo que tanto ela quanto o cardeal foram seus amantes; memórias que o governo britânico não se esforçou para proibir e que, quando contrabandeadas para a França, causaram um mal terrível a uma rainha já impopular.

A boa fortuna de Jeanne de la Motte não durou muito tempo. A insanidade que sempre esteve latente em seu caráter gradualmente a foi dominando, fazendo-a mergulhar cada vez mais fundo na devassidão, até que um dia acharam-na morta numa rua de Londres, tendo caído, ou sido jogada, da janela de uma casa de má

---

* O Santo Padre o avermelhou / O rei e a rainha o denegriram / O Parlamento o clareou / Aleluia (N.T.).

fama. Mas a esta altura o mal já tinha sido feito. Para citar um dos juízes, "lama suficiente foi lançada para enodoar tanto o báculo quanto a coroa".

O cardeal foi absolvido e, apesar de ninguém esperar que o rei e a rainha voltassem jamais a recebê-lo na corte, ou lhe permitissem manter sua posição como grão-esmoler da França, Luís, não obstante, cometeu um erro fatal ao condená-lo por *lettre de cachet* ao exílio em um mosteiro na Auvergne. Pois a *lettre de cachet* era um dos mais odiosos e odiados símbolos do despotismo. Mas Luís, que normalmente era tão calmo e apático, sentira-se tão ultrajado pela atitude do Parlamento, e estava tão convencido da culpa do cardeal, bem como tão cheio de comiseração pela rainha, que se permitiu ser influenciado pela animosidade pessoal do ministro de sua corte, o barão de Breteuil.

Ninguém teve a ousadia de ser o primeiro a dar a notícia da absolvição do cardeal à rainha, que estava nos últimos meses de sua gravidez, e dizem que ela ouviu falar a respeito, casualmente, por um jovem pajem que havia acabado de voltar de Paris. Madame Campan encontrou-a deitada na cama, aos prantos, e gritando para ela: "Venha e apiede-se de sua rainha, em quem a senhora está vendo uma vítima de conspirações e mentiras. Mas eu me apiedo ainda mais da senhora, minha pobre Campan, por pertencer a um país onde não existe justiça e onde até mesmo os juízes são corruptos." Foram palavras amargas, vindas de uma rainha de França que não amava mais o seu país.

CAPÍTULO 24

Maria Antonieta nunca se sentiu tão solitária e infeliz quanto no começo do verão de 1786. Ela, que no passado rira tão despreocupada das calúnias de Versalhes, e escrevera à mãe sobre "meus súditos encantadores, que me acusam de ter amantes — tanto homens quanto mulheres", agora via pela primeira vez o que a calúnia podia fazer quando havia membros do Parlamento de Paris prontos para acreditar que ela, uma Habsburgo e rainha da França, se imiscuiria com uma mulher do tipo de Jeanne de la Motte. E justo no momento em que ela mais precisava dele, o rei, agindo sob os conselhos de Calonne, partira para Cherbourg, na primeira viagem de sua vida para além da Île de France. Isso foi mantido em segredo da rainha até o último momento, pois os ministros temiam que ela quisesse postergar a visita até depois do parto, quando poderia acompanhar o marido na excursão. Era opinião geral que ela poderia ameaçar o sucesso da empreitada, pois o escândalo do colar de diamantes havia chegado até as províncias. Quase dez anos haviam se passado desde que o imperador aconselhara seu cunhado a viajar pelo país e ver por si mesmo as condições em que o povo vivia. A constituição apática de Luís, sua incapacidade de chegar a uma decisão, aliados a sua timidez e desconfiança naturais, levaram-no a acreditar que seus irmãos representariam melhor a coroa. Em contraste com os irmãos, cuja extravagância e ostentação os malquistara com o povo, Luís viajou com um pequeno séquito e muito pouca exibição. Os que o acompahavam pertenciam todos à *"société de la reine"*, pois Luís era um homem que não tinha nem amigos nem favoritos próprios. Agora, pela primeira vez, entre os fazendeiros da Normandia, nas casernas da Marinha e nas docas de Cherbourg, ele iria conhecer uma afabilidade e um calor que nunca conhecera em Versalhes. Seu séquito, que até então nunca o ouvira falar de nada a não ser de caça, estava pasmo com a extensão de seus conhecimentos de ciência e estratégia navais, e o prazer que ele demonstrava em conversar com os oficiais e engenheiros. A timidez que tantas vezes o fizeram parecer desajeitado e rude tinha desaparecido; as mulheres dos fazendeiros de Caen acharam o rei o mais jovial e amigável dos homens, cumprimentando-as por sua excelente comida quando sentava-se para partilhar uma de suas simples refeições. Apesar de todas as suas casacas rebordadas e comendas brilhantes, ele podia ter sido um deles próprios. O entusiasmo que despertou foi tremendo. E não há dúvida de que se Luís tivesse agido antes, de acordo com o conselho do cunhado, poderia ter sido o mais popular dos reis. Mas era um escravo de Versalhes e de um sistema de classes antiquado que o prendia com correntes que ele não tinha força suficiente para quebrar.

Aqueles poucos dias na Normandia contaram-se entre os mais felizes de sua vida, e ele escreveu à esposa: "O amor de meu povo entrou direto em meu coração. Julgue por si mesma se não sou o mais afortunado dos monarcas". Mas o seu estado de euforia desapareceu no momento em que retornou a Versalhes, onde a atmosfera ainda estava pesada com os ecos do escândalo do colar de diamantes, o qual, sendo ele um homem de pouca imaginação, já havia quase esquecido. A rainha, que estava nos últimos estágios da gravidez, mostrava-se rabugenta e chorosa. Fersen voltara à Suécia e Versalhes estava cheia de cortesãos entendidos e descontentes. Os Rohan, começando pelo velho príncipe de Soubise, haviam entregado suas cartas de demissão, as tias do rei demonstraram sua solidariedade retirando-se para Bellevue e os Polignac haviam brigado com a rainha por causa de Calonne, a quem eles insistiam em apoiar, apesar de sua crescente impopularidade. A depressão quase mórbida de Maria Antonieta pesou sobre sua saúde, e a menina nascida em julho de 1786 era delicada e malformada, morrendo um ano mais tarde de um mal tuberculoso que ainda viria a afetar seus dois irmãos. Mais uma vez, porém, como no nascimento do duque da Normandia, os inimigos da rainha insistiram em dizer que Fersen era o pai, e se a criança era malformada, a culpa era de Maria Antonieta, que insistira em usar ataduras apertadas. O príncipe de Ligne, que voltou a Paris no verão de 1786, após uma ausência de vários anos, ficou chocado com o crescente espírito de descontentamento, a mudança para pior tanto nos modos como nos costumes. "Não havia mais amabilidade, nem elegância, não havia galanteria, nem o desejo de agradar. Os homens eram negligentes na aparência e as mulheres se vestiam mal. Onde quer que se fosse, as pessoas eram tediosas e entendiadas." E o que ele encarou como sinal garantido de uma revolução iminente foi o fato das próprias classes cujo interesse era apoiar o governo não fazerem outra coisa senão criticá-lo, enquanto os membros do Parlamento gabavam-se abertamente de seus ataques impertinentes à Coroa. Ficou chocado com o modo com que a moral e o comportamento estavam sendo afetados por uma crescente anglomania; com as mulheres bonitas que negligenciavam suas toaletes, a fim de lerem as obras dos enciclopedistas e ficarem invectivando, de manhã até de noite, contra os abusos que haviam nutrido suas próprias famílias, fazendo assim, sem perceber, propaganda da República. "Estragaram minha Versalhes", escreveu o príncipe, que só conseguia sentir agouros lúgubres para o futuro. Mas não podia admitir que a rainha, que sempre amara e admirara, merecia grande parte da culpa.

Ressentida com aquilo que encarava como deslealdade de seus cortesãos, desiludida com os Polignac, Maria Antonieta estimulava a anglomania que ele condenava. Ela encontrou um novo amigo no novo embaixador britânico, o jovem duque de Dorset, frívolo, belo e imensamente rico, que criou um escândalo ao ser visto em um dos bailes da ópera nos braços de sua amante italiana, que estava usando sua ordem da jarreteira na testa. Mas a rainha o achava divertido. O mundo elegante de Londres afluía a Paris para as festas do embaixador, que gastava o que era, então, a imensa quantia de onze mil libras esterlinas por ano em recepções. Georgiana Devonshire, que era uma de suas amigas íntimas, foi convidada a Versalhes, e entre as críticas levantadas contra a rainha da França, incluía-se agora a de que ela gostava de dançar a escocesa com o jovem lorde Strathavon, um adido da embaixada — qualquer coisa que a distraísse de sua solidão, que a fizesse esquecer seu amado Fersen, o qual voltara à Suécia para servir ao seu rei na guerra contra a Rússia. Os rumores incluíam o duque de Dorset entre seus amantes, mas ele nunca passou de um amigo, um amigo do tipo que ela não poderia nunca encontrar num francês.

Georgiana Devonshire o encarava como "o mais perigoso dos homens, o qual, com aquela sua beleza, era tão pouco afetado e tinha tamanha simplicidade e força de persuasão em seu comportamento, que torna fácil explicar o número de mulheres que se apaixonavam por ele". Maria Antonieta, por outro lado, descreve-o de forma não muito lisonjeira, como *"une bonne femme"*, o que em alemão ela teria descrito como *"gemütlich"* — "doméstico". Trocou com ele incontáveis cartas, principalmente sobre trivialidades, pedindo-lhe que lhe mandasse as últimas novidades de Londres — como um taco de bilhar com cabo de marfim, pois os bilhares haviam se tornado moda em Versalhes. "Os franceses são *aimables, si vous voulez*, mas caprichosos e inconsistentes, principalmente as mulheres. Na verdade não tenho nenhum amigo, a não ser a senhora B.", escreveu o duque a Georgiana Devonshire. A senhora B. (senhora Brown) era o seu codinome para a rainha. Na época da absolvição do cardeal, ele escreveu:

> A senhora B. e eu conversamos muito a respeito deste assunto no outro dia. Aconteceu de eu ter lhe dito que o Parlamento fora justo. O cardeal tinha que ser absolvido. A senhora B. foi de outra opinião, e o achava censurável. Seu preconceito contra ele foi sempre mantido pelo barão de Breteuil, que foi quem guiou a senhora B. em todo esse caso. Agora seus olhos se abriram, e espero em Deus que ela passe a tratá-lo com o desprezo que ele merece. Você não faz idéia de como a senhora B. ficou prejudicada frente a opinião pública por apoiar um ministro tão tirânico e arrogante.

Maria Antonieta continuou a apoiar Breteuil, mesmo quando Calonne convenceu o rei a se livrar dele. Dizia-se que a duquesa de Polignac tinha interferido em sua demissão, porque ele tinha se recusado a dar sua neta imensamente rica em casamento ao filho dela. Mas, qualquer que tenha sido a razão, a rainha não podia nunca ter discutido os ministros do marido com o embaixador britânico, uma questão a respeito da qual Calonne tinha todo o direito de se queixar.

Num ano em que até mesmo um visitante vindo do estrangeiro, como o príncipe de Ligne, falava de revolução, quando uma noiva de 17 anos, como a futura marquesa de la Tour du Pin, recém-chegada à corte, notou que "o espírito de revolta era feroz em todas as classes da sociedade", o embaixador britânico escrevia complacentemente a seu governo: "É quase impossível se imaginar um momento de mais perfeita tranqüilidade do que o atual. O governo francês, livre de seus recentes motivos de ansiedade, parece inclinado a ampliar os benefícios da paz". Isto foi escrito apenas algumas semanas antes de Calonne ter revelado ao rei que o país estava endividado em mais de cem milhões de francos, que era impossível levantar novos empréstimos e que economias drásticas e fundamentais eram necessárias para salvar tanto a França quanto a monarquia de um colapso completo. Calonne agora percebia o que Turgot e Necker haviam percebido antes dele, que nenhum país poderia sobreviver se nele algumas regiões eram mais privilegiadas do que outras, e no qual as classas superiores, tanto a nobreza quanto o clero, viviam praticamente isentas de impostos, com toda a carga caindo sobre as classes trabalhadoras e os camponeses. Para pôr fim a esta injustiça, Calonne apresentou ao rei um programa detalhado em que impostos tais como a *taille* e a *corvée,* que incidiam ambos sobre os setores mais pobres da população, seriam ou aliviados ou abolidos, e um imposto sobre a terra seria gravado sobre as classes superiores e, acima de tudo, sobre o clero, que possuía um décimo das terras do país. Sabendo como essas medidas encontrariam uma oposição feroz por parte daqueles que até agora haviam sido seus partidários, e pelos *parlements,* que estavam sempre prontos a apoiar a nobreza contra a Coroa, Calonne sugeriu que o imposto sobre a terra devesse ser apresentado para aprovação a uma assembléia de notáveis, formada por cidadãos nas posições de liderança. Uma vez essas medidas aprovadas, o Parlamento não teria outra escolha senão sancioná-las, ou ser forçado a fazê-lo por um *lit de justice.*

Assembléias de notáveis já se haviam reunido no passado, convocadas por Henrique IV e Richelieu, cujas personalidades poderosas as haviam forçado à submissão. Mas Luís não era nenhum Henrique IV, e Calonne nenhum Richelieu. Tendo acabado de voltar de sua excursão à Normandia, a proposta do ministro caiu como uma bomba sobre a cabeça do rei. "Isto é puro Necker", gritou ele, tão furioso que quebrou uma cadeira na hora da raiva.

No entanto não fez qualquer tentativa de cancelar a viagem de outono a Fontainebleau, a mais dispendiosa de todas as viagens reais, para a qual nada menos de dois mil cavalos foram requisitados, sem contar aqueles requisitados para o transporte da bagagem pesada. Esta seria a última visita a Fontainebleau, visitas que no passado sempre haviam feito o conde Mercy temer por sua jovem rainha, em quem as chuvas de outono se combinavam com o tédio para estimular o jogo e a dissipação. Maria Antonieta já não jogava com apostas altas e agora levava uma vida bem mais calma, devotando-se a seus filhos, particularmente a sua filhinha, que começava finalmente a responder a seu afeto. Ela havia se tornado muito religiosa no ano anterior, confessando-se regularmente e passando muitas horas em oração. Mas a vida da corte continuava vazia e fútil como sempre. As comédias insípidas encenadas com custos enormes, os intermináveis jogos de cartas e de bilhar, os jogos infantis de loto e *tric-trac* não tinham nada que atraísse os cortesãos mais jovens. Fizesse sol ou chuva, o rei saía para caçar todos os dias, voltando à noite num tal estado de exaustão, que quatro lacaios tinham de carregá-lo escada acima até a cama. E durante todas essas semanas ele parece ter mantido os projetos de Calonne em segredo da rainha.

A temporada de inverno abriu-se em Versalhes com a ronda habitual de bailes e divertimentos, as cortes de domingo, o *grand couvert* semanal, dos quais os relatos de madame de la Tour du Pin fornecem um retrato extremamente vívido. Ela mostra Maria Antonieta, com seus erros e fraquezas, redimida por um encanto abrangente, "sempre recebendo o rei com um ar delicioso de prazer e deferência, parando, a caminho da missa, para falar com as damas estrangeiras que haviam estado com ela em particular, destacando com uma inclinação da cabeça ou um sorriso gracioso algum artista ou escritor que ela tivesse notado no meio da mutlidão." No entanto, a rainha não conseguiu nunca superar sua antipatia pelo *grand couvert.* "Enquanto o rei comia com apetite, a rainha sequer retirava suas luvas, nem abria seu guardanapo, o que era um grande erro", escreveu a jovem dama de companhia. Os observadores vindos de Paris para assistir ao *grand couvert* voltavam desapontados e zangados com a altivez e a indiferença da rainha. Mas a gulodice do rei deve ter sido irritante para uma pessoa como Maria Antonieta, que tinha um fastio inato. Ela devia odiar vê-lo engolir comida e bebida em público, e talvez já soubesse que seus inimigos espalhavam a história de que "o rei deu para beber instigado pela esposa". Aquela mulher jovem e alegre, que dava a impressão de estar sempre encantada com a vida, havia se transformado numa matrona triste e de ar maduro. Sua adolescência tão prolongada havia finalmente chegado ao fim, deixando-a solitária num mundo hostil, defrontada com problemas que ela não havia nem começado a compreender. Externamente a vida em Versalhes continuava a mesma, mas a atmosfera de desintegração era evidente para qualquer observador com inteligência. "Era moda queixar-se de tudo", escrevia madame de la Tour du Pin. "As pessoas se chateavam se tinham de dar serviço na corte. Os oficiais da *garde de corps* que estavam alojados na castelo quando de serviço se lamentavam por ter de usar uniforme o dia todo; as damas da corte não agüentavam terem de perder a ceia em Paris nos oito dias de serviço em Versalhes. O auge do *bon ton* era queixar-se de seus deveres na corte, mesmo continuando a lucrar com eles. Todos os laços estavam se afrouxando, e eram as classes superiores que abriam o caminho.

Enquanto Versalhes se tornava fossilizada com cerimônias antiquadas e tradições obsoletas, Paris fervilhava de agitação. Nos salões, clubes e cafés, as pessoas só falavam de política. Os jovens que haviam voltado da América só falavam da Carta de Direitos e da necessidade de uma constituição. Nobres como os Noailles e os la Rochefoucauld confraternizavam com a burguesia nas lojas maçônicas que estavam na moda. Até mesmo as mulheres participavam, mulheres tão cabeça-ocas quanto Maria Teresa de Lamballe, que presidia a *Loge de la Candeur* e descreveu algumas das estranhas cerimônias à rainha, que ficava sempre fascinada com qualquer novidade. Foi numa loja maçônica que o jovem visconde de Noailles conheceu Chordelos de Laclos e o apresentou a seu amigo, o duque de Orléans, que não demorou muito a fazê-lo seu *secretaire de commandement,* de forma que, com a bênção das lojas maçônicas, o autor de *As ligações perigosas* tornou-se a eminência parda do Palais Royal.

A sedição estava no ar. Nem mesmo os 144 notáveis escolhidos por sua integridade e lealdade à Coroa eram confiáveis, pois a maioria, e em particular os membros mais ricos do clero, pensavam em si próprios e não no país. Em janeiro de 1787, a morte de Vergennes foi um golpe arrasador tanto para o governo quanto para o rei. Ele não era apenas o mais capaz dos ministros de Luís, era também o único de quem o rei gostava e em quem confiava. Agora ele estava perdido e sem bússola, pedindo o conselho de todos e não chegando nunca a uma decisão definida. Os rumores chegaram a acusar Maria Antonieta de tê-lo feito envenenar, para vingar-se de sua política antiaustríaca. Era uma história em que quase ninguém acreditava, mas ajudou a engrossar a onda de calúnias contra a rainha.

Seguindo um conselho de Mercy, Maria Antonieta absteve-se de se envolver na convocação dos notáveis, que só lhe foi comunicada no dia em que a anunciaram ao público. Mais cética do que o rei, ela tinha muito pouca fé no patriotismo dos seus nobres. Adiada devido à morte de Vergennes, a assembléia se reuniu no final de fevereiro, numa atmosfera carregada de desconfiança contra um ministro que, apesar de toda a sua plausibilidade e brilho, não tinha como reconciliar os notáveis com o déficit de 112 milhões de francos, devido ao qual eles estavam sendo instados a sacrificar alguns de seus privilégios seculares. Calonne já não era mais o cortesão educado e gentil, mas um homem de olhos fundos pela falta de sono, perseguido pelo espectro da bancarrota, voltando-se como um animal acuado para atacar seus antecessores e tentar responsabilizá-los. Culpava em particular a Necker, que fizera pesar sobre o tesouro os empréstimos estrangeiros que precisavam ser pagos. Mas, para a maioria dos notáveis, Necker ainda era o mago das finanças que, durante sua permanência no cargo, nunca lhes pediu que fizessem o menor sacrifício, e eles se melindraram com essas acusações, vindas de um homem que, nos meses anteriores, havia instigado o rei a reembolsar os Polignac pelas despesas que eles alegavam ter tido para receber a rainha em Fontainebleau. Com exceção de uns poucos jovens aristocratas de mentalidade liberal, os notáveis se recusaram a aceitar as reformas propostas por Calonne, o qual, enfurecido com sua atitude, publicou o seu famoso *avertissement* (advertência) que, para os cortesãos egoístas de Versalhes, soou como nada menos que uma incitação à revolução.

Nele, Calonne declarava: "Alguém vai ter que pagar mais, mas quem? Aqueles que não pagaram o bastante, agora vão ter que pagar o que deviam, em justa proporção aos seus meios. Ninguém sofrerá, mas privilégios terão que ser sacrificados. A justiça o requer, a necessidade o exige. Seria mais justo aumentar os impostos daqueles que já estão sobrecarregados, isto é, do público em geral? Haverá protestos, mas isso é de se esperar. Não se pode trabalhar pelo bem geral sem ir contra os interesses particulares. É possível efetuar reformas sem dar margem a queixas?" Este panfleto inflamado provocou a queda de Calonne. Ele alarmou o rei, irritou a rainha e enfureceu tanto os notáveis quanto os *parlements*. Somente os Polignac, dominados por Vaudreuil, a quem Calonne continuava a financiar privadamente, continuavam a apoiá-lo.

Uma tentativa de última hora para conseguir o apoio de Maria Antonieta terminou em fracasso. Agindo a conselho dela, o rei demitiu o ministro que até então o havia fascinado com sua plausibilidade. A rainha jamais gostara de Calonne e agora culpava os Polignac por terem-na feito apoiá-lo no começo. Quando queixou-se deles ao irmão, José respondeu com seu ceticismo habitual.

> O que você escreve de madame de Polignac e seus amigos é perfeitamente verdadeiro. Mas não sou gentil bastante para achar que eles se enganaram na questão de Calonne. Ao contrário, julgaram-no perfeitamente bem, conseguindo todos os tipos de concessões e vantagens, ao preço de seu apoio, sabendo ser ele um homem pronto a sacrificar tudo às suas próprias conveniências. Você se lembra, minha querida irmã, da última vez em que tive o prazer de vê-la, quando estávamos sentados juntos sobre uma pedra na avenida do Trianon, e eu levantei a questão dessa "*soi-disante société*." E não posso deixar de repetir-lhe que se você quer ter certeza que essa boa gente é de fato ligada a você ou se só pensam em si mesmos, tudo o que tem a fazer é, ocasionalmente, dizer *não* a um de seus pedidos — então você poderá ver o quanto vale a ligação deles, e distinguir aqueles que realmente se importam com sua honra e sua reputação daqueles que pensam apenas em suas próprias vantagens, ajustando suas velas a qualquer vento favorável.

Apesar de tê-lo rejeitado ao final, o público em geral ligava o nome da rainha com o de Calonne, e nas ruas de Paris cantarolava-se a mais recente modinha:

Ce n'est pas Calonne que j'aime
Mais l'or qu'il n'epargne pas
Quand je suis dans quelque embarras
Alors je m'addresse a lui même
*Et puis nous rions tout bas, tout bas, tout bas.**

Quando a efígie de Calonne foi queimada em frente ao Palais Royal, havia ataques venenosos contra Madame Déficit espetados na roupa do boneco. Exilado pelo rei em suas propriedades na Lorena, o ministro eventualmente retirou-se para a Inglaterra, somando-se ao número de inimigos da rainha que já havia lá. Mais leal a Calonne do que a sua soberana, madame Polignac amea-

---

* Não é Calonne que amo / E sim o ouro que ele não solta / Quando estou com algum problema / É a ele mesmo que recorro / E depois rimos baixinho, baixinho, baixinho (N.T.).

çou renunciar a sua posição de governanta dos filhos reais e, alegando saúde fraca, viajou à Inglaterra para fazer uma estação de águas em Bath. Ela parece ter estado com saúde boa o suficiente para comparecer aos jantares da embaixada francesa em Londres, onde sua beleza melancólica e suas queixas tristes granjearam-lhe a admiração e simpatia de todos os ingleses cavalheirescos, mais do que dispostos a tomar o partido de uma favorita destronada. "Pobrezinha! Você não sente pena dela?", escreveu o duque de Dorset a Georgiana Devonshire, "A senhora B. continua a tratá-la com gentileza, mas ela sente no coração que perdeu a confiança da senhora B., e não há atenções que possam consolá-la."

O imperador José encarou a questão de forma menos sentimental, quando escreveu a seu irmão, o grão-duque Leopoldo da Toscana. "Madame de Polignac está para renunciar ao posto de governanta real, supostamente por motivos de saúde. Ela soube fazer direitinho o seu pé de meia, e espera-se que a próxima seja menos gananciosa." Mas Maria Antonieta não teria mais favoritas. A partir de agora, seu único amigo era Axel Fersen, um estrangeiro que não queria nada para si e estava pronto a colocar sua vida e sua fortuna a serviço da rainha.

CAPÍTULO 25

Foi só depois da morte de Vergennes que Maria Antonieta começou a ter uma participação ativa na política. Tanto ele, quanto Maurepas antes dele, haviam instigado o rei Luís em sua desconfiança e prevenção contra sua rainha austríaca. Apesar de todos os seus esforços em favor do irmão, ela própria sentira que tinha muito pouca influência sobre o marido, o qual sempre tentou fazer segredo para ela dos assuntos de estado. Na correspondência entre o conde Mercy, o imperador e o príncipe Kaunitz, há queixas sem fim por ela não se esforçar em promover os interesses austríacos Os ministros de seu marido nunca acharam a rainha nada mais do que uma obrigação cansativa, cujas constantes arengas para promover um ou outro dos seus favoritos — um comando militar para um, uma embaixada para outro — levaram a várias ameaças de pedido de demissão. Mas até mesmo a queda de Turgot, pela qual se costumava responsabilizar Maria Antonieta, nunca teria acontecido se Maurepas não desejasse se livrar de um colega incômodo. Até mesmo a absolvição do duque de Guines não foi tanto obra da rainha quanto dos amigos do duque de Choiseul.

A morte de Vergennes deixou o rei tão perdido e desnorteado com os acontecimentos, que ele, involuntariamente, voltou-se para a esposa como a única pessoa a quem realmente amava, um amor que amadurecera lentamente no decorrer dos anos, inspirando confiança e confidência. Maria Antonieta não tinha nem gosto nem talento para a política. De acordo com madame Campan, ela encarava a política como uma carga inevitável que precisava carregar por causa da fraqueza e indecisão do rei. Um dia a rainha chegou ao ponto de dizer a sua dama de companhia, com uma certa tristeza: "Meus dias felizes se acabaram desde que me transformaram numa *intrigante*". Quando madame Campan opôs-se à palavra *intrigante*, ela insistiu: "Uma mulher que se mete em assuntos a respeito dos quais não tem nem conhecimento nem experiência, não passa de uma *intrigante*". Mas, tendo aceito o desafio, atirou-se ao papel com toda a sua impulsividade, todo o seu ardor habital.

Loménie de Brienne, arcebispo de Toulouse, que sucedeu a Calonne como diretor de finanças, fora o amigo de Choiseul que havia recomendado o abade Vermond como instrutor da jovem Delfina. Os que odiavam Vermond, e o encaravam como uma influência sinistra sobre a rainha, davam a ambos como responsáveis pela indicação e pelo fracasso final do arcebispo. Maria Antonieta não era a única pessoa a admirar Loménie de Brienne. No começo do reinado, Turgot quis tê-lo no governo. Na sua primeira visita a Paris, o imperador José o conheceu e ficou tão impressionado com seus talentos que o elogiou ao rei. Luís, no entanto, tinha uma tal antipatia pelos que chamava de *"les prêtres philosophes"* que, quando o nome de Loménie foi sugerido para arcebispo de Paris, ele o rejeitou com o argumento de que um arcebispo de Paris "tem ao menos de acreditar em Deus". Mas, ainda que o arcebispo de Toulouse pudesse ter tido pouca fé em Deus, possuía uma fé implícita em si mesmo e, apoiado pela rainha, foi persuasivo o suficiente para superar as objeções do rei e conseguir ser nomeado para o posto que ele ambicionava há anos. A situação para o novo diretor de finanças, entretanto, era tão desesperada que ele não teve outra escolha, a não ser tentar fazer valer as reformas já propostas por Calonne, no que defrontou-se com a mesma oposição de uma assembléia recalcitrante e de um parlamento amotinado.

As únicas reformas que encontraram apoio universal foram os cortes das despesas da corte real — os belos salários dos favoritos da corte desapareceram da noite para o dia. Regimentos cujas funções eram puramente decorativas foram abolidos. O duque de Polignac perdeu o emprego e, com ele, uma renda de 50 mil francos ao ano, Monsieur de Vaudreuil já não era mais o falconeiro real, e matilhas obsoletas de cães de caça, como as destinadas às caças dos lobos e javalis, foram sacrificadas no esforço geral de economia. Tanto Choisy como La Muette, duas das *maisons de plaisir* preferidas da família real, foram postas em leilão.

A rainha foi a primeira a dar o exemplo. Não havia mais bailes em Versalhes, não se jogava mais na corte. As despesas de sua mesa foram reduzidas e as contas de mademoiselle Bertin cortadas pela metade. "Como eu podia saber que o país estava em semelhante estado?", disse Maria Antonieta. "Sempre que eu pedia dinheiro, recebia o dobro do que havia solicitado." Mas seu exemplo não foi absolutamente seguido por seus cortesãos. O duque de Coigny, estribeiro-mor, que era até então encarado como o mais leal dos cortesãos, ficou tão furioso quando os estábulos maiores e menores foram reunidos num só e ele já não dispunha de um regimento de cavalos à sua disposição, que ousou dar vazão a sua raiva na frente do rei. Quando Maria Antonieta queixou-se de seu comportamento ao barão de Besenval, ele teve a impertinência de responder que era terrível viver num país onde se podia ser despojado de tudo da noite para o dia. "Era o tipo de coisa que só costumava acontecer em lugares como a Turquia."

Cortesãos que mal ousavam sussurrar nos dias do Rei Sol agora eram abertamente impertinentes; os *parlements* que Luís XV havia esmagado atacavam a pessoa sagrada do rei recusando-se a ratificar seus decretos; a sociedade já não encarava o rei e a rainha como o centro de seu mundo, e 20 milhões de pessoas brigavam para serem ouvidas pela primeira vez. Mas nem Luís, nem Loménie de Brienne, conseguiam ver que todo o sistema feudal começava a rachar. Só um homem, o filósofo-estadista Malesherbes, que o arcebispo fizera retornar ao governo, teve a coragem de dar ao rei Luís um conselho que, se ele o tivesse seguido, poderia ter-lhe salvado o trono. "Sire", disse ele, "um rei que se submete a uma constituição sente-se degradado. Mas um rei que propõe uma constituição, soma isso à glória do seu reinado e ganha a gratidão eterna de seu povo. Crie a constituição de seu país. Assuma seu lugar no mundo e não tenha medo de fundá-lo sobre os direitos do povo. A fim de controlar grandes eventos, a pessoa deve criá-los ela mesma."

Luís foi incapaz de seguir este conselho. Apesar de toda a sua fraqueza e timidez, estava tão convencido de seu direito divino a governar que era incapaz de ver a si mesmo em qualquer outro papel senão o de um déspota benevolente — o pai de seu povo, mas um povo que não tinha nenhum direito a desafiar sua autoridade. Sua outra convicção, que era totalmente incompatível com o papel de um déspota às vésperas de uma revolução, era a de jamais derramar o sangue de um único francês, a não ser em tempe de guerra. Era um voto que ele fizera em sua coroação em Rheims e que estava determinado a cumprir. Essas duas convicções conflitantes o condenaram desde o princípio. Ele, que poderia ter sido um rei admirável em tempo de paz, era incapaz de lidar com eventos além da sua compreensão. Sua obesidade, que nos últimos anos havia aumentado num ritmo alarmante, tendia a torná-lo letárgico. Como todos os Bourbon, sempre teve um enorme apetite e, a essa altura, tinha se tornado quase um comedor compulsivo, o que lhe afetava a saúde, tornando-o anormalmente sonolento, tanto que era capaz de cair no sono no meio de uma reunião do gabinete.

A inadequabilidade do marido arrastou Maria Antonieta cada vez mais para o vórtice da política. Mas sua impopularidade era tal que ela acabou causando mais mal do que bem. Seus ministros ficavam chocados quando o rei, incapaz de chegar a uma decisão própria, deixava a sala para se consultar com a rainha. Ficaram ainda mais chocados quando ela apareceu numa reunião do grande conselho, pois nos últimos cem anos as rainhas da França haviam se mantido modestamente em segundo plano. A notícia correu como um relâmpago pelo público em geral, o qual, não contente de rotular Maria Antonieta de Messalina, agora a comparava a Fredegunda e a Isabel da Baviera, as mais viciosas e mais odiadas rainhas da França.

Quando o célebre retrato que madame Vigée-Lebrun fez da rainha e dos seus filhos ia ser exibido na abertura do Salon du Louvre, os diretores decidiram adiar a mostra, por medo de demonstrações desagradáveis devido à impopularidade da rainha e de sua artista favorita, que sabia-se ter sido amante de Calonne. A moldura já estava pendurada, sem o quadro, quando um parisiense fez o famoso comentário: "Eis o retrato de Madame Déficit."

Mas em 1787 o gosto francês ainda não estava inteiramente subjugado pela política, e quando finalmente se exibiu o quadro, ele foi aclamado em geral como a melhor obra da artista. É interessante observar que Vigée-Lebrun, que até então nunca havia recebido a encomenda de um grupo de família tão importante, consultou seu amigo David, que a aconselhou a estudar as composições de Rafael. Um homem que iria mais tarde se tornar o mais virulento dos jacobinos e que fez um desenho amargo e cruel de Maria Antonieta a caminho do cadafalso, em 1787 estava aconselhando sua jovem colega a basear seu retrato real nos desenhos de Rafael para a Sagrada Família.

Axel Fersen, que retornara à França no final de 1787 e que dividia seu tempo entre Paris e seu regimento aquartelado em Valenciennes, escreveu ao pai: "A rainha é, em geral, detestada. O rei, tão fraco e desconfiado quanto antes. Só confia na rainha e ela parece estar dirigindo tudo. Os ministros vêm vê-la e fazem questão de mantê-la informada. Uma vez que todo mundo em Paris está obcecado com a anglomania, Versalhes está mais deserta do que nunca."

Axel Fersen não era um observador dos mais perspicazes. Seus pontos de vista e sua mentalidade eram tão superficiais quanto as do jovem cortesão médio. Entendiado com suas obrigações militares, ele aproveitava todas as oportunidades para ir a Paris, onde alugou uma pequena casa na elegante rua Matignon, mantendo dez empregados e um estábulo com nove cavalos, não se deslocando nunca sem ser acompanhado por um cozinheiro, dois valetes e um cavalariço — um modo de vida extravagante, amargamente condenado por seu pai. A maior parte do seu tempo era passada com a rainha em Versalhes. Maria Antonieta era uma mulher tremendamente infeliz, tanto como rainha quanto como mãe. No verão de 1787, ela perdeu uma filhinha. O Delfim já mostrava sinais de ter tuberculose na espinha, e seu corpo estava se tornando recurvado e deformado. A tristeza agora marcava o rosto encantador da rainha, que uma dia fora tão cheio de riso, e havia uma irritabilidade nervosa que Fersen ainda não tinha conhecido. Mas, para aquele romântico homem do norte, a mulher triste era muito mais comovente do que a anfitriã fervilhante de Versalhes.

Em suas memórias, o conde de St Priest escreveu que Fersen ia cavalgar duas ou três vezes por semana perto do Trianon, onde a rainha vinha encontrá-lo sozinha, e que isso causou grande escândalo, apesar do comportamento modesto e circunspecto de Fersen. Mas a narrativa de St Priest fica aberta a dúvidas, pois sua esposa, que era apaixonada pelo belo sueco e que em uma ou outra ocasião foi sua amante, ressentia-se de sua devoção à rainha e estava sempre pronta a provocar discórdias. Ela pode até ter sido a autora das cartas que foram entregues ao rei certo dia, quando ele estava caçando na floresta de Rambouillet, e que continham evidências circunstanciais das relações íntimas da rainha com o conde Fersen. Foi nessa ocasião que um palafreneiro se deparou com o rei sentado sob uma árvore, soluçando. Ele estava tão abalado que teve de ser carregado até sua carruagem e levado de volta ao palácio.

Que Fersen não apenas ia a Versalhes, como também permanecia lá, é evidente pelas cartas endereçadas por ele à irmã. Por trás dos apartamentos de luxo, havia um amontoado de quartinhos e escadas secretas. Besenval foi o primeiro a notar a existência desses quartos secretos, quando foi certa vez convocado para uma audiência particular pela rainha, e foi indiscreto o bastante para sugerir que Maria Antonieta pode ter tido uma vida íntima insuspeitada por sua corte. Nos anos recentes, os arquivistas de Versalhes compararam certas notas na correspondência de Fersen com detalhes das obras levadas a efeito naqueles anos em Versalhes, detalhes que incluíam a instalação de uma estufa vinda da Suécia em um quarto interno.

Mas, apesar de todas as evidências, fica-se inclinado a duvidar que Fersen e Maria Antonieta tenham sido amantes nesses anos cruciais de 1787-9, quando a situação se deteriorava tão rapidamente que toda energia e força de vontade da rainha eram necessários para apoiar um rei vacilante e um arcebispo inerte, o amigo de Choiseul, a quem ela insistia em permanecer tola e comovedoramente leal. Sob a pressão de um tesouro esvaziado, Loménie de Brienne não teve mais nada a oferecer, a não ser os remédios diluídos já propostos por seu antecessor.

Os notáveis que se recusavam a colaborar eram demitidos, com a esperança de que o *parlement* de Paris se mostrasse mais receptivo. Mas os magistrados, que nunca perdoaram o rei por ter passado por cima de seu julgamento, no caso da absolvição do cardeal, e exilado Rohan por uma *lettre de cachet,* estavam agora dispostos a humilhar o trono. Uma poucas reformas menores, tais como a abolição da *corvée* e a eliminação das barreiras alfandegárias internas, passavam sem dificuldade. Mas cada membro, cada advogado, magistrado ou nobre, estava determinado a não deixar passar a taxa de estampilha, e o imposto sobre a terra. Os mais veementes declaravam que ninguém tinha o direito de introduzir tais impostos sem o consentimento dos *États Généraux,* um corpo consultivo formado pelo clero, nobres e cidadãos, membros ou representantes das propriedades da nação que não as das municipalidades das províncias, o qual não se reunia desde o começo do século anterior. Nem o rei, nem a rainha, compreendiam o significado dos *États Généraux*. E tudo o que Maria Antonieta conseguiu entender foi que o rei estava sendo desafiado em suas prerrogativas reais, e foi em grande parte por incentivo dela que o rei exilou o *parlement* em Troyes.

Foi um erro político, pois nem o rei nem o arcebispo tinham força para se opor às manifestações e distúrbios que prorromperam por toda a Paris e pelas províncias. E, em um mês, o *parlement* estava de volta, com seus membros ainda mais arrogantes e rebeldes do que antes. Os jovens nobres que no passado formavam as quadrilhas da rainha em Versalhes, agora exigiam uma constituição; advogados desconhecidos das províncias proclamavam que a nação tinha o direito de controlar os gastos do governo. Para forçar os deputados a se submeterem, o arcebispo mostrou os números impressionantes do déficit e anunciou o levantamento de um empréstimo de emergência, o que levou a cenas enfurecidas no *parlement,* à prisão de dois dos deputados mais rebeldes, e à aparição inesperada de Felipe, duque de Orléans, no papel de defensor do povo. Ensaiado por Choderlos de Laclos e impelido por seu ódio à rainha, o príncipe ergueu-se para desafiar o rei. Era um espetáculo muito pouco edificante, os dois primos Bourbon, um corando e gaguejando de constrangimento, tentando vencer sua timidez natural para fazer valer o ponto de vista de que tal empréstimo era ilegal, e o outro quase apoplético de raiva, gritando: "É legal porque eu assim digo." Nem o exílio do duque de Orléans em uma de suas propriedades rurais, por ordem da rainha, nem a prisão de mais dois deputados, pôde controlar o *parlement* rebelde. O duque, que até então era encarado como um libertino frívolo, tornou-se um herói da gentalha de Paris, os dois deputados presos foram aclamados como mártires da causa da liberdade, enquanto que a rainha, mais odiada do que nunca, recebia a culpa pela repentina exibição de força por parte do governo. Um dos deputados chegou ao ponto de dizer ao rei: "Sire, entendemos que tais medidas não vêm de seu coração. Tais princípios são estrangeiros a sua natureza e emanam de outra fonte."

Era um ataque deliberado à rainha, que levara o arcebispo ao governo e, numa época em que ele já havia demonstrado sua incompetência, convencera o rei a indicá-lo para primeiro-ministro. um posto a que nem Maurepas havia aspirado. Tanto o marechal de Castries, quanto o marechal de Ségur, dois dos membros mais antigos e creditados do governo, se demitiram em protesto.

Se a rainha permaneceu fiel a Loménie de Brienne, foi porque ele lhe deu o primeiro gosto autêntico do poder. Como todas as filhas de Maria Theresa, ela tinha um desejo latente de dominar, e o fato de seu marido ter uma aversão tão profunda àquele prelado complacente e hipócrita tornava ainda mais necessário para ela poupar-lhe a sua presença. Enquanto Luís buscava refúgio na caça e em outros exercícios violentos, a rainha passava horas fechada com o arcebispo, tentando em vão compreender o significado de um déficit crescente e também da fúria crescente do povo.

A um de seus poucos amigos, o conde húngaro Esterházy, ela confidenciou: "Como estou infeliz por ter escolhido um primeiro-ministro que apesar de seus talentos é tão amplamente rejeitado, e como é cruel que eu própria seja tão odiada, quando tudo o que sempre quis foi o bem do meu país. Eu certamente não mereço tamanha infelicidade."

Mas nem mesmo Esterházy ousou dizer-lhe que a maior parte de sua infelicidade poderia ter sido evitada se ela tivesse se contentado com seu papel de rainha, em vez de tentar fazer o papel do rei. Sentindo-se superior ao marido, ela achava que podia dominá-lo e, cega por seu orgulho, acreditava que podia controlar a máquina do estado, o que estava muito acima de suas forças.

Na primavera de 1788, a situação se tornara tão alarmante que o governo não teve outra escolha senão recorrer à força. E em 8 de maio, num solene *lit de justice* ocorrido em Versalhes com toda a pompa e panóplia oficial, o rei invocou seu direito de impor seus decretos sem o consentimento dos *parlements*. Tropas foram enviadas para evacuar o Palais de Justice, e tanto o *parlament* de Paris, como os doze *parlements* das províncias, foram suspensos e privados de seus poderes. Surgia assim uma situação extraordinária, em que o governo que tentava impor um sistema de impostos mais justo e um imposto sobre a terra que beneficiaria as classes mais pobres, viu-se enfrentado tanto pela nobreza quanto pelos *parlements,* que se esperava fossem os "pais do povo". Pela primeira vez na história, a *noblesse d'epée* e a *noblesse de robe* agiam juntas. Até mesmo o clero juntou-se a eles — não os curas empobrecidos do campo, mas os bispos ricos — reagindo não por patriotismo, mas por egoísmo, para impedir que fossem passadas leis que poderiam privá-los de um décimo das terras que ainda tinham em mãos.

Nesse primeiro ano de revolução, o próprio povo teve um papel pequeno a desempenhar. As revoltas que eclodiram em todo o país, na Dauphiné, Provence e Bretanha, foram lideradas pela nobreza local, aliada aos *parlements* locais. Em Paris houve tumultos nas ruas e o arcebispo foi queimado em efígie diante do Palais de Justice. Um relatório mantido secreto pelo ministro da polícia dizia que as tropas haviam agido bem em tempo para evitar que fosse queimada uma efígie da rainha. Após ter sido publicamente vaiada em um teatro, Maria Antonieta foi aconselhada a permanecer fora da capital.

Foi um conselho errado, pois, acompanhada pelos filhos, ela ainda tinha apoio suficiente para ser aclamada pelos volúveis parisienses. Mas a calúnia destruíra sua fé no povo, que ela queria que a amasse, e levou-a a fechar-se em Versalhes, onde os diários dos cortesãos fornecem uma leitura curiosa em contraste com as excitantes narrativas do dia a dia em Paris. O diário do marquês de Bombelles descreve o poder que ainda era mantido pela duquesa de Polignac, que a rainha visitava às tardes, já não tanto por prazer, mas por hábito, para jogar *tric-trac* ou ouvir um pouco de música, ou ocasionalmente, cantar um dueto com alguém e que, mesmo quando desafinado, era executado com grande charme e *aplomb*. Ela ainda era uma mulher jovem, essencialmente frívola e vienense, que até o ano anterior nunca vira uma idéia séria lhe passar pela cabeça, que vivia sempre aterrorizada com a hipótese de se entendiar, e que agora tentava escapar à sua infelicidade. Mas os franceses, que nunca a compreenderam, compreenderam-na ainda menos quando a viram enlevada pela música, erguendo-se de um salto para dançar com um de seus convidados. "Eu gostaria que tivesse havido bem menos testemunhas e madame de Polignac era da mesma opinião", escreveu o marquês de Bombelles, escolado na etiqueta rígida de Versalhes.

Não era de *bon ton* falar de política nas festas de madame de Polignac, mas em Paris não se falava de outra coisa. Axel Fersen, que retornara nos primeiros meses de 1788, escreveu ao pai: "Todo mundo aqui se encontra num estado de grande excitação. Não se fala senão numa constituição, e as mulheres são as piores de todos O senhor sabe a influência que elas têm neste país. De repente todo mundo se transformou em administrador e só fala de 'progresso'. Nas ante-salas, os valetes passam o tempo lendo os dez ou doze panfletos que surgem a cada dia. E é surpreendente que haja prelos suficientes para produzi-los todos." A maior parte desses prelos podia ser achada nos recintos do Palais Royal, o centro da propaganda antigovernamental, onde osagentes do duque de Orléans usavam seus vastos recursos para fomentar a sedição. Privados de seu *parlement,* deputados desempregados davam livre voz às suas queixas nos cafés lotados. As reuniões políticas tinham gente até do lado de fora, nos jardins. E o governo não fez a menor tentativa nem de apreender os prelos, nem de dissolver as reuniões.

A essa altura, Loménie de Brienne estava visivelmente desabando sob a pressão. Os cofres estavam vazios. Até as reservas destinadas aos hospitais e à caridade pública haviam sido expropriados. O arcebispo não teve outra escolha senão anunciar a convocação dos *États Généraux* na primavera seguinte, em 1789, mas o país recusou-se a aceitá-la. Ainda tentando agarrar-se ao poder, Brienne ofereceu-se para trazer Necker de novo ao governo como controlador-geral, mas o banqueiro suíço negou-se a associarse com uma pessoa tão desacreditada quanto o arcebispo.

Em meados de agosto, uma rainha em lágrimas teve de convocar seu ministro favorito e pedir-lhe que se demitisse, o que só foi obtido ao preço de um chapéu cardinalício. Necker esperava nos bastidores, um homem com quem o rei antipatizava ainda mais do que com o arcebispo, mas aos olhos do público em geral era o mago financeiro que traria a prosperidade de volta à França. Seguindo um conselho do embaixador austríaco, Maria Antonieta convenceu Luís a aceitar como seu primeiro-ministro alguém que lhe era fisicamente tão repelente que ele involuntariamente tremia sempre que dele se aproximava. A rainha, ao contrário, sempre esteve em bons termos com Necker e até mesmo tolerava sua esposa empertigada e pedante. Agora ela confessava a Mercy que sentia medo: "Perdoe-me essa fraqueza, mas como sou responsável pela volta de Necker, e meu destino é trazer má sorte, sinto que, se combinações infernais agiram mais uma vez, fazendo-o fracassar, então a autoridade do rei sofrerá e eu serei ainda mais detestada do que antes".

CAPÍTULO
26

A VOLTA DE NECKER ao poder foi saudada com entusiasmo tanto em Paris quanto em Versalhes. Quando ele foi visto saindo dos apartamentos da rainha, todos que estavam de serviço em Versalhes correram ao Oeil de Boeuf para serem os primeiros a cumprimentar o ídolo do momento. Com um ar muito presunçoso e satisfeito consigo mesmo, convencido de que ainda podia ser o salvador da pátria, Necker aceitou as aclamações como devidas. No influente salão de madame Necker, os filósofos cantavam-lhe louvores, e da embaixada sueca, sua filha, Germaine de Staël escrevia ao rei Gustavo dizendo-lhe que Paris explodira de alegria com o retorno de seu pai. O rei Luís no entanto não estava nem um pouco alegre, e suas primeiras palavras ao receber o seu novo primeiro-ministro foram: "Ah, *monsieur,* há tantos anos eu não sei o que é um momento de felicidade". Ao que Necker respondeu: "Sire, daqui a pouco o senhor não terá mais que falar assim".

Pelo momento, seu otimismo parecia justificado. Seu prestígio era tamanho que, assim que assumiu o posto, as ações do governo subiram em 30%. Os banqueiros, que não tiveram nenhuma confiança em seu antecessor, estavam prontos a subscrever seus empréstimos de emergência. Mas a situação política ainda estava num estado de fermentação e a seca terrível que assolou o campo no verão de 1788, seguida por uma tempestade de granizo de tais dimensões que destruiu a maior parte das colheitas, fez com que o preço do pão chegasse ao dobro dos anos anteriores, trazendo novos sofrimentos para os pobres.

Paris estava cheia de mendigos de ar maligno, mendigos inoportunos, dispostos a participar de qualquer tumulto pelo preço de uns poucos vinténs. As cenas de alegria que haviam anunciado a volta de Necker ao poder, acompanhadas pela queima em efígie de ministros impopulares, causaram desordens de natureza suficientemente séria para requerer a intervenção dos *gardes français*. Os tumultos foram abafados pela força. Mas havia um novo espírito à solta — o povo que tinha sido até então subjugado e submisso, agora demonstrava pela primeira vez seu ódio por *"les privilégiés"*. As carruagens dos nobres eram apedrejadas, mulheres bem vestidas eram insultadas nas ruas, um pajem do conde d'Artois foi atacado e roubado à luz do dia. Nessa atmosfera pesada, Necker, fiel aos seus princípios democráticos, aconselhou o rei a reinstaurar os *parlements,* na esperança de que eles conseguissem resolver a questão espinhosa de como os *États Généraux* seriam compostos e como iriam votar.

A rainha fez tudo o que pôde para evitar a volta dos *parlements.* Mas o rei, ainda aferrado às velhas tradições, lembrou-se de Maurepas lhe ter dito que era impossível governar a França sem os *parlements,* e os "pais do povo" fizeram uma volta triunfal à cidade iluminada. Mas sua popularidade não durou muito tempo. Uma das primeiras condições que eles estabeleceram foi de que os *États Généraux* não deveriam ser de forma nenhuma diferentes de quando se reuniram pela última vez, em 1614, com o clero, a nobreza e o terceiro estado, os cidadãos, tendo todos o mesmo número de delegados. Isso significava que, se cada grupo votasse separadamente, o clero e a nobreza poderiam se aliar para obter a maioria sobre o terceiro estado.

A rainha mostrou um julgamento melhor do que o do rei e seus ministros, ao sugerir que os *États Généraux* deveriam se reunir numa das cidades da província, como Orleáns ou Rouen, onde poderiam trabalhar sem serem perturbados pela atmosfera explosiva de Paris. Necker que valorizava sua própria popularidade muito mais do que a do rei, acreditava que podia dominar a turba de Paris e conseguir sua gratidão eterna como "pai da constituição". O rei favorecia Versalhes, porque ali ele podia estar em casa e ainda arranjar tempo para um dia de caçada, quando não estivesse sendo forçado a escutar as arengas de magistrados insolentes que tentavam lhe dizer como governar seu país. O que realmente o preocupava era o sofrimento dos pobres naquele inverno terrível, quando o preço do pão chegava aos píncaros. As somas que ele doou à caridade foram enormes, comprando por sua própria conta nada menos de seis milhões de arrobas de trigo no exterior. Mas não havia nenhum Choderlos de Laclos, nenhum brilhante membro da imprensa em Versalhes para cantar os louvores ao "melhor dos reis", enquanto toda Paris falava da generosidade do duque de Orléans, que pusera os seus melhores quadros à venda e doara os oito milhões de francos com eles levantados para os "pobres de Paris". Ninguém era por temperamento menos adequado para ser o "ídolo do povo". Fastidioso, nervoso com as multidões, detestando o cheiro das massas que não tomavam banho, Felipe de Orléans estava sendo forçado a uma posição em que ele só se mantinha pelo ódio que devotava à rainha e seu ressentimento para com seu primo real, que lhe recusava constantemente as honras de que ele se achava merecedor.

As contendas devidas aos direitos do terceiro estado chegaram até a família real, onde Monsieur e a rainha estavam pela primeira vez de acordo, no apoio a Necker quanto a se dobrar o número de representantes do terceiro estado. A *révolte nobiliaire* do verão anterior, e o egoísmo demonstrado pelos notáveis, levaram Maria Antonieta a sentir que se poderia encontrar mais lealdade entre a burguesia, enquanto Monsieur esperava favorecer suas ambições pessoais, posando de príncipe liberal. D'Artois, ao contrário, defendia os direitos e privilégios da aristocracia, juntando-se ao príncipe de Conti e ao príncipe de Condé na assinatura de uma petição ao rei, denunciando Necker e suas obras, e pedindo-lhe para "defender o país desses escritores e filósofos que, com pouca ou nenhuma experiência, tentam se colocar como legisladores e levar a França a uma democracia mais perigosa do que qualquer depotismo." Semelhante linguagem foi aplaudida pelos cortesãos de Versalhes. "Não há grau de admiração suficiente para o comportamento do conde d'Artois. Ele se expressa como um irmão leal do rei, um bom francês e um excelente cidadão", escreveu aquele diplomata empertigado, o marquês de Bombelle. Mas em sua arrogância e intransigência, sua indiferença à opinião pública e sua recusa a fazer concessões a um mundo em mutação, d'Artois perdeu sua popularidade em Paris e, depois de ter sido o mais amado de todos os príncipes reais, agora não era menos odiado do que a rainha.

Mas ele e Maria Antonieta haviam chegado a uma encruzilhada em seus caminhos. Tinham brigado por causa de Calonne, a quem Artois permaneceria leal através de seus anos de exílio e, para tornar as coisas piores, os Polignac se associaram a Artois. As memórias escritas sobre os últimos anos passados em Versalhes contêm repetidamente ataques insinuados, ou com palavras suaves, dirigidos à rainha, escritos por aqueles mesmos que deviam a ela sua própria existência. Um grupo de deputados abordou madame de Polignac com vistas a apresentar à rainha as condições segundo as quais eles estariam preparados para apoiar a Coroa, ao que a duquesa lamentou, triste, ser incapaz de poder ajudar, pois o que quer que ela sugerisse seria imediatamente rejeitado pelo abade Vermond, desta forma acusando deliberadamente o abade de ser o poder por trás do trono e de influenciar a rainha contra os interesses de seu país. Se esse tivesse sido o caso, Vergennes, que sempre fora antiaustríaco, não teria tido dificuldade em fazer com que o abade fosse demitido pelo rei, o qual, pessoalmente, sempre detestou Vermond como *"un prêtre philosophe"* e um escolhido de Choiseul. Mas Luís reconhecia que o abade era fundamentalmente honesto, um servidor leal que dera o máximo de si para refrear Maria Antonieta em suas loucuras e extravagâncias. Assim Vermond continuou resistindo aos golpes baixos e à inveja dos humildes Campan, à grosseria e à arrogância da *société* Polignac.

Nesse infeliz inverno de 1788-9, em que o Delfim morria lentamente e a rainha morria de vergonha de que seu pobre filho desfigurado fosse visto em público, ela descobriu a mulher que havia sido sua amiga mais querida voltando-se gradualmente contra ela, colocando-se ao lado daqueles que ela encarava como seus inimigos. Com a percepção estranha dos doentes, o pequeno Delfim se colocara contra sua bela governanta e não suportava sua própria presença em seu quarto, queixando-se que o perfume que ela usava o fazia sentir-se mal. Na falta da governanta, a rainha passava todo o tempo que lhe era permitido na cabeceira do filho agonizante.

Mas o ritual implacável da vida da corte continuou inalterado. "As pessoas nunca se mostraram tão ávidas de prazer como naquela primavera de 1789, antes da abertura dos *États Généraux.* Para os pobres, o inverno fora muito duro, mas ninguém se preocupava com a miséria do povo", escreveu madame de La Tour du Pin, descrevendo a vida da "alta sociedade". "Nós ríamos e dançávamos na beira do precipício, achando que as pessoas se contentavam em apenas falar de abolir todos os abusos. A França, diziam elas, estava para renascer. A palavra 'revolução' nunca era pronunciada.

Se alguém ousasse fazê-lo seria considerado louco." Escrevendo na velhice, a marquesa percebe todos os erros terríveis cometidos pelos infelizes e jovens rei e rainha, tão fracos em si mesmos, tão mal aconselhados. "O povo de Paris quase nunca via a rainha e seus filhos, e o rei ainda menos. Escondido em Versalhes ou caçando nas florestas próximas, ele não suspeitava de nada, não via nada e não dava ouvidos a nada do que lhe diziam."

Tanto Luís quanto Maria Antonieta temiam a abertura dos *États Généraux,* as hordas de gente convergindo para Versalhes, onde a acomodação mais humilde em cima de um estábulo estava sendo alugada por uma soma enorme. Cheia de ansiedade, Maria Antonieta questionou Necker sobre o possível resultado. Os *États Généraux* terminariam por governar o rei, ou o rei permaneceria no controle? Necker, que estava tão nervoso quanto ela, não teve resposta.

Havia 1.200 delegados vindos de toda a França, dos quais 610 pertenciam ao terceiro estado. Idealistas e oportunistas, teóricos e racionalistas, nenhum deles ainda era republicano. Todos eram monarquistas, até mesmo o aristocrata renegado, o conde de Mirabeau. Rejeitado por sua própria classe, ele decidira defender o terceiro estado e se elegera para o parlamento tanto por Marselha quanto por Aix. Um pária da sociedade, venal e imoral, escravo de seus apetites sexuais, Mirabeau passara a melhor parte de sua vida na prisão, vítima das *lettres de cachet,* condenado mais de uma vez por acusações de imoralidade. Agora ele finalmente encontrara um foro em que seus talentos podiam brilhar com uma luz meteórica, o mais perigoso e persuasivo dos eleitores que convergiam para Versalhes.

Em 4 de maio, um dia de primavera sem nuvens, a primeira assembléia dos *États Généraux* em 175 anos foi aberta em Versalhes com uma grande procissão através de ruas enfeitadas com tapeçarias e estandartes, desde a igreja de Notre Dame até a catedral de São Luís. Foi uma parada cintilante, em que se exibiu pela última vez toda a pompa e o aparato do antigo regime, com corneteiros e porta-estandartes, pajens e alabardeiros, em seus uniformes branco e azul bordados com a flor de lis. O rei vestido em tela de ouro, com o famoso diamante Pitt no chapéu, a rainha em tela de prata, o cabelo entrelaçado de flores e pérolas, caminhavam logo atrás dos Santos Sacramentos, carregados sob um dossel, cujos cordões eram seguros pelos quatro príncipes reais, Provence, d'Artois e seus dois jovens filhos, Angoulême e Berry. Os bispos usavam suas vestes vermelhas e púrpura, os nobres seus chapéus emplumados e casacas de cetim com babados de renda, mas os 610 deputados do terceiro estado, muitos dos quais nunca tinham visto Versalhes antes, usavam casacas pretas lisas com babados de cambraia e tricórnios sem adornos.

Paris inteira fora para Versalhes. Não havia uma janela, um telhado vazio. Reinava um ar de otimismo, um ar de esperança em meio à multidão que ria e saudava. Houve vivas para o rei, vivas para o jovem marquês de Lafayette, eleito como um dos nobres da Auvergne, e os vivas mais altos de todos para o duque de Orléans, o qual, dissociando-se de seus pares, caminhava com o terceiro estado. Mas não houve uma única aclamação quando a rainha passou com seu caminhar gracioso, deslizante, parecendo tão elegante e orgulhosa, até que uma peixeira gritou-lhe na cara: "Viva o duque de Orléans!" Por um momento ela perdeu o passo e parecia que ia desmaiar. Mas, apoiada pela princesa de Lamballe, recuperou-se e seguiu em frente com um rosto pálido que não mostrava nada senão desprezo. Só uma vez a sua expressão se suavizou, ao passar pelos estábulos onde o Delfim estava deitado sobre almofadas, observando a procissão de uma sacada. Ela repentinamente olhou para cima e deu-lhe o mais triste dos sorrisos. O bispo de Nancy, famoso por sua oratória, fez o sermão discorrendo sobre os sofrimentos dos pobres, invectivando o luxo da corte. Muitos interpretaram isso como um ataque deliberado à rainha. Mas o rei sorria amigavelmente ao sair da igreja. Tendo dormido a maior parte do sermão, ele não ouvira as críticas feitas a sua corte. Novamente houve gritos de *"Vive le roi!"*, mas o mesmo silêncio sinistro saudou a rainha. O marquês de Bombelle observou em seu diário: "Nunca houve uma rainha da França menos amada, e no entanto, ela não podia ser reprovada por uma única ação perversa. Somos seguramente injustos com ela e muito duros em julgar erros que se devem apenas à frivolidade e à irreflexão". Que preço pesado Maria Antonieta estava tendo que pagar pelas loucuras e extravagâncias de sua juventude, as brincadeiras irrefletidas, a despreocupação infantil. Numa época em que o Delfim agonizava, ela era obrigada a agir como uma anfitriã em Versalhes para pessoas que ela sabia que a detestavam. Os jardins de Versalhes e do Trianon foram abertos aos delegados. Alguns insistiram em visitar o pavilhão, que era o domínio privado da rainha, penetrando em cada canto, esperando encontrar algum sinal das orgias extravagantes que faziam parte da lenda do Trianon. Sua simplicidade refinada estava muito longe das descrições fantásticas que haviam chegado às províncias, dos assoalhos parquetados de ouro e das colunas incrustadas de diamantes. A guarda suíça que servia de guia não sabia como satisfazer a curiosidade daqueles que haviam ouvido essas histórias. Mas quando elas chegaram aos ouvidos do rei Luís, ele lembrou-se de que nos dias de seu avô houve uma vez uma representação teatral em Fontainebleau em que o cenário para um drama oriental incluía colunas ornamentadas com arranjos de diamantes. Foi dessa forma que a calúnia fez a sua obra.

Quando Maria Antonieta chegou para a abertura dos *États Généraux,* o conde de Mirabeau, que se contava entre seus atacantes mais virulentos, sussurrou para um vizinho: *"Voilà la victime"*. Nessa ocasião ela usava o que viria a ser o último dos vestidos de grande gala, encomendado a mademoiselle Bertin, um vestido de cetim púrpura sobre uma saia branca rebordada de diamantes e paetés. E nos cabelos, que já começavam a ficar ralos devido às preocupações, um bandó de diamantes com uma única pluma de garça. Bela e majestosa, ela tomou seu lugar numa poltrona ligeiramente abaixo do trono do rei. Mas toda aquela beleza não provocou um único aplauso da galeria lotada de espectadores. Um banqueiro da Filadélfia, o governador Morris, que estava entre eles, gostaria de demonstrar sua simpatia, mas como estrangeiro, achou mais prudente se abster. O rei, ao contrário, uma figura singularmente pouco inspiradora, apesar de seus magníficos trajes dourados e de seu chapéu emplumado, foi aclamado aos gritos em sua chegada, e seu discurso pronunciado numa voz clara e forte em que ele dava as boas-vindas aos representantes da nação para cooperarem com ele para o bem do estado, foi ouvido em respeitoso silêncio. O cenário e a decoração foram de magnificência sem paralelo. Apesar do tesouro vazio, a *salle des menus plaisirs,* que apenas alguns meses antes havia abrigado a assembléia de notáveis, tinha sido agora redecorada para se parecer com um templo grego. À direita do trono ficava o clero, à esquerda os nobres e, encarando o rei, as fileiras cerradas dos delegados do terceiro estado, aqueles que, nas palavras do abade Sieyès, "naquele momento não eram nada, mas que aspiravam se tornar os futuros governantes da nação". Alguns já eram tão notórios quanto o conde de Mirabeau, outros não passavam de advogados de província, tais como Danton e Robespierre. Sentada entre as damas da rainha, madame de la Tour du Pin observou o modo como a rainha ficou perscrutando aqueles rostos que até então nunca haviam entrado em seu mundo e o modo como, apesar de toda a sua calma exterior, ela ficava remexendo com seu leque, traindo assim sua agitação.

O discurso de Necker foi interminável, pronunciado numa voz chapada e monótona, interrompido pelos roncos do rei. A visão de seu monarca, dormindo durante um discurso histórico, não era de despertar entusiasmo. Falando mais como banqueiro do que como estadista, Necker impingiu à sua platéia um dilúvio de números e estatísticas para explicar o déficit, enquanto mal tocava em problemas vitais, como as concessões que a coroa estava disposta a fazer, ou os princípios aos quais ela estava determinada a aderir. Acima de tudo não houve menção a uma constituição e, ao final da sessão, ninguém estava satisfeito. Não obstante, o rei foi saudado e, desta vez, até a rainha teve uma parte das ovações, que ela agradeceu com uma mesura, provocando desta forma novas ovações, ao que respondeu com outra mesura.

No final do mês, o terceiro estado conseguira provocar um racha no clero, convencendo algumas ordens inferiores, tais como os padres das paróquias, a se juntar às suas fileiras. Os nobres permaneceram firmes na defesa de seus privilégios, mas uma minoria liberal, representada pelo duque de Orléans e pelo marquês de Lafayette, estava disposta a abrir mão desses privilégios, em troca de uma constituição no modelo inglês.

Enquanto isso, os médicos reunidos em torno do leito do Delfim de oito anos, haviam abandonado todas as esperanças de recuperação. O rei e a rainha estavam desesperados. A etiqueta ditava que o novo tutor da criança, o duque de Harcourt, recebesse suas ordens dos médicos mais do que dos pais, e houve momentos em que Maria Antonieta não pôde ter acesso ao seu próprio filho. Bombelles descreve um quadro emocionante do rei sentado do lado de fora do quarto de seu filho agonizante, com a rainha ajoelhada a seu lado, soluçando em seu colo. Em 3 de junho houve orações públicas em todas as igrejas e os sacramentos foram expostos no altar. E na noite seguinte, em 4 de junho, o pequeno Delfim morreu nos braços da mãe. Reunidos na dor, Luís e Maria Antonieta ficaram em vigília toda a noite ao lado do iflho morto. Mas as regras rígidas da etiqueta da corte negavam-lhe o direito de comparecer ao funeral em Saint Denis. No mesmo dia, Necker teve a falta de tato de insistir com o rei para que recebesse uma delegação de deputados do terceiro estado pedindo o seu arbítrio quanto a regras de procedimento. "Entre esses cavalheiros não há pais?", perguntou o rei indignado.

A morte da criança cujo nascimento havia sido anunciado com tal entusiasmo e alegria passou quase despercebida em meio à luta crescente pelo poder. "Meu filho está morto", disse Maria Antonieta, "e ninguém parece se importar".

CAPÍTULO 27

Enquanto o rei e a rainha permaneciam em Marly, em luto pelo filho, debates violentos aconteciam na *salle des menus plaisirs*. Em 17 de junho, o abade Sieyès apresentou a moção histórica de que os *États Généraux*, que representavam 96% da nação, deveriam de agora em diante ser conhecidos como "Assembléia Nacional". O rei e a rainha retornaram para encontrar um governo incapaz de controlar uma situação que degringolava rapidamente para a anarquia, com Necker ainda advogando uma política de conciliação, insistindo com o rei para que aceitasse a Assembléia Nacional, que representava o desejo da nação, e para que modificasse a constituição existente, passando a ter duas câmaras com base no modelo inglês. Esta política encontrou uma restrição severa nos príncipes reais, na maioria dos aristocratas e acima de tudo na rainha, que agora lamentava ter apoiado Necker nas suas reivindicações a favor do terceiro estado. Atormentado de todos os lados e ainda chorando o filho, o infeliz monarca deu uma breve exibição de força ao ordenar que a sala de assembléia ficasse fechada até 23 de junho, quando ele próprio presidiria uma *séance royale*. Ao encontrarem as portas fechadas para eles, os deputados indignados tomaram um edifício vizinho, que por acaso e com uma certa incongruência, eram as quadras de tênis reais. Ali, num salão vazio, sob um teto decorado com as *fleurs de lis*, eles fizeram um juramento de não se separarem até que uma constituição, com ou sem o consentimento real, fosse estabelecida sobre sólidas fundações. Tal era o entusiasmo do momento, que somente um deputado teve coragem de se abster, atitude que mais tarde o levaria ao cadafalso, apesar de no verão de 1789, a liberdade de consciência ainda ser permitida. A reunião na sala do Jeu de Paume chegou ao fim quando, com uma frivolidade característica, o conde d'Artois requisitou as quadras para uma partida de tênis. Impávidos, os deputados passaram para a igreja de São Luís, aberta para eles por um simpático *curé*. Enquanto isso, a confusão reinava no palácio, com Luís ouvindo primeiro seus ministros e depois sua família. Enquanto Necker e seus colegas continuavam a azucriná-lo para que não se indispusesse com o terceiro estado, que era o porta-voz da nação, seus irmãos vociferavam na condenação de uma política que os botaria à mercê do populacho. Monsieur, que ficara com a rainha a favor de uma dupla representação para o terceiro estado, estava agora favorável à dissolução da assembléia. Artois foi mais longe ainda, exigindo que fossem trazidas tropas das províncias para restaurar a ordem na capital. A mais intransigente de todos era justamente a rainha, que tendo tido a esperança de que o terceiro estado pudesse defender a Coroa contra a *révolte nobiliaire*, agora sentia que fora enganada por um ministro mais preocupado com sua própria popularidade do que com o prestígio da coroa.

O discurso preparado por Necker para ser proferido pelo rei na *séance royale* foi no último instante tão modificado e distorcido, em grande parte devido à influência da rainha e de Artois, que o ministro dissociou-se publicamente, não comparecendo à reunião. Ele dessa forma falhou naquilo que Maria Antonieta considerava seu dever para com o rei, e paralisou um governo de que ainda era membro. Ela nunca o perdoou pelo que encarou como um comportamento covarde, e a partir de agora o encarava como inimigo.

A *séance royale*, que foi aberta em 23 de junho com toda a pompa e circunstância de um *lit de justice*, não tinha nenhuma relação com os eventos das últimas semanas. Os trompetes e fanfarras que anunciaram a chegada do rei e do mestre-de-cerimônias, o qual, em seu uniforme rebrilhante, abriu as portas para dar passagem ao clero e à nobreza, enquanto o terceiro estado era deixado do lado de fora esperando sob a chuva, foram medidas que não poderiam ter sido mais bem calculadas para irritar homens que nos últimos dias haviam tomado consciência de sua força.

O discurso do rei, proferido sem energia e sem sentimento, como se o próprio Luís tivesse pouca fé em suas palavras, foi ao mesmo tempo paternalista e despótico. Prometia reformas, a abolição dos impostos mais pesados e a garantia de que ninguém seria taxado no futuro sem o consentimento dos *États Généraux*, mas insistia, não obstante, que as três ordens continuassem a votar em câmaras separadas, e recusou-se a permitir que o nome *"États Généraux"* fosse mudado para o de "Assembléia Nacional". Seu discurso terminou com as palavras: "Se o terceiro estado se recusar a cooperar com meus esforços para melhorar a sorte de meu povo — uma infelicidade que, espero não ocorrerá — então não terei outra escolha senão continuar minha luta sozinho, pois sou eu sozinho o verdadeiro representante da França." Foi o discurso de um déspota benevolente, e não o de um monarca constitucional. E Mirabeau chamou a atenção a isto em sua resposta quando, falando pelo terceiro estado, ele declarou: "Cavalheiros, acabamos de ouvir palavras que podem muito bem trazer a salvação de nosso país se a presença do despotismo não estivesse sempre aberta a suspeitas."

O rei ergueu-se para declarar a sessão encerrada e para que os três grupos retornassem às suas câmaras separadas. Artois lançou um olhar de triunfo, pois foi ele que insistira para que a separação dos grupos fosse mantida. Luís saiu seguido pelo clero e pela nobreza. Mas, quando pediram que se retirasse, o terceiro estado permaneceu firme em seus lugares. O mestre-de-cerimônias era jovem e inexperiente. Intimidado pelos olhos faiscantes, o rosto largo e marcado pela varíola e a voz imperiosa de Mirabeau, ele correu em busca de instruções. O rei se enfureceu e esbravejou, mas acabou cedendo. "Danem-se, que fiquem!": a primeira de uma série de capitulações humilhantes que iriam colocar o trono à mercê do terceiro estado.

A essa altura, quase todo o clero e 50 dos nobres de mentalidade mais liberal, tal como Noailles, os Montmorency e os Rochefoucauld, haviam se passado para o lado da maioria. Entre estes estava o jovem marquês de Lafayette, o qual sentira que chegara o momento de desempenhar um papel histórico, e o duque de Orléans, que a turba parisiense aclamou como rei. Somente os elementos mais reacionários ficaram para trás, falando alto nos seus protestos, mas com muito pouco poder. O marquês de Bombelles anotou com tristeza em seu diário: "Vivemos durante muito tempo uma vida fácil e não temos mais a energia e a resolução de nossos antepassados. As longas guerras travadas contra os inimigos de nosso país, até mesmo as guerras civis, combinaram-se para manter erguido o espírito de fidalguia. Mas agora o luxo e *la douceur de vivre* conseguiram nos corromper. A palavra honra está sempre em nossos lábios, mas não o suficientemente gravada em nossos corações para ditar as nossas ações."

Necker entregou sua renúncia em seguida à *séance royale*, mas foi convencido a permanecer, por medo da reação pública a sua demissão. Ele continuou a insistir com o rei para que deixasse os três grupos votar em conjunto, pois os parisienses ameaçavam marchar sobre Versalhes. Novamente o rei Luís capitulou, para a fúria e o desgosto da rainha e o desespero dos membros da nobreza que haviam permanecido leais à Coroa. Em Paris, as ruas foram iluminadas para comemorar a vitória do povo e, na Assembléia Nacional, o presidente, Jean-Sylvain Bailly, anunciou em triunfo: "Agora a nossa vitória está completa." Mas era uma vitória incômoda, e muitos dos cidadãos mais amantes da paz, entre eles os eleitores que haviam escolhido os deputados parisienses, começavam a temer por suas propriedades e suas vidas. As lojas estavam sendo pilhadas e os tumultos eram acontecimentos quase que diários, enquanto os *gardes français,* enviados para manter a ordem na capital, estavam eles próprios em estado de motim.

Ainda assim, a vida social de Paris, as corridas, as ceias festivas e a ópera continuavam imperturbadas pela violência nas ruas. Os Devonshire visitaram Paris às vésperas da tomada da Bastilha, e a duquesa e Lady Elizabethe Foster jantaram com a rainha em Versalhes em 27 de junho. Foi nesse mesmo dia que o rei rendeu-se à Assembléia Nacional, quando o presidente da nobreza, o duque de Luxemburgo, havia passado horas tentando convencê-lo de que ele estava acarretando a própria ruína e a da monarquia ao sacrificar a única classe que estava pronta para defendê-lo. A rainha, que passara o dia anterior em lágrimas após fracassar em seus reforços para convencer o rei a dissolver a assembléia, agora recebia seus amigos ingleses como se não tivesse uma única preocupação neste mundo. "Eu a achei tristemente transformada", escreveu Georgiana Devonshire a sua mãe, "a barriga muito grande, quase sem cabelo, mas ela ainda tem muito brilho."

Três dias depois os Devonshire estavam outra vez em Versalhes, desta vez com o duque. Compareceram a um jantar de gala, que transcorreu em todo o seu esplendor formal, apesar do populacho invadindo os pátios e tendo que ser rechaçado pelos guardas suíços. Também compareceram à *Messe du Roi,* e tiveram um encontro privativo com Maria Antonieta. Fica-se imaginando o que duas mulheres tão essencialmente frívolas como Maria Antonieta e Georgiana Devonshire, cuja amizade no passado se baseava nas trivialidades da moda, no amor pelo jogo e pelas mascaradas, podem ter encontrado para dizer uma à outra às vésperas de uma revolução, que nenhuma das duas compreendia em absoluto. A duquesa *wig* proclamou-a "o mais grandioso dos eventos", mas para Maria Antonieta ela significava o fim de seu mundo. Georgiana Devonshire não achou nada incongrüente apoiar a revolução e ser ao mesmo tempo amiga da rainha. Apesar das violências nas ruas, dos gritos e do furor no Palais Royal, ela escreveu a sua família em Londres dizendo que estava se divertindo em Paris.

Para a rainha não havia nada senão desilusão e desgosto. O trono estava em perigo, mas foi somente na última hora que o rei pôde ser convencido a recorrer à força e convocar o marechal Broglie, um veterano da Guerra dos Sete Anos, de seu comando na Alsácia, para trazer um reforço de tropas a fim de proteger a capital contra novas desordens. A maior parte desses regimentos era formada por mercenários estrangeiros, os únicos cuja lealdade era inteiramente confiável. Mas suas presenças nos subúrbios só serviu para agravar a situação. Os piores rumores estavam no ar. A Assembléia Nacional ia ser dissolvida, os deputados assassinados ou aprisionados e Paris largada nas mãos de estrangeiros. Os deputados se atemorizaram e foi enviada uma delegação ao palácio para saber por que um rei que era amado por 25 milhões de pessoas iria querer cercar-se, a um custo elevado, de milhares de mercenários, ao que Luís respondeu em toda a boa-fé que as tropas estavam lá para proteger seu povo e não para intimidá-lo.

Foi a demissão de Necker que acendeu a chama. Por ordem do rei, o ministro saiu secretamente à noite, e sua partida só foi divulgada na manhã seguinte, quando um inferno eclodiu na capital, com as multidões histéricas gritando para que ele fosse reconvocado. Bustos de Necker, do duque de Orléans e de Lafayette, os novos ídolos do momento, foram carregados pelas ruas, e quem se recusasse a aplaudi-los era insultado e molestado. As padarias foram pilhadas, os bancos e as bolsas de valores foram fechados. Duas companhias de *gardes français,* confinadas por insubordinação, fugiram da prisão e se juntaram aos insurgentes, enquanto tropas leais dos alemães reais, defendendo as Tulherias, foram atacadas e apedrejadas. Uma carga de cavalaria liderada pelo príncipe de Lambesc, que dispersou a multidão com muito pouca perda de vidas, foi imediatamente denunciada como um massacre. O fato de ter sido liderada por um príncipe da Lorena, parente da rainha, foi o suficiente para que ele fosse tachado de assassino. Nos jardins do Palais Royal, agitadores pagos por Laclos excitavam o povo a um frenesi de ódio. Um jovem advogado desconhecido, atendendo pelo nome de Camile Desmoulins, incitou o povo a armar-se contra aqueles que estavam dispostos a destruí-los e uma busca desesperada por armas espalhou-se em seguida por todos os bairros da cidade.

Deixado sem ordens de Versalhes, o barão de Besenval, encarregado das tropas na Plaine de Grenelle, estava sem poderes para interferir. A principal preocupação do rei era que não houvesse perda de vidas e a carga de cavalaria nas Tulherias fora executada contra as suas ordens. Pois Luís ainda insistia em acreditar que os deveres do exército deviam se restringir ao policiamento da cidade, mas nunca a atacá-la. E que a presença do marechal Broglie seria suficiente para restaurar a ordem.

Na noite de 14 de julho, o rei foi calmamente para a cama, provavelmente a única pessoa no grande palácio que dormia sonoramente quando foi acordado ao amanhecer pelo duque de la Rochefoucauld para saber que a Bastilha havia sido tomada por uma turba, o governador e sua equipe assassinados e suas cabeças, enfiadas nas pontas de espetos longos, estavam sendo desfiladas pelas ruas. Ainda meio-adormecido, o rei gritou: "Mas isso é uma revolta!", ao que o duque respondeu: "Sire, é uma revolução" — palavras célebres que se inscreveriam na história.

Ao contrário do marido, Maria Antonieta mal dormia nas últimas semanas. Mas, nas últimas 24 horas ela fora tranqüilizada pela presença de Breteuil, que assumira o governo num momento em que somente alguém com sua vaidade e ambição teria aceitado esse posto. Breteuil era um homem forte, de quem ela sempre gostara e confiara. O fato de que ele era odiado pela oposição, que nunca o perdoou pelo papel que ele desempenhou na prisão do cardeal de Rohan, era absolutamente indiferente para uma rainha que nunca levou a opinião pública em conta. Como embaixador em Viena, Breteuil recebera a aprovação de Maria Theresa e, o que era ainda mais importante para sua filha, demonstrara amizade ao jovem conde Fersen quando de sua primeira visita à França. Axel estava com seu regimento em Valenciennes. Em sua ausência a rainha recebeu Breteuil como um dos poucos amigos que tinha na França. Numa reunião do grande conselho no dia anterior, ele conclamara o rei a dissolver a Assembléia Nacional e a colocar-se à frente de suas tropas, uma moção apoiada pelos príncipes reais e pelo príncipe de Condé. Maria Antonieta acordou para um dia que, esperava ela, iria ver a restauração do prestígio real, mas, em vez disso, ela iria testemunhar sua dissolução.

Ao ouvir as notícias de Paris, o rei, a quem nunca faltou a coragem física, foi diretamente para a Assembléia Nacional, sem guardas e a pé, acompanhado apenas por seus dois irmãos. Foi um gesto de bravura, e de bravura maior ainda por parte de Artois, que foi publicamente insultado no caminho com gritos de "tome cuidado, Monseigneur, sabemos que é o senhor que dá maus conselhos ao nosso rei!".

Sem estar convencido e sem ser convincente, Luís capitulou mais uma vez, declarando que nunca teve a menor intenção de usar a força e que as ordens estavam sendo dadas para que as tropas se retirassem de Paris. Convidou os cavalheiros da Assembléia Nacional a levarem essa notícia à capital. Os deputados mais moderados saudaram o seu discurso. Outros, como Mirabeau, tinham muito pouca fé em palavras ditas sob pressão. Mas as multidões que se acotovelavam do lado de fora do palácio foram conquistadas pela simplicidade do rei que voltava para casa sozinho, sem séquito nem guardas, e o saudaram com entusiasmo. Até mesmo a rainha foi chamada à sacada. Quando ela apareceu ao lado dos filhos, a visão do novo Delfim, um belo menino de quatro anos, despertou imenso entusiasmo. Pela primeira vez, por ordens da rainha, a governanta real ficou de fora. Pois Maria Antonieta não ousava mais mostrar seus filhos em público com os odiados Polignac. Naquela mesma manhã sua fiel dama, madame Campan, havia caminhado pelos jardins, e ouvira ameaças feias serem lançadas contra a favorita da rainha.

Os gritos e aplausos cresceram quando o rei voltou ao Palácio, e um rubor muito ligeiro subiu ao rosto da rainha quando ela voltou-se para agradecer as saudações com um sorriso fascinante como sempre e a cabeça ainda erguida orgulhosamente, apesar de, no fundo do coração, ela saber que os aplausos não eram nem para ela nem para seus filhos, mas para comemorar a capitulação do rei à nação.

CAPÍTULO 28

A NOTÍCIA da queda da Bastilha espalhou-se como fogo por toda a Europa. A fortaleza abandonada, já marcada para demolição, estava vazia há anos, mas ainda era encarada como um monumento à tirania e à opressão. Ela fazia lembrar as temidas *lettres de cachet*, que mandavam homens para a prisão durante anos, sem sequer serem levados a julgamento. No dia de sua tomada, a Bastilha não guardava mais de sete prisioneiros, enquanto que seu diretor, de Launay, que seria vítima da violência da turba, era um homem gentil e ineficiente, absolutamente incapaz de defender sua fortaleza. Elevada à condição de evento glorioso da história da humanidade, a queda da Bastilha foi amplamente o resultado de confusão e ineficiência por um lado e, pelo outro, de ódio instigado pelo medo.

O embaixador britânico, Lorde Dorset, escreveu numa carta arrebatada, enviada a Londres: "A maior revolução de que temos conhecimento foi realizada sem que, comparativamente falando, se perdessem muitas vidas. A partir deste momento, podemos considerar a França como um país livre, o rei como um monarca muito limitado, e a nobreza reduzida ao mesmo nível do resto da nação". Essa pode ter sido a reação natural por parte de um embaixador cujo país era um inimigo tradicional da França. Mas sabemos que Felipe de Ségur, embaixador do rei Luís na Rússia, expressou os mesmos sentimentos em conversação com aquela autocrata sem concessões, a imperatriz Catarina. Enquanto isso, seu primo, o jovem marquês de Lafayette, não permitia que o espetáculo da cabeça decepada de de Launay, na ponta de um espeto, o detivesse em sua ambição de desempenhar o papel de Washington francês, naquela "mais maravilhosa das revoluções". Quando o rei Luís visitou a Assembléia Nacional na manhã de 15 de julho, Lafayette, que era o único deputado com alguma experiência revolucionária, foi escolhido para recebê-lo e chefiar a delegação que iria entregar a mensagem do rei à capital.

No Hôtel de Ville, oficiais aterrorizados receberam Lafayette como um salvador. Ainda usando o uniforme do rei, ele foi unanimemente eleito para comandar a nova milícia dos cidadãos, composta na maior parte de lojistas e das classes profissionais, todos ansiosos para pôr um fim à violência da turba. Aquelas multidões ébrias, aquelas mulheres aterrorizantes, com olhos injetados de sangue e dentes rangendo, lançando imprecações obscenas contra a rainha, estavam muito distantes dos ordeiros cidadãos americanos que levantaram o estandarte da liberdade em frente ao tribunal da Filadélfia, e por certo houve momentos em que até mesmo jovens tão autoconfiantes como Lafayette e seus amigos devem ter se perguntado como iriam fechar a caixa de Pandora que haviam aberto com tanto entusiasmo.

Toda Paris se havia entregue a uma explosão de alegria. Este espírito de histeria viria a se mostrar altamente valioso para os pedreiros profissionais, que foram chamados para terminar a demolição da Bastilha, e que venderam pedras por grandes somas a joalheiros finos, que as poliram e as encastoaram em ouro, para serem usadas por parisienses elegantes como a última moda, jóias *à la constitution.*

Enquanto isso, discussões abortivas aconteciam em Versalhes, onde a incapacidade do rei de chegar a qualquer decisão estava levando a rainha ao desespero. O príncipe de Condé, o único verdadeiro soldado da família, viera de Chantilly oferecer seus serviços ao primo real, na esperança de liderar um exército contra os rebeldes. Tanto a rainha quanto Artois estavam a favor da resistência. Maria Antonieta já havia destruído seus documentos e guardado seus diamantes, preparando-se para que a Corte partisse em busca da segurança numa cidade da fronteira, a partir de onde, com a ajuda de tropas leais, Paris pudesse ser reconquistada. Mas o rei recusou-se a considerar a possibilidade de uma guerra civil e o marechal Broglie, recentemente nomeado ministro da Guerra, introduziu uma nota ainda mais deprimente ao dizer que, considerado o estado do exército, no qual mais da metade dos soldados se mostravam inamistosos, não havia hipótese de se marchar sobre Paris. A maior parte da França estava nas garras da rebelião. Viajando desde a

Alsácia, ele passara por fazendas pilhadas, castelos e mansões em chamas. Em tais condições ele não podia sequer garantir um salvo-conduto para a família real e a Corte poderem chegar ou a Metz, ou a qualquer outra cidade da fronteira. E, uma vez chegados lá, o que fariam?

O duque de Liancourt chegou de Paris, trazendo notícias de recentes surtos de violências. O populacho gritava nas ruas, pedindo a volta de Necker. Sua sede de sangue fora despertada. Eles gritavam: "Morte a Artois e aos Polignac", que, se estivessem em Paris, teriam sido assassinados imediatamente. Os salões dourados em Versalhes estavam cheios de cortesãos apavorados, os favoritos de ontem agora viam um abismo se abrindo a seus pés. Nessa atmosfera de desintegração, o conde de Provence era um dos poucos que permaneciam calmos e controlados, recusando-se a vislumbrar a possibilidade de abdicação, insistindo que era dever do rei permanecer e dominar a tempestade, fazer todos os sacrifícios necessários, reconvocar Necker e se livrar dos Polignac. Para garantir sua própria segurança pessoal e o futuro da monarquia, tanto Artois quanto seus filhos deviam deixar o país. Não foi preciso um único esforço para convencer Artois, pois os insultos e as ameaças a que ele se viu exposto naquela manhã em Versalhes lhe haviam roubado uma coragem que, de resto, nunca esteve além da flor da pele. Até mesmo o rei, que amava seu irmão caçula, agora lhe deu ordens de partir. Na noite de 16 de julho, o conde d'Artois, acompanhado por seu amigo Vaudreuil, deixou Versalhes a cavalo, sem esperar por carruagens ou escolta. Com a confiança daqueles que sempre tiveram dinheiro, cavalos e carruagens às suas ordens, eles contavam encontrar súditos fiéis dispostos a lhes darem hospitalidade no caminho. E o primeiro choque veio quando, a apenas algumas léguas de Versalhes, chegaram ao castelo de um velho marquês, que enriquecera no reinado anterior, para encontrar os portões bloqueados e o proprietário amedrontado demais para deixá-los entrar. Os dois filhos de Artois, o duque de Angoulême e duque de Berry, partiram na mesma noite, viajando de carruagem com seu tutor, que os levou em segurança para os Países Baixos austríacos. Antes de partir, houve comovidas despedidas entre os jovens primos, com a madame Royale em lágrimas ao dizer adeus a Angoulême, a quem ela sempre considerou como seu noivo.

Mas, para Maria Antonieta, o mais difícil de tudo foi se separar de Iolanda de Polignac. Quaisquer que fossem as diferenças que elas possam ter tido nos anos recentes, os momentos de ciúmes, ou de presumida ingratidão, tudo foi esquecido numa grande onda de ternura pela mulher que, numa corte fria e formal, a ajudara a esquecer que ela era a rainha. Foi-lhe insuportável pensar que alguém tão mimada e frágil como Iolanda tivesse que suportar os perigos e as privações da jornada e a amargura do exílio só porque fora sua amiga. A própria Iolanda estava pedindo permissão para ficar, fosse por devoção ou por medo do que a esperava fora dos muros de Versalhes. Mas a rainha era mais realista. O rei havia finalmente decidido ficar e não havia termo para os sacrifícios que ele seria chamado a fazer. "Não é decisão dele", disse ela a madame Campan. "Ele permitiu-se ser convencido pela família. Queriam que ele ficasse e somente o futuro dirá se estavam certos". Ao ficar, ele se colocava à mercê da ralé e para salvá-la poderia até terminar por sacrificar os amigos dela. Hoje ela ainda podia mandar os Polignac para um lugar seguro e fornecer dinheiro e transporte para a jornada; amanhã já poderia ser tarde demais.

Aquela noite viu a partida de todos os Polignac, com a duquesa disfarçada de criada, sentada no alto do coche. Houve um momento desagradável em Sanz, quando ela foi reconhecida por um postilhão. Não fosse por sua lealdade, ela poderia muito bem ter sido feita em pedaços pela turba. Ao subir no coche ela recebeu uma última mensagem da rainha: "Adeus, minha mais querida amiga. Que palavra horrível, adeus. Mas, ai, é necessária. Não tenho forças suficientes para abraçá-la pela última vez." Junto vinha a soma de 500 luíses de ouro, o último e talvez o mais apreciado de todos os presentes reais que fizeram Iolanda de Polignac odiada em todo o país.

Alguns dos maiores nomes da França deixaram o país naquela noite, incluindo o príncipe de Condé, o qual, tendo sido tratado com frieza pelo rei e vendo que a situação se deteriorava a cada minuto, e que sua própria cidade de Chantilly já estava num estado de revolta, partiu apressado para a fronteira com toda a sua família, incluindo sua amante.

A fuga dos príncipes Bourbon causou uma impressão tremenda no exterior. O imperador José escreveu horrorizado a seu irmão, Leopoldo da Toscana, a respeito das notícias espantosas de Paris e do papel terrível desempenhado pelo rei. "Acabo de saber que o conde d'Artois com seus filhos, o príncipe Condé com seus filhos e o príncipe de Conti fugiram para os Países Baixos praticamente com a roupa do corpo. Estou profundamente deprimido por causa da rainha, que sofrerá muito com toda essa vergonha e *avilissement.*" O orgulhoso Habsburgo não tinha nenhuma simpatia pelo cunhado que estava disposto a suportar humilhações infinitas para não ter de derramar o sangue de um único francês.

Os parisienses ameaçavam marchar sobre Versalhes se o rei não fosse a Paris. E, na manhã de 17 de julho, Luís, com uma coragem que era quase sublime, partiu em direção àquilo a que os deputados ainda se referiam como "a boa cidade de Paris" — uma cidade suja, abandonada, fedorenta, com lixo empilhado nas ruas, que ninguém se preocupou em recolher, na excitação generalizada dos últimos dias. Antes de sair de Versalhes, o rei tomou a comunhão com a rainha, escreveu seu testamento e indicou o conde de Provence como seu substituto no reino caso ele não pudesse retornar. Maria Antonieta, convencida de que ele ia ser assassinado ou ser feito prisioneiro, caiu de joelhos, suplicando que não fosse. Mas o rei voltou-se, com medo de que ela pudesse ver suas lágrimas.

Acompanhado por quatro cortesãos devotados, homens com coragem semelhante à sua, Luís partiu para a viagem de 30 quilômetros até Paris, durante a qual não pronunciou uma só palavra. A partir de agora sua segurança dependia inteiramente do general Lafayette e de sua milícia de cidadãos sem freio e sem disciplina, conhecida como a guarda nacional. Apesar dele ser virtualmente um prisioneiro, ainda houve a farsa de recebê-lo como rei, com Bailly, o recém-eleito prefeito de Paris, esperando nos portões da capital para oferecer-lhe as chaves da cidade numa salva dourada. Havia até um trono preparado para ele no Hôtel de Ville. Mas as multidões que se enfileiravam nas ruas, em meio às quais muita gente estava armada, mostravam tensão e quase hostilidade. E houve gritos apenas de *"Vive la Nation!"* e nenhum de *"Vive le roi!"*, enquanto todas as aclamações iam para o general Lafayette. O embaixador britânico, Lorde Dorset, descreveu em um despacho para Londres que "Sua Majestade foi tratado mais como cativo do que como rei, sendo conduzido como um urso domado."

É difícil perdoar Lafayette por seu comportamento com o rei, a quem ele devia sua lealdade, se não a sua devoção. Até mesmo o governador Morris, um republicano americano, ficou chocado com sua jactância sobre "como, naquele dia, ele dera ordens a cem mil homens e passeara o rei pelas ruas, a seu bel prazer, decidindo até sobre a quantidade de aplausos que ele devia receber. Na verdade, ele poderia ter feito o rei prisioneiro, se assim tivesse escolhido". O governador Morris foi discreto e as confidências de Lafayette não passaram de seus diários. Mas não há dúvida de que as cartas do general a sua amante, Adelaide de Simiane, chegaram a Versalhes e provavelmente terminaram nos ouvidos da rainha, o que pode explicar a raiva quase patológica que Maria Antonieta passou a ter por Lafayette.

Jean Sylvain Bailly, agora prefeito de Paris, mas astrônomo de profissão, parece ter tido muito mais tato no modo de tratar o rei. Em suas memórias ele admitiu uma certa hesitação e embaraço quando, chegando ao Hôtel de Ville, o rei foi presenteado com uma bandeirola tricolor, símbolo da revolução. "Eu não sabia muito bem como o rei receberia aquilo, e se não haveria algo de impróprio em dá-lo a ele." Mas Luís não hesitou por um momento, aceitando sem protestos e, imeditamente, espetando-a em seu chapéu. A partir do momento em que ele apareceu na sacada, usando a tricolor, o estado de espírito do povo mudou e houve uma grande explosão de aplausos, de gritos frenéticos de *"Vive le Roi!"*. "Todos os olhos, cheios de lágrimas, voltaram-se para ele; todos estenderam-lhe as mãos", escreve Bailly, "e quando ele foi colocado no trono que lhe havia sido preparado, uma voz vinda do fundo da sala soltou um grito sentido de 'Nosso rei, nosso pai', o que serviu para dobrar os aplausos e os gritos de *'Vive le Roi!'*. Os parisienses estavam agora dispostos a amar o 'Rei do terceiro estado'." Mas estavam aclamando sua própria vitória e não o seu monarca, e o embaixador austríaco, que estava presente, escreveu: "O povo de Paris agora desempenha o papel do rei." O próprio Luís não tinha ilusões e voltou a Versalhes tão silencioso quanto havia partido.

Enquanto isso, a rainha ficou numa agonia de apreensões. Temendo que o rei pudesse não voltar, ela deu ordens para que as carruagens ficassem prontas para levá-la com sua família à Assembléia Nacional, onde planejava colocar-se à mercê dos deputados, tendo chegado ao ponto de preparar um discurso pedindo-lhes que não separassem uma união que havia sido feita nos céus. Madame Campan escreveu que ela ficou repetindo essas palavras de vez em quando, prorrompendo em lágrimas, dizendo: "Sei que ele não vai voltar." Mas às seis da tarde um pajem chegou a cavalo de Paris, para dizer que o rei estava voltando. E, quatro horas depois, Luís, com as roupas cobertas de pó, o rosto pingando suor, voltou para seu palácio semideserto, de onde tantos já haviam fugido e onde aqueles que haviam ficado tinham tanto medo que haviam posto cadeados nas portas.

Uma família amorosa e ansiosa esperava sua chegada. Maria Antonieta já estava na metade da grande escadaria quando ele entrou vindo do pátio de mármore. Um segundo depois ela estava em seus braços, quando percebeu a insígnia tricolor e, instintivamente, recuou. Mas não há provas de que ela tenha dito as palavras cruéis que às vezes lhes são atribuídas: "Pensava ter me casado com o rei da França, e vejo que me casei com um cidadão comum." Não era de sua natureza denegrir o pai diante dos filhos que o adoravam. Ele era um homem bom, fraco, cuja religião significava mais para ele do que sua coroa, e nesse momento tudo o que ele conseguiu dizer foi: "Graças a Deus não houve derramamento de sangue".

Mas nem a capitulação de Luís nem o espetáculo do general Lafayette percorrendo as ruas montado em seu cavalo branco conseguiu aplacar a sede de sangue dos parisienses. Cinco dias depois da queda da Bastilha, o velho Foulon, de 70 anos, membro do governo interino, com seu genro, Berthier de Sauvigny, foi cruelmente assassinado, tendo sido injustamente acusado de especular com os cereais. Os assassinatos de Foulon e Berthier ficaram sem punição e, apesar de Lafeyette ter renunciado a seu posto em protesto contra o crime, as lágrimas e as súplicas dos eleitores de Paris logo o convenceram a voltar. Os teatros foram reabertos e, habituados à violência diária, os parisienses retomaram suas vidas comuns. Mas as notícias da França provocaram um impacto tremendo no exterior. O imperador José escreveu a seu irmão Leopoldo: "As notícias da França continuam a ser quase inacreditáveis, e a gente se pergunta como isso vai terminar. Eu recebi finalmente uma carta da rainha que está profundamente infeliz por todas as humilhações que seu marido teve que sofrer".

Até mesmo uma pessoa tão complacente como o duque de Dorset ficou alarmado o suficiente para aconselhar seu governo que, "em vista dos fatos, algum aviso devia ser dado ao público, para prevenir aqueles que se propusessem a visitar esta parte do continente". O emocional rei da Suécia estava horrorizado. "Continuo vendo na minha frente a cabeça de Foulon, que aqueles monstros deram a seu genro para beijar. Pensar que essa é a encantadora Paris, à qual toda a Europa acorria para se distrair e esquecer suas preocupações. Que gente horrível."

Paris naquele verão parecia estar cheia de "gente horrível". A violência incessante parece ter açoitado a população como uma forma curiosa de embriaguez. Na Assembléia Nacional, um deputado esquerdista da Dauphiné, chamado Antoine Barnave, defendeu o assassinato de Foulon com as palavras: "Por que tanta confusão? Será que o sangue de Foulon é assim tão puro?" E, como pior exemplo de mau gosto, uma certa chapeleira, não mademoiselle Bertin, lançou uma nova fita na *"couleur du sang de Foulon"* (cor do sangue de Foulon). Enquanto Paris aceitava a violência, Versalhes continuava a ignorá-la. Apenas três dias depois de um membro de seu governo ter sido assassinado nas ruas da capital, o rei ia caçar nas florestas de Rambouillet.

CAPÍTULO 29

NAQUELE VERÃO LONGO e quente de 1789 a revolução se estendeu a todos os cantos da França. E no final de julho ocorreu o que se tornou historicamente conhecido como o "Grande Medo" quando, num dado dia e hora, cavaleiros misteriosos apareciam em várias cidades e aldeias, aterrorizando a população ao anunciar que exércitos de bandidos estavam a caminho, que forças estrangeiras planejavam invadir o país para restaurar o poder perdido do rei e que as tropas do imperador, convocadas pela rainha, estavam vindo dos Países Baixos austríacos. Uma campanha sistemática de ódio incitando o povo contra os "aristos", os camponeses contra seus senhores, varria todo o campo. Proprietários de terras, os bons e os maus, sofriam igualmente nas mãos de seus aterrorizados arrendatários, os quais acreditavam que mercenários estrangeiros estavam a caminho para abatê-los a tiros. Não havia mais nenhuma autoridade central, os administradores do rei haviam abandonado seus postos, seus soldados fraternizavam com os rebeldes e as tentativas de reunir milícias locais para proteger as propriedades fracassaram na medida que a maioria ou se juntava aos manifestantes ou estava amedrontada demais para resistir.

Os cavaleiros misteriosos e a criação de um pânico fictício foi apenas um fenômeno passageiro. Mas foi o suficiente para que cada senhor de terra, cada castelã, pecebesse que não podia mais dormir em paz em suas camas. Somente na província de Dauphiné, 70 castelos foram queimados em um mês, a maior parte deles pertencentes aos nobres que, em 1788, haviam se destacado na defesa dos privilégios e direitos dos *parlements* contra o governo. Nos dias do "Grande Medo", o marquês de Ferrières, de mentalidade liberal, que sempre fora hostil à corte de Versalhes e deveria permanecer na França, sobrevivendo ao Medo, percebeu claramente o futuro quando escreveu a sua esposa:

> Esta revolta contra a nobreza é generalizada. Entre os deputados há pessoas que nos odeiam sem saber por quê. Seu ódio é tão mais forte e ativo na medida em que não tem causa definida. Não param para pensar que vão terminar sendo vítimas dos problemas que provocaram, que o povo que incitam contra nós terminará se voltando contra eles com força ainda maior.

Quando os Necker foram chamados de volta à França, ficaram chocados com a devastação do campo, o que confirmou para madame Necker a opinião de que teria sido muito melhor para o marido ter permanecido em Coppet do que se tornado primeiro-ministro de um país em circunstâncias que só poderiam terminar por manchar sua reputação. Mas Necker, como Lafayette, ainda acreditava que seu carisma era suficiente para controlar *"les enragés"*, e que seus talentos financeiros poderiam devolver a prosperidade à França. A atmosfera soturna de Versalhes logo serviu para afastar essas ilusões. Aqueles entre seus colegas que já haviam chegado estavam desanimados com a apatia mostrada pelo rei, que havia se dissociado completamente da política, enquanto a rainha passava a maior parte de seus dias com os filhos no Trianon. Na Assembléia Nacional, a maioria dos deputados tinha tanto medo de ofender o povo que os poucos que ousavam denunciar os excessos cometidos em Paris, a queima dos castelos e os maus tratos infligidos a seus proprietário, eram prontamente silenciados pelos gritos dos demais.

O rei, que saíra para caçar, não estava em Versalhes para receber Necker em sua chegada. Tendo sido forçado a convocá-lo contra sua vontade, ele não via nenhum motivo para privar-se de um dia de seu esporte. A rainha, no entanto, que aprendera nos últimos meses a dissimular, conseguiu dar-lhe boas-vindas com alguma graça, mas foi uma acolhida ainda expressa de uma maneira pomposa, que não combinava absolutamente com os tempos, "conclamando sua lealdade para com o rei, a gratidão que ele devia por ter sido reconvocado". Necker, com um pouco de falta de tato respondeu "que era seu dever ser leal ao rei, mas que ele não via nenhum motivo para ser grato". A rainha mordeu os lábios e corou, em seguida voltou-se para dizer algumas palavras gentis a madame Necker, que a essa altura gostaria de estar a mil milhas de Versalhes.

Entre os que deixaram a França no mesmo dia em que Iolanda de Polignac estava o abade Vermond, cuja partida, aconselhada e facilitada pelo conde Mercy d'Argenteau, foi para Maria Antonieta uma perda quase tão grande quanto a de sua "mais querida amiga". Vermond tinha sido seu primeiro contato na França, seu primeiro laço com Choiseul. E apesar de muitas vezes, nos seus anos frívolos, ela o ter tanto negligenciado quanto esquecido, este sempre permaneceu ao fundo, infalivelmente leal e jamais traindo uma confidência. Mas o apoio de Vermond ao odiado Loménie de Brienne o havia tornado tão impopular quanto os Polignac. E o embaixador austríaco, que agora achava mais prudente limitar suas próprias visitas a Versalhes, arranjou as coisas para o abade, que muitos acusavam de ser um agente austríaco, deixar o país o mais depressa e discretamente possível.

"A rainha está bem e assume a única posição possível, que é a de viver retirada, cuidando dos seus filhos", escreveu o imperador a seu irmão Leopoldo. E na carta freqüentemente citada que dirigiu a sua nova governanta, madame de Tourzel, Maria Antonieta analisava as personalidades de seus filhos, revelando um julgamento e uma percepção até então insuspeitados: "Sempre acostumei meus filhos a confiar em mim completamente. E, quando fizerem alguma coisa de errado, contarem-me eles mesmos. Quando ralho com eles tento dar-lhes a impressão que estou mais magoada do que zangada. Eu os fiz compreender que se digo sim ou não, isso é irrevogável, mas sempre tento dar-lhes uma boa razão para minha decisão."

Em sua descrição do Delfim de quatro anos, a quem ela chama de seu *"chou d'amour"*, já vemos as características que iriam transformar com tanta facilidade aquela pobre criança atordoada num pequeno jacobino desbocado. "Ele é muito indiscreto e sempre pronto a repetir o que quer que ouça, e freqüentemente, sem na verdade querer mentir, ele acrescenta coisas de acordo com a sua fantasia. É o seu maior erro, um erro que deve ser corrigido." Seus filhos eram sua única alegria, a única coisa que a unia a Luís e a ajudava a esquecer seus erros e seus equívocos. Em uma de suas primeiras cartas a madame de Polignac, que agora estava em segurança na Suíça, ela escreveu:

> Meu coraçãozinho querido, fiquei tão emocionada lendo suas cartas. Não pense que eu possa esquecê-la... Sua amizade e os meus filhos são os meus únicos consolos. Pelo bem do meu filho, jamais desistirei, e supor-

tarei minha triste existência até o seu amargo fim. Somente a infelicidade nos dá consciência de nós mesmos e do sangue que corre em nossas veias e que nunca nos deixa sucumbir. Aqui é muito mais provável que pereçamos através das fraquezas e erros de nossos assim chamados amigos, do que através das maquinações de nossos inimigos.

Mas Maria Antonieta nunca aprendeu a distinguir seus inimigos dos seus amigos. Muitas vezes ela podia ter conquistado um partidário leal e devotado, se não tivesse sido cegada pelo preconceito e pelo orgulho. Muitos anos depois, ao descrever os eventos daquele último verão em Versalhes, madame de la Tour du Pin relembrou certas ocasiões em que Maria Antonieta perdeu suas últimas oportunidades de reconquistar sua popularidade perdida.

Ela escreveu:

No dia da festa de São Luís é tradição que os magistrados e as autoridades municipais de Paris venham a Versalhes oferecer os seus melhores votos ao rei. Este ano a guarda nacional quis partilhar desse privilégio e *monsieur* Lafayette trouxe toda a sua equipe para ser apresentada. A rainha os recebeu formalmente. Ela estava sentada no trono, coruscando de diamantes, as duquesas, sentadas em seus banquinhos à sua esquerda e à sua direita, estavam todas usando roupas da corte, enquanto todo o seu conjunto de damas e cavalheiros, excluindo uns poucos que já tinham partido para o campo, estavam atrás dela. O escudeiro anunciou: "A cidade de Paris", e a rainha esperou que *monsieur* Bailly lhe rendesse a costumeira homenagem de se agachar sobre um joelho, em vez do que ele fez apenas uma reverência muito pequena, ao que ela respondeu com uma rapidíssima inclinação da cabeça, o que não era suficientemente amigável. Quando Lafayette veio para apresentar os oficiais de sua equipe, todos viram a rainha corar como se estivesse sob a tensão de uma emoção profunda. Então, balbuciando umas poucas palavras, com voz trêmula, ela os despediu com um brevíssimo aceno. Todos saíram muito aborrecidos com a rainha.

Esta foi uma das muitas ocasiões em que Maria Antonieta, que sabia encantar com tanta facilidade, poderia ter conquistado os corações daqueles jovens oficiais impressionáveis, em vez de ter se deixado dominar pela sua antipatia por Lafayette. Como nora do ministro da Guerra do governo de Necker, a marquesa de la Tour du Pin desempenhou um papel de liderança na estranha vida social desse último verão de Versalhes. Num momento em que muitas de sua classe já estavam sendo assassinadas em suas casas e outras haviam tomado a estrada do exílio, ela ainda podia escrever que tinha muito pouco em comum com a esposa de ministro, que pertencia à *noblesse de robe,* e que nunca havia freqüentado Versalhes. Um mundo novo, no entanto, já abria caminho através dos portões dourados do palácio do Rei Sol. Presidindo como anfitriã os jantares festivos dados no ministério da Guerra, madame de La Tour de Pin recebia deputados do terceiro estado, e suas memórias trazem uma das primeiras descrições de Robespierre, formalmente vestido "num casaco verde maçã com o seu espesso cabelo branco maravilhosamente penteado". E ela acrescenta um detalhe curioso de que "Mirabeau era o único dos deputados que nunca visitava nenhum dos ministros e, portanto, nunca era convidado."

A volta de Necker se deu muito tarde para poder melhorar a situação. A falta de víveres provocada pelas péssimas colheitas de 1788 e pela pilhagem dos silos e das fazendas tornou-se ainda mais grave, e agentes subversivos espalharam os rumores de que o governo estava escondendo os cereais. Por toda a França as pessoas marchavam até as prefeituras, gritando por pão. Os tumultos eram acontecimentos diários. A anarquia era feroz e, num espaço de um mês, seis mil passaportes foram fornecidos aos franceses que queriam deixar o país. Mas ainda se falava da "gloriosa revolução". E jovens que haviam lutado na guerra americana de independência ainda sustentavam os ideais de "Liberdade, Igualdade, Fraternidade", e faziam consultas ao sr. Jefferson, ministro americano em Paris, a respeito do texto da nova constituição.

O 4 de agosto viu o espetáculo extraordinário de uma renúncia voluntária dos privilégios feudais, por parte dos deputados da nobreza. Num discurso arrebatador, o cunhado de Lafayette, o jovem visconde de Noailles, que, como filho caçula, tinha muito pouco a perder, conseguiu inspirar seus companheiros da nobreza a adotar medidas que, praticamente, significavam sua ruína. No que só pode ser descrito como um estado de espírito de histeria de massas, pares do reino e prelados disputavam uns com os outros quem renunciava a mais dízimos e tributos, direitos senhoriais e taxações. É significativo que nem Mirabeau nem o abade Sieyès, os dois membros mais inteligentes da Assembléia, tenham participado dessa seção, que alega ter destruído numa única noite todo o sistema feudal, mas que à luz fria do dia revelou estar sujeita a muitas revisões e modificações e que, acima de tudo, não podia se tornar válida sem o consentimento do rei.

Luís, ao menos desta vez, foi firme, escrevendo ao arcebispo de Arles, "não consentirei nunca na espoliação de meu clero e de minha nobreza, nem sancionarei qualquer decreto que os prive de alguma forma." A declaração dos Direitos do Homem, concedendo igualdade civil a todos e proclamando a soberania absoluta da nação, colocou o rei em oposição direta tanto à Assembléia Nacional, quanto a seu próprio governo, onde Necker havia feito um acordo secreto com os líderes da esquerda. Confrontados com sua resistência passiva, os revolucionários sentiram que chegara o momento de encenar um novo *coup d'état*. Mas desta vez seu alvo seria o palácio de Versalhes.

Diante dos rumores perturbadores de uma marcha contra Versalhes, o ministro da corte do rei, agindo em conjunto com as autoridades municipais, decidiu que tropas adicionais deveriam ser trazidas para reforçar a guarnição local, que consistia de 300 homens da guarda pessoal do rei, 200 *chausseurs de Lorraine* e a recém-reformada guarda nacional.

A chegada do regimento de Flandres, que viria a deflagar os acontecimentos desastrosos do 5 e do 6 de outubro, aconteceu numa atmosfera amigável, com os vários regimentos, incluindo a guarda nacional, unidos em sua lealdade à Coroa. Versalhes estava calma e Maria Antonieta escreveu a Iolanda de Polignac: "As coisas parecem ter mudado para melhor. Estou descobrindo todos os tipos de gente sincera e verdadeiramente ligada a nós, gente em quem eu nunca sequer pensei." Seu otimismo também pode ser devido ao fato de que Axel Fersen estava de volta de Valenciennes, onde seu regimento havia se destacado na supressão de um motim. Mas certos deputados da Assembléia Nacional já estavam tentando eliminar os regimentos estrangeiros, e Fersen estava agora de licença, indo todos os dias, a cavalo, até o Trianon, o perfeito cavaleiro andante para uma rainha desafortunada, mas infelizmente o mais incompetente de todos os conselheiros.

Nos últimos dias de setembro, toda Versalhes estava *en fête* para celebrar a chegada do regimento de Flandres e, na noite de quinta-feira, 1º de outubro, a guarda pessoal do rei seguiu o costume de dar um banquete em honra do regimento que chegava. O rei dera seu consentimento para que isso acontecesse no teatro do palácio, que às vezes era usado para bailes, e foi ali, no belo teatro azul e dourado de Gabriel, inaugurado no dia de seu casamento, que Maria Antonieta iria participar de sua última cerimônia pública em Versalhes.

Ela não queria estar presente e foi só no último momento que uma jovem dama de companhia a convenceu, com o argumento de que isso divertiria o Delfim. Ela havia sofrido tanto com a doença de seu filho mais velho que gostava de exibir aquela criança bonita e saudável, um pequeno extrovertido e feliz que adorava o aplauso. O rei, que acabara de voltar da caça, acompanhou a família até o camarote balaustrado que ficava de frente para o palco, onde 200 oficiais jantavam a uma mesa em forma de ferradura.

Uma tremenda ovação saudou sua chegada e o salão ressoou com os gritos de "Viva o rei! Viva a rainha! e "Viva *monsieur le Dauphin!*" A orquestra tocou uma ária de Grétry, o compositor favorito da rainha, *"O Richard O mon Roi, l'univers t'abandonne, sur cette terre il ny'a que moi qui s'interesse à ta personne"*. A atmosfera estava carregada de emoção e, num momento de entusiasmo, a família real desceu para o palco. Um guarda suíço pôs o Delfim sobre a mesa do jantar e ele caminhou por ela do princípio até o fim, sem derramar um único copo. Os gritos de viva foram soando cada vez mais altos e o rei e a rainha saíram com as saudações ainda ecoando em seus ouvidos — uma calorosa demonstração de lealdade de um tipo que eles não recebiam há meses, mas que a imprensa marrom de Paris logo transformou numa orgia. Pode ter havido muita embriaguez depois que eles partiram. Algumas coisas tolas podem ter sido ditas; uma bela dama do palácio em um dos camarotes pode ter sido suficientemente imprudente para transformar suas fitas em insígnias brancas substituindo a tricolor. Num outro jantar, ocorrido dois dias depois na escola de equitação real, os convidados podem ter se refreado ainda menos, a bebida pode ter sido ainda mais pesada. Brindes eram tomados e palavras eram ditas que os Marats e os Desmoulins, os abutres pagos para provocar agitação, estavam prontos a distorcer. "A tricolor foi pisoteada. A própria rainha distribuiu insígnias brancas, como sinal de uma contra-revolução. E na noite de sábado, na escola de equitação, oficiais da guarda pessoal do rei ameaçaram marchar sobre a Assembléia." Na segunda-feira, toda Paris estava enfurecida, e o cenário estava pronto para a marcha das mulheres sobre Versalhes.

Naquela manhã não houve pão para se comer em Paris. As padarias estavam fechadas e uma escassez de víveres foi astutamente encenada. Grandes multidões de mulheres se reuniam nos mercados centrais e nos bairros mais pobres de St Antoine. Peixeiras e prostitutas, lado a lado com mulheres bem vestidas e de cabelos empoados, todas clamavam por pão. Às nove e meia da manhã elas haviam invadido o Hôtel de Ville e levado a municipalidade, aterrorizada, a tocar o sino de alerta, o que serviu para espalhar o alarme. As centenas se transformaram em milhares, muitas delas armadas com espetos e foices, até mesmo com machados, e entre elas havia homens disfarçados — *agents provocateurs*, que mais tarde se disse terem sido pagos pelo duque de Orléans. Seria tudo isso obra de Laclos, com sua mente brilhante e amargurada, ou eram outras forças subterrâneas que agiam para levar o rei para Paris e mantê-lo como prisioneiro da Revolução?

Agora não eram apenas as mulheres, mas elementos da guarda nacional, composta pelos *gardes français* insatisfeitos, que exigiam uma marcha sobre Versalhes para se vingar o insulto à tricolor, e todo o apregoado carisma de Lafayette foi impotente para dissuadi-los. Ameaçado e insultado, ídolo de ontem, o herói de dois mundos foi instruído pelas autoridades municipais para acompanhar dois de seus delegados a Versalhes e trazer o rei de volta a Paris. Não deve ter sido uma experiência agradável para o jovem e elegante marquês liderar suas tropas rebeldes à testa de uma horda de mulheres bêbadas, que ia engrossando ao longo da estrada, invadindo as tabernas no caminho, aterrorizando as aldeias por onde passavam, gritando obscenidades contra a rainha. Ele fora o primeiro a prevenir o governo que alguns dos soldados rebeldes dos *gardes français* estavam planejando marchar sobre Versalhes e que havia uma trama para assassinar a rainha. Com suprema autoconfiança, ele havia garantido aos ministros que não havia necessidade de se preocuparem, pois tinha o controle absoluto de suas tropas. Mas o glorioso general e suas tropas não apresentaram um quadro muito heróico, precedidos por uma multidão de megeras que, com risos assustadores, ameaçavam "cortar a gargantinha bonita de Antonieta, fritar seu fígado e fazer rendinhas de suas entranhas".

A uma distância de apenas 18 quilômetros de Paris, Versalhes era um outro mundo. Na manhã de 4 de outubro o rei fora caçar em Meudon e a rainha permaneceu no Trianon discutindo com seus jardineiros o arranjo dos canteiros para a próxima primavera. As nuvens se juntavam, mas o Trianon nunca pareceu mais lindo, com as últimas rosas do verão ainda em flor e as folhas já começando a cair. A rainha descansava numa gruta ao lado de um riacho quando um pajem sem fôlego veio correndo pelo gramado trazer-lhe uma mensagem do conde de St Priest, dizendo que um exército de mulheres marchava sobre o palácio.

Segundo todas as narrativas, Maria Antonieta estava sozinha no Trianon mas Fersen, que estava em Paris, em extrema ansiedade quanto à sua segurança, seguiu a cavalo o primeiro grupo de mulheres que saiu em direção a Versalhes. Ultrapassando-as *en route*, ele deve ter chegado ao Trianon a tempo de prevenir a rainha e, nos dias que se seguiram, ele parece ter estado entre o pequeno grupo de cortesãos fiéis que cercavam o Oeil de Beuf — uma figura silenciosa ao fundo, desempenhando o que para ele deve ter sido um papel extremamente frustrante. Mais tarde ele escreveu ao pai: "Eu testemunhei tudo".

Dos oito ministros que esperavam a volta do rei, St Priest era o único que tinha um plano definido que, se tivesse sido executado, poderia muito bem ter salvo a monarquia. Consistia em ter as pontes sobre o Sena em Sèvres e St Cloud guardadas por batalhões do regimento de Flandres, colocando os guardas suíços em Neuilly e mandando a rainha e seus filhos sob forte escolta para Rambouillet, onde havia uma guarnição de tropas leais. Enquanto isso o rei, com o resto de seu exército e os 800 homens de sua guarda pessoal, sairia ao encontro dos parisienses para ordenar-lhes que se retirassem. Se não fosse atendido umas poucas cargas de cavalaria seriam suficientes para dispersá-los. Ou, na pior das hipóteses, ainda haveria tempo para o rei cavalgar até Rambouillet à frente de seu exército. Três colegas, incluindo o novo ministro da Guerra, aprovaram o plano a que Necker se opôs ferozmente, dizendo a St Priest que quem quer que desse um conselho desse tipo corria o risco de perder a cabeça, ao que este respondeu que um ministro que não estava preparado para arriscar sua cabeça numa crise não tinha o direito de estar no governo. Mas quem rejeitou o plano desde o começo foi a rainha, que se recusou a se separar do rei, dizendo: "Sei que elas vêm de Paris para pedir a minha cabeça, mas aprendi com minha mãe a não temer a morte, e vou esperar ao lado do meu marido pelo que vier."

Às três da tarde o rei estava de volta de Meudon. Os conspiradores imaginaram que ele se recusaria a usar o exército contra um bando de mulheres. Isso explica terem usados centenas de homens disfarçados em roupas de mulheres, os quais, armados de cutelos e facas, caíam sobre Versalhes feito chuva, invadindo a Assembléia Nacional, enchendo de terror a todos, exceto os demagogos mais violentos, ameaçando-os e depois abraçando-os, levantando as saias para urinar nas galerias, muitos deles bêbados e vomitando nos bancos, fazendo gestos indecentes e cantando músicas obscenas. Mounier, o presidente da Assembléia e um dos democratas mais moderados, conseguiu escapar até o palácio para suplicar ao rei que reconsiderasse sua decisão de opor sua sanção à "Declaração dos Direitos do Homem", mas ficou esperando enquanto Luís recebia uma delegação de seis mulheres do mercado que apresentavam a petição. As mulheres eram jovens bonitas e o rei falou-lhes com tanta gentileza e compreensão que uma delas desmaiou, ou de emoção ou de fadiga, e todas saíram gritando, "Viva o rei!", para fúria de suas companheiras, que esperavam do lado de fora, sob a chuva. Soldados do regimento de Flandres ainda estavam enfileirados na Place d'Armes e podiam ter protegido o palácio, cobrindo a partida do rei, mas um tempo precioso foi gasto com a recusa do rei a dar qualquer ordem definitiva ou chegar a qualquer decisão. A reunião do conselho ministerial foi interrompida enquanto o rei sentava-se para jantar, comendo com o seu bom apetite habitual, com a rainha mantendo uma dignidade e uma calma extraordinárias, não demonstrando nunca o menor sinal de exasperação com o seu marido que, em resposta às súplicas de St Priest, murmurava sem parar: "Não quero ser um fugitivo." Às oito horas da noite chegaram as notícias de que Lafayette marchava sobre Versalhes com 30 mil soldados da guarda nacional, incluindo os ex-soldados dos *gardes français*. Em palavras grandiloqüentes, o general garantiu ao rei que não haveria desordem. St Priest, que tinha muito pouca fé no comando de Lafayette sobre seus homens, aconselhou uma retirada imediata para Rambouillet e, agindo por sua própria iniciativa, ordenou que os grandes portões dourados de Versalhes fossem fechados pela primeira vez na história.

CAPÍTULO 30

A ESSA ALTURA já era tarde demais para seguir o conselho de St Priest. Quando as ordens foram finalmente dadas para que as carruagens fossem trazidas dos estábulos, elas foram imediatamente cercadas por uma turba de parisienses gritando: "O rei está fugindo! Precisamos detê-lo!" Cortando as rédeas, eles subjugaram os cocheiros e espantaram os cavalos, enquanto o exército, ainda esperando pelas ordens do rei, estava sem poderes para agir. Tanto St Priest quanto La Tour du Pin, o novo ministro da guerra, ofereceram suas próprias carruagens para levar a família real em segurança, mas o rei se recusou e continuou dizendo: "Não posso me tornar um fugitivo". A rainha, que estava preparada para fazer as malas, retirou-se para os seus apartamentos com as princesas reais, enquanto suas damas assustadas ficaram sentadas, sussurrando entre si na mal-iluminada *Salle de Jeu.* As pessoas continuavam indo e vindo, trazendo notícias contraditórias. Os guardas nacionais locais, segundo se dizia, estavam atirando em seus oficiais. As tropas da corte estavam sendo atacadas com pedras e garrafas. Temendo pela seguança deles, muito mais pela sua própria, e agindo em grande parte segundo os conselhos de Necker, o rei tomou a decisão extraordinária de ordenar que tanto a sua guarda pessoal quanto o regimento de Flandres deixassem seus postos e fossem acampar no parque. Exceto por uns poucos elementos de sua guarda pessoal, todo o grande palácio agora dependia, inteiramente, para sua defesa, da guarda nacional de Versalhes, gente sem treinamento, e dos ex-*gardes français* comandados por Lafayette.

Era quase meia-noite quando Lafayette chegou, exausto e salpicado de lama, tendo cavalgado sete horas sob a chuva. Deixando seus homens na Place d'Armes, foi direto até o rei, atravessando o Oeil de Boeuf, ainda cheio de cortesãos, um dos quais murmurou: "Aí vem Cromwell". Ouvindo essas palavras, o general respondeu: "Cromwell não teria vindo sozinho". Esquecendo o triste papel que ele havia desempenhado no começo do dia, dirigiu-se ao rei no estilo heróico: "Sire, trouxe-lhe minha cabeça para salvar a de Vossa Majestade. Se meu sangue precisar ser derramado, que seja a serviço do meu rei e não enforcado num poste na Place de Grèves". Luís, que não ligava a mínima para frases heróicas, não ficou impressionado. Mas estava preparado, não obstante, para acreditar nas garantias de Lafayette de que os ex-*gardes français* não queriam nada mais do que tomar parte na defesa do Palácio. Já passava muito da meia-noite agora, e tanto o rei quanto o general estavam profundamente exaustos e querendo ir para a cama. Com uma massa de arruaceiros criminosos acampados do lado de fora dos portões, gritando: "Morte à puta austríaca!", e bandos de rufiões armados rondando a cidade, Luís, para citar as palavras do jornalista Rivarol, "entregou tudo a um general que não tinha certeza de nada". À uma hora da manhã, Lafayette deixou o apartamento do rei e anunciou que Sua Majestade se retirava por aquela noite e aconselhava a todos que fizessem o mesmo. Fez então uma última ronda de inspeção e, sucumbindo ao cansaço, tomou a decisão fatal de deixar o palácio e ir para seus aposentos no vizinho Hôtel de Noailles, o que lhe valeria o apelido, dado por Rivarol, de "General Morpheus".

Não foram muitos os que conseguiram dormir naquela noite. Em seus aposentos dando para o pátio dos ministros, St Priest ficou deitado, ouvindo os ruídos ameaçadores lá fora. Ao alvorecer, ele se levantou e foi para a sacada, de onde subitamente viu um dos portões se abrindo e uma horda de bandidos armados invadindo os pátios e correndo a toda velocidade em direção ao pátio dos príncipes, de onde uma escadaria dava diretamente para os apartamentos reais. Ele escreveu: "Eles passaram sob minha janela sem me ver. Fiquei ali por algum tempo e logo eles voltaram, arrastando consigo uma dúzia dos guardas do rei, a quem pretendiam massacrar quando o general Lafayette, despertado de seu sono, felizmente apareceu acompanhado por uma guarnição de granadeiros dos ex-*gardes français,* que conseguiram resgatá-los. Mas não antes de duas das sentinelas de guarda na entrada dos apartamentos reais terem sido capturadas e decapitadas pelos mais selvagens entre os bandidos, enquanto as megeras bêbadas que se reuniram em torno banhavam as mãos em seu sangue."

St Priest observou tudo de sua janela, uma das muitas testemunhas visuais daquele dia de horror, quando a rainha, que conseguira conciliar o sono por umas poucas horas, foi acordada por duas de suas damas, cuja coragem e iniciativa provavelmente salvaram-lhe a vida. Desobedecendo suas ordens de irem para a cama, elas fizeram barricadas em sua porta e passaram a noite toda sentadas do lado de fora de seu quarto. Eram seis horas da manhã quando ouviram o barulho dos pés que se aproximavam e os gritos ameaçadores dos bandidos vindo pelas escadarias de mármore em busca da rainha. Um jovem guarda heróico que tentou barrar-lhes o caminho foi derrubado com a soleira de uma espingarda e, com o rosto todo coberto de sangue, teve tempo apenas de gritar: "Salvem a rainha! Eles vieram para matá-la", antes de desmaiar. Com imensa presença de espírito, as duas jovens escancararam a porta e correram para a rainha, pedindo-lhe que não parasse para se vestir, mas fosse direto até o rei. Pulando da cama, vestindo apressadamente uma camisa e uma anágua, jogando uma capa nos ombros e ainda com as meias na mão, Maria Antonieta, seguida por suas damas, correu descalça pela passagem secreta que ligava seu quarto de dormir com o Oeil de Boeuf e com os apartamentos do rei, para descobrir que a porta estava fechada por dentro. Gritando por socorro, ela ficou batendo na porta e, após o que lhe deve ter parecido uma eternidade, mas que provavelmente não passou de uns poucos minutos, esta foi aberta por um valete assustado que lhe disse que o rei tinha saído em sua procura. Acordado pelo barulho, o primeiro pensamento de Luís foi para sua esposa. Usando outras das muitas passagens subterrâneas que corriam sob o Oeil du Boeuf (passagens construídas em tempos mais felizes, visando a colocar o jovem rei tímido em contato mais íntimo com sua esposa), ele correu até os apartamentos dela, para descobrir que ela tinha ido embora. Mas, alguns momentos depois, a família toda estava unida no apartamento do rei. Em seus quartos, dando para os jardins, os filhos reais estavam dormindo pacificamente, quando sua governanta foi acordada por um dos guardas para dizer-lhe que o palácio havia sido invadido. Seguindo as instruções dadas pela rainha, madame de Tourzel levou seus pupilos imediatamente até o rei. Banhada em lágrimas, com os braços do marido em torno dela e com as crianças aterrorizadas agarradas a seus joelhos, Maria Antonieta ouviu os gritos ameaçadores se aproximando cada vez mais, e as batidas nas portas do Oeil de Boeuf — até que, de repente, os sons se transformaram numa disparada de pés fugindo, de tiros isolados e de gritos de oficiais reunindo seus homens. O extraordinário carisma de Lafayette havia triunfado e os granadeiros dos *gardes français* haviam unido suas forças à guarda pessoal do rei, para limpar o palácio. A rainha voltou a seu quarto, o qual, de acordo com várias narrativas, havia sido profanado pela malta que, tendo perdido sua presa, havia dado vazão a sua fúria enterrando os espetos em sua cama e rasgando as cortinas brocadas. Isso foi negado por madame Campan que, apesar de não estar presente naquela noite, deixou uma das narrativas mas explícitas da manhã de 6 de outubro, descrevendo como os sentinelas sitiados buscaram refúgio no quarto da rainha, protegendo-a dos bandidos. Como ela ainda estava usando apenas sua capa e uma anágua, uma de suas damas trouxe-lhe um vestido, uma roupa feminina e encantadora, de listas brancas e amarelas, do tipo que costumava usar de manhã cedo para receber a primeira visita do rei, mas curiosamente inadequado para esta ocasião, quando, com o rosto pálido e o cabelo desalinhado, ela entrou no Oeil de Boeuf, a essa altura cheio de gente, muitos dos quais, morando em outras partes do palácio, até então não tinham sabido de nada. Entre esses estavam madame Elisabete e o conde e a condessa de Provence; a aparência elegante e impecável de Monsieur deve ter sido particularmente irritante para aqueles que, como Axel Fersen, haviam mantido vigília toda a noite nas vizinhanças dos apartamentos reais.

O palácio estava limpo. Mas os pátios eram uma massa fervilhante de gente zangada, frustrada — gente mais parecida com animais do que com seres humanos. De alguma forma eles haviam descoberto um canhão, que arrastaram até a Place D'Armes e apontaram ameaçadoramente em direção ao palácio. Outros desfilavam em triunfo as cabeças das sentinelas assassinadas, enfiadas nas pontas dos espetos e, entre a multidão, agitadores vestidos com roupas de mulher, com os bolsos cheios do ouro de Orléans, incitavam seus camaradas a se voltarem contra Lafayette, que os havia traído em favor do rei. Havia aqueles que mais tarde alegavam ter visto o próprio duque de Orléans misturado com o povo. Outros chegaram a dizer que ele mesmo havia dirigido o assalto ao quarto da rainha.

Mas as provas finais mostraram que ele passara a noite toda no Palais Royal, tendo chegado a Versalhes já com o dia alto, quando parece ter ficado intimidado e constrangido pelo entusiasmo que provocou em meio ao populacho.

Quaisquer que tenham sido as faltas de Lafayette, ele certamente era corajoso. Com uma confiança que deve ter estado longe de sentir, caminhou direto para a câmara de conselho do rei e disse a Luís e seus ministros — nenhum dos quais, nem mesmo Necker, tinha qualquer conselho a dar — que a ordem só poderia ser restaurada se Sua Majestade fosse ao balcão e falasse com o povo. O balcão se projetava do quarto de dormir de Sua Majestade, onde toda a família real, incluindo as velhas tias, estava reunida. Maria Antonieta ficou de pé à janela, olhando com uma expressão triste um povo que aprendera a odiá-la. Ao lado dela estavam sua filha e madame Elisabete, enquanto o pequeno Delfim, de pé numa poltrona, brincando com os cachos de sua irmã, queixava-se de que tinha fome. Tudo o que ela podia fazer era abraçá-lo e dizer-lhe que ele teria de esperar até que o tumulto passasse. Mas será que passaria? O rei, que estava sempre pronto a se sacrificar no lugar de qualquer um de seus súditos, foi até o balcão, onde foi saudado com uns poucos gritos de aclamação isolados. Ele tentou falar, mas sua voz foi coberta por gritos reiterados de "Para Paris! Para Paris! Queremos nosso rei em Paris!". Outros gritos, mais sinistros e mais insistentes, continuavam a dizer: "Mostrem-nos a rainha, queremos ver a rainha!"

Nos aposentos reais todos prenderam a respiração. Até Lafayette empalideceu. Mas Maria Antonieta não fraquejou nem por um momento. Com o cabelo desalinhado e o rosto sem ruge, a cabeça pequena ereta, ela nunca pareceu mais magnífica do que quando, segurando os filhos pela mão, chegou à sacada para enfrentar a malta parisiense. "Nada de crianças!", gritou a turba, e ela virou-se calmamente para devolver os filhos à governanta, antes de retornar ao balcão. Durante dois minutos ela permaneceu completamente imóvel, enquanto mosquetes já carregados eram apontados para sua cabeça e as megeras gritavam desaforos. Mas tal era o seu magnetismo, o efeito que sua presença tinha sobre as multidões, que um a um os mosquetes foram abaixados e os gritos se calaram. E de repente foram ouvidos brados de *"Vive la Reine!"*, ao que a rainha, com um gesto que nem mesmo sua heróica mãe teria igualado, lançou como resposta uma profunda mesura. "Que estranho", escreve Rivarol, "que esta mulher, tão impopular e tão vilmente caluniada, seja capaz de, pela pura mágica de sua presença, reconquistar seu prestígio e despertar admiração no momento em que se vê face a face com as massas." E então Lafayette, que não resitia nunca a uma ocasião dramática, passou ao balcão e beijou-lhe a mão. E aqueles que estavam prontos a assassinar sua rainha e considerar Lafayette traidor, agora aderiam aos demais, gritando *"Vive la Reine!"* e *"Vive monsieur de Lafayette!"*

Havia lágrimas nos olhos da rainha, ela que, apenas um momento atrás, se mostrara tão calma e composta. Não eram lágrimas de medo, nem lágrimas de tristeza, simplesmente lágrimas de raiva. Em toda a sua vida, Maria Antonieta nunca odiou tanto alguém quanto agora odiava Lafayette, que ousara humilhar seu rei e os levaria para Paris como prisioneiros do povo. Ele perguntara-lhe: "Quais são suas intenções, madame?", ao que ela respondeu: "Qualquer que seja o meu destino, meu dever é morrer aos pés do rei, com meus filhos nos braços". E ela só sucumbiu quando voltou para o quarto e, com a voz estrangualada de soluços, voltou-se para madame Necker, dizendo: "Eles vão nos forçar a ir para Paris, precedidos pelas cabeças de nossos guardas chacinados".

Vinte e quatro horas antes, St Priest havia prevenido o rei Luís de que ir para Paris significava perder o trono. Mas agora não havia alternativa, e à uma e meia da tarde a trágica procissão partiu de Versalhes. E talvez o mais trágico de tudo fosse que a cidade, que nos últimos 150 anos havia prosperado em torno da corte e se beneficiado da generosidade do atual rei, agora celebrava sua partida com uma exibição indecente de alegria. De cada sacada, de cada telhado, vinham os gritos de *"Vive la Nation!"*, e nunca de *"Vive le Roi!"*

Agindo sob o choque dos recentes acontecimentos, o rei e a rainha estavam alquebrados demais para tomar a menor iniciativa, e todos os arranjos foram feitos por Lafayette. O filho do ministro da guerra foi posto no comando de dois batalhões, um de guardas suíços, o outro da guarda nacional, que deviam ficar para trás e evitar o saque do palácio. E a única vez em que o rei demonstrou qualquer emoção foi antes de entrar na carruagem, quando voltou-se para o jovem oficial e disse: "O senhor agora está no comando. Tente salvar minha pobre Versalhes para mim".

Houve inúmeras narrativas daquilo que para o rei e a rainha deve ter sido uma viagem de pesadelo. O coche real foi precedido por carroças de trigo retirado dos estoque de Versalhes, escoltadas por soldados da guarda nacional e por centenas de mulheres dos mercados, brandindo as cabeças dos guardas massacrados, rindo e cantando, como se estivessem tomando parte em alguma monstruosa bacanal; outras, seminuas, viajando montadas nos canhões, pulando nas costas dos soldados, derrubando seus quepes, fazendo-lhe propostas indecentes e gritando para as multidões que se enfileiravam nas estrada: "Estamos levando o padeiro, a mulher do padeiro e o menininho do padeiro". Em seu cavalo branco, Lafayette pouco fez para controlar a turba, e os granadeiros que seguiam atrás do coche real não tinham ordens de proteger o rei dos insultos, enquanto a leal guarda pessoal, muitos deles feridos e ainda vestindo suas camisas manchadas de sangue, estava desarmada e impotente. No final do cortejo vinha uma longa fila de carruagens — os restos da maior corte da Europa, seguidos por 100 deputados da Assembléia Nacional, que a partir de agora realizaria suas sessões em Paris.

Cavalgando ao lado do coche real, um símbolo da lealdade do passado, vinha o mais antigo dos guardas pessoais do rei, que em todo o decorrer do trajeto manteve uma mão firme na porta, enquanto do outro lado cavalgava o jardineiro escocês do conde d'Artois, agora a serviço da rainha, o único que teve a coragem de protestar quando alguns rufiões bêbados dispararam um mosquete por cima de suas cabeças. Apesar das muitas narrativas contraditórias, estas eram as duas únicas pessoas, do lado de fora do coche, a quem a rainha dirigiu uma palavra em todas as seis horas de viagem. Sentada no fundo do coche, com o Delfim em seus joelhos, a quem ela ficou sussurrando palavras de conforto e carinho, Maria Antonieta não parecia ver nem ouvir o que se passava lá fora.

A chuva parara. Era um belo entardecer de outono no momento em que o longo cortejo desajeitado chegou às cercanias de Paris, e as árvores do Bois de Boulogne estavam banhadas por um véu dourado de névoa. Em Auteuil as ruas estavam vazias, como se os habitantes não quisessem ver a humilhação de seu rei. Mas no terraço de uma casa em Passy encontrava-se o duque de Orléans com seus filhos e sua governanta, obviamente satisfeito em ver como Laclos gastara bem o seu dinheiro, ainda que ao mesmo tempo constrangido pelas saudações. O rei Luís viu seu primo de pé no terraço e desviou o olhar com nojo. Lafayette viu também, e se havia uma coisa que ele e Maria Antonieta tinham em comum era seu ódio pelo duque de Orléans. Naquele dia, ele jurou que o faria pagar pelos excessos de Versalhes.

O prefeito de Paris estava esperando para receber seus soberanos na barreira de Chaillot, apesar daquela ser dificilmente a ocasião de boas-vindas oficiais. Por mais brilhante que fosse como acadêmico e como astrônomo, Bailly parece ter sido, nessa ocasião, sigularmente inábil na escolha de suas palavras. Se não tivesse sido tão ultrajada, Maria Antonieta poderia ter rido do absurdo que era ele dizer: "Que belo dia este que trouxe Sua Majestade e Sua augusta consorte para estabelecerem residência na capital, com o principezinho que crescerá para ser tão nobre e tão justo quanto Luís XVI." Mas Luís respondeu ao seu modo direto e gentil: "Só espero que minha vinda para Paris ponha um fim à ilegalidade e traga a paz e a ordem de volta à cidade". Eles tinham a esperança de ir direto para as Tulherias, mas ainda tiveram de enfrentar a provação de novas boas-vindas, no Hôtel de Ville. Quando a rainha pediu que ela e seus filhos tivessem a permissão de ir diretamente para o palácio, disseram-lhe de forma até bastante rude que seria mais seguro para ela permanecer com o rei.

A cena mudou na Place de Grèves, que estava repleta de gente decente, bem vestida, todos autenticamente felizes de verem seu rei em Paris. Lá já não estavam as megeras bêbadas que, derrubadas por seus próprios excessos, haviam se retirado para seus covis, nem os rufiões armados que, tendo recebido suas pagas, foram gastá-las nas tavernas. No final de um dia estarrecedor, Luís e Maria Antonieta ouviram novamente os gritos reconfortantes de "*Vive le Roi!*" e até "*Vive la Reine!*"

Eram 10 horas da noite quando chegaram às Tulherias, o palácio amplo e dilapidado onde nenhum rei da França havia residido desde que Luís XV ali morara quando menino, onde Luís XVI nunca passara uma só noite, mas onde Maria Antonieta sempre manteve um pequeno apartamento para suas visitas ocasionais ao teatro. Ali a família real acampou na primeira noite, enquanto em torno deles havia caos e confusão, com ministros, cortesãos e damas de companhia disputando entre si a posse de uma cama, de um sofá, até mesmo uma mesa sobre a qual dormir. Mas em meio desse caos alguém teve a idéia de preparar uma ceia excelente, à qual o rei e seus cortesãos famintos fizeram plena justiça, após o que ouviu-se Luís fazer esta extraordinária declaração: "Arranjem-se da maneira mais confortável que puderem. Eu pessoalmente estou satisfeito".

CAPÍTULO 31

"Os JORNAIS DEVEM ter-lhe contado tudo que aconteceu em Versalhes. Na segunda e na terça-feira, 5 e 6 de outubro, eu vi tudo e voltei a Paris numa das carruagens da corte. A viagem levou seis horas e meia. Deus me livre de passar por outra experiência agoniante como essa", escreveu Axel Fersen ao pai dois dias após os acontecimentos. Ele não apenas fizera a viagem de Versalhes a Paris, mas ficara à espera de que os soberanos chegassem às Tulherias. Envolto numa capa escura, poderia não ter sido reconhecido por ninguém, não fosse pelos olhos aguçados do conde de St Priest, que tinha uma aversão incontrolável ao sueco belo e presunçoso. Fersen não apenas fora amante da mulher dele, mas era presumidamente o amante ou *cicisbeo* * da rainha; pouco importava se uma coisa ou outra, mas sua presença era por si mesma comprometedora para ela. Infeliz, humilhado por causa do rei que não pôde salvar, St Priest deu vazão a todo o seu mau humor em cima de Fersen, a quem disse com grande rispidez que, se ele tinha algum respeito por Sua Majestade, então seria mais prudente para ele afastar-se. Mas nas poucas semanas seguintes, antes de retornar a seu regimento em Vallenciennes, Axel estava sempre perto da rainha, ajudando-a a suportar a frustração infinita daquilo que era virtualmente uma prisão, ainda que uma prisão muito dourada. Até mesmo Fersen ficou surpreso com o luxo de seus apartamentos. Desde o primeiro dia um exército de trabalhadores fora recrutado para fazer as alterações necessárias.

* *Chevalier servant,* galante assumido de uma mulher casada (N.T.).

Cortesãos mais velhos que haviam sido alojados em apartamentos "de graça e favor", foram rapidamente expulsos. Carroças de mobília, quadros e tapeçarias forma trazidos de Versalhes. E, em poucos dias, o antigo palácio dos reis Bourbon funcionava novamente como uma corte, onde todas as velhas cerimônias reviveram — *le lever, le coucher, la messe du roi* e *le grand couvert,* tudo acontecendo sob os olhos da guarda nacional de Lafayette, na sua maior parte burgueses decentes e bem intencionados, substituindo a fiel guarda pessoal que o rei, sempre pronto a pensar na segurança dos outros, havia dispensado para que eles não arriscassem suas vidas defendendo-o. As "*grandes charges*" voltaram às suas obrigações; os embaixadores estrangeiros vinham à corte nos dias habituais e aristocratas de mente liberal, que "acreditavam" na nova ordem, mas ainda eram monarquistas, apresentavam seus respeitos com assiduidade. Cortesãos leais se reuniam em torno da Coroa, e a primeira a chegar foi Maria Teresa de Lamballe. Essa mulherzinha frágil e nervosa, que desmaiava se via um pássaro morto, teve a coragem de voltar a Paris após os acontecimentos de 6 de outubro e retomar seus deveres como *superintendante* da corte da rainha. Infelizmente ela continuava tão tola e frívola quanto sempre fora, e nem ela nem Fersen, os dois amigos mais íntimos da rainha, eram suficientemente inteligentes para representarem alguma ajuda autêntica num momento em que ainda poderia ter havido uma oportunidade de salvar a monarquia.

Por enquanto, os parisienses volúveis e voláteis pareciam estar felizes em ter seu rei e sua rainha residindo nas Tulherias. Quando Maria Antonieta acordou na manhã de 7 de outubro e ouviu o povo gritando do lado de fora de sua janela, mal conseguiu acreditar que os gritos eram amigáveis, e não ameaçadores. Após tudo que ela havia passado, ainda teve ânimo para pensar em sua toalete, escolhendo um de seus vestidos mais bonitos e um de seus chapéus mais elaborados para se apresentar à multidão, esperando desarmá-los com sua gentileza e seu charme. Logo suas próprias acusações eram intercaladas com risos, e as mesmas mulheres que no dia anterior queriam matá-la, agora gritavam "*Vive la Reine!*" e pediam uma fita de seu cabelo, uma flor de seu corpete. Com paciência infinita, Maria Antonieta tirou o chapéu e distribuiu sua fitas, e todos viram que havia riscas brancas em seu cabelo dourado, um branco devido não ao pó de arroz, mas aos horrores que ela testemunhara nos últimos dois dias.

Mais tarde naquela manhã, ela escreveu ao conde Mercy: "As coisas parecem melhores esta manhã. Não se preocupe, estou muito bem. E se fosse possível esquecer onde estamos e como chegamos aqui, estaríamos muito satisfeitos com o modo com que o povo se comporta". Mas Mercy, que era menos otimista, relatou ao imperador que "a ralé de Paris é agora senhora da França".

O pior de tudo era não ter um único momento de privacidade, pois os jardins das Tulherias ficavam abertos o dia inteiro para um público indiscreto e curioso, que metia a cara nas janelas, dizendo tanto obscenidades quanto cumprimentos. "A senhora ainda é muito bonita", ouviu a rainha em mais de uma ocasião. Durante as primeiras semanas ela fez todos os esforços possíveis para conciliar o povo: "Nós agora damos a mão a todo mundo. É muito estranho", escreveu ela em uma de suas cartas a madame de Polignac. Até mesmo madame Elisabete, que não foi sempre uma admiradora de sua cunhada, admitiu que "ninguém poderia ter mostrado mais amabilidade e mais coragem do que a rainha o fez nos últimos oito dias". O pequeno Delfim foi instruído a fazer amizade com os guardas de serviço e a acenar para a multidão. Mas toda essa amabilidade forçada era completamente alheia a Maria Antonieta, a cujo respeito a jovem madame de La Tour du Pin escreveu com um discernimento considerável: "Esta princesa marcada por uma má estrela ou não sabia como levar em consideração os sentimentos do povo, ou não estava preparada para fazê-lo. Quando estava descontente, permitia que isso se tornasse óbvio, sem pensar nas conseqüências. E isso causou grande prejuízo à causa do rei. Ela tinha o dom de uma coragem muito grande, mas muito pouca inteligência, tato absolutamente nenhum e, o pior de tudo, uma desconfiança sempre errada com relação àqueles que mais queriam servi-la". Mas é difícil culpá-la por não ter acreditado nas palavras de boas vindas oferecidas por Bailly e Lafayette, nem nos discursos retóricos das inúmeras delegações de deputados que vinham prestar homenagem a um rei cativo. Quando, apenas uns poucos dias após sua chegada, uma delegação da municipalidade de Paris falou da alegria que daria ao povo ver sua rainha mais freqüentemente no teatro, ela respondeu muito educadamente que teria um imenso prazer em aceitar esse convite, mas que seria necessário algum tempo antes dela ter se recobrado o suficiente das experiências dolorosas que lhe haviam causado tanto sofrimento. Nem era estimulante ir ao teatro, onde *Charles IX,* de André Chénier, um ataque violento à realeza, que não teria sido produzida nunca, não fosse a fraqueza de Bailly, atraía multidões enlevadas ao Théâtre Français. Nas palavras de Beaumarchais, "*Fígaro* destruiu a aristocracia, mas *Charles IX* destruiu a monarquia".

No entanto, ainda havia quem achasse que a Revolução se havia queimado. A Assembléia Nacional, que seguira o rei a Paris e que agora realizava suas sessões no Manège, a escola de equitação anexa às Tulherias, era muito mais ordeira do que havia sido em Versalhes. Mas havia também uma pequena oposição a todas as medidas radicais, propostas pela esquerda. O governo, de que Necker ainda era primeiro-ministro, não tinha nem forças nem vontade de intervir, enquanto muitos dos membros mais moderados, em protesto contra a atitude de seus colegas com relação à violência do populacho, terminaram por renunciar a seus assentos e deixar o país. Os monarquistas que ficaram tinham uma influência muito pequena, e pouco participavam dos debates.

Durante aqueles primeiros meses nas Tulherias, o rei parecia não mais do que um espectador passivo, enquanto seu país se fazia em pedaços. Apesar de não lhe ser de forma alguma proibido caçar, ele não via nenhum prazer em ir para os bosques com um homem da guarda nacional nos seus calcanhares. Privado do exercício violento que era necessário para sua saúde, e ainda um comedor compulsivo, Luís ficou mais gordo, mais letárgico e mais exasperante para sua mulher, a quem ele constantemente consultava, mas cujos conselhos raramente seguia. Monsieur, que agora vivia no Palácio do Luxembourg, onde era quase tão fortemente guardado quanto o rei, queixava-se que fazer seu irmão tomar uma decisão era "como tentar fazer três bolas de bilhar engorduradas correrem juntas". Ainda firmemente convencido do direito divino dos reis, incapaz de se adaptar ao papel de um monarca constitucional, Luís tomou o caminho perigoso de manifestar simpatia para com as reformas da Assembléia Nacional, enquanto secretamente estimulava a contra-revolução. Como um príncipe Bourbon, ele aderiu ao pacto da família. Suas confidências foram passadas ao rei da Espanha e não a seu cunhado Habsburgo, cujo zelo reformista e simpatia para com os *Philosophes* ele sempre desaprovou. Numa carta secreta dirigida ao rei Carlos IV, Luís escreveu: "Devo isso a mim mesmo. Devo-o à minha família e à casa de Bourbon, não degradar as prerrogativas sagradas que no decorrer dos séculos pertenceram à nossa dinastia. Escolho Vossa Majestade, como chefe do ramo mais jovem de nossa família, para transmitir meus solenes protestos contra todos os éditos ilegais a que, contra a vontade, fui forçado a aderir desde 15 de julho deste ano".

Mas não havia muito sentido numa carta dessas, escrita por um rei que não queria permitir que seus súditos mais devotados sacassem da espada em sua defesa. Com uma exibição de força, um pouco de firmeza, ele ainda poderia ter salvo o trono, pois até mesmo nas fileiras da Assembléia Nacional e nas esferas mais inesperadas ainda havia homens desejosos de ajudá-lo, mais do que ver seu país cair num estado de dissolução.

A mais estranha de todas as amizades políticas, que naquele ano de 1789 reuniu os elementos mais divergentes, foi a de Augusto, príncipe de Arenberg, conde de La Marck, príncipe do Sacro Império Romano e grande de Espanha, companheiro de Maria Antonieta em sua juventude e *habitué* do Trianon, apesar de nunca ter pertencido ao clã Polignac, com o conde Honoré Riqueti, agora marquês de Mirabeau, o qual, tendo acendido as primeiras chamas da Revolução, começava a perceber que era mais fácil animar o fogo do que apagá-lo. Desgostado com os excessos de 7 de outubro, excessos pelos quais ele foi injustamente considerado responsável, e vendo que *"La Revolution Bourgeoise"* estava correndo o perigo de cair na anarquia, Mirabeau conseguiu convencer o conde de La Marck de seu desejo autêntico de apoiar o rei. Em suas próprias palavras, a nau do estado estava afundando e não havia ninguém no leme. Mas como alguém poderia fazer o rei, e mais ainda a rainha, acreditar que aquele oportunista venal, acusado de estupro e incesto em sua juventude, estava sendo realmente autêntico em suas intenções? Maria Antonieta ainda estava sob os efeitos do choque dos eventos recentes. Seus sonhos eram assolados pelas cabeças dos guardas massacrados, brandidas como troféus por harpias sedentas de sangue. E tudo que ela respondeu às primeiras tentativas feitas por de la Marck foi: "Espero que nunca venhamos a ser tão infortunados ao ponto de necessitar da ajuda de monsieur de Mirabeau". Se ao menos Fersen, o único homem em quem ela realmente confiava e que, apesar das advertências de St Priest e dos guardas de Lafayette, parece ter tido acesso fácil ao palácio, pudesse ter-lhe dado alguns conselhos mais inteligentes... Mas, infelizmente, o orgulhoso e intransigente sueco considerava impossível para a sua "rainha pura e angélica" ter qualquer ligação com um patife como Mirabeau, que pedia dinheiro pelos seus serviços.

Após umas poucas semanas passadas com seu regimento em Valenciennes, um dos muitos regimentos estrangeiros que a Assembléia planejava desmantelar, Fersen retornou a Paris em janeiro de 1790, encarregado de uma missão secreta do rei Gustavo, que já não confiava mais em seu embaixador oficial, de Staël, um homem fraco completamente dominado pela esposa. Fersen permaneceu em Paris durante o ano seguinte, um ano que viu o pleno florescimento de suas relações amorosas com a rainha. Não pode haver muita dúvida de que eles tenham se tornado amantes. Nas Tulherias, Maria Antonieta se encarava como prisioneira que tinha o direito de agarrar qualquer oportunidade de liberdade. O que ela, como rainha da França, poderia ter negado a si mesma em Versalhes, a seus olhos parecia permissível nas Tulherias. Fersen parece não ter tido dificuldade em entrar e sair do palácio a qualquer hora do dia e da noite. Em abril de 1790 ele escreveu a sua irmã preferida, a condessa Cofia Piper: "Estou um pouco mais feliz, pois de tempos em tempos posso vê-la com a maior liberdade em seus apartamentos, e isso nos consola um pouco de todas as coisas desagradáveis que ela tem que enfrentar". Naturalmente, havia fofocas. O conde St Priest achou ser seu dever dizer à rainha que um guarda vira o conde Fersen deixando o palácio às três da manhã e estivera a ponto de prendê-lo. "O conde deveria ser avisado de que suas visitas contínuas ao palácio acabarão por deixá-lo em dificuldades." Mas tudo que Maria Antonieta respondeu foi: "Diga isso a ele, se for o seu dever. Pessoalmente não estou me importando nada". E as visitas continuaram como antes.

A rainha se apaixonara pela primeira vez e estava se agarrando desesperadamente a umas poucas horas de felicidade. Ela amaria Axel até o fim de sua vida, enviando-lhe da prisão sua última mensagem patética, *"Tutto a te mi guida"*.* A irmã de Axel, de mentalidade romântica, comparou-os a Tristão e Isolda, mas nenhum dos dois era capaz de uma paixão totalmente absorvente. Maria Antonieta era inexperiente e, por natureza, frígida. Fersen era um sensual vigoroso, "um vulcão coberto por um iceberg", um homem que tivera inúmeros casos com todos os tipos e classes de mulheres. Mas tinha sido sempre ele o perseguido, e elas as perseguidoras. E aquelas pelas quais ele se sentia sexualmente atraído costumavam ser mu-

---

* Em italiano: "Tudo me leva a ti" (N.T.).

lheres com os talentos de uma cortesã. A pobre Maria Antonieta não tinha esses talentos. Era uma simples alemã, tomada por um amor sentimental, mas cercada por uma auréola de realeza que levou Fersen, que encarava os Habsburgo e os Bourbon como uma raça à parte, superiores aos outros mortais, a pensar nela como "a criatura mais perfeita que já conheci", "um anjo de bondade", "a própria epítome da coragem". Ele a adorava e idolatrava como rainha da França, mas nunca esteve fisicamente apaixonado por ela como por Eleanor Sullivan.

Maria Antonieta, sem sequer suspeitar, tinha como rival a filha de um figurinista teatral de Lucca. Eleanor Franchi, que em certa ocasião teve um caso rápido mas apaixonado com o imperador José, começou sua carreira como amante do duque de Württenberg, de quem teve dois filhos. Desde então ela rodou por toda a Europa, até que chegou a Paris, onde conheceu um oficial irlandês, o capitão Sullivan, idealista o suficiente para casar-se com ela e levá-la para a Índia. Lá ela rapidamente o abandonou por Quentin Crawford, conhecido como "o Nababo de Manilha", o qual, ainda na casa dos 20 anos, fizera uma imensa fortuna nas Filipinas. Tendo ganhado esse dinheiro, ele foi viver em Paris, levando Eleanor Sullivan. Lá, sua beleza opulenta, enfeitada pelos diamantes de Crawford, fizeram-na a anfitriã perfeita de um círculo brilhante que se reunia em sua esplêndida mansão na rua de Clichy. Segundo todas as narrativas, Eleanor Sullivan tinha um fascínio extraordinário, uma daquelas mulheres-camaleão, que podiam ser tudo para qualquer homem, dom que ela parece ter passado a seu neto, um dândi célebre, o conde d'Orsay.

A irmã devotada de Fersen ficou chocada com os desvios do irmão e, pensando em Maria Antonieta, escreveu: "Rezo para que ela não saiba nunca disto, pois iria lhe causar muita dor". Mas Axel, que entraria para a História como o *"chevalier sans peur et sans reproche"*, não hesitou em se tornar o amigo de Quentin Crawford e amante da amante dele, e mais tarde, solicitar o auxílio dos dois, o que iria culminar na malfadada fuga para Varennes.

No começo de 1790, Maria Antonieta achava a vida nas Tulherias tão intolerável que estava disposta a considerar qualquer forma de fuga. Todos aqueles que ainda apoiavam a monarquia sabiam que o regime não poderia nunca sobreviver em Paris. Homens cujos pontos de vista eram tão diametralmente opostos como Fersen e Mirabeau, perceberam que o rei teria de deixar a capital. Mas, enquanto Fersen pensava em termos de fuga, uma escapada furtiva pela fronteira, o plano de Mirabeau era ao mesmo tempo mais audacioso e mais perigoso e, se tivesse sucesso, poderia ter salvado o trono. Mirabeau acreditava que todos os homens podiam ser comprados. Seu plano era que o rei comprasse apoio político na Assembléia, começando com o do próprio Mirabeau; que financiasse uma eficiente campanha de propaganda em seu favor e, quando a ocasião parecesse propícia, saísse abertamente para uma excursão pelas províncias. Uma vez instalado numa cidade leal como Rouen, ele poderia dissolver a Assembléia e apelar ao país como um todo. O plano não era impossível, pois havia amplas áreas da França onde o povo ainda era ligado ao rei e se enojava com os excessos cometidos em Paris e com as medidas revolucionárias aprovadas à socapa pela Assembléia. Não obstante, isso trazia o risco de guerra civil, algo com que o rei Luís jamais concordaria.

Durante todo o seu primeiro inverno nas Tulherias, Luís permaneceu num estado de apatia, aceitando sem protestos as mudanças em seu *status*, como governar pela lei e não pelo direito divino, ser chamado "Rei dos franceses" em vez de "Sua Majestade Cristã, rei da França e Navarra". Não tentou sequer impedir a publicação do famoso *Livre des Comptes*, o livro vermelho listando todas as despesas da corte, remontando a muitos anos e dando os detalhes dos vários emolumentos e presentes dados aos Polignac e a seu círculo. A única estipulação feita por ele foi em defesa da memória de seu avô, ao impedir a publicação das somas esbanjadas por Luís XV com suas favoritas. A reverência exagerada de Luís por seu avô e a indiferença com que permitiu que a lista de seus presentes pessoais a seus amigos caíssem nas mãos da imprensa marrom deixaram a rainha furiosa, e ela era agora objeto de uma nova campanha de calúnia e difamação. Magoada e infeliz, ela fechou-se em seu apartamento, não vendo ninguém a não ser os filhos, negando acesso até ao conde Fersen, cujo nome figurava no livro vermelho como recipiente de um favor real na forma da concessão do comando de um regimento.

Pouco depois da publicação do livro vermelho, chegaram as notícias da morte do imperador José. Durante o ano anterior, ele sofrera uma inflamação dos pulmões, acabando-se lentamente, sempre tentando levar adiante a direção de um império que ele já não tinha mais forças para governar. Um revés era seguido por outro. Todas as suas reformas deram em nada, todas as suas guerras terminaram em desastre. À sua própria e estranha maneira, ele havia amado a irmã e o fato de se sentir sem força para ajudá-la foi mais uma humilhação que agravou sua doença.

Felipe de Ségur, voltando de São Petersburgo para Paris, pintou um retrato patético do imperador agonizante. Quando Ségur lhe disse que Maria Antonieta estava numa situação crítica e pediu-lhe que escrevesse uma carta para a irmã, o imperador respondeu: "Eu? Como posso lhe dar uma carta para ela? O povo está em armas por toda a parte, há bandidos por todos os lados — à menor suspeita um viajante é preso. Se achassem com você uma carta minha, não sei o que poderia lhe acontecer". E quanto a uma mensagem verbal?, perguntou Ségur. Mas o doente respondeu bruscamente: "Que conselho eu poderia dar? O que você quer que eu diga? Sinto comiseração por eles, mas assim tão longe não posso pensar em nenhum meio de livrá-los de uma situação tão ruim, a não ser dizer-lhes que demonstrem prudência e firmeza. Se tiverem as duas coisas, então talvez tudo se arranje. Se isso lhes faltar, então não tenho nada mais a dizer". Foram palavras ásperas, vindas de um homem que havia perdido a fé em si mesmo, e Ségur não teve coragem de repeti-las a Maria Antonieta, para quem José sempre fora a figura heróica que, na hora final, viria resgatá-la. O novo imperador, Leopoldo, era um estranho a quem ela não via desde que ele partira para Florença, para governar a Toscana, quando ela era uma menininha.

CAPÍTULO 32

EM FEVEREIRO de 1790, o imperador Leopoldo escreveu a sua irmã, dando-lhe a notícia da morte do irmão:

> Posso imaginar sua dor, tão maior na medida em que Sua falecida Majestade era particularmente ligado a você e tinha seus interesses em tanta consideração. Apesar de saber que uma perda dessas é irreparável, espero que você encontre em mim uma amizade e uma ligação, bem como um interesse real e sincero por tudo que lhe diz respeito, que não serão, de forma alguma, menores do que os de nosso falecido irmão. Por favor, dê-me a mesma amizade e a mesma confiança em troca, e eu posso afirmar que as merecerei de todas as formas.

Infelizmente Leopoldo não reinaria como imperador nem dois anos completos, morrendo com a idade de 49 anos. Foi o mais talentoso dos Habsburgo e, após 200 anos, ainda é lembrado na Toscana republicana como o mais sensato e esclarecido dos governantes. Eliminar a rebelião no Brabante (Países Baixos austríacos), pacificar a Hungria, fazer a paz com a Turquia e reconquistar a confiança da igreja e da aristocracia austríacas, alarmadas pelas reformas radicais do José, foram as prioridades que exigiram sua atenção, mais do que a causa da França. Relata-se que ele teria dito: "Tenho uma irmã na França, mas a França não é minha irmã".

Maria Antonieta viria a culpar o irmão por não ter cumprido as promessas feitas em sua primeira carta. Axel Fersen, que achava que o imperador mobilizaria todas as suas forças para vir em ajuda de sua infeliz irmã, menosprezou-o como um "completo italiano, um verdadeiro Maquiavel, que permaneceu sempre um duquesinho da Toscana". Mas Leopoldo, que tinha uma opinião de Luís XVI tão ruim quanto o irmão José, deve ter achado difícil pensar em dar assistência a um monarca que aceitava sem questionamento os decretos da Assembléia Nacional e a tutelagem de Lafayette. Deve ter tido uma opinião ainda pior dos emigrados que não paravam de chegar a seus domínios e que eram, na maior parte, presunçosos e desleais, muitos deles tão cheios de ódio da rainha que Maria Cristina, regente dos Países Baixos, queixou-se de que em seu próprio parque, em Bruxelas, os franceses repetiam acusações tão injuriosas contra sua irmã, que ela gostaria de chutá-los todos, de malas e bagagens, pela fronteira. Não a surpreende que Maria Antonieta, em sua primeira carta ao novo imperador, tenha escrito: "O mais sincero de todos os meus desejos é que você nunca venha a se deparar com a deslealdade e a ingratidão, pois sei, por minha própria e triste experiência, que esta é a pior coisa de todas."

Jamais conscientemente cruel ou grosseira, generosa com qualquer falta, sempre pronta a conceder postos e pensões àqueles que na maior parte das vezes não mereciam, Maria Antonieta pode ter sido burra e imprudente, mas essas dificilmente eram qualidades que justificassem a onda de ódio que perpassava toda a França. Suas damas de companhia e todos aqueles que viviam em sua intimidade lhe eram devotados. Muitas dessas damas voltaram do exílio para servi-la até o fim, jovens frívolas e elegantes e no entanto prontas para se tornarem mártires por amor a sua rainha. Os que eram mais críticos notavam suas falhas. Lafayette e madame de La Tour du Pin concordavam que, "apesar da rainha ter tudo que é necessário para conquistar os corações dos parisienses, um orgulho e um mau gênio que ela não sabe como controlar terminam por afastá-la deles". O caso do colar de diamantes destruíra sua fé em seus súditos e ela, desde então, achou impossível confiar num francês. Era de natureza franca e aberta e significava um grande esforço para ela dissimular e se mostrar agradável com gente por quem sentia antipatia, como Lafayette, apesar deste ter ganhado sua gratidão por se livrar do duque de Orléans. Temendo os resultados de uma comissão estabelecida para levantar os excessos cometidos em Versalhes na noite de 5 de outubro, Felipe de Orléans se deixou intimidar por Lafayette, concordando em partir para a Inglaterra numa missão inventada para salvar seu prestígio. Deixado sem seu líder, o partido orleanista perdeu grande parte de seu prestígio.

Durante todo o decorrer de 1790, Lafayette, como governante de Paris, ocupou um pedestal precário. O governador Morris, que, em comum com o sr. Jefferson, tinha muito pouca admiração pelo "herói de dois mundos", escreveu: "Infelizmente para ele e para seu país, Lafayette não tem o talento que a situação requer". A essa altura a Assembléia já conseguira garantir poderes legislativos, executivos e judiciários, e o rei e seus ministros estavam virtualmente impotentes. Madame Necker estava certa em profetizar que seu marido iria manchar sua reputação ao aceitar esse terceiro termo no cargo. Pois no ano passado o grande banqueiro, o ídolo da França, havia demonstrado ser um homem de palha, tentando estimular uma economia falida com a introdução do papel-moeda, os famosos *assignats*, moeda corrente da Revolução. Submetido aos ataques fulminantes de Mirabeau, sem a confiança do rei e da rainha, e alarmado pelo crescente estado de anarquia, Necker renunciou ao posto antes do fim do ano, deixando os dois rivais, Lafayette e Mirabeau, tentando controlar uma Revolução que eles haviam sido os primeiros a estimular. Por mais que antipatizassem um com o outro, ambos concordavam que, a essa altura, as coisas já tinham ido longe demais. Durante todo o inverno de 1790, Mirabeau tentou em vão fazer contato com a corte. Sua primeira abordagem foi o conde de Provence, mas Monsieur não tinha qualquer intenção de secundar um plano que poderia ajudar o irmão a quem ele sempre sonhou substituir.

Tratado com frieza por Monsieur, Mirabeau voltou-se em desespero para seu amigo de La Marck, dizendo: "O que essa gente está pensando? Será que não vêem que estão caminhando sobre um abismo, que a não ser que me dêem ouvidos irão morrer miseravelmente e o povo ainda pisará sobre seus cadáveres? Eles não compreendem o perigo da situação". Mas como de La Marck poderia convencer tanto o rei quanto a rainha de que um homem cuja imoralidade notória os enchia de horror, e cujas diatribes violentas contra a monarquia haviam demonstrado ser ele um de seus mais perigosos inimigos, havia subitamente se convertido à sua causa? Incapaz de convencê-los da sinceridade de Mirabeau, o conde de La Marck partiu para suas propriedades nos Países Baixos, de onde foi reconvocado após alguns meses pelo conde Mercy D'Argenteau. Após todos aqueles anos, o embaixador austríaco ainda era o conselheiro mais ajuizado e experiente de Maria Antonieta, e conseguiu fazer a rainha dominar seus preconceitos e aceitar os serviços do maior orador da assembléia. Esses serviços eram caros, pois a corte tinha que pagar não apenas as enormes dívidas de Mirabeau, mas ao mesmo tempo garantir-lhe um salário mensal de seis mil libras francesas.

Livre dos credores que o atormentavam há anos, Mirabeau caiu num estado de euforia, convencido de que podia salvar a monarquia e atribuindo à rainha qualidades que ela estava longe de possuir. Desprezando o rei como uma nulidade, ele colocou todas as suas esperanças em Maria Antonieta, "uma valorosa filha da grande Maria Theresa". Mas, ainda que ela possa ter herdado a coragem e os valores morais da mãe, Maria Antonieta não tinha nem sua argúcia política nem sua habilidade em fazer concessões. E foi somente quando a nacionalização das propriedades da igreja e a ameaça de uma constituição legal para o clero despertaram o rei de sua letargia habitual para uma oposição ativa à Assembléia, que a rainha finalmente consentiu em dar uma audiência a Mirabeau.

Essa entrevista teve lugar bem cedo, certa manhã, nos jardins de St Cloud, onde, em grande parte através da influência de Lafayette, a corte tivera a permissão de passar as férias de verão de 1790. O encontro foi estritamente secreto. Todo o seu sucesso dependia do fato de Mirabeau nunca ter sido tomado por um agente da Coroa. Mais tarde Maria Antonieta confessou a de La Marck que ela ficou tão tomada de repulsa à visão daquele rosto largo, marcado de varíola, daquela cabeça leonina, que quase desmaiou. Mas, nas palavras cuidadosamente medidas com que o recebeu, e que suspeita-se possam ter sido ditadas pelo conde Mercy, ela lisonjeou a vaidade de um homem que até então tinha sido posto no ostracismo por sua própria classe. "Não estaria de acordo com minha posição ver um homem que repetidas vezes falou contra a monarquia, sem parar para pensar no quanto um rei contribui para a felicidade de seu povo. Mas é preciso que se faça exceção para um Mirabeau." O político cínico, o estadista experimentado, foi conquistado pelo encanto inefável, pela extraordinária dignidade de uma mulher que, apesar do infortúnio, conservara toda a sua força de sedução. Que nenhum dos dois confiava no outro é demonstrado pelo fato de que Mirabeau deu ao sobrinho que o levou ao castelo uma carta para ser entregue à Assembléia Nacional caso ele viesse a ser vítima da perfídia da corte. Mas ficaram mutuamente impressionados e, no final de seu encontro, ambos acreditavam que o outro era sincero. Com aquela espontaneidade natural que era parte do seu fascínio, Maria Antonieta deu sua mão para ser beijada por um homem que, apenas umas poucas semanas atrás, ela acreditava ser um dos instigadores dos tumultos de outubro. E Mirabeau, que havia trovejado contra ela na Assembléia, pôs-se de joelho diante dela e, com lágrimas de emoção, disse: "Madame, juro que a monarquia será salva."

Foi a única vez que se encontraram, mas apesar de Maria Antonieta ter reconhecido em Mirabeau o único homem com força suficiente para ajudá-los, ela estava ao mesmo tempo impressionada por seu cinismo e tão assustada quanto o rei diante da perspectiva de uma guerra civil. Ele fez jus a seus salários condenando a onda de medidas revolucionárias que não parava de fluir da Assembléia. Até entrou para o recém-formado clube que se reunia no convento dos jacobinos, e que era freqüentado pelos deputados da extrema-esquerda. Mas associou-se a fim de restringir a onda de revolução e não de ajudar a promovê-la, e chegou ao ponto de aconselhar o Rei a colocar um de seus membros em seu governo, "pois um ministro jacobino não continua a ser sempre um jacobino". Mas um homem do temperamento de Luís não compreenderia jamais um conselho dessa espécie. E os memorandos que Mirabeau mandava mês após mês para instruir o rei sobre como lidar com a atual situação política continham conselhos que nem Luís nem Maria Antonieta eram capazes de seguir.

Naquele verão houve todas as chances de levar a efeito os planos concebidos por Mirabeau. Em St Cloud a vigilância foi relaxada e o rei voltou a sair para caçar acompanhado apenas por um dos *aides-de-camp* do general. A rainha e seus filhos iam fazer piqueniques nos bosques, chegando às vezes a ir até Meudon. Monsieur e Madame, que haviam alugado uma pequena casa nas vizinhanças, apareciam para a ceia, e a vida em família retomava seu ritmo calmo, equilibrado. A saúde de Luís beneficiou-se do exercício violento que era tão necessário à sua constituição letárgica, e Maria Antonieta recobrou um pouco da juventude perdida na companhia de alguns amigos escolhidos — Maria Teresa de Lamballe, a duquesa de Fitz-James e a princesa de Tarento, mulheres que não tinham medo de tornar pública a sua lealdade à rainha. Visitantes estrangeiras ainda vinham a St Cloud. Por estranho que pareça, Georgiana Devonshire, acompanhada de sua mãe, Lady Spencer, veio a Paris no meio de uma Revolução a fim de ter um bebê sem que perguntas desagradáveis fossem feitas em Devonshire House.

Madame Elisabete escreveu a uma amiga no exllio: "Paris parece bem melhor quando vista à distância. Aqui, pelo menos, somos poupados do contato constante com aquela gente horrorosa que, não contente em estarem sempre às nossas portas, se intrometem pelos jardins para que sejamos obrigados a ouvir suas terríveis obscenidades". Em suas cartas não há menção à presença do conde Fersen, cuja amizade com a rainha era para ela motivo de profundo ressentimento. Mas, na correspondência dele com a irmã, ficamos sabendo que Axel estava morando nas vizinhanças, com Valentino Esterházy, na casa dele em Auteuil. Esterházy, cuja intimidade com a jovem rainha tinha sido desaprovada por Maria Theresa, demonstrou ser um de seus amigos mais dedicados. Referindo-se a Fersen como *"le chose"* (o coisa), ele protegeu seu relacionamento com a rainha e, durante todo o verão, houve freqüentes visitas noturnas a St Cloud. Em uma das cartas de Fersen à irmã, ele confidenciou: "Escrevo-lhe isto da casa dela". Mas, na carta seguinte, ele fez questão de dizer: "Não tenho ido a St Cloud". No entanto, houve muitas testemunhas que observaram as constantes idas e vindas do belo sueco, em quem Maria Antonieta começava a confiar num grau perigoso, e cujos conselhos ela escutava mais do que os de Mirabeau. Sua descrição da *Fête de la Fédération*, uma das poucas vozes dissidentes num coro geral de elogios, mostra com a maior clareza que Fersen estava completamente fora de compasso com o espírito da época.

Pois essa festa em comemoração da queda da Bastilha era um dos eventos mais felizes da Revolução, em que todas as classes se uniam numa explosão autêntica de patriotismo, e as palavras *"Libérté, Egalité, Fraternité"* adquiriam um significado real. Durante semanas, um exército de trabalhadores, com o auxílio de voluntários de todos os escalões da sociedade, havia trabalhado para transformar os grandes espaços abertos diante da Escola Militar num grande anfiteatro gramado. Damas elegantes e carregadores de Les Halles puxavam juntos carrinhos de mão cheios de terra. Talleyrand escreveu que a duquesa de Montmorency tinha um carrinho de mão desenhado por Jacob, feito de mogno, com as ferragens em prata. Peixeiras e cavaleiros da Ordem de São Luís, padres e prostitutas, todos trabalharam juntos felizes, cantando *"Ça Ira"*, a canção-tema da Revolução. Os *fédérés* que entraram marchando em Paris sob as bandeiras dos 83 departamentos da França, foram todos recebidos nas residências particulares dos cidadãos, numa demonstração espontânea de amizade e boa vontade.

Tanto patriotas quanto monarquistas haviam encarado com apreensão a aproximação do 14 de julho. Os patriotas porque temiam que a corte pudesse se aproveitar do entusiasmo dos *fédérés* para encenar um *coup d'état*, a corte porque temia um retorno da violência por parte do populacho. "É preciso tomar parte, mas como eu sinto horror disso", escreveu a rainha ao conde Mercy. "É necessário ter uma coragem quase sobre-humana num momento desses. E Lafayette continuamente nos obriga a fazer as coisas erradas. Cede-se cada vez mais. E o único resultado é tornar aqueles monstros cada vez mais insolentes, enquanto as pessoas decentes sentem vergonha." Dificilmente se podia esperar da rainha que acolhesse com alegria comemorações que marcaram a apoteose de Lafayette, com a missa sendo celebrada no altar-mor erigido no meio do anfiteatro por uma pessoa notória como o bispo de Autun, que havia sido o primeiro a votar pela espoliação do clero. A indicação do jovem Charles Maurice de Talleyrand-Périgord para o bispado de Autun havia sido um dos últimos escândalos do antigo regime, quando o patronato familiar ainda era suficientemente forte para garantir um bispado para o mais dissoluto dos padres.

Contrariamente a todas as expectativas, a *Fête de la Fédération* transcorreu num espírito de amizade e boa vontade. Nem mesmo a chuva veio para encharcar a euforia dos 300 mil espectadores que aclamaram Lafayette, os *fédérés*, os deputados, o rei e até mesmo a rainha. Maria Antonieta, seus filhos e o resto da família real assistiram de uma janela na Escola Militar, enquanto o rei ficou sentado num trono, numa plataforma reservada aos embaixadores e membros da Assembléia Nacional. Luís queria que a rainha partilhasse seu trono, e ambos culparam Lafayette por essa honra lhe ter sido recusada. Cavalheiresco como sempre, Luís permaneceu até o último momento na janela com a rainha. Maria Antonieta chegara ao extremo de usar fitas tricolores no cabelo e de vestir o pobre Delfim com o uniforme da Guarda Nacional. Mas, apesar de todas as suas tentativas de conquistar a simpatia do público, aqueles que estavam familiarizados com suas variadas expressões notaram que ela fazia um esforço tremendo para esconder seu mau humor, e que a visão de Lafayette, montado num cavalo soberbo, dirigindo as tropas e recebendo a parte do leão no que tocava aos aplausos, quase lhe era insuportável.

O momento mais comovente foi quando o rei se ergueu de seu trono para fazer o juramento: "Eu, rei dos franceses, aceito e juro usar o poder a mim delegado para manter a Constituição outorgada pela Assembléia Nacional". E, no entusiasmo do momento, quase todos os presentes acreditaram que ele estava sendo sincero. Agora era a vez da rainha desempenhar seu papel no que ela nunca encarou como sendo alguma coisa além de uma representação teatral. Inclinando-se na janela, segurando o Delfim nos braços, ela gritou: "Eis aqui o meu filho. Ele e eu juramos ser fiéis à Constituição". E a explosão de vivas que saudou essas palavras mostrou que a mística da realeza ainda estava viva na França, e que a monarquia ainda era sagrada e inviolada.

A ovação recebida pelo rei foi tal que Antoine Barnave, um dos membros mais radicais da Assembléia, iria mais tarde admitir que, se Luís tivesse sabido se aproveitar do entusiasmo daquele dia, a Revolução teria fracassado. Mas um rei que não conhecia nada de seu país além da *Île de France* era incapaz de compreender o espírito de patriotismo que lutava para nascer. Tal como Fersen, ele encarava o festival como "uma bacanal indecente, despida de dignidade, uma cerimônia pagã celebrada por um padre renegado". Se ao menos ele tivesse podido agir de acordo com os conselhos de Mirabeau e, naqueles primeiros dias de júbilo popular, tivesse partido abertamente para as províncias, o que, dado o ânimo do momento, nem Lafayette, nem a Assembléia Nacional teriam ousado proibir... Cortesãos leais, como o duque de Villeguier, a duquesa de Luynes, o conde de Hinnisdal, todos haviam estabelecido planos cuidadosos para que a família real fugisse do cativeiro em Paris. Mas o rei não era homem de montar em seu cavalo à frente de suas tropas leais e correr o risco de uma guerra civil. E Maria Antonieta, que há meses vinha instando com ele para que partisse, teve que se submeter às suas desculpas. A que ela deve ter achado mais difícil de aceitar foi quando ele disse que era impossível ir, deixando as velhas tias para trás, à mercê de uma turba vingativa.

No final do verão já era tarde demais. Os *fédérés*, quando recebidos em Paris, se viram sujeitos a influências subversivas. Agitadores no Palais Royal haviam minado sua lealdade, e apenas umas poucas semanas depois do dia da *Fédération* o ministro da Guerra, o conde de la Tour du Pin, relatava que a disciplina do exército estava sendo solapada. O motim dos guardas suíços estacionados em Nancy, que havia sido reprimido pelo general Bouillé com dureza e eficiência, seguindo as ordens de Lafayette, provocou um novo surto de violência e uma nova campanha de ódio lançada pelo *Ami du Peuple*, de Marat, em que a rainha era acusada de ter ordenado a execução dos cabeças do motim. Paris era novamente cenário de rivalidades cruentas: um duelo entre dois jovens aristocratas de cabeça quente, um deles Carlos de Lameth, comprometido com a extrema-esquerda, o outro o filho do duque de Castries, em que o primeiro recebeu um ligeiro ferimento, resultou no incêndio criminoso do Hôtel de Castries, um ato de vandalismo que Lafayette e sua Guarda Nacional ou não quiseram ou não puderam evitar.

Luís estava preparado para enfrentar todos os perigos e suportar todas as humilhações, enquanto isso não atingisse suas convicções religiosas. Apesar de não ser um carola como seu pai — pois diversas leis beneficiando os não-católicos haviam sido aprovadas em seu reinado —, ele era, não obstante, extremamente pio, e a constituição civil do clero, que se seguiu ao confisco de várias propriedades eclesiásticas livres de impostos, afligiu-o mais do que qualquer outro decreto passado pela Assembléia. A partir de agora, toda a administração dos negócios da Igreja, até mesmo a nomeação de bispos, tinha de estar sob a jurisdição da Assembléia Nacional. Independente de Roma, todo membro do clero devia se tornar um funcionário assalariado do estado, que tomaria conta de todas as escolas, hospitais e fundações de caridade, antes dirigidos pela Igreja. Mirabeau nunca se mostrou mais brilhante e mais desonesto do que em seu discurso apaixonado, exigindo da Assembléia que perseguisse todos os padres que se recusassem a fazer o juramento à Constituição. Ao mesmo tempo, em um de seus memorandos secretos para o rei, aconselhou Luís a sancionar um decreto que se tornaria tão impopular na maior parte do país, ao ponto de unir todos os descontentes por trás da Coroa, em resistência à Assembléia. O rei ficou chocado com um cinismo tão deslavado, e só sancionou o decreto porque não tinha outra alternativa diante das multidões enfurecidas fazendo demonstrações contra o clero nos portões de seu palácio. Mas assinou-o extremamente deprimido, temendo um cisma com Roma e a ira do Papa.

A primeira reação ao decreto veio das velhas tias. No meio do inverno, Mesdames, viajando com uma grande comitiva, partiram para Roma, em vez de ficarem num país onde já não podiam mais praticar sua religião com liberdade. Não tinham passado da Borgonha quando foram presas por unidades da Guarda Nacional, que as teriam forçado a voltar para Paris, não fosse pela eloqüência de Mirabeau, que conseguiu convencer uma Assembléia relutante a deixá-las irem em paz. A orgulhosa madame Adelaide certamente não teria gostado de ouvir Mirabeau debatendo com seus colegas, dizendo-lhes que não se expusessem ao ridículo prendendo "um bando de velhas solteironas inúteis".

Foi um dos últimos serviços que Mirabeau pôde prestar à família real, pois dois meses depois, em abril de 1781, ele estava morto, sua forte constituição física tendo sido minada por seus próprios excessos. Bebendo e bordelando até o fim, suas últimas palavras no leito de morte foram: "Agora podem botar luto pela monarquia, pois estou carregando seus últimos farrapos para o meu túmulo".

Maria Antonieta chorou quando soube de sua morte. Apesar de todo o mal que ele lhes fizera no passado, ela percebeu que havia perdido em Mirabeau o único amigo que tiveram na Assembléia, com força suficiente para tê-los salvado.

CAPÍTULO
33

"LIBERTÉ, ÉGALITÉ, FRATERNITÉ", o lema favorito da Revolução, a base da declaração dos Direitos do Homem e da até agora inacabada constituição, aplicava-se a todo mundo no país, menos ao rei. Quando a família real tentou sair das Tulherias, para comemorar a Páscoa em St Cloud e tomar a comunhão com um padre não-jurado à Constituição, foram parados por uma multidão enraivecida que, desde a partida das velhas princesas, suspeitava que o rei planejava fugir de Paris. Quando Luís debruçou-se na janela da carruagem para argumentar com os manifestantes, dizendo em voz alta e firme achar estranho que, após ter dado a seu país a sua liberdade, ele próprio não fosse livre para se movimentar, teve como resposta apenas insultos pesados. E nem Bailly, nem Lafayette, conseguiram convencer as multidões a deixá-lo seguir, enquanto a guarda nacional se recusava a intervir. Após duas horas de cerco em suas carruagens, a família real não teve outra escolha senão retornar ao palácio. Foi um Lafayette um tanto envergonhado que ajudou a rainha a descer da carruagem e a quem ela se dirigiu com uma voz gelada: "Agora, *monsieur,* o senhor vai ter de admitir que não somos mais livres".

De certa forma Maria Antonieta recebeu bem o incidente, pois ele serviu para convencer Luís que eles tinham de fugir de Paris. Desde dezembro ela vinha planejando e conspirando com Axel Fersen quanto ao melhor modo de escapar. O general Bouillé, que estava no comando em Metz, havia sido posto a par do segredo, e escolhido para comandar a operação que levaria a família real para a pequena cidade fortificada de Montmédy, quartel-general dos

Alemães Reais, um dos regimentos estrangeiros que ainda não haviam sido dispersos e mantinham sua lealdade ao rei. De Montmédy, Luís poderia angariar apoio para sua causa, e se todo o resto fracassasse, a fronteira estava a pequena distância.

Um homem da experiência de Bouillé deve ter ficado chocado ao saber que os arranjos para a fuga do rei seriam entregues a um estrangeiro que era considerado por todo mundo como amante da rainha. Havia muitos franceses em Paris ainda dispostos a sacrificar suas vidas e fortunas por seu rei. Apenas umas poucas semanas antes, quando a partida das velhas princesas havia voltado a raiva das multidões contra as Tulherias, umas poucas centenas de nobres, armados com espadas, pistolas e até facas de caça, acorreram ao palácio para defender o rei. Assim que Lafayette soube disso, foi para lá e forçou o rei a desaprovar publicamente a ação desses nobres, fazendo com que entregassem as armas, que foram subseqüentemente pilhadas. Foi uma história triste, e mais uma prova da recusa de Luís a permitir que uma única espada fosse sacada em sua defesa. Referidos com desprezo por Lafayette como *"les chevaliers du poignard"*, esses nobres ou tomaram o caminho do exílio, ou ficaram em Paris para morrer na guilhotina.

As humilhações que sofrera em Versalhes nos primeiros anos de seu casamento incutiram em Luís uma antipatia por seus cortesãos que o fazia preferir encarregar um estrangeiro como Fersen dos arranjos para uma viagem que Mirabeau havia planejado como um gesto aberto de desafio contra os excessos da Assembléia Nacional, mas que agora havia degenerado para uma fuga. Com um mau planejamento, e sob uma má estrela, foi uma aventura trágica, contendo elementos de farsa, com o rei da França apoiando-se no amante da esposa para levá-lo à segurança; com uma das ex-amantes de Fersen, uma certa madame de Korff, rica sueca, viúva de um oficial russo, não apenas fornecendo os passaportes, mas pagando pela luxuosa *berline,* um veículo excessivamente pesado e lento para uma viagem em que a velocidade era um dos elementos vitais para o sucesso; com a atual amante de Fersen, Eleanor Sullivan, e seu amante escocês, Quentin Crawford, dando assistência financeira e escondendo a vistosa *berline* nos estábulos de sua mansão na rua de Clichy. Nunca tantas futilidades foram tratadas como prioridades, como nessa infeliz jornada. Vamos encontrar Maria Antonieta passando horas com Fersen escolhendo o tafetá para as almofadas e o veludo branco de Utrecht que seria usado para debruar o coche verde e amarelo — um coche tão ostentoso que não deixaria de chamar a atenção em lugar nenhum. Mais tempo foi gasto na encomenda de um *nécessaire de voyage,* que ainda pode ser visto no Louvre, um objeto sofisticadíssimo, contendo tudo, desde um conjunto de manicure em *vermeil,* até um aparelho de chá na mais pura porcelana de Sèvres, mas tão grande que teve de ser mandado na frente, ostensivamente como um presente para a irmã da rainha, a arquiduquesa Maria Cristina, que acabara de voltar de Bruxelas, e que no estado ainda de perturbação em que se encontrava o país poderia despertar suspeitas na fronteira. Até mesmo a admirada madame Campan se aventurou a questionar sua soberana sobre a conveniência de encomendar um enorme enxoval de roupas e *lingérie* para ela mesma e seus filhos, "pois certamente uma rainha da França poderia conseguir o que quer que precisasse, onde quer que fosse".

Mas a maior loucura de todas foi confiar ao cabeleireiro da corte, Léonard, as jóias da rainha, que ele deveria levar ou para Montmédy, ou através da fronteira. A única razão possível para escolher uma criatura tão histérica, efeminada e totalmente inconfiável quanto aquele cabeleireiro elegante era que Maria Antonieta ainda queria aparecer como rainha da moda quando ela e Luís recebessem as aclamações de seus soldados leais em Montmédy, ou visitasse a corte de sua irmã em Bruxelas, onde o imperador deveria chegar numa viagem de inspeção de suas províncias subjugadas. Ela contou até o fim com o socorro do imperador, com os dez mil soldados austríacos que já estavam no Luxemburgo e que seriam mantidos de prontidão na fronteira. Mas Leopoldo procrastinou sua ação. Na famosa carta escrita pelo conde Mercy à rainha, mais tarde apresentada em seu julgamento, o diplomata velho e experiente tentou desfazer as ilusões de Maria Antonieta dizendo-lhe de forma extremamente franca que as grandes potências só estariam dispostas a ajudar se fosse com alguma vantagem própria. O imperador era o único com quem se podia contar sem um motivo ulterior. Mas ele só o faria sem despertar a oposição da Prússia, que estava carne e unha com a Inglaterra. A coisa mais importante de todas, que tinha de ser garantida a qualquer preço, era a neutralidade da Inglaterra.

Foi uma carta terrível de ser recebida por uma rainha que ainda acreditava que todos os reis da Europa correriam em defesa de seu colega monarca. Nem ela nem seu marido haviam levado em consideração a hostilidade da Inglaterra, que nunca perdoou Luís pelo papel que ele havia desempenhado na guerra americana e que estava ávida por testemunhar a humilhação dos Bourbon. Nem eles perceberam a inveja que a arrogância dos Bourbon havia despertado em todas aquelas cortes européias que imitavam seus modos e copiavam seus palácios, mas que no fundo do coração os odiavam. De toda a confraria de reis, o romântico Gustavo da Suécia era o único disposto a liderar uma cruzada em sua defesa. Mas sua extravagância tresloucada o havia deixado sem dinheiro sequer para pagar seus soldados.

Pela primeira vez em suas vidas, o rei e a rainha da França estavam desesperadamente sem dinheiro. Para não atrair a atenção do ministério da Guerra, o general Bouillé sugerira que as despesas da operação deviam ser pagas pelo rei. O movimento de soldados, o pagamento de cavalos e forragem, de correios e postilhões, poderia muito superar o milhão de francos, e Luís, como muitos reis, estava sem recursos pessoais. Suas despesas em Versalhes eram pagas pelo tesouro, e nas Tulherias o superintendente de sua corte recebia as somas necessárias para a manutenção do palácio. À parte umas poucas ações de uma companhia de águas, que haviam sido discretamente vendidas e mandadas para o estrangeiro, ele não tinha nada de pessoal, enquanto tudo que Maria Antonieta possuía eram suas jóias, que não poderiam ser vendidas sem levantar suspeitas. Em outra de suas cartas deprimentes, Mercy dissera à rainha que era difícil, se não impossível, levantar fundos, pois todas as cortes da Europa, exceto a inglesa, estavam com pesadas dívidas, e os estabelecimentos bancários de Amsterdã não estavam concedendo mais empréstimos.

Após a morte de Mirabeau, Mercy escrevera: "Tudo está contra nós. Não há como combater tanta falta de sorte". E, para Maria Antonieta, o pior de tudo foi quando o imperador reconvocou seu embaixador à Bruxelas, para ajudá-lo a pacificar suas províncias rebeldes. A rainha já não contava mais com um mentor sábio e experimentado para aconselhar-lhe prudência e impedi-la de se colocar inteiramente nas mãos de um estrangeiro como Fersen, por mais honrado e dedicado que ele pudesse ser. Além de Fersen, a única pessoa em quem tanto Luís quanto Maria Antonieta confiavam era o amigo e protetor de Fersen, o barão de Breteuil, que emigrara no primeiro ano da Revolução e, como embaixador itinerante de Luís no estrangeiro, fez mais mal do que bem. Nem ele, nem o conde Mercy, podiam levantar os fundos necessários para a viagem e, no final, Fersen hipotecou parte de sua herança, e conseguiu que suas amantes, passadas e presentes, pagassem o resto.

Mais uma vez foi Fersen que, na noite de 20 de junho de 1791, após adiamentos e procrastinações infinitos, finalmente conseguiu tirar a família real em segurança das Tulherias, com a governanta real desempenhando o papel da rica madame de Korff viajando com seus filhos, o rei vestido como seu mordomo e a rainha como a governanta. Mas enquanto Luís, usando uma casaca marrom lisa e um chapéu redondo, parecia perfeito no papel do *factotum* sólido e honesto, a rainha, no seu vestido de seda cinza, e chapéu de aba larga com véu, parecia eelgante demais. Seis pessoas foram enfiadas na *berline,* que o próprio Fersen guiou até a primeira parada para troca de cavalos, em Bondy. Havia o rei e a rainha, com seus dois filhos, com os dois lugares extras — os quais, de acordo com o general Bouillé, deveriam ter sido ocupados por dois oficiais experientes que saberiam como lidar com qualquer emergência — sendo ocupados por duas mulheres inúteis, Madame Elisabete e a governanta real, que poderiam ter viajado com as duas criadas na carruagem que precedia o coche. Mas a etiqueta da corte ainda prevalecia. Uma princesa Bourbon não podia viajar com suas criadas, enquanto madame de Tourzel, um produto típico do antigo regime, insistira que era sua prerrogativa como *gouvernante des enfants de France* não se separar nunca de seus pupilos.

O plano original do general Bouillé previa que a família real fosse dividida e viajasse em duas carruagens leves, plano seguido pelo conde e a condessa de Provence, que deixaram Paris na mesma noite e chegaram à fronteira sem a menor dificuldade. Mas a rainha e Fersen insistiram que a *berline* fosse dotada de todo o conforto para as crianças, desde urinóis de couro curtido até elaboradas cestas de piquenique, que a previsão amorosa de Fersen havia enchido com todo tipo de iguaria concebível, desde pombos assados, vitela fria e *boeuf à la mode,* até um suprimento de vinho e laranjada. Por sua parte, o rei insistira em embalar o uniforme pesado, bordado a ouro, que ele pretendia usar quando inspecionasse suas tropas leais em Montmédy e entregasse ao general Bouillé um bastão de marechal, que também encontrou seu lugar no compartimento de bagagem.

De tudo que foi escrito sobre essa fuga infeliz e mal cronometrada, o que continua até hoje inexplicável é por que o rei recusou-se a permitir que o conde Fersen acompanhasse o grupo além da primeira estação de troca de cavalos em Bondy. A única explicação possível é que ele não queria chegar ao quartel-general de Bouillé viajando sob a proteção de um estrangeiro, considerado por todos como amante de sua mulher. Com toda a obstinação dos fracos, ele persistiu em sua recusa quando, antes de partir, Fersen pediu que lhe fosse permitido continuar a viagem até Montmédy. Para um homem como Fersen, a ordem de um rei era irrefutável. Mas, em vez de tomar a estrada pelo norte, para Mons, por que ele não foi cavalgando à frente da *berline*, escondido, para prevenir as tropas que, além de Chalons, na área de comando do general Bouillé, estavam postadas em várias estações de troca ao longo do caminho? Ele poderia então ter dado a informação vital de que a *berline* estava viajando com várias horas de atraso, e o jovem duque de Choiseul não teria deixado seu posto, nem enviado a mensagem fatal, através de Leonard, para dizer que o assim chamado "tesouro" não passaria naquele dia. Foi um erro que perseguiu Fersen pelo resto de sua vida e pelo qual a posteridade nunca o perdoou. Ele deixou a família real, que nunca havia viajado além de Fontainebleau, totalmente sem defesa, exceto por seus três guardas pessoais, um dirigindo o coche, o outro na boléia e o terceiro como batedor, todos homens honestos e devotados, mas profundamente desqualificados para estarem a cargo daquilo que o próprio Fersen havia chamado de "operação delicada".

Deve ter sido uma agonia para Maria Antonieta separar-se do homem que ela amava, e a quem, em seu disfarce de cocheiro, ela não podia nem dizer adeus. Os agradecimentos do rei, ao contrário, foram tão efusivos que surpreenderam o agente postal em Bondy. Este teria ficado ainda mais surpreso se soubesse que no bolso daquele cocheiro havia um bilhete assinado pelo rei Luís da França, legando-lhe a soma de 1.500.000 francos, que Fersen entregara ao general Bouillé para cobrir o eventual custo de movimentos de tropas ao longo da fronteira.

Apesar de sua gratidão ao homem que o libertara, com sua família, do cativeiro, o estado de espírito de Luís melhorou a partir do momento em que Fersen se foi. Numa tentativa patética de afirmar sua masculinidade, ele disse à esposa: "Serei outro homem quando tiver o traseiro novamente em cima de uma sela". E Maria Antonieta fez uma tentativa heróica para sorrir. Sem levar em consideração o fato de que já estavam com um atraso de três horas, e que de manhã cedo toda Paris estaria fervilhando, nem o rei nem a rainha pareciam achar que houvesse qualquer necessidade de pressa. Chega a ser até difícil de suportar, ler a narrativa de como Luís saltava para conversar com os fazendeiros locais, reunidos em torno dos postos do correio, discutindo as perspectivas da colheita, como se ele estivesse de volta àqueles dias felizes na Normandia. Admirando a beleza do campo, tanto ele quanto a rainha desciam para esticar as pernas e seguiam a *berline* a pé, enquanto as crianças saíam caçando borboletas.

Enquanto aquele veículo lento e pesado, puxado por seis cavalos, se arrastava pelas estradas batidas de sol da Champagne, para o vale do Marne, Paris despertara com a notícia de que o rei havia fugido. Numa sessão de emergência da Assembléia Nacional, um jovem advogado chamado Danton acusava Lafayette, exigindo que ele trouxesse o rei de volta, ou pagasse com sua própria cabeça. Madame Roland, uma das novas heroínas da Revolução, que odiava o general, escrevia: "Agora é guerra aberta. Não pode haver dúvidas de que Lafayette deve ter sido conivente com a fuga". E, apesar de toda a sua coragem, o antigo ídolo de Paris já estava se vendo dependurado num poste. Secretamente, ele pode ter desejado que a família real fugisse. Mas não tinha outra escolha senão enviar mensageiros em perseguição, um deles um *aide-de-camp* munido de um mandado de prisão contra o rei, mas escrito de forma a exonerá-lo de qualquer responsabilidade: "Tendo sido o rei removido pelos inimigos da Revolução, o portador tem instruções para comunicar o fato a todos os bons cidadãos, que têm ordem para tirá-lo das mãos desses inimigos, e trazê-lo de volta à custódia da Assembléia Nacional."

Em Chaintry, que ficava na metade do caminho, o rei foi reconhecido, e a homenagem que lhe foi feita pelo agente do correio, um monarquista, foi tal que Maria Antonieta aceitou sua hospitalidade e, dessa forma, provocou mais um atraso. Em Chalons, onde a política era dividida e já havia um clube jacobino, Luís foi insensato o bastante para se debruçar na janela, e novamente foi reconhecido. Não obstante, foi-lhe permitido atravessar pacificamente a cidade. E, pela primeira vez, a rainha relaxou e disse: "Finalmente estamos seguros", quando cada quilômetro os aproximava mais do desastre. Mas como ela poderia saber que os camponeses da Argonne estavam em desavença com a milícia, e haviam se comportado de forma tão ameaçadora que o jovem duque de Choiseul, com apenas 48 homens sob seu comando, achara mais prudente deixar seu posto em Somme-Vesle? Como poderia saber que um jovem e ambicioso agente postal, chamado Drouet, estava furioso porque o destacamento de hussardos estacionado em Sainte Menehould havia se hospedado num estabelecimento concorrente, em vez de no recém-aberto *Relais de Poste*? E que as mensagens truncadas e histéricas de Leonard, passadas ao longo do caminho, haviam terminado por convencer o general Bouillé de que a *berline* não passaria naquele dia? E enquanto os agentes de Lafayette ganhavam sobre eles cada hora que se passava, e o coche ostentoso, com seus misteriosos ocupantes, era motivo de acalorada discussão em cada aldeia que atravessava, a família real, tranqüilizada por uma falsa sensação de segurança, dormia pacificamente quando, com uma súbita guinada, a *berline* de repente parou na ponte da cidadezinha de Varennes. O vingativo agente postal, que preparara uma armadilha, pensando ter reconhecido o rei, conseguira convencer o procurador da cidade, um homem decente e honesto chamado Sauce, que era seu dever impedir que o coche prosseguisse, até que a identidade dos passageiros fosse verificada.

Novamente um elemento de farsa se introduz nesta história trágica, com o último ato da monarquia dos Bourbon sendo encenado num quarto de dormir abafado, cheirando a secos e molhados e a velas de sebo, nos fundos da mercearia de *monsieur* Sauce. Houve a chegada fatal do homem que havia vivido em Versalhes e identificou o rei, caindo diante dele de joelhos e chamando-o de "Sire" — um homenzinho leal e inofensivo, que Victor Hugo descreveu como um dos vilões do drama de Varennes. Luís, que ainda acreditava ser amado por seu povo, admitiu ser realmente o rei. Uma grande onda de emoção varreu aquele aposento lotado, com o rei abraçando *monsieur* Sauce e todos os outros funcionários municipais de Varennes, contando-lhes que o motivo pelo qual fora forçado a fugir era que as facas e as baionetas das facções de Paris estavam ameaçando a vida tanto dele quanto de sua família. Enquanto isso, a rainha ficou sentada, gelada de horror, ao ver o marido abraçar um quitandeiro. Mas Luís ficava melhor com gente assim, dirigindo-se a eles com tanta honestidade e simplicidade que, por um momento, parecia que até o espírito vingativo de Drouet não conseguiria impedir o bem-intencionado *monsieur* Sauce de desejar a seus soberanos boa sorte e ajudá-los a seguirem viagem.

Mas tudo mudou com a chegada dos oficiais de Paris e a multidão amigável e festiva, que havia se reunido na rua, encantada por ter o rei em seu meio, de repente se transformou num bando de animais perigosos e assustados, prontos para morder a mão que tinham estado a ponto de beijar. O *aide-de-camp* de Lafayette, *monsieur* de Romeuf, um jovem cavalheiresco com uma admiração romântica por Maria Antonieta, tinha lágrimas nos olhos quando apresentou ao rei o mandado. Mas seu companheiro, Bayon, um homem desagradável e ambicioso, da mesma espécie de Drouet, pensava apenas na recompensa que ganharia por levar o rei de volta a Paris. Luís lançou um olhar ao mandado e, atirando-o na cama onde seus filhos estavam dormindo, disse: "Já não existe mais um rei na França". Maria Antonieta pulou da cadeira. Olhando com desprezo o infeliz Romeuf, ela arrancou o mandado da cama e, atirando-o no chão, gritou: "Não vou permitir que meus filhos sejam contaminados por essa coisa!"

Por um estranho capricho do destino, o oficial que, com muito tato, se curvou para recuperar o documento, era o jovem duque de Choiseul, o qual, depois de ter se perdido na floresta de Argonne, chegara a Varennes com seus 48 hussardos e, com incrível coragem, abrira caminho através da multidão, até o quarto de *monsieur* Sauce, para oferecer ao rei uma última chance de fuga. Havia cavalos descansados do lado de fora para a família real e, abrindo caminho através da multidão, ele e seus hussardos poderiam levá-los a Montmédy. A rainha estaria mais do que disposta a deixar que ela e seus filhos fossem guiados por alguém com o nome de Choiseul, mas o rei respondeu que seria monstruoso arriscar a vida de sua família e assassinar gente inocente. Jogando com o tempo, ele ainda acreditava que os soldados de Bouillé viriam resgatá-los, enquanto Drouet e Bayon levavam a multidão a um frenesi de medo e ódio, dizendo que se os mercenários alemães de Bouillé chegassem antes do rei ter partido, eles teriam suas colheitas destruídas e suas casas arrasadas. A essa altura, todos os guardas nacionais do distrito convergiam para Varennes. Dez mil pessoas nas ruas gritavam: "O rei para Paris! O rei para Paris!", e até mesmo o leal *monsieur* Sauce perdeu a coragem quando um homem gritou: "Para Paris, ou os fuzilo a todos!"

Eram sete e meia da manhã quando, após nove horas passadas no quarto de *monsieur* Sauce, a família real saiu da mercearia para enfrentar uma mutlidão hostil. Choiseul ajudou a rainha a entrar no coche e, com lágrimas nos olhos, ela teve tempo de sussurrar: "O senhor acha que *monsieur* Fersen está seguro?" O oficial, que podia até ter má opinião sobre o amigo da rainha, respondeu: "Tenho certeza que sim". "Não nos deixe", suplicou ela. Mas, naquele momento, um dos homens da guarda nacional o derrubou no chão. E as últimas palavras que ela ouviu ao deixar Varennes foram: "Prendam *monsieur* de Choiseul!"

CAPÍTULO 34

SOB UM CÉU de chumbo, numa das piores ondas de calor do ano, a família real, exposta a todo tipo de insulto e indignidade, partiu numa viagem de pesadelo de volta a Paris. A ironia mais cruel de todas foi que o general Bouillé e seus soldados chegaram apenas uns poucos momentos depois do rei ter partido. Das colinas sobre a cidade, do outro lado do rio, o general pôde ver o cortejo melancólico saindo de Varennes, com o coche tão cercado de gente que qualquer tentativa de resgate seria inútil e toda a família real poderia ser assassinada muito antes deles os terem alcançado. Cabisbaixo de dor, achando que fracassara com seu rei, Bouillé virou as rédeas e cavalgou para o exílio à frente de seus soldados leais, deixando um país onde a única coisa que o esperaria era o cadafalso.

Ninguém falava no coche fechado, abafado. O rei parecia entorpecido, como se estivesse em estado de choque. As crianças haviam chorado até dormir. E, sofrendo uma profunda exaustão, a rainha caíra num estado de sono intermitente, quando foi repentinamente despertada por gritos horríveis. Um membro da pequena nobreza local, o velho conde de Dampierre, que se aproximara do coche para prestar suas homenagens ao soberano, fora derrubado e decapitado por um dos guardas. Quando a rainha perguntou o motivo do barulho, a única resposta que teve foi que "um louco" havia sido morto. Em alguns lugares, os habitantes eram abertamente hostis; em outros, como em Chalons, as autoridades locais que, no íntimo, ainda eram monarquistas, fizeram tudo em seu poder para honrar o rei cativo, chegando ao extremo de presenteá-lo com a chave da cidade e alojá-lo na *intendance,* onde, 20 anos antes, a jovem Delfina passara uma de suas primeiras noites na França. Apesar de toda essa simpatia, ninguém ousou gritar vivas. E Maria Antonieta teve de ser grata quando umas poucas menininhas tiveram a coragem de levar-lhe flores.

A manhã trouxe um rude despertar. Um bando de republicanos de Rheims, formado pela escória da cidade, gritando insultos contra a rainha, chegou à monarquista Chalons. Irromperam no pátio da *intendance,* enquanto a família real estava na missa, celebrando a *Fête Dieu.* Por medo de um novo surto de violência e de um conflito entre os republicanos e a gente decente de Chalons, as autoridades insistiram na partida imediata do rei, mas não antes de Maria Antonieta, com seu charme e sua graça inimitáveis, ter agradecido a seus anfitriões pelo calor de sua hospitalidade, "lamentando que as circunstâncias nos impeçam de permanecer um pouco mais entre nossos súditos leais de Chalons".

Uma recepção muito diferente os esperava em Epernay, onde apenas um jovem oficial que servira em Versalhes e que estava no comando de uma tropa local de guardas nacionais, conseguiu salvar os infelizes guardas pessoais do rei, sentados algemados na boléia, de serem linchados pela multidão. A violência dos manifestantes era tamanha que o vestido da rainha se rasgou quando eles desceram para ajudar na estalagem, e teve de ser cerzido pela filha do estalajadeiro. O espetáculo do rei da França, sujo e suado em sua casaca marrom empoeirada, serviu para levar o povo do rancor à fúria, como se não conseguissem perdoá-lo por ter destruído sua própria imagem e estraçalhado os últimos fiapos da auréola de realeza que até então o tornara inviolável. Em Epernay um homem cuspiu-lhe na cara e, pela primeira vez, Luís sucumbiu e as lágrimas rolaram-lhe pelo rosto. Para proteger o marido, a rainha foi à janela do coche com o filho nos braços, mas um homem na multidão gritou: "Não nos mostre o pirralho. Todo mundo sabe que ele não foi feito por esse porco gordo".

Após os horrores de Epernay, Maria Antonieta ficou aterrorizada com o que poderia esperá-los ainda ao longo da estrada, e a chegada dos três deputados enviados pela Assembléia para escoltá-los de volta a Paris foi recebida com um alívio quase histérico. A rainha abriu a porta do coche e tanto ela quanto madame Elisabete, nervosas e esgotadas, suplicaram aos cavalheiros que protegessem os pobres guardas, que haviam sido quase massacrados em Epernay. Essa preocupação com seus servidores foi uma surpresa para Pétion e Barnave, que pertenciam ambos à esquerda e haviam sido doutrinados a pensar na rainha como "uma libertina insensível que não pensava em ninguém a não ser em si mesma". Tanto Pétion quanto madame de Tourzel deixaram uma narrativa detalhada da viagem de dois dias para Paris, feita em condições de um calor impressionante, em que as nuvens de poeira levantadas pelas multidões que se formavam em cada cidade e aldeia tornavam impossível sequer abrir uma janela. Oito pessoas, incluindo duas crianças que tiveram de ser levadas nos joelhos, estavam empilhadas no coche abafado, quando o austero Barnave ficou constrangido pelo cheiro intoxicante do perfume da rainha, que ela borrifava em abundância para purificar o ar. Pétion, um burocrata pretensioso e muito vaidoso, imensamente satisfeito com sua própria aparência, estava preocupado principalmente com a impressão que provocava em madame Elisabete, a quem ele achou profundamente encantadora: "Nossos braços se tocaram, uma corrente de simpatia passou entre nós, o que, em outras circunstâncias, poderia ter se transformado em algo mais."

Madame de Tourzel rejeita essas insinuações com um horror zeloso, mas descreve como a princesa foi quem falou a maior parte do tempo, explicando em detalhes as circunstâncias que haviam forçado o rei a fugir para Montmédy. E, de acordo com a narrativa da própria madame Elisabete, numa carta enviada a uma amiga no exílio, parece que a viagem não teria sido um pesadelo das proporções que madame de Tourzel nos quer fazer acreditar: "Você pode pensar que foi tudo muito terrível, mas os deputados foram realmente muito agradáveis e *monsieur* Barnave, em particular, comportou-se extremamente bem". Essa jovem de 27 anos, decidida, que até então vivera na atmosfera fechada de uma corte composta inteiramente de mulheres, à qual até mesmo os maridos de suas amigas só eram convidados em ocasiões formais, pode muito bem ter encarado a jornada mais como uma aventura do que como uma provação.

A rainha falou muito pouco naquele primeiro dia. Quando Pétion teve a infelicidade de perguntar o nome do estrangeiro que havia dirigido o coche até Bondy, ela respondeu que não tinha o hábito de saber os nomes de seus cocheiros e, baixando o véu, cortou qualquer possibilidade daquela conversa continuar. O companheiro de Pétion, Antoine Barnave, estava tão calado quanto a rainha. O jovem deputado da Dauphiné era um dos revolucionários mais ardentes e dedicados. Protestante de nascimento, vinha de uma boa família burguesa e, quando menino, sofrera a experiência humilhante de ver sua mãe ser retirada de seu camarote no teatro de Grenoble, para dar lugar a um grupo de aristocratas locais. Crescera com ódio da aristocracia e da corte, e agora encontrava-se fechado, durante dois dias, na companhia de uma mulher que lhe haviam ensinado a abominar, mas que ele descobriu ser uma mãe simples e amorosa, preocupada com o conforto de seus filhos, passando o filhinho para o rei, para ser posto no seu urinol. Foi o Delfim que quebrou o silêncio, querendo mostrar sua habilidade em soletrar as palavras gravadas nos botões do casaco de Barnave: *"Vivre libre ou mourir"*. O jovem deputado corou, constrangido, e a rainha deu um daqueles sorrisos arrebatadores que iluminavam completamente seu rosto pálido e cansado.

Muitos de seus contemporâneos afirmam que a essa altura Maria Antonieta já havia perdido grande parte de sua beleza e que pouco restava da mulher jovem, radiante e um tanto enfadonha, tão freqüentemente pintada por Vigée-Lebrun contra um fundo de Versalhes ou do Trianon. O artista polonês Kucharsky, que naquele ano de 1791 foi admitido nas Tulherias, pintou uma Maria Antonieta diferente — uma mulher parecendo muito mais velha do que seus 36 anos, mas ainda infinitamente interessante e sedutora. A boca é orgulhosa e desdenhosa, mas os olhos, sob as sobrancelhas escuras e arqueadas, têm uma expressão enigmática, interrogativa, como se tentasse compreender o motivo do ódio que inspira. "O que fiz para merecer isso?", é a pergunta que ela parece fazer, a pergunta que ela mais tarde faria a Barnave, quando, aproximando-se de Meaux, um bando de desordeiros aos gritos atacou um cura humilde que tentava se aproximar do coche e que teria sofrido o mesmo destino do velho conde em Ste Menehould, se Barnave não tivesse posto a cabeça para fora da carruagem e gritado em voz clara e bem alta: "Franceses, vocês que se consideram bravos, estão querendo se degenerar numa nação de assassinos!" Tal era a força de sua personalidade, que a multidão abriu caminho e o cura pôde ir em paz. E, apesar de sua infelicidade e de seu medo, Maria Antonieta entendeu que esse jovem revolucionário tímido estava pronto a se tornar seu defensor. Naquela noite, nos jardins do bispado de Meaux, o rei e a rainha tiveram uma conversa com Barnave. Luís falou pouco e retirou-se cedo para seu apartamento. Mas a rainha continuou noite adentro, conversando com o jovem deputado, que expôs seus pontos de vista com um fervor como ninguém ousara até então se expressar diante dela. E ela, que normalmente se mostrava tão orgulhosa e tão inflexível, admitiu que evidentemente ela e o rei tinham se enganado ao acreditar que todo o campo fora de Paris estava ao lado deles, e que a viagem a Varennes lhes havia mostrado o que a propaganda subversiva podia conseguir.

O último dia de sua viagem, de Meaux a Paris, foi de um horror total, e nem mesmo o cavalheirismo de Barnave pôde proteger Maria Antonieta dos insultos das turbas, as quais, à medida que eles se aproximavam da capital, iam se tornando cada vez maiores e mais hostis. Quando um membro da escolta militar se queixou de fome, e a rainha, em sua gentileza, ofereceu-lhe uma fatia de carne fria que sobrara das provisões feitas por Fersen, uma mulher gritou: "Não toque nisso! Ela provavelmente a envenenou". Os olhos da rainha se encheram de lágrimas, e, sem dizer uma palavra, ela deu a carne para que o Delfim comesse. Durante todo um dia de calor massacrante e poeira sufocante, as persianas da carruagem tiveram de ser deixadas abertas para que as multidões pudessem se fartar com a humilhação de seu rei, e rostos horríveis, que aterrorizaram as crianças, não paravam de se enfiar pela janela. Os sentimentos em Paris, atiçados pela imprensa republicana, eram tão violentos que as autoridades municipais decidiram que o coche deveria seguir pelos bulevares exteriores, evitando dessa forma o bairro popular de St Denis, e foram afixados cartazes ao longo de todo o caminho, dizendo que quem quer que insultasse o rei seria açoitado, e quem o aclamasse seria enforcado. Apesar de todos os telhados e janelas ao longo dos Champs Elysées estarem repletos de rostos, todos mantiveram os chapéus nas cabeças e os únicos gritos ouvidos foram: *"Vive la Nation!"*

Lafayette estava à entrada das Tulherias, comemorando seu triunfo precário como ídolo e refém da multidão, que hoje estava disposta a adorá-lo, quando ontem estivera pronta a pendurá-lo num poste. A seu lado estava seu primo, o visconde de Noailles, e o jovem duque d'Aiguillon, ambos fervorosos convertidos à nova ordem, e oficiais da milícia parisiense. Por um curoso capricho do destino, foi um Choiseul que ajudara a rainha a subir na carruagem em Varennes, e o filho de seu velho inimigo d'Aiguillon era quem agora acorria para protegê-la do ataque de um bando de desordeiros, carregando-a nos braços para dentro do palácio. Em sua atitude para com a rainha, os parisienses demonstravam considerá-la a principal responsável pela fuga para Varennes. Seus filhos, ao contrário, foram recebidos com bom humor, até com manifestações de carinho, enquanto um deputado que tentou insultar o rei foi imediatamente calado. Luís galgou os degraus de seu palácio em silêncio e, nas palavras de Pétion, "ele parecia tão calmo e sereno como se estivesse voltando de um dia de caça".

Todo o palácio das Tulherias estava brilhantemente iluminado. A aparência exterior não permitia dizer que a família real tinha saído. As damas do palácio fizeram suas reverências respeitosas à rainha empoeirada e desgrenhada. As *"grandes charges"* se prostaram diante de um rei que ainda usava o uniforme de *factotum* de madame de Korff. A cozinha excedeu-se nos preparativos de uma ceia requintada. Mas, em cada aposento, até mesmo no quarto da rainha, havia um guarda nacional de serviço. E quando Lafayette, com seu chapéu emplumado debaixo do braço, pediu suas ordens a Sua Majestade, Luís respondeu com o bom senso sem rodeios que nunca o abandonou: "Parece-me, monsieur de Lafayette, que é o senhor quem está dando as ordens".

As reações da rainha foram muito diferentes. A exasperação e a fúria, acima de tudo a humilhação que ela mantivera sob controle durante toda a viagem, agora se manifestavam num ódio cego por Lafayette. Passando rápida por ele, sem lhe dirigir uma palavra, ela entrou em seus apartamentos e pediu imediatamente um banho. Mas até mesmo aí ela encontrou um guarda postado à porta. Mais tarde, naquela noite, a salvo por trás das cortinas de sua cama, ela escreveu umas poucas linhas a Fersen: "Tranqüilize-se. Ainda estamos vivos".

Desde que ele deixara a família real em Bondy, Fersen vivera as agonias de uma grande apreensão. A viagem transcorrera tranqüila, quase que tranqüila demais, e ao cair da noite ele já cruzava a fronteira em Mons, acelerando em direção a Arlon, onde esperava ter notícias da chegada em segurança a Montmédy. Mas, naquele mesmo dia, ele encontrou o general Bouillé, com todo o seu grupo, e o desespero no rosto do general tornou qualquer palavra desnecessária. Numa tristeza profunda demais para recriminações, nenhum dos dois culpou o outro, apesar de que a chegada do conde de Provence, o qual, viajando numa carruagem leve com um único companheiro, conseguindo atingir Mons sem nenhuma dificuldade, mostrava com a máxima clareza o erro terrível que Fersen cometera ao encomendar a *berline* lenta e ostentosa. As ambições mal disfarçadas de Monsieur eram bastante notórias para que Fersen tivesse qualquer ilusão quanto ao seu prazer secreto por ter um irmão impotente e desacreditado nas mãos da Assembléia, deixando-o livre para assumir o papel de substituto do reino, para o qual Luís o designara por escrito quando partiu para Paris no dia seguinte à tomada da Bastilha. O fato de Luís nunca ter endossado esse título, e nunca vir a fazê-lo, era absolutamente imaterial para um príncipe que se via como o verdadeiro governante da França.

A arquiduquesa Maria Cristina, que se tomara de uma violenta antipatia por todos aqueles *émigrés* franceses, recebeu o conde sueco como um modelo de cavalheirismo e retidão. Numa carta a seu irmão, ela o recomenda como "um dos únicos amigos desinteressados de nossa irmã". Infelizmente, o imperador e Fersen eram personalidades muito diferentes para poderem desenvolver alguma simpatia. Axel pensava apenas em sua amada rainha, e não levava na menor conta os múltiplos problemas com que Leopoldo se defrontava em seu império heterogêneo. Ele o culpava por não demonstrar o ardor e o entusiasmo manifestado por seu próprio rei, o romântico Gustavo. Mas, enquanto este encarava a vida como uma charada, com ele próprio no papel de um Perseu com a missão de cortar a cabeça de Górgona da Revolução, Leopoldo era um político cauteloso e lúcido que, tivesse a fuga para Montmédy dado certo, teria feito tudo ao seu alcance para ajudar os soberanos franceses, mas, estando eles presos nas Tulherias, pouco podia fazer para ajudar, sem a cooperação das outras potências.

Ele estava na Itália na ocasião da fuga e a primeira notícia recebida foi a de que a operação tinha dado certo e Maria Antonieta tinha chegado a salvo ao Luxemburgo. Sua carta, escrita para ela no dia 5 de julho, quando ainda acreditava que a irmã estava livre, é a de um irmão amoroso, satisfeitíssimo com as notícias:

> Dei ordens para que tanto nossa irmã quanto o conde Mercy atendam a seus desejos sob todas as formas. Estou certo de que você sabe que estar comigo é como estar em seu próprio lar, e que você não deverá ter nenhuma cerimônia com um irmão que a ama tão ternamente, e que lhe é tão chegado quanto eu. Quanto aos seus assuntos, só posso repetir que já escrevi ao rei. Tudo que é meu é seu, dinheiro, tropas, tudo que você quiser.

A carta do irmão levou muitas semanas para chegar à rainha prisioneira, mais um motivo para ela de amargura e desilusão. Apesar dele estar agindo dia e noite em seu favor, os primeiros dois meses não lhe trouxeram nenhuma palavra de Fersen. Com sua natureza cautelosa, ele pode ter tido medo de comprometê-la ainda mais e, dessa forma, aumentar suas dificuldades. Mas o silêncio dele a magoou mais do que todas as humilhações daquelas primeiras semanas, quando ela não ousava sequer sair ao jardim, por medo dos insultos da multidão. Privada de Fersen, ela voltou-se para Barnave, cujo comportamento na viagem lhe inspirava confiança e segurança. Seu instinto feminino lhe dizia que ela havia conquistado o deputado jovem e tímido da Dauphiné, que por enquanto era um dos homens mais poderosos da França, representando, com Alexandre Lameth e Adrien Duport, o que ficou conhecido como o "triunvirato", e que ainda acreditava que um rei era necessário à criação da Constituição, em que eles colocavam suas esperanças, no esforço de combater o poder crescente dos jacobinos.

Naquelas primeiras semanas que se seguiram a sua volta às Tulherias, quando uma grande parte do povo parisiense gritava pedindo a República, e o rei se mostrava totalmente apático, absolutamente mergulhado no desânimo para fazer o menor esforço, Maria Antonieta desempenhou um papel de liderança na política — uma mulher sem nenhum talento ou experiência, lutando desesperadamente para salvar o trono para seu filho.

CAPÍTULO 35

MARIA ANTONIETA VIU no idealista revolucionário Barnave o único meio de aliviar as terríveis condições em que eles viviam no momento. Ela não tinha nenhuma política construtiva e, sem fé nem confiança nos franceses, acreditava que a ajuda só poderia vir de fora.

Os sentimentos republicanos na França cresciam a cada dia. Em 17 de julho, um comício monstro no Campo de Marte, pedindo a abolição da monarquia e a proclamação da República, e que havia começado como uma reunião pacífica, terminou em derramamento de sangue. Dois homens descobertos escondidos atrás do altar da lberdade foram imediatamente presos por uma multidão altamente inflamável e acusados de tentar atear fogo ao altar-mor e assassinar os delegados republicanos. A chegada de Lafayette à frente de um destacamento da cavalaria só causou maiores distúrbios. Um homem na multidão atirou no general e, pela primeira vez em dois anos, as forças da ordem dispararam sobre a turba. Cinqüenta homens morreram, o resto se dispersou e fugiu e, por enquanto, os líderes jacobinos preferiram se esconder. Mas Lafayette perdeu sua popularidade da noite para o dia e, nas eleições municipais que se seguiram, Bailly, um homem de opiniões moderadas, foi substituído pelo esquerdista Pétion.

Lafayette, Barnave e os outros dois membros do triunvirato, Duport e Alexandre Lameth, homens que até então se odiavam, uniram-se numa aliança incômoda para apoiar a constituição que eles consideravam ser a panacéia para todos os males. E, como a constituição requeria um rei, Luís teve que ser exonerado do papel que desempenhara na fuga para Varennes. A declaração que ele fizera ao sair de Paris, dando os motivos para sua fuga, foi ignorada e ele foi declarado oficialmente como vítima de um plano monarquista, tendo sido levado contra sua própria vontade. O general Bouillé deu força a essa história, ao escrever para a Assembléia, assumindo toda a culpa pela expedição. Felizmente para ele, o general estava a salvo do outro lado da fronteira, mas uns três guardas pessoais, bem como o marquês de Coquelat e o duque de Choiseul, que estavam no comando dos hussardos em Ste Menehould, foram todos atirados na prisão.

Fizeram com que o rei compreendesse que todo o seu futuro dependia da sua aceitação da constituição, que ele percebeu, desde o primeiro momento, ser impraticável. A Coroa estava tão desacreditada que somente uns poucos homens leais e desinteressados como o ministro do Exterior, marquês de Montmorin, estavam dispostos a ficar em seus cargos, onde eram constantemente criticados, tanto por constitucionalistas quanto por republicanos. A fraqueza de seus ministros e o desânimo e apatia do próprio Luís eram de tal ordem que forçaram a rainha a tomar a iniciativa e sua primera carta para Barnave, escrita no começo de julho, foi enviada através de um intermediário, o general de Jarjayes, cuja esposa estava a serviço da rainha. A lealdade desse jovem casal permaneceu como um exemplo comovente de devoção a uma mulher que foi tantas vezes abandonada, até mesmo por aqueles que ela mais amava. Jarjayes mais tarde encontraria um meio de entrar na prisão do Temple, o que nem mesmo Fersen tentou fazer.

Maria Antonieta escreveu a Barnave pedindo conselhos de forma quase humilde: "Gostaria de saber do senhor qual o melhor caminho para tomarmos na presente situação." Barnave estava encantado, mais do que disposto a confiar numa mulher que o havia subjugado no último dia de sua viagem a Paris. Seus companheiros no triunvirato estavam inclinados a um maior ceticismo, julgando Maria Antonieta extremamente frívola e superficial para ser levada a sério. Mas, politicamente, eles estavam perdendo terreno e precisavam da ajuda da rainha em duas questões vitais, uma das quais era convencer o rei a escrever a seus irmãos e em particular ao conde de Provence, ordenando-lhes que voltassem à França e dissolvessem os acampamentos de *émigrés* perto da fronteira, o que estava forçando o país a manter cem mil homens da guarda nacional de prontidão. Ainda mais importante era que a rainha usasse sua influência junto a seu irmão, o imperador, para fazê-lo aceitar a constituição, como o governo verdadeiro e legal da França, executada com o amplo consentimento e cooperação do rei.

A situação havia mudado tão radicalmente no último ano que Barnave e seus amigos agora representavam o lado moderado da Assembléia. Pressionados pelo poder crescente dos jacobinos, de homens tais como Danton e Robespierre, estavam ansiosos para estabelecer a legalidade da constituição, conquistando o apoio e a ajuda financeira das potências estrangeiras, e renovando o pacto de família com Viena, Nápoles e Madri. Até mesmo as velhas princesas em Roma poderiam desempenhar o seu papel, convencendo o Vaticano a reconhecer a constituição civil do clero. Mas Maria Antonieta tinha pouca fé tanto na constituição quanto na palavra de um irmão que ela mal vira em toda a sua vida. Ela não herdara nem a sutileza nem a habilidade diplomática de sua brilhante mãe, e com sua personalidade franca e impulsiva, debatia-se desesperadamente num mar de intrigas e hipocrisia.

A declaração de Pillnitz, assinada pelo rei da Prússia e o embaixador, conclamava seus colegas soberanos a ajudarem a restaurar a monarquia na França. Mas apesar de ambos poderem ter sido inspirados pelos mais puros motivos, uma pequena frase inserida por instigação do príncipe Kaunitz foi suficiente para privar a declaração de qualquer significado: "Suas Majestades estariam então dispostas a agir, caso os outros monarcas estejam prontos a juntar-se a elas nessa cruzada". *"Alors et dans ce cas"* era a frase fatal, que arrancava os dentes do dragão e reduzia o mais ameaçador de todos os documentos a uma baforada de fumaça. O conde de Provence eliminou-a deliberadamente do manifesto que fez imprimir e distribuir por toda a França, o que só serviu para incitar o povo francês ainda mais contra as maquinações da rainha austríaca.

Maria Antonieta estava desesperada. Quem era pior, os *enragés,* ou os *émigrés,* que ignoravam as ordens do rei para voltar e agiam como se fossem o único poder legítimo da França. "Minha existência é um inferno", escreveu ela num daqueles dias abafados de verão em que não ousava sequer sair aos jardins do Delfim, com medo de ouvir os insultos das multidões no lado de fora. Fechada com um marido que quase não falava e que passava a maior parte do dia ou lendo no quarto ou trabalhando numa forja improvisada com seu ferreiro preferido, Gamain; em maus termos com sua cunhada, que só ficara por lealdade ao rei, mas que com sua natureza ardente e apaixonada estava, de corpo e alma, com seus irmãos em Coblenz; sem nenhum dos amigos, cuja companhia lhe fora tão necessária no passado, houve momentos em que Maria Antonieta achou que não podia suportar mais a pressão. "É simplesmente impossível continuar a viver desta forma. Corre-se o risco de estar discutindo o tempo todo. Minha cunhada é tão indiscreta que não se pode confiar a ela o menor segredo", escreveu em uma de suas cartas patéticas a Mercy, o qual, na segurança de Bruxelas, parecia não fazer idéia das condições espantosas em que a família dela estava vivendo. Eles não tinham outra escolha senão aceitar a constituição que, pelo menos, lhes daria a ilusão de liberdade. Os guardas seriam removidos das Tulherias, pois a Europa deveria ser levada a acreditar que o rei a aceitara de livre vontade. Uma anistia geral libertaria todos aqueles que haviam sido implicados na fuga para Varennes, e o rei voltaria a ter uma guarda pessoal, com o fiel duque de Brissac no comando. "Não há dúvida de que teria sido mais honroso recusar, mas, em nossa posição que se podia fazer?"

No decorrer de suas negociações, Barnave era o mais sincero. Como Mirabeau, ele atribuía à rainha qualidades que ela estava longe de possuir. Tudo que ela tinha era uma coragem indômita, uma crença cega no direito divino dos reis e a determinação de preservar a herança do marido para seu filho. Ela reconhecia as qualidades nobres de Barnave, escrevendo a Fersen: "Seria injusto negar que, apesar dele e seus amigos se agarrarem às suas opiniões, eu sempre os achei extremamente francos, decididos e inspirados, com o desejo genuíno de restaurar a ordem, reinstalando a autoridade real. Mas, quaisquer que possam ser suas intenções, suas idéias são excessivamente extravagantes para que possamos aceitá-las". Não há dúvida de que ela se comoveu com o jovem revolucionário idealista que se apaixonara por ela contra sua própria vontade e que lhe fazia preleções no tom de um mestre-escola autoritário, não de um cortesão. Mas a idéia de que o estava enganando parece nunca tê-la preocupado. Que ele estivesse arriscando o cadafalso por ela parecia-lhe de importância secundária, em sua luta heróica para salvar o trono. Seu único objetivo ao aceitar a constituição era ganhar tempo enquanto esperava ajuda.

Enquanto isso, ela deixava que Barnave ditasse suas ações, ao ponto de ditar até uma carta dela ao imperador, em que pedia a Leopoldo para reconhecer a monarquia constitucional na França e fazer todos os esforços para refrear as atividades dos *émigrés*. Era uma carta que servia à política contemporizadora de Leopoldo, muito mais do que os histéricos pedidos de socorro que ela vinha enviando através do conde Mercy. Mas, no dia seguinte ao seu envio, ela já escrevia a seu embaixador renegando o conteúdo de uma carta escrita sob pressão. "O senhor deve tê-lo reconhecido imediatamente, não era em absoluto o meu estilo. A fraude seria humilhante demais, se eu não tivesse esperança que meu irmão entendesse que, em minha atual condição, sou obrigada a fazer o que me dizem." A única pessoa que não fazia quaisquer concessões quanto à posição da rainha era Axel Fersen, que nos últimos dois meses viajara por toda a Europa tentando obter ajuda dos reis e políticos que com exceção do rei Gustavo da Suécia, se mostravam cada vez mais relutantes em auxiliar um rei que fazia tão pouco para ajudar a si próprio. Como Catarina da Rússia escreveu: "O que se pode fazer por gente que não sabe o que quer e que fica continuamente defendendo dois enfoques conflitantes?"

A notícia que sua rainha adorada e infeliz estava negociando com Barnave deixou Fersen furioso, pois ele se encarava como o defensor nomeado de Maria Antonieta. Tanto em Estocolmo quanto em Bruxelas dizia-se abertamente que o relacionamento da rainha com o belo revolucionário não era inteiramente platônico. Num estado de espírito de ciúmes exaltados, o conde anotou em seu diário: "As coisas estão indo muito mal. A rainha está dormindo com Barnave e se permite ser guiada por ele. Ela impede o imperador de tomar qualquer atitude definitiva e está contra os príncipes". Era a hora de romper o silêncio de dois meses que ele se impusera E a pobre rainha, que vinha lhe mandando mensagens amorosas, a maior parte das quais nunca chegou a ele, recebeu um bilhete curto e zangado: "Pode ser necessário para você aceitar a constituição. Mas até onde pretende ir? Você quer mesmo se identificar com a revolução, ou continua querendo ajuda do exterior? Tem um plano fixado sobre o que pretende fazer? Só rezo para que você não tenha sido conquistada por aqueles vilões, que não podem fazer nada para ajudá-la. Não confie neles jamais, use-os apenas, se isso for necessário." Ele falava de Barnave do mesmo modo que falava de Mirabeau, pois em sua presunção absurda de ciúmes possessivos ele se ressentia com a rainha por ter outros defensores que não ele próprio.

Esse bilhete cruel e incompassivo contrasta com a carta triste e cheia de amor que Maria Antonieta lhe escreveu em 4 de julho, que parece nunca ter lhe chegado às mãos. Expressando toda sua paixão frustrada pelo mais adorado e mais adorável dos homens, ela lhe pedia que dissesse onde ele poderia ser achado, pois ela não conseguia "viver sem lhe escrever". Era triste que ela achasse necessário se desculpar com Fersen por fazer de Barnave seu bode expiatório. O jovem advogado da Dauphiné, que estava arriscando a vida por ela, merecia mais gratidão. "Fique certo de que não estou me deixando levar por aqueles *enragés*. Se eu os vejo e mantenho contato com alguns deles, é somente para poder utilizá-los. Inspiram-me horror demais para que eu me deixe influenciar por eles."

Barnave e seus amigos mantiveram suas promessas. Em 3 de setembro, o dia em que apresentaram a constituição ao rei e dez dias antes da aceitação oficial, as restrições foram retiradas nas Tulherias e os jardins foram novamente abertos ao público, Na Assembléia um discurso arrebatador de Barnave resultou no voto da maioria pela restauração da autoridade real, da inviolabilidade do rei e de uma anistia geral que incluía a libertação de todos aqueles que haviam sido implicados na fuga do rei. O ânimo generoso da Assembléia espalhou-se pelas ruas, e saudações à família real estiveram incluídas na explosão generalizada de alegria. Pela primeira vez em muitos meses, Maria Antonieta ouviu os gritos de "*Vive la reine!*". Monarquistas que não ousavam mostrar a cara voltaram a aparecer na corte e a missa de domingo, na capela das Tulherias, nunca foi tão brilhante. Agindo de acordo com as instruções de Barnave, que estava sempre enfatizando a necessidade de recuperar a popularidade, a rainha apareceu novamente em público e fez uma valente tentativa de sorrir para aqueles que ontem mesmo estavam dispostos a matá-la. Uma noite, passando com os filhos pelas ruas iluminadas, ela voltou-se para sua governanta dizendo: "É tudo tão belo e tão triste quando se sabe que à menor provocação eles partiriam novamente para as mesmas atrocidades."

Não obstante, era agradável ter aquelas poucas horas de liberdade, andar de coche pela floresta do Meudon e desfrutar do ar fresco dos jardins de St Cloud. E o pobre, gordo Luís, que precisava tanto de exercício, podia novamente cavalgar no Bois de Boulogne. Era agradável ir ao teatro e à ópera e ser aclamado por platéias entusiasmadas. O único evento realmente feliz foi quando Maria Teresa de Lamballe voltou às Tulherias. O fato daquela mulherzinha nervosa e histérica ter voltado à Paris revolucionária para estar com sua amada rainha era a demonstração de um devotamento tão desprendido que, a princípio, Maria Antonieta não ousou aceitar. No ano anterior ela a enviara à Inglaterra numa missão infrutífera junto a William Pitt. Não havia ninguém menos capaz de impressionar o frio ministro inglês do que a frívola princesa, que Fersen encontrou no mesmo ano em Aix, achando-a "burra e fofoqueira como sempre." Mas seu amor e sua lealdade a Maria Antonieta a transformaram numa heroína.

> Não volte, minha querida Lamballe. Fique no campo com seu sogro... Você choraria muito com a nossa infelicidade. A raça de tigres que atualmente abunda em nosso país sentiria um prazer cruel em ver quanto estamos sofrendo. Mas a aceitação da constituição, que se tornou inevitável, pelo menos nos dará alguns momentos de descanso.

Maria Teresa ignorou o conselho da rainha para se manter afastada e no começo de setembro estava de volta a Paris, alojada no Pavilhão das Flores, e acompanhando Maria Antonieta em todas as ocasiões públicas. Como sempre, a rainha tendia a ser excessivamente exclusiva em suas amizades, ignorando o conselho de Barnave de convidar as esposas de alguns dos deputados ao palácio e manter uma corte, uma vez que a Assembléia havia votado uma soma adequada para que se estabelecessem com civilidade. Mas que sentido fazia uma corte, quando todas as honras tinham que ser abolidas, onde não deveria haver nem *chevaliers* nem *dames d' honneur,* e quando até mesmo a duquesa de Duras, uma das mais fiéis "damas do palácio", havia preferido se demitir a ter que abrir mão de seu direito ao *tabouret?* A partir de agora era proibido a qualquer pessoa usar a ordem do Espírito Santo, a não ser o rei, e Luís então decidiu não usá-la ele mesmo. Barnave queixou-se de que Luís não fazia nada para se tornar popular, de que o povo estava a seu lado e gostaria de poder ver seu soberano brilhando com suas comendas. Mas ele se mantinha distante de seus cidadãos. Só ouvia falar deles através de seus inimigos e nem percebia se eles estavam lá ou não.

Os poucos aristocratas que ainda tinham assentos na Assembléia não faziam nada para ajudar seus infortunados soberanos. Sofrendo a oposição feroz dos constitucionalistas que os haviam privado de seus privilégios, estavam mais inclinados a se aliarem com seus inimigos abertos, os jacobinos, do que apoiar homens como Barnave e Lafayette. Abstendo-se de votar, deixaram o campo aberto para o triunfo dos girondistas, um partido republicano à esquerda dos constitucionalistas, que tirou seu nome da Gironda, a província a que a maior parte deles pertencia. O espírito que viria a dominar a nova Assembléia já era evidente desde o primeiro dia, quando o rei, ao chegar para fazer seu juramento, viu-se sentado numa poltrona na mesma fila que o presidente. Quando se levantou para falar, todos os deputados permaneceram sentados, e nem os aplausos nem as aclamações com que suas palavras foram recebidas poderiam compensá-lo por aquilo que ele encarou como uma humilhação pública, privando-o de seus direitos divinos, ao colocá-lo no mesmo nível de um presidente burguês.

Madame Campan relata como, ao voltar ao palácio, o rei seguiu a rainha diretamente aos apartamentos dela, atirando-se numa poltrona, levando o lenço aos olhos e dizendo numa voz estrangulada por lágrimas: "Está tudo perdido. E a senhora, madame, teve que vir à França para testemunhar a humilhação da monarquia." Ao que Maria Antonieta caiu de joelhos e tomou o marido nos braços, enquanto as infelizes damas de companhia ficavam duras em seus lugares, sem ousar se mexer, até que a rainha gritou numa voz desesperada: "Saiam! Saiam!"

Mais tarde, naquela noite, Maria Antonieta mandou uma mensagem confidencial a Viena com um novo grito de socorro. Mas havia pouco que Leopoldo pudesse fazer. Pillnitz havia sido um fracasso. O príncipe Kaunitz o estava aconselhando a tomar conta de seus interesses mais perto de casa. A Rússia e a Prússia planejavam uma nova partilha da Polônia e a Áustria tinha que ter sua cota nesse espólio. Por enquanto, era melhor reconhecer a constituição francesa, e enviar uma carta de congratulações ao rei Luís. Em toda a Europa o rei Gustavo da Suécia era o único monarca ainda disposto a ir em sua defesa e, em colaboração com Axel Fersen, planejava um novo meio de fuga.

No começo de fevereiro de 1792, disfarçado com uma peruca castanha, viajando com passaporte falso como criado daquele que era na verdade seu ordenança, o conde sueco partiu com a bênção de seu rei, numa missão secreta em que ser descoberto significaria a morte.

CAPÍTULO 36

Maria Antonieta lhe suplicara que não viesse. Ela, que era tão valente por si mesma, tremia pelo homem que amava: "Sua vinda arriscará nossa felicidade, estou convencida disso, apesar de que ao mesmo tempo anseio por vê-lo." Fersen ignorou este protesto e, após uma viagem comparativamente tranqüila, chegou a Paris na tarde de 13 de fevereiro. Às cinco horas da tarde, ele estava nas Tulherias. A porta que dava para os apartamentos privados da rainha não tinha guardas e ele entrou com sua própria chave. Sua imaginação mórbida a imaginara numa espécie de prisão, e ficou surpreso com o luxo que lembrava Versalhes. O quarto em que ela esperava por ele estava fracamente iluminado, como se ela não quisesse que ele visse os estragos dos últimos meses, o cabelo branco, os olhos avermelhados, cansados de lágrimas e da infinita decifração de cartas escritas num código complicado, tarefa para a qual ela freqüentemente tinha que pedir ajuda da esperta madame Campan. Não há registro de que esse encontro teve testemunhas. Mas quem quer que tenha estado lá parece ter guardado uma discrição exemplar.

Fersen escreveu duas narrativas, uma delas num relatório oficial ao rei da Suécia, no qual ele mencionava todo o tempo: "Suas Majestades, que vi na noite de minha chegada e novamente na noite seguinte". Mas em seu diário particular, o famoso *Dagbok,* ele admitiu ter passado 24 horas sozinho com a rainha, e que o rei Luís só juntou-se a eles na noite seguinte — mais uma prova das vidas separadas que Luís e Maria Antonieta conseguiam levar na liberdade limitada das Tulherias. Mesmo aqueles que persistiam em acreditar que as relações de Maria Antonieta com Axel Fersen foram inteiramente platônicas, não podem achar de verdade que aquelas 23 horas foram inteiramente devotadas à conversação. Aquela frase lacônica, *"resté là"* (fiquei lá), que um dos descendentes diretos de Fersen teve tanto trabalho tentando suprimir, mas que os esforços incansáveis dos historiadores conseguiram decifrar, é a chave para um relacionamento que o nobre sueco fez tudo para esconder mas que uma mulher tão frustrada, tão apaixonada e também tão naturalmente indiscreta como Maria Antonieta, parece não ter se preocupado nunca em negar, nem em suas cartas ao conde Mercy, nem a Valentin Esterházy. A maior parte do tempo deve ter sido devotada a uma narrativa em detalhes do que aconteceu em Varennes. Lágrimas devem ter sido derramadas à lembrança das humilhações daquela derrota terrível, pela qual Fersen se culpava, enquanto a rainha não culpava ninguém, somente seu destino infeliz. Ela se entregara a Axel de corpo e alma, e este, naquelas 24 horas, conseguiu convencê-la de que somente ele tinha o direito de ditar sua conduta política e de agir como guardião de seus interesses.

Fersen revelou sua missão oficial, mostrando o plano de fuga do rei Gustavo, que foi discutido em todos os seus aspectos. Era um esquema louco, desesperado, envolvendo uma fuga para a Inglaterra, coincidindo com um avanço sobre a Normandia de forças navais suecas e russas. Durante 24 horas, Axel e Maria Antonieta foram novamente os amantes audaciosos, os aventureiros, empenhando suas últimas esperanças num plano sem futuro nenhum. Na noite seguinte, às seis horas, o rei reuniu-se aos conspiradores. Quer Luís não tivesse consciência do que se passava em seu próprio palácio, quer aceitasse Fersen por aquilo que ele era oficialmente, um enviado oficial do rei da Suécia, ele parece, de qualquer forma, ter dado ao jovem uma acolhida calorosa e falado com ele com uma franqueza incomum: "Sei que o povo me acusa de fraqueza e indecisão. Mas nunca alguém se achou numa situação tão difícil. Eu tive uma chance de fugir e a perdi. Isso foi há mais de dois anos, depois do 14 de julho. Uma oportunidade dessas nunca voltou a se repetir. E agora o mundo inteiro me abandonou." Fersen mostrou a lealdade de seu soberano real e seu desejo autêntico de ajudá-los. Mas Luís rejeitou suas propostas como excessivamente perigosas, não somente para sua família mas para todos aqueles que estariam envolvidos com a operação. Ele também havia feito uma promessa solene à

Assembléia de não tentar fugir novamente. O sueco respeitou sua decisão como sendo "a de um verdadeiro homem honrado".

As dez horas da noite se aproximavam, a hora em que a guarda noturna era dobrada. O rei retornou a seus apartamentos, após desejar boa-noite à rainha com sua educação formal de costume. Os amantes foram deixados sozinhos, mas mal tiveram tempo para um último abraço, pois logo ouviram as passadas pesadas dos sentinelas mudando a guarda. Fersen escapou para a noite de inverno, para dar início ao que a rainha acreditava ser uma viagem longa e arriscada, mas na realidade instalou-se a cerca de um quilômetro dali, na luxuosa mansão de Quentin Crawford na rua de Clichy, onde uma amante bela e voluptuosa esperava por ele de braços abertos. Não é um episódio edificante na história do romântico cavaleiro errante e é difícil perdoar a sensualidade fria de um homem capaz de sair direto da cama da rainha para a de Eleanor Sullivan, assim traindo o rei, a rainha e seu amigo Quentin Crawford, todos ao mesmo tempo. É preciso admitir que Eleanor Sullivan deve ter sido a mulher mais calorosa e solidária com quem ele podia, na sua tristeza, dar vazão à sua luxúria, e era capaz de escutá-lo falar durante horas de sua rainha infeliz. Sem o conhecimento de Crawford, que parece ter estado ausente durante algum tempo, Axel ficou mais de uma semana escondido no sótão da rua de Clichy, atendido apenas por criados que acreditavam ser ele o filho de Eleanor com o duque de Württenberg, cuja chegada tinha que ser mantida em segredo do seu amo. Eleanor dividia seus dias entre dois amantes.

Certa noite, após voltar do Théâtre des Italiens, ela descreveu a Fersen a cena que havia testemunhado durante uma récita de *Les Evénements imprévus,* de Grétry. Agindo segundo o conselho de Barnave, a rainha, sua filha e madame Elisabete estavam no camarote real e a direção havia providenciado para que a maior parte dos camarotes fosse ocupada por simpatizantes da realeza. Madame Dugazon, que interpretava o papel de uma criada de comédia, e que era uma monarquista apaixonada, teve a imprudência, enquanto cantava a ária *"O comme j'aime ma maîtresse"* (Oh, como amo minha senhora), de fazer uma reverência à rainha. Isso deu vazão a uma tempestade de vaias da platéia, e gritos de "Nada de senhoras!", "Nada de amos!" e "Viva a liberdade!" Os que estavam nos camarotes responderam com gritos de "Viva a rainha!" e não demorou muito para a platéia estar aos socos. Os monarquistas, sendo mais numerosos, fizeram os jacobinos passar um mal pedaço, "e tufos de seus cabelos compridos e desempoados voavam pelo teatro".

Fersen ficou feliz em registrar esse triunfo monarquista em seu *Dagbok;* mas o único resultado do episódio foi inflamar ainda mais as paixões contra a rainha, que nunca mais foi ao teatro nem agiu de acordo com os conselhos de Barnave. Dois dias depois, Axel Fersen deixou Paris na neve sem fazer nenhuma outra tentativa de ver a rainha. Em seu estilo terso, lacônico, ele anotou em seu *Dagbok*: "Contei a Crawford a mesma história que contei a ela, sobre minha viagem imaginária". Não era uma confissão muito bonita, por parte de um homem que os românticos do século XIX transformaram em herói.

Enquanto isso, em Paris, os constitucionalistas perdiam terreno a cada dia para os jacobinos e os girondistas. Nem o rei nem a rainha sabiam que uso fazer dessa transitória popularidade. Sem assento na nova Assembléia, Barnave partiu para Grenoble para cabalar votos e poder voltar na próxima eleição. Antes de partir ele teve uma entrevista secreta com Maria Antonieta. A influência lamentável de Fersen havia afastado a rainha de um jovem que, comovido com seu infortúnio e com os infortúnios que previa para seu país, havia sentido um desejo autêntico de servi-la, mas que nas últimas semanas havia notado com tristeza que sua frivolidade e seus preconceitos inatos a impediam de seguir seus conselhos. Houve discussões fúteis sobre as cores dos uniformes das tropas da corte do rei, agora conhecidas como guardas constitucionais. Tanto Luís quanto Maria Antonieta haviam insistido em manter o duque de Brissac e os antigos membros de sua equipe, cujos simples nomes eram um anátema para os membros da Assembléia Nacional. O resultado foi que na semana seguinte os guardas constitucionais foram dissolvidos e substituídos pelos guardas nacionais, escolhidos entre todas as camadas da sociedade.

Barnave escreveu numa carta à rainha, pouco antes de seu encontro nas Tulherias:

> Vejo que meus conselhos não correspondem ao ponto de vista de Suas Majestades. Temo ter muito poucas esperanças no sucesso do plano que os senhores agoram seguem. Encontram-se muito longe de qualquer ajuda externa e estarão perdidos muito antes que alguma coisa desse tipo possa alcançá-los. Só rezo para que eu esteja errado em meus pressentimentos sombrios. Eu próprio não tenho dúvidas de que pagarei com minha ca-

beça pelo interesse que demonstrei em sua infelicidade. Tudo que peço em recompensa é a honra de beijar sua mão.

Durante sua última e trágica entrevista, os olhos de Maria Antonieta estavam cheios de lágrimas. Ambos sabiam que estavam condenados e a rainha percebeu tarde demais que o jovem advogado protestante era o mais nobre de todos os seus defensores.

Outros campeões se apresentaram em sua defesa, mas nenhum tão idealista quanto Barnave. Eram em sua maior parte aventureiros bravos, audaciosos, prontos para jogar uma última cartada em sua luta pelo poder. Um deles foi Luís de Narbonne, que em sua juventude havia sido protegido por madame Adelaide e era agora o amante de Germaine de Staël, bem como um dos poucos aristocratas que se haviam entregado de corpo e alma à revolução, esperando dessa forma satisfazer uma ambição frustrada em Versalhes. A rainha jamais gostou dele e tentou impedir sua indicação para ministro da Guerra. Ele agora aspirava a alturas ainda maiores e, numa entrevista dramática, anunciou que, recebendo o posto de primeiro-ministro, poderia salvar o país, ao que Maria Antonieta riu em sua cara com aquela risada clara, irônica, que lhe conquistara tantos inimigos na juventude. E Narbonne deixou o palácio desfeiteado e aborrecido.

A rainha cometeu um erro ainda maior ao recusar os serviços do general Dumouriez, um homem brilhante e complexo, de muitas facetas, e que em certo momento de sua variada carreira fora agente secreto do rei Luís XV, tendo também cumprido uma pena na Bastilha em seguida à queda de Choiseul. Agora ele ligara sua sorte à dos girondistas e era indicado como ministro do Exterior num governo que consistia quase que inteiramente de membros de seu partido. De todos os ministros que nos últimos anos haviam sido forçados ao infeliz rei, Dumouriez, que a desdenhosa madame Roland (esposa do novo ministro do interior) descreve como "um libertino espirituoso", parece ter sido o único a ter uma certa influência sobre Luís, tendo conseguido tirá-lo de sua apatia. Mas a rainha nunca se deixou conquistar pelos seus encantos, e todas as suas tentativas de obter suas graças terminaram em fracasso. Madame Campan relata como, em certa ocasião, ele chegou ao ponto de renegar seu passado revolucionário, atirando-se aos pés da rainha, cobrindo-lhe as mãos de beijos e implorando-lhe: "Madame, permita que a salve". Mas Maria Antonieta ficou impassível e quando ele se foi ela disse a sua dama de companhia "que ela nunca confiara em traidores". Foi uma decisão que ela deve ter lamentado quando Dumouriez pediu demissão do governo para retomar sua carreira militar e levou os jovens exércitos da república à vitória em Valmy e Jemappes.

A primavera de 1792 trouxe uma série de desastres. Em 1º de março o imperador Leopoldo morreu, após uma doença de dois dias, suspeitando-se que tenha sido envenenado. Seu filho Francisco, um jovem frio e sem imaginação, que não tinha nada do brilho do pai, pouco interesse sentia por sua tia que nunca vira. Mas o treinamento militar que recebera de seu tio José o tornara mais belicoso que seu pai e ele não hesitou em aceitar o desafio quando os franceses enviaram um ultimato ao Eleitor de Treves, um feudo do Sacro Império Romano.

Duas semanas após a morte do imperador, os soberanos franceses perderam o mais valente e o mais ardoroso de seus aliados quando o rei Gustavo da Suécia foi assassinado por um de seus oficiais durante um baile de máscaras. Em Paris, seu assassino foi aclamado como um novo Brutus e publicamente aclamado embaixo das janelas das Tulherias, enquanto a rainha escrevia para consolar seu amante pela perda "do mais nobre dos reis e do mais devotado dos amigos". Foi um golpe amargo para Fersen, que desde a sua primeira juventude gozara dos privilégios de favorito da corte e que agora pouco tinha a esperar do sucessor de Gustavo, um menino de 14 anos, sob a tutela de seu tio, o regente, que sempre encarara os arrogantes Fersen com antipatia, e que via em Axel apenas uma obrigação a ser satisfeita com títulos vazios, mantendo-o permanentemente longe do círculo de seu sobrinho.

"Desde a morte do nosso rei, a guerra é a nossa única esperança". Ao menos uma vez, Fersen, a rainha e os girondistas estavam todos do mesmo lado. Somente o rei Luís resistia até o fim, tendo sido finalmente obrigado a ceder à febre guerreira que se espalhava pelo país. Em 29 de abril de 1792 ele arrastou-se até a Assembléia para anunciar, numa voz cansada, que tendo feito tudo em seu poder para preservar a paz, como era seu dever ter feito, ele agora não tinha outro recurso senão providenciar para que a dignidade de seu povo não continuasse a ser insultada. Foi um discursozinho triste, saudado com vociferações por uma platéia que queria a guerra para se manter no poder e distrair o povo das dificuldades internas, do crescente custo de vida, das sérias carências de alimentos, e do desemprego cada vez maior.

A guerra forneceria uma válvula de escape para esse povo, uma incitação a odiar seus inmigos tanto dentro quanto fora do país, dando-lhe ao mesmo tempo uma oportunidade de glória. Assim que o rei Luís declarou guerra contra o rei da Hungria — pois Francisco ainda não havia sido eleito imperador em Frankfurt —, uma campanha viciosa de ódio foi lançada contra a rainha austríaca e o que foi chamado de *"Le comité autrichien"*, que supostamente se reunia nos apartamentos da princesa de Lamballe. Dos salões da Assembléia, na antiga escola de equitação, a poucos passos das Tulherias, os girondistas fizeram ataques mal velados à rainha. Um desses ataques, expresso por um orador brilhante chamado Vergniaud, foi particularmente virulento. Apontando o dedo para o palácio ele gritou:

> O terror e o medo freqüentemente vieram daquele lugar... Que todos aqueles que vivem ali saibam que somente o rei é inviolável e que a lei, sem distinção de pessoas, alcançará os culpados que ali se abrigam, de tal forma que não existe uma única cabeça que, uma vez provada sua culpa em crimes, possa escapar da lâmina.

E a rainha que costumava ser tão corajosa, sentiu medo pela primeira vez. "Qualquer tipo de ação seria preferível a nos deixarmos assassinar em nossas camas", escreveu ela ao conde Mercy. Mas nem todas as cartas que mandava a ele se limitavam a gritos de socorro. A rainha jovem e doce que estivera tão disposta a amar seu país de adoção, e que em uma de suas primeiras cartas à mãe escrevera: "Quando se é tão bem tratada por gente que tem tão pouco que agradecer, sentimo-nos mais do que nunca obrigados a tentar fazê-los feliz", estava agora cheia de desgosto e desprezo por aqueles que ela chamava de *"les queux"* (os velhacos), que se haviam voltado contra ela. A França para ela não significava mais do que a herança de seu filho, pela qual era preciso lutar até o fim, mesmo que isso levasse à traição. Há monarquistas, e são muitos, que transformariam a rainha martirizada numa santa e nos fariam esquecer a página negra de sua história, quando Maria Antonieta deliberadamente traiu seu país enviando ao conde Mercy os detalhes dos planos de campanha franceses que ela conseguira obter de Dumouriez. Mas a rainha não foi responsável pelas derrotas desastrosas do começo da guerra.

À medida que as notícias da frente de batalha se tornavam piores, a campanha de ódio contra o rei e a rainha redobrou em violência. Os poucos estrangeiros que ainda estavam em Paris contaram que, do lado de fora das Tulherias, os jornaleiros ambulantes vendiam panfletos obscenos sobre *"La Vie Scandaleuse de Marie Antoinette"*, enquanto nos recintos da Assembléia o nome do rei provocava vaias e risos, que os ministros girondistas nada faziam para impedir. Roland, o novo ministro do Interior, cuja ambiciosa esposa agora mantinha um salão nos belos apartamentos onde antigamente Calonne recebera os príncipes do sangue, era particularmente agressivo em seu comportamento com o rei. Republicano de coração, ele e seus colegas esperavam apenas uma oportunidade para depor o monarca. E agora tentavam forçá-lo a aceitar um decreto pelo qual todos os padres refratários, quando denunciados por 200 cidadãos, podiam ser deportados. Este decreto, que atingia sua consciência, Luís não podia aceitar. Mais disposto a ser mártir do que rei ele recusou-se a sancioná-lo, fazendo uso do poder de veto que lhe era garantido pela constituição. A rainha foi acusada de ter incitado o marido a permanecer firme na única ocasião em que foi perigoso resistir a uma medida popular. Mas foi o rei, e o rei somente, que, movido por seus escrúpulos religiosos, teve a coragem de desafiar a Assembléia e demitir seus ministros girondistas, após Roland, numa carta particularmente objetável, lida diante de toda a Assembléia, tê-lo acusado de ir contra os desejos da nação.

A resposta dos parisienses ao veto do rei foi a manifestação de 20 de junho. Começando como uma demonstração pacífica, com uma árvore da liberdade sendo plantada nos jardins das Tulherias, terminou com a invasão do palácio. Uma multidão de mais de oito mil pessoas — lojistas, artesãos, carregadores e mulheres do mercado, todos armados com machadinhas, foices e varas — veio dos *faubourgs* aos borbotões, gritando: "Viva os girondistas e abaixo o veto!". Nenhum dos soldados de guarda do lado de fora do palácio fez qualquer movimento para dispersar a multidão, que, encontrando um dos portões laterais trancado, correu escadas acima, arrastando um canhão e pondo abaixo as portas.

O rei estava numa antecâmara com sua irmã, e houve um momento perigoso para ela quando foi tomada pela rainha. Felizmente Maria Antonieta, que tentara juntar-se ao marido, foi impedida de fazê-lo por alguns oficiais leais que barricaram a ela e aos filhos, por trás de uma grande mesa na sala de conselho. Durante mais de duas horas a família real teve que ficar submetida aos insultos da multidão, enquanto do outro lado da calçada a Assembléia estava em plena sessão e os estandartes de guerra eram hasteados no Hôtel de Mille. Foi somente ao entardecer que o prefeito apareceu com a desculpa inaceitável que acabara de saber do ataque ao palácio. Mas a coragem mostrada pelo rei, que durante toda essa provação se mostrara calmo e imperturbável, ouvindo todas as arengas, aceitando um copo de vinho de um açougueiro e chegando ao ponto de tentar colocar o barrete frígio da liberdade na cabeça, mas que era grande demais, terminou por impressionar a turba. A rainha foi ainda mais heróica permanecendo barricada por trás de uma mesa, enquanto o cervejeiro Santerre, um dos líderes mais populares dos *faubourgs,* exibia-a à multidão hostil como se ela fosse um animal selvagem num circo. Mais uma vez sua mágica se fez valer, e muitos dos que haviam começado ofendendo-a terminaram chorando de remorsos. Mas quando o último dos insurgentes saiu, e Luís e Maria Antonieta ficaram sozinhos em seu palácio profano, eles perceberam que o 20 de junho tinha sido apenas um ensaio geral, e que o pior ainda estava por vir.

CAPÍTULO 37

"POR UM MILAGRE eu ainda existo. O dia de 20 de junho foi um pesadelo. Já não é mais só a mim que eles se opõem. Estão planejando assassinar o rei e não tentam escondê-lo: Ele mostrou uma tal força e coragem que, por enquanto, serviu de alguma coisa. Mas os horrores podem se repetir a qualquer momento." Esta é apenas uma das muitas cartas endereçadas a Fersen por uma mulher desesperada que não via esperança no futuro, a não ser que aliados chegassem a tempo.

Os acontecimentos de 20 de junho foram seguidos por uma breve reação em favor do rei. Delegações de deputados chegaram das províncias para protestar contra a invasão das Tulherias. Os membros mais moderados da Assembléia, como Maurice de Talleyrand e o duque de la Rocheofucauld Liancourt, se ergueram para denunciar o tratamento dado ao rei. Lafayette deixou seu comando na frente de batalha para fazer um discurso corajoso e apaixonado em defesa do rei. Por um momento parecia que sua antiga força se reafirmava e seu discurso foi aclamado pela maioria. Mas seu triunfo durou pouco. Com suas penas mergulhadas em vitríolo, Marat e Hébert, editor de um pasquim indecente, o *Père Duchesne*, estavam incitando o povo a um frenesi de ódio. Lafayette, que um dia fora um ídolo de Paris, sabia que tinha perdido sua força, mas ainda podia fazer um gesto heróico salvando a família real do desastre. O aniversário do 14 de julho seria comemorado com as festividades costumeiras no Campo de Marte. O rei e a rainha deveriam estar presentes, tal como o general Lafayette, à frente de um destacamento da cavalaria. O plano do general era cercar os soberanos com suas tropas e, com a confusão que se seguisse, tirá-los em segurança de Paris. Era um esquema audacioso, mas que podia ter funcionado, pois a cavalaria continuava leal ao seu general. Mas ele se esqueceu de levar em conta os principais protagonistas. O rei deu-lhe uma recepção fria quando Lafayette foi visitá-lo em seu palácio, ainda cheio de vidros partidos e com portas destruídas. A rainha foi ainda mais fria, pois nenhum deles podia esquecer ou perdoar o mal que Lafayette lhes havia feito. Agora, na última hora, quando sua própria estrela declinava, ele ousava se propor para o papel de salvador. "Melhor perecer do que ser salva por *monsieur* Lafayette", foi a resposta orgulhosa de Maria Antonieta.

Contrariamente às expectativas, as comemorações de 14 de julho foram comparativamente pacíficas. Tendo sido alertada de um plano para assassinar o rei, Maria Antonieta convenceu o marido a usar um colete à prova de balas. Ela própria recusou-se a usar um outro. Mas sua coragem e sua vaidade a impediam de colocar um traje tão grosseiro e desfigurante em público. Conforme Lafayette comentou com uma certa amargura, "a rainha sempre se preocupou muito mais em parecer bonita quando em perigo do que fazer qualquer tentativa de evitá-lo". Mas as comemorações no Campo de Marte não tiveram nada da espontaneidade e da alegria de 1970. E os *féderés,* que desfilaram sob a sacada do palácio real eram muito diferentes dos homens felizes e risonhos que naquele ano haviam saudado seu rei. Em cada cidade e província os agitadores políticos estavam em ação, corrompendo e disseminando notícias falsas sobre monarquistas que planejavam uma contra-revolução, sobre o rei estando aliado ao inimigo. E em toda aquela vasta reunião mal houve um grito *"Vive le roi!"*. Luís pareceu, até mesmo aos olhos de seus simpatizantes, uma figura lamentável, em suas roupas bordadas e seu cabelo cuidadosamente empoado, uma relíquia de uma outra era, abandonado por seus súditos.

Os *féderés,* que deveriam deixar Paris após as comemorações, ficaram por convite dos vários clubes, recebidos com suprimentos copiosos de vinho e propaganda. Os últimos a chegar foram os marselheses, marchando pelas ruas, brandindo suas espadas aos refrões da canção que Rouget de Lisle havia composto para os exércitos do Reno e que eles tomaram para si. Em poucos dias toda Paris cantava as palavras arrebatadoras da *"Marseillaise",* conclamando todos os franceses a se erguerem contra o inimigo, *"Aux ar-*

mes, citoyens" — o inimigo que não estava apenas na fronteira, mas também dentro das Tulherias.

"O bando de assassinos continua engrossando com novos recrutas. Amanhã esperam-se 800 de Marselha, e dizem que em uma semana terão forças suficientes para levar a efeito seus planos." Em uma de suas últimas cartas desesperadas a seu amante, Maria Antonieta deixou claro que a esta altura já havia perdido todas as esperanças. Mas não estava preparada para o golpe final do manifesto Brunswick, que chegou a Paris nos últimos dias de julho. Assinado pelo comandante-em-chefe dos exércitos aliados, foi posto em termos tão insultuosos que parecia feito para unir os franceses de todos os credos e classes contra o inimigo. Como e por que ele tinha que ser redigido por Fersen, continua sendo um mistério. Axel não podia ter prestado um serviço pior a sua senhora do que ao compor um manifesto tão idiota. Nada é tão indicativo da falta de coesão e liderança dos exércitos aliados do que o duque de Brunswick, conhecido por suas simpatias liberais, ter posto sua assinatura nesse documento histérico e mal concebido, escrito por um homem que não tinha nenhuma posição oficial em seu exército.

Cheio de ódio contra os franceses, a respeito de quem Fersen, com sua presunção intolerável, tinha a pior opinião possível, ele refletia toda a frustração emocional de um homem ardendo por vingança contra aqueles que tinham humilhado sua amada rainha. Repetidas vezes Maria Antonieta pedira que as forças aliadas redigissem um manifesto, mas que, no entanto, tivessem o cuidado de estabelecer uma diferença entre os jacobinos e a nação francesa como um todo, e de evitar qualquer tentativa de interferência com as questões internas da França, ou de dar muita importância ao apoio ao rei. Todas estas instruções foram ignoradas. O manifesto Brunswick ameaçava Paris de destruição total se a família real não fosse protegida ou se as Tulherias fossem novamente invadidas. Os soldados franceses que não se passassem para o seu legítimo soberano, o rei Luís, assim que os exércitos aliados entrassem no país estavam sujeitos a serem fuzilados e a terem suas casas destruídas — um manifesto extraordinário para ser assinado por um general que ainda não havia vencido uma única batalha, e que, nos anos posteriores, o próprio duque lamentaria amargamente.

Mas Axel Fersen estava encantado com este pedaço de papel. "A essa altura você terá recebido um manifesto e ficará muito satisfeita", escreveu ele. Finalmente os exércitos estavam em marcha e seria apenas uma questão de dias até chegar a Paris. Em seu otimismo infundável, ele estava dizendo à rainha que de forma alguma ela devia deixar a cidade, que se houvesse um outro ataque às Tulherias ela sempre podia buscar segurança nos subterrâneos do Louvre. Os servidores fiéis de Maria Antonieta não podem ter tido uma opinião muito boa do cavalheiro errante que mandara um conselho tão absurdo, estando ele próprio seguro em Bruxelas, no momento em que os líderes republicanos exigiam a abolição da monarquia e os *faubourgs* estavam em armas; quando sob as janelas das Tulherias a multidão cantava: *"Madame Veto avait promis... d'égorger tout Paris"* (Madame veto prometeu... degolar Paris inteira); quando Maria Antonieta passava noites insones esperando pelo sino que daria o alarme de um ataque do qual o 20 de junho não passara de um ensaio geral. Naquele momento, Axel Fersen já se via no papel de primeiro-ministro, pedindo ao rei Luís que lhe delegasse a autoridade de escolher um governo quando os aliados entrassem em Paris. Numa carta trágica, a última recebida por Fersen quando já estava na prisão e não era mais rainha da França, Maria Antonieta escreveu: "É difícil pensar na escolha de ministros quando se está pensando em evitar ser assassinada".

No ano seguinte, ela várias vezes lamentaria não ter sido assassinada em 10 de agosto, quando 20 mil parisienses invadiram as Tulherias. Mesmo assim, o palácio podia ter sido defendido. Havia 900 suíços valentes e dedicados trazidos de seus acampamentos na Porte Maillot, apoiados por dois mil homens da guarda nacional, alguns suspeitos de descontentamento, mas outros que, sob uma forte liderança, teriam permanecido leais a seu rei. "Um homem valente a cavalo podia ter salvado a situação", foi a opinião de um jovem tenente desempregado que, com os olhos de um grande estrategista, percebeu os erros dos defensores largados ali sem quaisquer ordens; de uma multidão fundamentalmente bem intencionada, mas que em uma hora se havia transformado em uma horda de animais selvagens, sedentos de sangue. Observando de uma das janelas das vizinhanças, Napoleão Bonaparte escreveu a seu irmão: "Tudo o que o rei tinha que fazer era aparecer e ele teria dominado a situação". A rainha era da mesma opinião, enquanto esperava, cercada por uns poucos amigos leais, entre eles a pobre princesa de Lamballe que, apesar de trêmula de terror, se recusava a abandoná-la e ficava repetindo a madame de Tourzel: "Tenho certeza de que ela está condenada".

Na noite anterior fora decidido transformar o palácio num acampamento armado e defendê-lo até o fim. O marquês de Mandat, um capacitado oficial da velha escola, que comandava a guarda nacional, estava encarregado da defesa. Mas os revolucionários reconheciam suas qualidades e, no começo daquela manhã, ele foi convocado ao Hôtel de Ville, onde uma comuna insurrecionária havia assumido o controle. Agindo contra os desejos de sua mulher, Luís o deixou ir, e uma hora depois ele estava decapitado, seu corpo flutuando no Sena.

A Assembléia estava em sessão, hesitante, assustada, muitos dos deputados ainda congenitamente conservadores, mas já tendo perdido o controle dos elementos radicais da cidade. Dos dois mil nobres que se sabia ainda estarem em Paris, e que haviam sido convocados a tomar parte na defesa do palácio, só 150 haviam atendido, na maior parte homens idosos, sobreviventes de uma outra era, prontos para morrerem lutando por um rei em quem muitos já nem mais acreditavam. O próprio rei, uma figura lamentável, numa casaca púrpura amarrotada, uma peruca achatada, ficava vagando sem propósito, de sala em sala, incapaz de tomar uma decisão. Ontem, as Tulherias deviam ser defendidas até o último homem. Agora, ele se via tomado por dúvidas e hesitações. A coragem que mostrara em 20 de junho se fora. Na pior crise de seu reinado, ele parecia incapaz de agir ou pensar coerentemente. A rainha, ao contrário, era uma inspiração para todos, entregando comida e bebida aos defensores, insistindo com o marido para que fosse lá para fora, para o meio deles, e fizesse um discurso arrebatador, compromentendo-se a lutar até o fim. Mas as palavras que ela teria encontrado com tanta facilidade, as palavras com que a jovem Maria Theresa um dia havia reunido os nobres húngaros em torno dela, não faziam parte do vocabulário de Luís. Com seu passo cambaleante e sua visão míope, ele ficava circulando como alguém que já soubesse que sua causa estava perdida, murmurando algumas poucas palavras incertas a homens que já não tinham mais qualquer fé nele, nem como líder, nem como rei. Houve alguns gritos de *"Vive le Roi!"*, mas muitos mais de *"Vive la Nation!"* e *"A bas le veto!"* Sua própria presença parecia disseminar a insatisfação. Quando ele chegou ao batalhão de artilheiros estacionados na ponte levadiça, os homens já estavam confraternizando com a multidão do lado de fora e as poucas aclamações se transformaram em insultos: "Abaixo o porco gordo". Alguns até lhe mostraram os punhos. "Meu Deus! Estão vaiando o rei", griotu um ministro que observava de uma janela. Maria Antonieta também observava e, com lágrimas de ódio nos olhos, voltou-se para madame Campan dizendo: "Não adianta. Ele acabou fazendo mais mal do que bem". Ela não podia evitar o desprezo por aquela criatura pesadona e inerte que, ao voltar ao palácio, mergulhou numa poltrona, respirando pesadamente: "Dei minhas ordens. Ninguém deve atirar se os agressores não atirarem primeiro".

Às sete da manhã, os primeiros insurgentes haviam alcançado as Tulherias, avançando às centenas e aos milhares ao longo do Sena, descendo os Champs Elysées e atravessando as ruas estreitas do *faubourg* — uma multidão heterogênea, desordenada, formada por todos os escalões da sociedade, alguns de aspecto feroz, armados com cutelos e espetos, aquelas armas horríveis que a Revolução tornou famosas; outros, eram cidadãos decentes, comuns, pequenos lojistas e artesãos, aqui e ali alguns advogados e professores, todos unidos em sua determinação inflexível de abolir a monarquia. A essa altura já tinham chegado à Place du Carousel, e seus cantos e gritos podiam ser ouvidos por todo o palácio. Os mais altos e ameaçadores de todos eram os refrões da *Marselhesa,* com 600 *féderés* gritando em coro: *"Aux armes, citoyens!"*

Maria Antonieta não tinha medo de morrer. A vida sem um trono para ela significava muito pouco. Quando foi sugerido que a família real devia buscar asilo na Assembléia Nacional, sua reação instintiva foi se recusar. "Eu preferia ser pregada nas paredes do palácio do que buscar a proteção daqueles que se comportaram de forma tão terrível para conosco, abandonando os que estão preparados para nos defender". O promotor público, conde de Roederer, um homem honesto de simpatias monarquistas, conseguira abrir caminho através da multidão hostil para insistir com seu soberano quanto à necessidade de sair antes do palácio ser invadido. Suas súplicas foram inúteis, confrontadas por um rei vacilante e uma rainha furiosa, cujo desejo de resistir aumentava à medida que a situação se tornava mais ameaçadora. Uma hora depois ele voltou, quando a multidão já golpeava os portões, e desta vez ele dirigiu-se diretamente ao rei: "Sire, não há um minuto a perder. O único lugar onde o senhor estará seguro é na Assembléia". Ao que a rainha se intrometeu: "Temos uma força considerável pronta para nos defender. Não podemos deixar nossos nobres leais e nossos galantes suíços para morrerem sem nós." E Roederer replicou: "Madame, os senhores estão em inferioridade numérca irremediável. Ficando, a senhora está colocando em perigo as vidas de seu marido e de seus filhos". Os cortesãos que haviam tido a coragem de ficar, olharam primeiro para o rei, depois para a rainha, que não podia mais controlar as lágrimas. Por um momento houve silêncio. E então Luís ergueu a mão, como quem quer impedir novas discussões, e disse: "Vamos". Maria Antonieta não tinha escolha senão obedecer. Pegando os filhos pela mão, acompanhada pela governanta e pela princesa de Lamballe, ela seguiu o rei que havia se permitido perder o trono tão facilmente. Desafiadora até o fim, ela gritou para os cortesãos paralisados: "Voltaremos logo". Mas sabia que ninguém acreditava nela, e que até mesmo os soldados tinham desprezo por um rei que se recusava a lutar. Luís não disse uma palavra até atingirem as colunas na base da grande escadaria, quando voltou-se para Roederer e lhe pergutnou: "O que vai acontecer com todos aqueles que ficaram para trás?" E Roederer só pôde responder: "Sire, eles não estão em número suficiente para poder resistir durante muito tempo". E Luís, que era honrado demais para deixar que outros morressem em sua defesa, deu ordens para que os suíços depusessem suas armas. Essas ordens parecem ter se extraviado, e os suíços, bravos, disciplinados e sem imaginação, se apegaram a suas primeiras ordens, permanecendo imóveis em seus postos até que os agressores atacaram. Então, com a precisão mortal de uma força de combate de primeira classe, abriram fogo e foi apenas uma questão de minutos para os pátios estarem livres da ralé e o chão coberto de cadáveres.

A essa altura a família real já tinha chegado à escola de equitação, os guardas tendo que forçar o caminho através de uma multidão enfurecida, que os cobriu de insultos e tentou impedir a rainha de entrar no salão. As multidões eram tão densas que, a fim de proteger o Delfim, um dos guardas ergueu-o nos braços. A rainha gritou, pensando que ele ia ser seqüestrado. Mas foi a última vez que ela fez a menor demonstração de nervos, aceitando com rígida compostura todos os insultos e abusos. O pomposo discurso de boas vindas feito pelo presidente, Vermiaud, que apenas uns poucos dias antes havia vituperado contra "os traidores que ainda se abrigam nas Tulherias", tinha muito pouca relação com o ânimo prevalecente entre os deputados, que era de constrangimento e medo — um medo que se transformou em pânico quando houve repentinamente o som de tiros e umas poucas balas perdidas voaram pelas janelas abertas. O rei gritou, acima do clamor geral: "Garanto-lhes que proibi os suíços de atirar", e uma delegação foi enviada ao palácio para repetir suas ordens. Mas mal ela tinha saído quando uma horda de insurgentes irrompeu no salão, deixando os deputados num tal estado abjeto de terror que, pensando em si mesmos e não no rei, cederam a todas as exigências do povo, gritando juntos: "Liberdade e igualdade para sempre!". O monarca, cuja pessoa, de acordo com a Constituição, ainda era inviolável, se tornara seu prisioneiro. A única proteção que receberam foi serem todos confinados, com a governanta das crianças e a princesa de Lamballe, na cabina dos escrivãos, um cubículo com menos de quatro metros quadrados, sob a galeria do público, e separada do salão principal por uma grade de ferro que foi removida para que, em caso de necessidade, o rei e sua família pudessem buscar abrigo no meio da Assembléia. Luís, que era um homem de força excepcional, removeu ele próprio algumas das barras. Durante a primeira sessão, que durou mais de 15 horas num calor quase tropical, os soberanos infelizes tiveram de ouvir discursos enormes, palavrosos, de delegados ansiosos por pacificar os membros da comuna insurrecionária, sentados na galeria, sem pensar nos sentimentos de seu rei humilhado.

Do lado de fora, o barulho foi se tornando cada vez mais ensurdecedor, os gritos mais horríveis, com os *fédérés* se entregando a uma orgia de morte. A primeira onda de insurgentes havia sido repelida, o palácio esvaziado, quando os suíços receberam a ordem fatal de rendição. Acostumados às regras de honra, os oficiais depuseram suas armas, para serem subjugados por uma horda de animais selvagens. Gritando *"Mort aux traîtres!"*, os marselheses invadiram o palácio, tomados por uma ânsia louca de matar. Ninguém foi poupado, desde os nobres mais velhos até os pajens mais jovens do palácio, muito deles de coração jacobino, que achavam não terem nada a temer. Os que tentaram escapar pelas galerias até o Louvre foram perseguidos e capturados, e seus corpos atirados pelas janelas. Outros foram empalados nas árvores dos jardins, até que as estátuas estavam todas salpicadas de sangue. Até mesmo as mulheres participaram desse carnaval macabro, mulheres da escória das ruas de Paris, mutilando os cadáveres com suas próprias mãos, jactando-se dos assassinatos que haviam cometido. Mais de mil pessoas pereceram; 500 dos guardas suíços foram massacrados no palácio e 60 outros foram feitos prisioneiros e levados diante da comuna insurrecionária, no Hôtel de Ville, onde houve um massacre geral. Quatrocentos insurgentes perderam a vida. O resto foram vítimas inocentes, criados do palácio, cortesãos idosos que só dispunham de suas espadas de corte para se defender. O reinado do soberano que, em Rheims, havia jurado nunca derramar o sangue de um só francês, terminava num holocausto sinistro.

Fechados num cubículo abafado, os infelizes soberanos tiveram de ouvir durante três dias intermináveis os novos governantes da França debatendo e brigando entre si. Incapazes de dizer uma palavra em defesa própria, ouviram cada fato ser distorcido, cada mentira ser acreditada. Eles e seus filhos aterrorizados tiveram de ver seus fiéis suíços, cobertos de ferimentos, entrarem correndo pela Assembléia, suplicando proteção, perseguidos por homens que ainda clamavam por sangue. Tiveram que ouvir os deputados, supostamente homens educados, elogiar os bandidos que traziam o saque do palácio, pilhas de *assignats* (o papel-moeda revolucionário), jóias e prataria, miniaturas e delicados objetos em esmalte, tudo atirado a esmo sobre a mesa do presidente. Cansadas de chorar, as crianças adormeceram. Até mesmo o rei, assoberbado pelo calor, foi visto roncando pesadamente, para a repulsa da rainha que, durante 15 horas, permaneceu quase imóvel, de vez em quando umedecendo seu lenço para limpar o suor da fronte. Durante o dia, nem um único deputado ofereceu-lhes ao menos um copo d'água. Somente um porteiro gentil veio com um pouco de vinho e biscoitos, comprados com seu próprio dinheiro.

Eram quase duas horas da manhã quando eles foram finalmente levados para descansar no convento dos Feuillantes, onde quatro celas haviam sido improvisadas em quartos de dormir. Ali, juntaram-se a eles uns poucos servidores fiéis, que foram arriscando suas próprias vidas. Madame Campan, que teve sua casa derrubada pelo simples motivo de ser conhecida como confidente da rainha, deixou uma narrativa comovente de sua última visita a Maria Antonieta, que ela foi encontrar numa cela acanhada, pintada de verde, deitada chorando numa cama de rodinhas, chorando não tanto por seu próprio infortúnio, quanto pelo sofrimento que ela trouxera para outros. Sem roupas nem dinheiro, pois tudo, até mesmo sua bolsa e seu relógio, havia sido perdido nas Tulherias, ela tinha que depender da caridade dos amigos. A embaixatriz britânica, Lady Sutherland, que tinha um filho da mesma idade do Delfim, enviou-lhes roupas e lençóis; um ex-ministro com mais ou menos o mesmo corpo do rei, forneceu-lhe um conjunto de roupas. A rainha viu-se obrigada até a tomar emprestados 25 luíses de uma de suas criadas.

Três noites foram passadas nas celas dos Feuillantes, onde a cantoria e as danças nas ruas impediam um sono tranqüilo. Todas as manhãs, às dez horas, eles eram levados de volta, sob escolta, para a Assembléia, pois a essa altura já tinha sido deixado bastante claro que eram prisioneiros. Os deputados já não escondiam mais o fato. O rei, que a "gloriosa Constituição" havia declarado inviolável, fora privado de suas funções; as medidas às quais ele aplicara seu veto, haviam se tornado lei comum; e ele e sua família foram colocados sob o que se chamou, um tanto erradamente, de *"la sauvegarde de la Nation"*. No primeiro dia, os deputados teriam ficado satisfeitos em confiná-los no palácio do Luxembourg. Mas a Comuna, o novo governo revolucionário que passara a existir na noite de 10 de agosto, declarou que era muito fácil escapar de um palácio como o Luxembourg, e que, para sua própria segurança, os "ilustres prisioneiros" deveriam ser enviados ao Temple, a fortaleza medieval dos Cavaleiros Templários, situada no coração do Marais, e que se dizia ser inexpugnável.

Às seis horas da tarde de segunda-feira, 13 de agosto, a família real, viajando pela última vez em uma das carruagens da corte, e acompanhada por *monsieur* Pétion, partiu para o Marais. Foi uma longa viagem, pois ordenaram ao cocheiro que seguisse devagar, para que as pessoas nas ruas pudessem apreciar o espetáculo de seu rei a caminho da prisão.

CAPÍTULO 38

O QUARTEL-GENERAL PARISIENSE dos Cavaleiros Templários era uma fortaleza medieval, construída num quadrângulo cercado por jardins fechados por muros elevados. Incluía duas torres e um pequeno palácio elegante que, em tempos anteriores, quando o príncipe de Conti era grão-prior, foi o centro da vida artística da capital, onde o jovem Mozart divertira os convidados, e a sofisticada madame de Boufflers servira de anfitriã. O último dos grãos-priores fora o conde d'Artois, e a rainha comparecera com freqüência a suas festas brilhantes e extravagantes. Deve ter sido uma experiência traumática para ela voltar ao Temple como prisioneira, e encontrá-lo brilhantemente iluminado para celebrar a vitória do povo. Uma refeição esplêndida os esperava no salão dos espelhos, e ninguém duvidava que eles iriam viver no palácio. Luís, numa explosão repentina de energia, já estava separando os vários quartos que formariam sua suíte, quando Pétion informou-os, com um certo embaraço, que eles seriam alojados na grande torre, que estava sendo preparada para sua acomodação e que só ficaria pronta dali a várias semanas. Enquanto isso, eles deveriam viver na pequena torre, onde o arquivista havia sido expulso de seu apartamento. O espaço era restrito, mas os aposentos eram bem mobiliados e confortáveis, pois o arquivista era um homem de bom gosto. Mas até mesmo Pétion devia ter suas desconfianças sobre como essa notícia seria recebida pela rainha, que, não obstante, manteve a mesma compostura gelada que havia demonstrado durante todo o dia.

As lágrimas foram guardadas para depois, quando, na noite de 11 de agosto, dois oficiais chegaram da Comuna com ordens de remover todas as pessoas que não os membros da família real, deixando-lhes apenas um valete para atendê-los. Todos os outros criados — as seis damas de companhia, a governanta das crianças, madame Tourzel, sua jovem filha e, finalmente, a princesa de Lamballe — deveriam ser levados para a prisão. Maria Antonieta estava desesperada. Esquecendo sua dignidade e seu orgulho, ela implorou a Pétion que poupasse a princesa, que era não apenas uma parenta, mas encontrava-se num estado de saúde tão delicado que não poderia nunca suportar as durezas da prisão de mulheres de La Force. Madame Tourzel, que com sua filha viria a sobreviver por um milagre aos horrores dos massacres de setembro, deixou uma narrativa da preocupação tocante da rainha com a amiga cuja fraqueza e insensatez ela conhecia tão bem: "Cuide da minha querida Lamballe. Tente impedir que ela tenha de responder a perguntas esquisitas e embaraçosas". Mas Maria Antonieta subestimou a coragem da heróica princesa que, quando submetida ao interrogatório brutal de um tribunal composto de assassinos, recusou-se a dizer uma palavra contra sua amada rainha.

A família real estava agora sozinha, exceto por Cléry, que anteriormente estivera a serviço do Delfim e que deixou uma narrativa detalhada da vida no Temple. Mas os guardas não eram tão insolentes quanto Cléry nos quis fazer acreditar, nem os comissários tão desumanos. O cervejeiro Santerre, o herói dos *faubourgs,* e Simon, o sapateiro, podem ter sido vulgares e analfabetos, mas dificilmente eram cruéis. Costumavam deixar o Delfim brincar nos jardins, e Simon se prestava até a pequenos serviços para a rainha. Nos primeiros meses da Comuna, eles fizeram o melhor que puderam para deixar os prisioneiros confortáveis. Tendo perdido todo seu guarda-roupa no saque das Tulherias, a rainha, sua cunhada e sua filha, tiveram permissão para comprar todo um novo enxoval de roupas: vestidos para as várias estações, grandes quantidades de roupa de baixo em cambraia e renda, manteletes de tafetá na última moda, fitas, toucas e fichus de linho e gaze, leques e sapatos de saltos altos. É espantoso que um governo à beira da bancarrota tenha se disposto a pagar contas tão altas, e que a rainha, em sua condição, ainda demonstrasse tanto interesse na moda.

As refeições servidas à mesa do rei tinham o mesmo grau de prodigalidade, e pode-se ler a respeito de uma escolha de sopas, entradas e assados, seguidos por sobremesa, sendo servidos num jantar, com champanha, clarete e madeira, ao que o rei fez plena justiça, enquanto a rainha apenas beliscava a comida. Mas seus desejos eram atendidos também, e o tipo especial de água mineral que ela sempre bebera em Versalhes lhe era fornecido no Temple e, o que era ainda mais surpreendente, continuou a lhe ser fornecida mais tarde na Conciergerie.

A vida no apartamento do arquivista não era desconfortável. Os aposentos, com suas paredes de azul cerúleo, as poltronas de veludo listrado de azul e branco, e gravuras levemente inadequadas, tinham muito pouco de prisão. Havia até mesmo uma excelente biblioteca, com várias centenas de volumes, o que agradou muito ao rei, e não demorou muito para que ele e sua irmã se acostumassem, com piedade e resignação, à monotonia de sua vida agora tão restrita. Mas Maria Antonieta era de outra fibra. Cada instinto dentro dela reagia contra a insolência dos guardas, as familiaridades dos comissários que os visitavam três ou quatro vezes por dia, e no começo ela sequer respondia quando lhe perguntavam se tinha alguma queixa ou algum pedido. Alguém teve a imaginação de arranjar um clavicórdio, e de manhã, enquanto Luís, que teria dado um excelente professor, ensinava História e Geografia ao filho, ela e a cunhada davam lições de música e desenho a Maria Teresa. Em certas ocasiões ela tentava distrair as crianças cantando para elas algumas das canções simples que se lembrava de sua infância na Áustria. Mas as memórias de sua vida feliz e despreocupada costumavam levá-la às lágrimas. Em outras ocasiões, os guardas de serviço nas passagens se reuniam do lado de fora de seu quarto para ouvir a antiga rainha da França tocando uma ária de Grétry. Mas ela não se mostrava quase nunca inclinada a cantar, e a maior parte do dia era passada bordando tapeçarias de flores e emblemas heráldicos, e uma dessas peças mais tarde ficou em poder do poeta italiano Manzoni, que a conservava como a um tesouro, uma relíquia preciosa da rainha martirizada.

Os dias se arrastavam, infinitamente tediosos. Passavam-se horas jogando xadrez ou gamão com o rei, tentando encontrar meios de divertir um menininho cheio de vivacidade, que se irritava com as restrições e cujo único prazer era sair para os jardins, e soltar pipa com o pai ou jogar bola com o valete Cléry. Nenhuma notícia, nem jornais vindos do mundo exterior, chegava até eles naquela fortaleza inexpugnável. Mas jornaleiros ambulantes simpáticos ocasionalmente recebiam gorjetas para gritar as notícias em voz alta sob os muros; e, em 19 de agosto, Cléry, que tinha permissão de receber visitas da esposa, veio dizer-lhes que Verdun havia caído aos aliados. A esperança voltou a surgir, pois podia ser apenas uma questão de dias, até que as tropas de Brunswick chegassem a Paris, e a rainha teve dificuldade em esconder sua satisfação dos guardas.

Houve pânico na capital. Roland, o minstro de Interor, que ainda estava no poder, já falava em evacuar o governo para Rouen. Girondistas e jacobinos acusavam-se mutuamente de traição, e a Comuna insurrecionária era muito mais eficiente do que o governo. Na frente de batalha, os soldados se voltavam contra seus oficiais e havia rumores de um levante monarquista na Vendée. Revoltado com os excessos de uma revolução que ele fora o primeiro a encorajar, Lafayette desertara para o inimigo e estava agora internado numa prisão austríaca. Em Paris, nenhum "aristo" estava a salvo. Aqueles que ainda não haviam partido se escondiam ou tentavam fugir, mas encontravam os portões da cidade fechados para eles, e suas carruagens e cavalos eram requisitados para o exército. Uma caça às bruxas generalizada, organizada pela Comuna para aplacar o populacho furioso, foi dirigida contra padres e aristocratas, bem como todos os outros suspeitos de simpatias monarquistas. Famílias inteiras, incluindo crianças, eram atiradas indiscriminadamente nas prisões já superlotadas. E, nesta atmosfera de Terror, Georges Danton erguia-se como o único homem forte da França, "o Mirabeau da malta", que, com o seu empolgante chamado às armas — *"De l'audace, encore de l'audace, toujours de l'audace!"* —, levava o público a um verdadeiro frenesi de patriotismo. Mas, para sua eterna vergonha, ele fechou os olhos aos massacres de setembro — uma ação de que tiraram vantagem psicopatas como Marat e Hébert, os quais haviam declarado que o único modo de combater a contra-revolução era "fazendo correr o sangue de todos os traidores".

Os massacres de setembro, que começaram como um ataque organizado às prisões, e nos quais 1.400 pessoas foram assassinadas, só teriam sido possíveis na atmosfera histórica e desgastada de uma cidade dominada pelo medo. Os assassinos eram poucos em número, e existem poucas dúvidas de que havia entre eles trabalhadores honestos e decentes que, graças à propaganda, acreditavam genuinamente que estavam apenas cumprindo com o dever de proteger suas famílias da fúria de uma contra-revolução. Se o Temple fosse menos bem guardado, e seu comandante menos eficiente, a família real poderia muito bem ter estado entre as primeiras vítimas. Eles só souberam que havia alguma coisa acontecendo pelos rostos pálidos e agitados de seus guardas, que tiveram seu número repentinamente dobrado, e pelo fato de que lhes foi proibido saírem aos jardins. Do alto das muralhas ouviram o toque do sino de alarme e os gritos de uma multidão fora de controle. E então, de repente, foi o inferno. Alguns dos assassinos haviam conseguido penetrar nos pátios externos, trazendo com eles o troféu medonho da cabeça de Maria de Lamballe, enterrada num espeto, o rosto torcido numa careta terrível, seus cachos louros empastados de sangue. Outros arrastavam seu tórax mutilado, no qual os ultrajes mais horríveis haviam sido cometidos. "O que está acontecendo?", perguntou o rei, e um dos guardas respondeu: "Eles trouxeram a cabeça de madame de Lamballe, para que a rainha possa dar um beijo em sua amiga mais querida. Sugiro que o senhor apareça na janela, se não quiser que eles venham até aqui em cima". Maria Antonieta, que ouviu essas palavras, soltou um gemido abafado e caiu desmaiada. Anos mais tarde, sua filha recordava: "Foi a única vez que vi minha mãe perder o controle". Enquanto isso, Cléry correu até as janelas para fechar as cortinas, enquanto lá embaixo, no pátio, o oficial comandante dos guardas do Temple, que estava profundamente enojado com aquela exibição de bestialidade, conseguiu, com considerável presença de espírito, convencer a malta embriagada a ir desfilar seu horrível troféu nos jardins do Palais Royal, onde encontrariam uma platéia bem maior para aplaudi-los.

Ninguém havia sido mais gentil e mais generosa para com os pobres do que Maria Teresa de Lamballe, agora escolhida para ser uma de suas primeiras vítimas. Ela e seu sogro, o duque de Péthièvre, haviam dedicado metade de sua vasta fortuna ao cuidado dos velhos e dos doentes, mas, nas páginas imorais do *Père Duchesne,* ela foi tachada como a amiga lésbica da rainha, uma "coriféia" das "orgias do Trianon". Tendo Iolanda de Polignac escapado de suas garras, a imprensa marrom acusou de todas as mais vis obscenidades uma mulherzinha inofensiva que nunca havia cometido uma única ação grosseira em sua vida.

Em meados de setembro, os exércitos de Brunswick haviam entrado nas florestas da Argonne, e os prisioneiros do Temple começavam a ter esperanças de ouvir o estrondo dos canhões aliados. De Bruxelas, Fersen escrevia ao duque que a iníqua cidade de Varennes seria arrasada por ter traído seus soberanos. O exército prussiano estava a menos de 200 quilômetros de Paris, quando, subitamente, a maré virou, o inexplicável e o imprevisível aconteceram.

Em 20 de setembro, em Valmy, os bem treinados soldados da Prússia, liderados por veteranos que haviam lutado sob o comando do grande Frederico, foram repelidos pelo jovem exército da República, que ia para a batalha pela primeira vez na história, aos gritos de *"Vive la Naton!"*. A combinação de sua excelente artilharia e o entusiasmo inconseqüente de seu patriotismo, que não se deteria nem diante da morte, pegou os prussianos completamente de surpresa. Goethe, que estava presente no acampamento do duque de Brunswick, testemunhou a consternação profunda que ali reinava no final do dia, e anotou em seu diário: "A partir de hoje começa uma nova época na história da humanidade, a época das nações armadas".

Valmy não foi uma grande vitória, mas salvou a França. Em vez de reconvocar suas tropas e marchar sobre Paris, o duque de Brunswick virou as costas e retornou pela fronteira. A verdade brutal que os *émigrés* não podiam perdoar era que os verdadeiros interesses da Prússia e da Áustria estavam do outro lado da Europa, onde a imperatriz Catarina planejava uma nova partilha da Polônia. Valmy pode ser dada como a primeira vitória da nova República, pois a batalha ainda não havia terminado e os mortos ainda não estavam enterrados, quando os recém-eleitos membros da Convenção Nacional, que havia substituído a Assembléia Legislativa, votaram pela abolição da monarquia. Os delegados das províncias, na maior parte homens de meia-idade, com pontos de vista moderados, que já haviam se sentado em Assembléias anteriores, estavam agora completamente dominados pelos jacobinos, que detinham todas as posições-chave na capital, e entre eles era difícil encontrar um que não quisesse ver o rei em julgamento.

No dia 21 de setembro a família real ainda tinha esperanças de receber notícias de uma vitória da Prússia, quando, às quatro da tarde, ouviram o som de trompetes, seguido por aclamações frenéticas e uma voz estentória proclamando a abolição da monarquia e o estabelecimento de uma República. O valete Cléry descreveu a soberba indiferença com que o rei e a rainha receberam as notícias. O funcionário municipal que por acaso estava de serviço naquela tarde era o torpe Hébert, e Cléry o notou observando com um sorriso pérfido nos lábios, para ver como o rei reagiria. Mas Luís sequer levantou os olhos do livro que lia, enquanto Maria Antonieta continuou calmamente com sua tapeçaria. Eles expressaram preocupação muito maior quando lhes disseram, naquele mesmo dia, que o seu velho e fiel amigo, o duque de Brissac, com outros prisioneiros monarquistas, havia sido massacrado em Versalhes.

Luís, Sua Majestade Cristã de França e Navarra, deveria ser conhecido a partir de agora como Luís Capeto. A mesquinharia da Convenção chegou ao extremo de recusar qualquer requisição feita em nome do rei, e de exigir a destruição de qualquer vestimenta bordada com uma coroa. Em meados de setembro as obras na grande torre foram completadas, e o rei teve de se mudar para seus apartamentos quando a tinta mal havia secado, com o resultado de que tanto ele quanto o Delfim adoeceram seriamente, e foi somente depois de uma considerável demora que Cléry teve permissão de ir buscar o médico real. A rainha e madame Elisabete passavam os dias cuidando dos inválidos, e, quando Cléry, por sua vez, adoeceu, cuidaram dele da mesma forma. Três semanas depois, elas também se mudaram para a torre e, apesar de Cléry, que escreveu suas memórias em plena época da restauração monarquista, nos querer fazer crer que o Temple era uma prisão cerrada e lúgubre, parece que isso não era inteiramente verdade. Reconhecidamente, a mobília, parte da qual ainda pode ser vista no museu Carnavalet, não podia ser considerada do padrão de Versalhes. Mas o quarto de dormir da rainha tinha um belo papel de parede listrado de azul e verde, uma cama de adamascado verde, poltronas forradas de verde e branco, e uma cômoda de pau-rosa. Acima de tudo, tinha o luxo de um banheiro com uma daquelas banheiras de pés dourados que madame Campan descreveu a rainha usando em Versalhes.

A Comuna de Paris se orgulhava de que o Temple era inexpugnável. Os edifícios vizinhos haviam sido postos abaixo, novas muralhas haviam sido erguidas, e seis portões guardados tinham que ser ultrapassados antes de se entrar nos recintos. Mas não havia um único guarda incorruptível. Aqueles que tinham o aspecto mais feroz e que se comportavam da maneira mais brutal eram freqüentemente os mais acessíveis ao suborno. Empregados fiéis conseguiram se infiltrar entre o pessoal do Temple, dos quais o mais esperto e mais corajoso era um garoto ajudante de cozinha, chamado Turgy, que havia escapado ao massacre nas Tulherias e estava agora empregado para trazer a comida das cozinhas, que ficavam a alguma distância da Corte. Numa linguagem de sinais e gestos, ensinada a ele por madame Elisabete, que não era vigiada tão de perto quanto seu irmão e sua cunhada, ele conseguiu passar para a família real as notícias dos acontecimentos no mundo exterior — a reconvocação do embaixador britânico, a derrota do duque de Brunswick, o desenrolar de uma revolta na Vendée. Apesar de um comissário ou uma autoridade municipal estarem sempre presentes durante suas refeições, chegando ao ponto de cortarem o pão para verem se continha alguma mensagem secreta, os recursos de um ajudante de cozinha parisiense conseguiram superá-los.

O verão transformou-se em outono e os aposentos abafados da torre, que foram sufocantemente quentes em agosto, se tornaram frios e úmidos. As estufas soltavam fumaça e, para aumentar a depressão da rainha, os primeiros dias de novembro trouxeram a notícia de que Dumouriez havia derrotado o exército austríaco em Jemappes e invadira a Bélgica, onde os soldados republicanos estavam sendo recebidos como libertadores. Sua irmã, a arquiduquesa Maria Cristina, e seu marido, estavam em fuga de Bruxelas, seguidos por uma multidão de refugiados tomados de pânico. Onde estava Fersen? Os primeiros pensamentos de Maria Antonieta iam sempre para seu amante, apesar de que ela provavelmente não se importaria de saber que ele ainda estava na companhia de Eleanor Sullivan e de Quentin Crawford, e fugira de Bruxelas na confortável carruagem do embaixador russo, que partilhava os favores da adorável Eleanor.

Os prisioneiros na torre agora recebiam jornais diários, nos quais podiam ler sobre os triunfos da República, a tomada de Nice, a anexação de Mônaco, sobre a Savóia tornando-se o octogésimo-quarto departamento da França. O final de novembro trouxe notícias mais perigosas para o seu futuro. O serralheiro Gamain, protegido do rei, que o havia tratado quase como um amigo, e com quem trabalhara na forja de Versalhes, aparecera para denunciar seu antigo benfeitor, contando como, em maio daquele ano, Luís Capeto lhe pedira que construísse uma caixa-forte embutida nas paredes das Tulherias. Personagens desprezíveis como Gamain, que viviam com medo de serem presos por conta de seu passado monarquista, estavam agora entre os mais fervorosos jacobinos. A famosa caixa-forte que, quando aberta, revelou toda a correspondência secreta de Luís — suas cartas ao rei da Espanha e ao imperador, sua correspondência com Barnave e Mirabeu — forneceu provas devastadoras de que desde 1789 Luís vinha fazendo jogo duplo, fingindo estar de acordo com uma Constituição a que ele na verdade sempre se opôs. Essa correspondência, que mandou Barnave para o cadafalso e fez com que os ossos de Mirabeau fossem desenterrados do Panthéon e atirados numa vala, forneceu aos inimigos do rei todas as provas necessárias para levá-lo a julgamento. Aos olhos de homens como Robespierre e seu pelego, o belo e impiedoso St Just, nem mesmo um julgamento era necessário, pois Luís já era culpado como rei.

Novos comissários vieram à torre. Os regulamentos se tornaram ainda mais severos. Já não se permitiam mais os jornais e, certo dia, chegou um comissário para confiscar todos os artigos tais como facas, garfos, tesouras e navalhas, com os quais os prisioneiros poderiam se auto-infligir ferimentos físicos. Esta foi uma ocasião em que o rei demonstrou sua indignação para com os que acharam que ele poderia ser covarde ao ponto de tirar a própria vida.

Em 3 de dezembro, toda Paris sabia que o rei seria julgado — exceto os prisioneiros do Temple, a quem Cléry tentou dar a notícia da forma mais suave que pôde. A rainha não tinha ilusões. Durante as últimas semanas, ela tivera pressentimentos lúgubres, mal conseguindo comer ou dormir, com o resultado de que emagreceu tanto que a Comuna deu permissão para que uma costureira fosse à torre consertar as roupas, e ordens de que lhe servissem uma "sopa medicinal", para lhe dar forças. Aquela mulher pálida e frágil, com olheiras vermelhas, parecia-se muito pouco com a jovem rainha exuberante ou com a matrona imponente retratada em centenas de quadros. Ela já parecia bem mais velha do que os seus 37 anos. Mas o carisma ainda estava lá, aquela qualidade extraordinária que fazia animais torpes como Hébert se tornarem humildes e obsequiosos em sua presença.

Em 11 de dezembro, seus pressentimentos lúgubres se tornaram realidade. Às cinco da manhã, foram colocados canhões do lado de fora do Temple, e um destacamento da cavalaria estacionou nos jardins. Quando o rei e o Delfim, como era costume, subiram ao quarto da rainha para o café da manhã, às nove horas, encontraram tantos guardas de serviço que não lhes foi possível falar, e nem mesmo puderam se comunicar com Cléry. Uma hora mais tarde eles desciam para a aula diária do Delfim. Mas nem meia hora havia se passado, quando Cléry voltou à presença da rainha, trazendo-lhe o Delfim, dizendo-lhe que o rei havia sido convocado à Convenção, onde seu julgamento iria começar. Maria Antonieta só voltaria a ver o marido seis semanas depois, na noite anterior à sua execução. Durante o julgamento, antes mesmo de estar condenado, Luís não pôde se comunicar com sua família, senão por mensagens levadas e trazidas por seu fiel valete. Noite após noite, a desafortunada rainha ouvia os passos pesados do marido caminhando em seu quarto no andar de baixo, sem ser capaz de lhe transmitir uma única palavra de conforto.

Foi ódio pela rainha, mais do que pelo rei, o que ditou essa medida desumana. Como um refinamento de crueldade, foi oferecida a Luís a possibilidade de ter com ele os filhos, com a condição de que não vissem nem a mãe nem a tia, e ele era gentil e desprendido demais para provocar um sacrifício que certamente seria fatal para a saúde da rainha. Durante todas essas semanas solitárias e infelizes, Luís exibiu uma força interior e uma coragem quase sobre-humanas, da qual ele próprio provavelmente não tinha consciência. Não acreditava na clemência de seus juízes e, desde o primeiro dia de seu julgamento, preparou-se para a morte. A *História da Inglaterra*, de Hume, era sua leitura preferida, e ele disse ao padre que o acompanhou ao cadafalso que descobrira na narrativa da execução de Carlos I uma lição de como morrer. Até mesmo o horrível Hébert admitiu que Luís demonstrou nobreza e compostura quando confrontado por seus juízes, e que a dignidade de seu comportamento e de sua linguagem lhe deram vontade de chorar de ódio.

Aquelas semanas trágicas também trouxeram algum consolo. Na França republicana, ainda havia homens bastante valentes para arriscarem suas vidas em defesa de seu soberano. O ex-ministro de Luís, Malesherbes, saiu de seu retiro para atuar como advogado de seu rei. Quando um membro da Convenção lhe perguntou por que ele havia decidido falar em favor daqueles que eram proscritos da nação, ele deu esta resposta admirável: "Porque estou ligando tão pouco para vocês todos quanto para a própria vida". Quando Malesherbes chegou ao Temple para oferecer seus serviços, até mesmo a impassividade de Luís cedeu e ele abraçou o velho amigo em lágrimas. Malesherbes não foi o único que apareceu para defender o rei. Luís de Narbonne, Carlos de Lameth e Lally-Tollendal, nenhum dos quais havia sido favorito em Versalhes, voltaram da segurança na Inglaterra para tentar salvar seu rei. O jovem advogado de Séze colocou em perigo sua carreira ao fazer um discurso apaixonado em sua defesa. Mas, quando chegou sua própria vez de falar, o rei em pessoa pouco tinha a dizer.

Seus advogados fizeram o máximo. O que eles disseram era a verdade. Ele era inocente e sua consciência estava limpa. O próprio Malesherbes ficou chocado com a indiferença do rei, como se já estivesse vivendo em outro mundo. Sua principal preocupação era com sua família, e ele passava horas falando da rainha, que havia sido tão caluniada e tão incompreendida. "Se as pessoas se dessem conta de como ela se engrandeceu em seu infortúnio, a reverenciariam e a tratariam com carinho, em vez de acreditar em todas as mentiras cruéis inventadas por seus inimigos." Malesherbes escreveu que, em uma de suas últimas entrevistas, o rei ainda falava "daquela pobre princesa, a quem nosso casamento prometeu um trono. Ela era uma criança quando veio da França, e não teve ninguém para ajudá-la, nem mesmo meus próprios parentes". Foi a primeira vez que o rei admitiu que as calúnias mais perversas contra a rainha haviam se originado nos salões de Mesdames, as tias.

Enquanto o rei se preparava para morrer com resignação serena e cristã, a rainha atravessava semanas de uma incerteza dolorosa. Apesar de congenitamente religiosa, faltava-lhe aquela fé inquestionável que ajudava sua cunhada a superar todos os vexames e humilhações com uma força angelical. Sua infelicidade fez com que até os guardas se compadecessem, e eles tentavam animá-la com mentiras caridosas, dizendo-lhe que haveria um plebiscito e que o povo da França jamais permitiria que seu rei morresse.

Em 15 de janeiro, a Convenção declarou Luís Capeto culpado de traição contra o estado. E, dois dias depois, após uma sessão que durou uma noite inteira, em que os girondistas fizeram uma última tentativa de salvar o rei, uma pequena maioria votou pela pena de morte. Luís aceitou o veredito com a mesma resignação estóica que demonstrara durante todo o julgamento. O único momento em que ele manifestou emoção foi quando soube que seu primo, Felipe de Orléans, agora conhecido como Felipe Igualdade, havia votado pela sentença de morte.

O último e solitário dia de Natal foi passado escrevendo seu testamento, um documento mais nobre do que qualquer outro ao qual ele apôs sua assinatura como rei, em que perdoava seus inimigos e pedia que nenhum de seus descendentes jamais buscasse vingança. Concederam-lhe seus dois últimos desejos, um dos quais foi ter permissão para se despedir da família em particular; o outro foi se confessar com um padre de sua própria escolha. Esse padre não-jurado era um irlandês, chamado Henry Essex Edgeworth, que já havia sido confessor de sua irmã. Para crédito de Garat, o novo ministro da Justiça, ele foi pessoalmente buscar o abade e o trouxe em sua própria carruagem até o Temple, após garantir ao rei que o tomaria sob sua proteção e garantiria que não se fizessem represálias contra ele. Cléry, que ainda atendia ao rei, foi proibido de se comunicar com a rainha, a qual, na manhã de 20 de janeiro, ouviu o veredito sendo gritado pelos jornaleiros na rua. Naquela noite, às oito horas, Luís viu sua família pela última vez. A Convenção havia votado que eles fossem deixados a sós, mas a Comuna, à sua maneira cruel e desprezível, insistira em que quatro autoridades municipais ficassem observando por trás de uma porta envidraçada. A cena foi evidentemente tão pungente que esses homens, a maior parte deles pais de família, tiveram a decência de olhar para o outro lado. Pouco se sabe do que foi dito entre lágrimas e abraços. Na narrativa altamente emocional de madame Royale, escrita muito tempo depois do acontecimento — e é preciso lembrar que ela tinha apenas 13 anos na ocasião — nos é dito que o rei falou à mãe dela sobre o julgamento e depois, colocando o Delfim sobre seus joelhos, o fez jurar solenemente que perdoaria seus inimigos. Sua filha escreveu: "Meu pai chorou por nós, mas não por medo da morte".

Maria Antonieta queria passar a última noite com seu marido, mas Luís recusou-se. Ele precisava de calma, a fim de se preparar para o dia seguinte. Mas ela insistiu com tanta veemência que ele terminou cedendo e dizendo à família que eles poderiam voltar de manhã, antes de sua partida. Assim que se foram, ele disse aos guardas que os impedissem de descer, pois isso lhes causaria muita dor. Não sabemos o quanto de tudo isso é verdade, pois Maria Teresa, que adorava o pai, desmaiou no momento de dizer adeus. O abade Edgeworth relata que, após sua família ter partido, o rei voltou-se para ele e suspirou: "É difícil amar tanto nesta terra e ser tão amado em troca. Mas agora nossos pensamentos e afetos devem se dirigir somente a Deus".

Maria Antonieta não dormiu naquela noite. Deitada em sua cama, com seu vestido branco, sinal de luto para uma rainha da França, ela pensou no homem que foi seu marido durante mais de 20 anos e a quem ela nunca conheceu nem compreendeu, mas cuja morte agora a enchia de um frio desespero. O dia nasceu, um dia de inverno lúgubre e nevoento, e ela esperou trêmula pelo chamado que não veio nunca. Houve o barulho dos passos pesados dos soldados marchando escada acima, a formação de cavalaria na rua, o ranger das rodas da carruagem que levaria o rei à execução. E então silêncio — um silêncio terrível e vazio para aqueles a quem só restavam lágrimas.

CAPÍTULO 39

A EXECUÇÃO DO REI da França chocou todo o mundo civilizado, tirando a Inglaterra de sua neutralidade e unindo as monarquias da Europa contra um país cujos exércitos triunfantes ameaçavam introduzir o seqüestro da propriedade, a abolição do feudalismo e a circulação de *assignats* praticamente sem valor em todos os territórios conquistados. Um mês após a morte do rei, a Convenção achava-se em guerra com quase todas as principais potências. A Inglaterra, a Espanha e a Holanda agora alinhavam-se entre seus inimigos. A Áustria e a Prússia, alarmadas com a declaração de Danton sobre o direito de seu país expandir suas fronteiras naturais "para o mar, o Reno, os Alpes e os Pireneus", enfim desviaram seus olhos conquistadores da Polônia para unirem forças sob o príncipe de Coburgo em uma nova ofensiva "contra aqueles assassinos em Paris". O destino dos prisioneiros do Temple era em si mesmo indiferente às cortes e chancelarias da Europa, e os poucos que se importavam ficaram chocados com a indiferença dos parentes de Maria Antonieta em Viena.

Axel Fersen, que estava em Dusseldorf quando soube da morte do rei, só conseguia pensar na infeliz rainha, e andou de corte em corte, entregando petição atrás de petição, solicitando socorro. Numa carta patética a sua irmã, ele escreveu: "Se ao menos eu pudesse fazer alguma coisa por sua libertação, então acho que a agonia seria menor. Acho terrível que meu único recurso seja andar em círculos, pedindo ajuda aos outros". Coburgo, naquele momento, estava em negociações com Dumouriez, o qual, tendo sofrido revezes nos Países Baixos, e sabendo o destino que a Convenção reservava para generais malsucedidos, planejava desertar com todo o seu exército, marchar sobre Paris, dissolver a Convenção e proclamar o Delfim como o rei constitucional da França. Era um plano audacioso e aventureiro, típico de um aventureiro audacioso como Dumouriez. Mas ele esperou muito da lealdade de seus homens e do *glamour* de sua reputação. Para os novos exércitos da República, *La Patrie* significava muito mais que um general. Eles se recusaram a obedecer e Dumouriez não teve outra escolha senão fugir para o acampamento austríaco em Mons, levando toda a sua equipe.

Nem Mercy nem La Marck, que achavam o príncipe de Coburgo um tolo, acreditaram nessas negociações. Mas Fersen, o idealista romântico, deu asas a sua imaginação. A República fora abandonada por seu maior general. Era apenas uma questão de dias para Dumouriez estar em Paris, e nada mais haveria a temer pela rainha e seus filhos. Era o momento de proteger os interesses dela das ambições de Monsieur e das pretensões de um general vitorioso. Numa carta longa e presunçosa, endereçada a Maria Antonieta, que felizmente para sua reputação nunca chegou às mãos dela, Fersen lhe diz em detalhes qual seria sua futura política e a que cortes ela deveria se dirigir. É difícil acreditar que mesmo uma pessoa tão apaixonada quanto Maria Antonieta pudesse ter muita fé num homem que escrevia como se Dumouriez estivesse às portas de Paris, quando quatro dias depois as notícias da deserção do general eram gritadas pelos jornaleiros sob sua janela.

Enquanto Fersen continuava com seus sonhos irrealizáveis, outros estavam dispostos a arriscar as vidas pelos prisioneiros do Temple. O mais valente e decidido de todos era o *chevalier* de Jarjayes, ainda escondido na Paris revolucionária, esperando poder prestar serviços à rainha. A vigilância no Temple havia sido relaxada desde a morte do rei, como se até mesmo os que o haviam condenado sentissem vergonha do que tinham feito, e nas primeiras semanas tentavam fazer concessões à rainha, que era agora conhecida como "a viúva Capeto". Seu desejo de botar luto foi imediata e generosamente atendido, e deram-lhe até um leque. Como as roupas lhe caíam mal, foi dada permissão para que uma empregada antes ligada ao serviço de Maria Teresa fosse ao Temple fazer as alterações. Quando a princesinha, que estava inconsolável pela morte do pai, adoeceu com ulcerações na perna, o médico real, Dr. Brunier, teve permissão para examiná-la e tratá-la. Apesar de sentirem duramente a falta do devotado Cléry, e de um casal chamado Tison, que agora cuidava da família real, espionar seus menores movimentos, novos amigos foram angariados entre os guardas. O mais surpreendente de todos foi um jovem soldado do sul, um republicano ardoroso chamado Toulon, que ostentava com orgulho a medalha ganha pelo papel que desempenhou na invasão das Tulherias. Mas, por baixo do aspecto feroz e da linguagem áspera, havia uma natureza compassiva e cavalheiresca, comovida com a infelicidade dos prisioneiros sob seus cuidados: a rainha, que não ia mais aos jardins, pois não poderia suportar passar em frente ao quarto do marido; a menina doente e o pobre garotinho privado de ar e exercício.

Foi Toulon que descobriu um meio de fazer Jarjayes entrar no Temple, disfarçado de acendedor de lampiões, e com a ajuda de um outro guarda amigo, um ex-mestre-escola chamado Lepitre, concebeu o plano audacioso de retirar a família real do Temple. Lepitre, que era membro da Comuna, conseguiria passaportes falsos. Um ex-banqueiro da rainha, que era conhecido de Jarjayes, forneceria os fundos para subornar os oficiais e conseguir as carruagens que os levariam para a costa. Tudo estava arranjado quando Lepitre, o mais inteligente, mas também o mais tímido dos conspiradores, perdeu a coragem. Era um momento perigoso para se tentar sair de Paris. As más novas da frente de batalha haviam provocado mais distúrbios, a emissão de passaportes havia sido suspensa e as barreiras da cidade fechadas. No Temple, os Tisons estavam mais alertas do que de costume em sua espionagem dos prisioneiros, e Lepitre terminou por convencer Maria Antonieta de que era perigoso, senão impossível, tirar as crianças de Paris. Tanto Jarjayes quanto Toulon continuavam determinados a ajudar a rainha a fugir. Mas não havia súplicas ou argumentos que convencessem Maria Antonieta a abandonar seus filhos. Por um momento ela ficou tentada pela visão da liberdade, da fuga de todas as misérias e humilhações dos últimos anos, do reencontro com Fersen. A abnegada cunhada lhe suplicou que partisse, prometendo agir como mãe para as crianças. Ela poderia ter deixado Maria Teresa aos cuidados de uma tia que a amava. Mas não conseguiria separar-se do filho, seu "*chou d'amour*", por quem estava pronta a fazer qualquer sacrifício, e o qual, com a crueldade impensada das crianças, acabaria por destruí-la. Sua decisão estava tomada. Não o deixaria, e escreveu a Jarjayes:

> Tivemos um sonho agradável, isso foi tudo. Mas ganhei muito ao receber mais uma prova de sua sincera devoção. Minha confiança em sua pessoa não tem limites... Mas meu filho é tudo que me importa. Por mais ma-

ravilhosa que seja a idéia da liberdade, de sair daqui, eu não conseguiria me separar dele. Sei de seu cuidado pelos meus interesses, e a oportunidade que estamos perdendo agora pode nunca se repetir. Mas eu não teria um só momento de felicidade se abandonasse meus filhos. Por isso, não me arrependo.

Antes de deixar Paris, Jarjayes pôde prestar um último serviço. O anel de sinete e o selo do rei, que Luís XVI entregara a seu valete antes de subir ao cadafalso, haviam sido impugnados pela Comuna. Como guarda do Temple, Toulon, com sua audácia habitual, conseguira se apossar desses objetos, passando-os à rainha. Temendo que pudessem lhe ser confiscados, e encarando-os como bens de herança da Coroa da França, Maria Antonieta decidiu enviá-los por Jarjayes a seu cunhado em Coblenz. Suspeita-se que sua cunhada, Elisabete, que era dedicada aos irmãos, possa ter influenciado nessa decisão, pois Maria Antonieta, que por natureza não era de perdoar, sempre encarou Provence mais como inimigo do que amigo. Era muito perigoso para Jarjayes levar uma carta para Fersen. Em vez disso, ela confiou-lhe um anel de sinete que o amante lhe dera em seu último encontro, em troca do dela, gravado com a *fleur-de-lis*. Tudo que ela teve a dizer a Jarjayes foi que "entregasse este anel à pessoa que, como sabe, veio de Bruxelas me visitar no ano passado, a quem deverá dizer que as palavras da divisa nunca foram tão verdadeiras quanto agora". A inscrição no anel de Fersen, que Maria Antonieta usara todos os dias na prisão, e que ainda estava usando na Conciergerie, consistia de cinco palavras em italiano: "*Tutto a te mi guida*" (Tudo me leva a ti).

Jarjayes partira. Toulon e Lepitre foram demitidos, tendo sido denunciados pela Sra. Tison. Os regulamentos se tornaram mais severos e, exteriormente, parecia não haver mais nenhuma possibilidade de fuga. Mas muito poucos guardas republicanos, e só mesmo alguns dos membros mais dedicados da Comuna, eram imunes ao suborno. Numa cidade policiada pelas sociedade vigilantes, onde ninguém estava livre das denúncias de um vizinho, brilhou um personagem extraordinário chamado barão de Batz, imensamente rico, absolutamente temerário, que cortejava o perigo pelo perigo — um personagem que pode muito bem ter sido o inspirador do Pimpinela Escarlate, da baronesa Orczy, um flagelo para homens como Robespierre, que se referia a ele como "aquele infame Batz", que ficou em Paris durante todo o Terror, salvando centenas de vidas da guilhotina e escapando sempre à captura.

Seu plano mais audacioso foi resgatar a família real do Temple, e ele quase conseguiu. Pois sua riqueza era tamanha que ele podia subornar não apenas os subalternos, mas também o comandante militar, o inspetor da prisão e todos os seus oficiais, até os sentinelas nos portões. Casas de campo alugadas sob nomes falsos em várias partes da França abrigariam a família real até chegar o momento propício para tirá-los do país. Tudo poderia ter corrido bem, se naquela noite não estivesse de serviço um daqueles republicanos rígidos e incorruptíveis, aos moldes de Robespierre, o qual, suspeitando de que havia uma conspiração em marcha, relatou isso ao sapateiro Simon, membro leal da Comuna. Simon correu ao Hôtel de Ville para dar a notícia aos seus camaradas conselheiros, que no entanto não se impressionaram, pois dificilmente um dia se passava sem denúncias falsas vindas de todos os cantos da cidade. Era impossível acreditar que o Temple, guardado por alguns dos oficiais mais confiáveis da Comuna, pudesse estar aberto à subversão. Simon, que era chegado a um bom vinho, devia ter bebido um copo a mais. Mas permitiram que um membro tão leal fosse até lá e visse por si mesmo.

Os conspiradores souberam que haviam sido traídos no momento em que ele apareceu. Durante um momento de loucura, o barão de Batz, que estava disfarçado de soldado, pensou em atirar em Simon. Mas o barulho de um tiro alertaria todos os guardas dentro e fora do Temple, e nem todos haviam sido comprados. E isso só colocaria em perigo as vidas dos prisioneiros. Não havia nada a fazer senão tirar do Temple todos aqueles que o barão de Batz lá fizera entrar com disfarces, e tanto Cortey, o comandante, quanto Michonis, o inspetor da prisão, se incumbiram disso com tanta eficiência que todos escaparam em segurança. Ninguém foi preso, ninguém foi demitido. Só os prisioneiros sofreram. Mas espalhou-se o boato de que o barão de Batz estava de novo em Paris, gastando milhões, e a simples idéia de que alguns de seus oficiais pudessem estar abertos à corrupção enfureceu a Comuna ainda mais contra a rainha austríaca. Quando o Delfim adoeceu, o médico real não teve mais permissão para atendê-lo. O médico da prisão foi considerado suficientemente bom para o filho da viúva Capeto. Felizmente esse médico era um homem valente e honesto. O menino havia ferido um testículo brincando com uma varinha e, prejudicado pela falta de ar fresco e de exercícios, não estava respondendo bem ao tratamento. Sem que as autoridades soubessem, esse médico consultou o médico real, o qual, tendo atendido a criança desde o seu nascimento, pôde receitar os remédios apropriados. O Delfim recuperou-se da doença, mas nunca mais recobrou a saúde robusta de que gozara quando bebê, e sua mãe notou horrorizada os primeiros sinais da doença que havia atingido seu filho mais velho.

Pode muito bem ter sido o relatório do médico que deu a Hébert a idéia da monstruosa acusação que ele levantaria contra a rainha no julgamento dela. O Delfim sentira dor no testículo, e o médico deve ter recomendado cuidados especiais para evitar que o menino se desse à masturbação. Ele também deve ter frisado a questão da vida insalubre da criança, privada de ar e exercícios. Desde a morte do pai e da partida de Cléry, o pobre menino nunca mais saiu aos jardins, permanecendo fechado o dia inteiro na companhia de três mulheres tristes, que aumentavam o tédio de sua vida tratando-o como rei, insistindo em que ele fosse servido primeiro às refeições e dizendo-lhe o tempo todo que ele devia ser digno de sua herança.

Um ano antes, a então Assembléia Legislativa já havia discutido a necessidade de se designar um tutor para o menino. O nome então sugerido fora o do famoso filósofo e matemático, o ex-marquês de Condorcet. A Convenção havia descido tão baixo nos últimos meses que agora propuseram o sapateiro Simon como guardião do pequeno Luís Carlos Capeto — um homem que, na opinião deles, era eminentemente adequado para elevar um descendente do *Roi Soleil* ao nível de um *sans culotte*. Apesar de Simon não ser o sádico brutal da lenda monarquista, tendo, ao contrário, mais de uma vez recebido da rainha o epíteto de *"Le Bon Simon"*, era não obstante uma escolha deplorável para guardião de um menino precoce e inteligente de oito anos. Aqueles que, como Hébert, nutriam um ódio quase anormal pela rainha, não poderiam ter-lhe infligido um golpe mais cruel do que privá-la do filho, que continuaria vivendo no andar de baixo, mas sem permissão de se comunicar de forma alguma com qualquer membro de sua família.

Era tarde da noite de 1º de julho, e o menino já estava dormindo, quando seis membros da Comuna, sem qualquer aviso prévio, vieram à sala de estar da rainha para anunciar que o recém-formado comitê de segurança pública havia decidido retirar-lhe a custódia de seu filho. As súplicas e rogos da rainha foram tão dolorosos que constrangeram os funcionários republicanos, os quais, em seu relatório oficial, escreveram que "a separação foi efetuada com toda a gentileza e consideração adequadas às circunstâncias". Por outro lado, a irmã do pequeno rei, que na ocasião deveria estar num estado emocional exaltado, recorda que sua mãe se banhou em lágrimas, pedindo aos oficiais que a matassem antes de separá-la de seu filho, e estes ameaçando matar ambas as crianças se ela continuasse a se opor às suas ordens. Não há como acreditar nessa narrativa

Quando Maria Antonieta soube da fatal decisão, ela entendeu que nem rogos nem protestos poderiam prevalecer contra o ódio patológico de um Hébert. A visão de seu filho soluçando, sendo carregado nos braços dos guardas republicanos, vergou seu espírito orgulhoso. A partir de agora, seu único interesse na vida eram os poucos momentos diários em que ela podia subir a escada em espiral para o terceiro andar, de onde, por uma das janelas de persianas da torre, dando sobre um pátio, podia ver o pequeno rei, que às vezes ia para lá brincar. Durante os primeiros dias ela sentiu-se terrivelmente infeliz, pois ouvia-o chorando no quarto do andar de baixo, chamando por ela. Os guardas e comissários, que eram na maior parte jovens com suas próprias famílias, fizeram tudo para consolálo, e ele não demorou muito a se adaptar, sendo bastante feliz em sua nova vida. Era muito mais divertido brincar nos jardins com os soldados do que dizer as orações e recitar o catecismo com uma tia piedosa. Gostava de ouvir as canções revolucionárias, e logo estava cantando a *Marselhesa* e a *Ça Ira* a plenos pulmões. Em 1789, quando tinha apenas quatro anos, a rainha escrevera a sua governanta, madame de Tourzel, para avisá-la de que o maior defeito do menino era sua indiscrição e sua disposição a repetir prontamente o que quer que ouvisse, e freqüentemente, ainda que sem qualquer intenção de mentir, se deixar levar pela imaginação. Infelizmente, já naquela época as vidas da família real consistiam apenas em subterfúgios e mentiras, tendo que fingir apoio a uma revolução que odiavam e a uma constituição em que não acreditavam. Fosse numa festa da *Fédération*, ou na promulgação da Constituição, o pequeno Delfim tinha sempre que aparecer em público com os pais para fazer juramentos de lealdade a uma revolução que ele sabia ser detestada por ambos. E em sua mente infantil ele já aprendera que é preciso dissimular para sobreviver.

Mesmo assim Hébert ainda não estava contente, e nas páginas imundas do *Père Duchesne,* publicadas para a mais baixa ralé do populacho, ele repetia que "já era tempo da puta austríaca experimentar o colar de Sanson". Sanson era o temido carrasco, cuja habilidade no manejo da guilhotina era admirada todos os dias por uma platéia composta principalmente de mulheres, as chamadas *"tricoteuses"*, que sentiam um prazer mórbido em ver as cabeças dos "aristos" e dos generais derrotados servirem de pasto para a guilhotina, que havia sido removida da prisão da Conciergerie para um lugar de honra na antiga praça Luís XV, agora rebatizada de praça da Revolução. Uma batalha perdida e as lamentações de um oficial subalterno eram o suficiente para que um general fosse mandado ao cadafalso. Deixados sem lideranças, os exércitos mal treinados da República sofriam uma derrota atrás da outra. O príncipe de Coburgo reconquistara Valenciennes, os austríacos haviam expulsado os franceses dos Países Baixos. Irromperam revoltas por toda a França, com tremenda selvageria entre os camponeses da Vendée, ou lideradas por oficiais da marinha em Toulon, que proclamaram Luís XVII rei da França e abriram o porto às naus guerreiras da Inglaterra e da Espanha. Enquanto isso, em Paris, o assassinato de Marat, o ídolo do povo, por uma jovem monarquista chamada Charlotte Corday, inaugurara um reinado de terror. Os extremistas clamavam por vingança, e a vítima predestinada era a rainha austríaca, que seria levada a julgamento por um tribunal revolucionário.

Às duas da manhã de 2 de agosto, quatro oficiais da polícia chegaram ao Temple para tirar a rainha da cama e, em nome da Convenção, levá-la para a prisão da Conciergerie. Tudo que lhe permitiram levar foi uma pequena trouxa de roupas, um vidro de sais aromáticos e, por uma dessas curiosas anomalias ocasionalmente encontradas no tratamento dispensado pela Convenção à rainha, o cachorrinho que lhe fora trazido da Inglaterra por Maria de Lamballe, que saíra com sua dona das Tulherias para o Temple, e que agora a acompanhava à Conciergerie, onde ficaria com ela até o fim. Alguns dizem que era um buldogue, outros que era um terrier escocês. Sendo um cão inglês, a última hipótese é mais provável. Chamava-se *Odin*, o mesmo nome que Fersen dera a seu cãozinho de estimação, companheiro inseparável de suas tantas viagens.

A rainha ouviu calmamente um decreto que, ela sabia, só podia terminar em morte. Não fez qualquer tentativa de discutir ou resistir. Houve algumas lágrimas na despedida da filha e da cunhada. Mas estava muito calma e composta quando, descendo desacompanhada as escadas, passou diante da porta do quarto de seu marido pela primeira vez desde que ele morrera. Sem nada ouvir ou enxergar, gelada de dor, ela bateu com a cabeça na arcada baixa de pedra do portão de entrada. Um dos oficiais da polícia, demonstrando preocupação autêntica, perguntou-lhe se ela havia se ferido, ao que ela respondeu: "Não, pois agora nada mais pode me ferir".

CAPÍTULO 40

Os 70 DIAS que Maria Antonieta passou na Conciergerie são obscurecidos pela névoa da lenda monarquista. As informações que possuímos baseiam-se principalmente nas memórias, escritas por um redator contratado, de uma moça do campo, de fraquíssima instrução, chamada Rosalie Lamorliène, empregada da mulher do diretor. Tanto madame Richard quanto sua empregada parecem ter feito tudo que puderam para amenizar o desconforto da vida da prisão na cela úmida e miserável em que, por ordem da Convenção, a rainha da França foi condenada a passar seus últimos dias.

Uma visita àquela prisão sinistra na Île de la Cité ainda nos dá uma sensação de ruína. Quando Maria Antonieta chegou à Conciergerie, 300 pessoas, padres, aristocratas, cabeleireiros e generais estavam encarceradas no que era conhecido como "antecâmara da guilhotina". O diretor e sua esposa eram um casal gentil, mas tudo o que as autoridades municipais lhes permitiram fornecer à antiga senhora de Versalhes foi uma cama de ferro, dois colchões de palha, uma poltrona de junco, duas cadeiras, uma mesa e uma bacia com um jarro. Mas madame Richard mandava que a cama da rainha fosse feita com os lençóis mais finos e mais brancos de sua própria rouparia, e a comida que lhe servia era a melhor que conseguia encontrar no mercado. Tanto ela quanto Rosalie eram excelentes cozinheiras e apesar dos pratos serem simplesmente de estanho, a empregadinha os polia até que brilhassem feito prata. Em sua cela escura na Conciergerie, Maria Antonieta encontrou uma gentileza e um afeto desinteressados como nunca conhecera em Versalhes. Frágil e maltrapilha em suas roupas de viúva, ela ainda conservava a mística da majestade. Quando madame Richard ia fazer compras no mercado, as mulheres, algumas das quais certamente participaram da marcha sobre Versalhes, escolhiam suas galinhas mais gordas, suas melhores frutas "*pour notre bonne reine,* para ela ver que não somos todas iguais àqueles monstros do Hôtel de Ville". Até mesmo os guardas de serviço sentiam compaixão pela mulher triste e cansada, que nunca se queixava, e compravam-lhe flores, além de tentarem evitar fumar na sua presença.

Maria Antonieta vivia isolada em sua cela, mas estava no centro da vida da prisão. Michonis conservara seu emprego de inspetor e, em memória dos milhões do barão de Batz, estava sempre disposto a prestar pequenos serviços, dando-lhe notícias de seus filhos e, certa ocasião, trazendo-lhe um embrulho mandado por madame Elisabete, contendo roupas que ela deixara no Temple — um roupão branco, algumas camisolas de cambraia com rendas, meias de seda, toucas e fichus de linho e um par de sapatos de cetim de salto alto, que ela usaria para subir ao cadafalso. Ao receber este embrulho precioso, a mulher que fora a cliente mais extravagente de mademoiselle Bertin chorou de prazer feito uma criança. Ouvimos falar da rainha vestida com trapos, de seus sapatos cobertos com o mofo do chão de pedras úmido. E é verdade que a animosidade das autoridades municipais era tamanha, que só lhe permitiam ter suas camisolas lavadas a cada dez dias, e madame Richard não ousaria nunca conseguir-lhe um vestido novo. Mas pequenos embrulhos contendo roupas de baixo de primeira qualidade eram constantemente contrabandeados para a Conciergerie, e por baixo de seus vestidos humildes, Maria Antonieta ainda usava camisolas requintadas, cuidadosamente lavadas por Rosalie. O suborno corria livre e o amigável e venal Michonis estava sempre pronto a levar até sua cela quem quer se dispusesse a pagar pelo privilégio. Houve uma inglesa maluca, chamada Lady Atkins, cheia de planos extravagantes para resgatar a rainha, nenhum dos quais jamais se materializou, e a quem ela nem dirigiu a palavra quando Michonis a trouxe a sua cela. Houve o artista desconhecido que pintou o último retrato que se tem da rainha e que ainda pode ser visto no museu Carnavalet, um retrato desprovido de talento, mostrando uma mulher de rosto pálido e olhos sem vida, que já perdera todas as esperanças.

Mas houve um momento em que Maria Antonieta ousou novamente ter esperanças, quando, nos últimos dias de agosto, Michonis veio à sua cela com um jovem que usava dois cravos na lapela, e a quem ela reconheceu como o *chevalier* de Rougeville, um valente oficial que, no 20 de junho, a havia protegido da fúria da multidão. Tudo que sabemos com certeza do que se chamou *"l'affaire des oeillets"*, que mais tarde Alexandre Dumas transformaria num romance, é que de Rougeville, com a ajuda de Michonis, planejava tirar a rainha da Conciergerie. Apesar de não ter um tostão, ele parece ter contado com fundos suficientes para oferecer-lhe várias centenas de luíses, com os quais poderia subornar os guardas. Um bilhete que embrulhava um cravo vermelho, que ele deixou cair em sua primeira visita, transmitia-lhe seus planos. Em sua segunda visita ele lhe trouxe o dinheiro, e ela parece ter cometido a tolice, ou o ato desesperado, de tentar subornar um de seus guardas, o qual, ainda que bem intencionado, não estava disposto a perder o emprego, menos ainda a cabeça, ajudando-a a fugir. A conspiração foi denunciada. De Rougeville fugiu, Michonis foi preso e madame Richard e seu marido transferidos para outra prisão. Quem mais sofreu, no entanto, foi a rainha. Os privilégios que ela tivera até então foram eliminados. Transferiram-na para o que se achava ser um confinamento mais seguro, a antiga farmácia, que ainda cheirava desagradavelmente a remédios e tinha uma janela com grades dando para o pátio de exercício das mulheres. À noite não lhe concediam nem ao menos uma vela, e agora que os dias estavam se encurtando, ela passava longas horas na escuridão, a única iluminação vindo de uma lanterna fraca no pátio. Mas o pior de tudo era a falta de privacidade, pois era vigiada dia e noite por policiais que espiavam pelas grades das janelas. Felizmente seu novo carcereiro, um antigo diretor da prisão de La Force, era um homem de caráter e atitude, que não se permitia atemorizar pelas autoridades municipais, e deu o melhor de si para que a rainha fosse tratada com humanidade. Quando Hébert lhe disse que a comida comum da prisão era mais do que boa para a viúva Capeto, Bault respondeu que ele era o único responsável pela saúde de sua prisioneira e que, em seu atual estado de fraqueza, ela tinha que ter uma alimentação decente. Quando lhe recusaram um segundo lençol para a cama da rainha, ele arranjou com sua mulher uma manta de lã macia, e quando o promotor público, Fouquier-Tinville, ameaçou-o com a guilhotina por ele ter ousado dependurar uma velha tapeçaria atrás da cama da rainha, para protegê-la da parede úmida, ele teve o engenho de responder que fizera isso para impedi-la de escutar eventuais mensagens que poderiam tentar passar-lhe pelo pátio da prisão. Privada de material para escrever, proibida de bordar ou tricotar, os dias da rainha devem ter-lhe parecido tão intermináveis quanto as noites, e pela primeira vez em sua vida ela pediu que lhe dessem livros para ler. Madame Bault nos conta que ela preferia as histórias de aventuras e de ação violenta, e que *As viagens do capitão Cook* e *Histórias de naufrágios famosos* eram dois dos seus preferidos. Muitos anos antes, seu irmão José lhe dissera que ela não teria nunca qualquer satisfação na vida enquanto não aprendesse a ler. Mas pouca atenção ela lhe deu, ou ao abade Vermond, quando este lhe pedia que dedicasse pelo menos uma hora por dia à leitura séria. A vida lhe parecia muito cheia e brilhante para perder seu tempo com leitura. Mas agora não tinha outra coisa a fazer a não ser ler, rezar e, às vezes, quando seus olhos estavam cansados demais para ler, sentar e olhar os soldados jogando cartas. Esses homens, muitos deles católicos devotos, no fundo do coração tinham simpatia por uma mulher jovem condenada a morrer — pois eles sabiam que era apenas uma questão de semanas, talvez até de dias, e ela seria levada a julgamento diante do tribunal revolucionário.

Houve notícias de somas enormes terem sido oferecidas por seu resgate, de Fersen ter utilizado Noverre, o professor de dança, para subornar membros do comitê de segurança pública, de até mesmo Danton ter se deixado corromper. Mas era tarde demais. Os extremistas clamavam por sua morte, e os atrasos deviam-se apenas à busca de provas suficientes para justificar a pena de morte.

A traição pela qual Maria Antonieta era inegavelmente culpada, e da qual se podem encontrar as provas nos arquivos de Viena e nas memórias de Fersen, não era conhecida na época de seu julgamento. Suspeitava-se que o chamado *"Le Comité Autrichien"* tivesse mantido contatos com o inimigo. Mas não se sabia nada sobre os planos militares franceses enviados pela rainha ao conde Mercy no começo da guerra. As acusações contra ela baseavam-se nas mesmas velhas histórias: os milhões que ela fizera sair da França para dar ao imperador José; os milhões que ela esbanjara com seus favoritos e na construção do Trianon; o modo deplorável com que ela corrompeu o rei, estimulando-o a beber e conduzindo-o a uma política de mentiras e fraudes, influenciando-o em sua decisão de fugir e de exercer seu direito de veto contra os desejos do povo.

As acusações imundas de uma Jeanne de la Motte, os panfletos obscenos que haviam saído há tanto tempo dos prelos do palácio do Luxembourg e do Palais Royal — tudo serviu como prova contra uma mulher descrita como "um flagelo para o seu país e uma vergonha para o seu sexo". Mas foi a mente podre de Hébert que produziu a mais infame acusação jamais levantada contra uma mãe, a qual fizeram com que seu filho de oito anos assinasse.

O pequeno rei fora descoberto por Simon, o sapateiro, masturbando-se, e a fim de se livrar do castigo, ele disse ter sido iniciado nessas práticas pela mãe e pela tia. Era uma mentira maliciosa e impudente por parte de uma criança que já aprendera a se proteger através do embuste, e Simon, que era um leitor ávido do *Père Duchesne,* agarrou-se a ela como mais uma prova da depravação de Maria Antonieta. Foi direto a Hébert, com o resultado de que seis conselheiros municipais, chefiados pelo prefeito, chegaram ao Temple para interrogar o pequeno rei. Intimidado por sua presença, sem ousar se contradizer, o menino repetiu a mentira e, instigado por Hébert, chegou ao ponto de dizer que sua mãe e sua tia se divertiam levando-o para suas camas e vendo-o agir. Apologistas da realeza gostariam que acreditássemos que a infeliz criança havia sido intimidada e espancada por esses homens, que o forçaram a contar essa mentira terrível. Mas testemunhas sem preconceitos alegam que ele parecia bem contente e despreocupado, e que persistiu em suas mentiras, mesmo quando confrontado com sua irmã e sua tia. Maria Teresa, uma moça tímida e nervosa, que ficara aterrorizada com aqueles homens de aspecto severo, insistiu em dizer que não vira nada, nem compreendia o que eles estavam dizendo. Mas sua tia, que era uma mulher madura, de 29 anos, e de fortes princípios religiosos, ficou tão enojada que gritou meio involuntariamente: "Esse monstrinho!" Felizmente Maria Antonieta foi poupada do conhecimento dessa acusação até a véspera de sua morte.

Os 70 dias na Conciergerie destruíram a constituição esplêndida da rainha. Apesar de ainda não ter 38 anos, ela já começava a sofrer a menopausa, e tinha fortes dores menstruais e hemorragias que minaram sua resistência. Era uma mulher velha, um fantasma do seu antigo eu que, às oito horas da manhã de 14 de outubro, foi trazida de sua cela, através de longos corredores e pátios, para o salão do Palais de Justice, a antiga sede do *parlement* de Paris, onde, nos velhos tempos, ela acompanhara o rei para as cerimônias do *lit de justice.* As tapeçarias haviam sido retiradas, as *fleurs-de-lis* douradas haviam sido raspadas e substituídas por uma rude pintura alegórica da declaração dos Direitos do Homem. Foram-se os tronos dourados, os tapetes Aubusson. Agora não havia nada, a não ser duras cadeiras de junco, uma mesa de madeira e um chão de pedra nua. Ela já fora submetida a um interrogatório preliminar antes mesmo de ter recebido um advogado para defendê-la, e os juízes ficaram impressionados com sua coragem e sua força, uma força em que fora ajudada pela prece, pois nas últimas semanas padres não-jurados, prisioneiros na Conciergerie, e com a conivência do diretor da prisão, tinham sido levados a sua cela, onde em mais de uma ocasião celebraram a missa e ouviram-na em confissão.

Em sua última carta, dirigida a sua cunhada e escrita apenas poucas horas antes de sua morte, Maria Antonieta negou categoricamente ter recebido qualquer tipo de consolo espiritual. Temendo, com muita razão, que a carta pudesse não chegar a seu destino, pois mais tarde foi encontrada entre os papéis de Robespierre, ela evitou deliberadamente dizer qualquer coisa que pudesse implicar ou Bault e sua família, ou alguns daqueles padres heróicos que a ajudaram nos últimos dias. Por uma sorte quase milagrosa, todos eles sobreviveram à Revolução.

Os dois advogados que deveriam defender a rainha só foram notificados 24 horas antes do julgamento começar, e o pedido de um adiamento de três dias, para poderem preparar suas defesas, foi sumariamente negado. Os dois advogados, e em particular Chauveau-Lagarde, foram dedicados e corajosos, se se considerar que a eloqüência de Malesherbes na defesa do rei custou-lhe a vida. Nem eles nem sua cliente podem ter tido qualquer ilusão quanto ao resultado de um julgamento em que nenhum membro do júri teria ousado votar pela absolvição.

Durante dois longos dias, em sessões que duraram mais de quinze horas, Maria Antonieta teve que se defender contra uma corte fraudulenta e um júri perjuro, defendendo não apenas sua vida, mas sua honra de mulher, limpando seu nome para a posteridade, determinada a não entrar para a História como a rainha culpada que fora a ruína de seu país, mas como a esposa de Luís XVI que, em suas próprias palavras, "não fizera nada além de aquiescer às vontades do marido". Quarenta e uma testemunhas foram chamadas em seqüência, cada qual com alguma mentira desprezível, alguma invenção ridícula — empregadas e pajens, cabeleireiros e comerciantes, os quais, todos, um dia prosperaram na corte, e agora disputavam uns com os outros para desacreditar a rainha que eles um dia disseram adorar.

Suas histórias foram se tornando tediosas. Até mesmo as *tricoteuses* começavam a perder o interesse, quando Hébert avançou para fazer suas alegações imundas. A princípio pareceu que a rainha, que estava sentada pálida e gelada em sua cadeira, mal tinha ouvido. Então, um membro do júri, que Herman, o presidente, gostaria de poder ter silenciado, insistiu em que "Antoinette" respondesse às acusações. E de repente ela voltou à vida. Seu rosto ficou rubro, seus olhos cansados brilharam de raiva e, pondo-se de pé, ela disse: "Se não respondi foi simplesmente porque a natureza humana não tem como responder a semelhante acusação contra uma mãe". E, voltando-se para as mulheres na galeria, ela gritou: "Eu apelo a todas as mães desta sala!" Houve um momento de silêncio estupefato, de consternação entre os juízes, que viam a acusação voltar como um bumerangue contra o acusador. As mulheres da galeria agora aplaudiam a rainha e gritavam contra Hébert. As mais emocionais haviam desmaiado. Maria Antonieta triunfara, seu extraordinário carisma se afirmara pela última vez, e naquele momento as *tricoteuses* estavam a seu lado. O presidente Herman tocou a sineta para restabelecer a ordem no tribunal. As testemunhas continuaram, em rápida sucessão. Mas, no final do dia, juízes e jurados pareciam igualmente preocupados. Naquela noite, jantando em seu restaurante preferido, Robespierre denunciou Hébert como um imbecil, cujas alegações revoltantes tinham servido apenas para uma vitória da rainha: "Não bastava que ela fosse uma Messalina, ainda tinha que tentar transformá-la também numa Agripina?"

Às onze horas, a rainha exaurida foi levada de volta a sua cela, mas ainda tinha outro dia pela frente. Sofrendo dores menstruais agoniantes, incapaz de engolir qualquer alimento, a não ser uma sopinha, ela ainda tinha de ouvir mais testemunhas irrelevantes indulgindo em suas extravagâncias e intrigas. Até mesmo o presidente da corte parece ter percebido a futilidade de algumas das provas, pois mal fez menção a elas em seu sumário, concentrando-se em suas relações com os inimigos da República, seus esforços para desencadear uma guerra civil na França e para incitar o rei a uma política contrária aos interesses de seu país.

Eram três da manhã quando o júri deixou o salão, e a rainha, quase desmaiando de cansaço, permanecera no banco dos réus durante quase quinze horas, ouvindo os discursos, primeiro do promotor público, depois de seu advogado, que falou durante mais de duas horas, com coragem e eloqüência em sua defesa. "Como o senhor deve estar cansado, monsieur Chauveau, e como fiquei satisfeita com o esforço a que o senhor se prestou por minha causa." Seu sorriso e seus agradecimentos foram o suficiente para o advogado ser preso.

A deliberação dos jurados durou mais de uma hora, enquanto lá fora, nas ruas, as pessoas esperavam ansiosas as notícias, monarquistas saíam de seus esconderijos, ainda esperando, contra todas as esperanças, que a pena pudesse ser comutada para deportação. Mas nenhum dos 12 jurados era herói. Se demoraram uma hora, foi apenas para dar uma aparência de legalidade ao que já era uma decisão previamente tomada. O veredito foi unânime. Maria Antonieta de Lorena da Áustria, viúva de Luís Capeto, foi julgada culpada de todas as acusações, e devia ser executada naquela mesma manhã. Mal a notícia foi divulgada, e as multidões já convergiam para a praça da Revolução, para garantir lugar no que seria o maior espetáculo do ano.

Maria Antonieta ficou impassível diante do veredito. A última pergunta do presidente ficou sem resposta. Houve uma quietude profunda quando ela deixou o salão, sem olhar nem à esquerda nem à direita. Apesar de toda a sua fraqueza e seu cansaço, ela se movia com os mesmos passos leves com que antigamente atravessava a Galeria dos Espelhos em Versalhes. Mas estava tão cansada que mal conseguia enxergar, e teria caído ao descer os degraus que levavam às celas, não fosse por um jovem oficial da guarda que a segurou nos braços. Era o mesmo jovem oficial que tinha sido a única pessoa na corte a oferecer-lhe um copo d'água e a tirar o chapéu em sua presença. Essas pequenas cortesias foram suficientes para que um de seus colegas o denunciasse. Naquela noite houve velas acesas à mesa em sua cela, uma ceia de galinha assada, apesar do avançado da hora, e, como concessão especial, papel e pena para poder escrever suas últimas mensagens.

A essa altura a rainha chorava, não tanto por si, mas pelas crianças que não veria nunca mais e por cujo futuro ela temia tanto, e a última carta, endereçada à cunhada, estava úmida dessas lágrimas. Todo biógrafo de Maria Antonieta cita essa carta que nunca chegou ao seu destino, tendo sido roubada por Robespierre e descoberta 20 anos depois. É uma carta que fala apenas de amor, nunca de vingança, e onde, no que para a rainha deve ter sido o mais doloroso de tudo, ela pede perdão para o filho: "Sei o quanto meu menininho deve tê-la feito sofrer. Perdoe-o, querida irmã. Lembre-se de como ele é criança, de como é fácil fazer uma criança dizer o que se quer, colocar em sua boca palavras que não entende. Espero que um dia há de chegar em que ele compreenda a natureza do seu caráter gentil e o afeto que você demonstrou para com meus dois filhos."

No final, já não é tanto uma carta, é mais um testamento que expressa seus pensamentos mais profundos: "Tive amigos. A idéia de ser separada deles, e de seu sofrimento, é uma das coisas que mais lamento ao morrer, Que eles saibam ao menos que, até o final, estiveram em minha mente". Essas palavras só podem se referir a Fersen, a quem ela não ousou escrever, mas em quem pensava a todas as horas do dia e da noite. Até mesmo seu cãozinho recebera um nome em memória do cãozinho de Fersen, e *Odin* ainda estava com a rainha naquela última noite, aninhando-se nela quando caiu na cama exausta e ainda totalmente vestida.

Na manhã de 16 de outubro de 1793, 30 mil homens, todo o contingente das forças armadas da capital, foram mobilizados para guardar uma mulher a caminho da guilhotina. Mesma agora, na última hora, o comitê de segurança pública ainda temia que houvesse demonstrações a seu favor. Policiais e vigilantes estavam disseminados em meio à multidão — uma alegre multidão de feriado, com a qual os vendedores de limonada e docinhos, e os de panfletos pornográficos sobre a vida privada da rainha licenciosa estavam fazendo altos negócios. O dia estava bom e um sol pálido de outono brilhava sobre o Sena. Às onze horas da manhã os portões da Conciergerie se abriram ao som dos tambores, e saiu uma mulher alta e pálida, num vestido branco, piscando à luz do sol com que já não estava mais acostumada. Houve um silêncio chocado quando se viu que ela tinha as mãos amarradas por uma corda, puxada pelo carrasco. A visão da antiga rainha da França, amarrada a uma carroça como um animal, provocou nos mais duros revolucionários uma sensação involuntária de culpa. E nem uma única voz se ergueu contra ela.

Maria Antonieta estava rezando quando Bault veio de manhã cedo a seu quarto. Ela pediu uma xícara de chocolate e um pão chamado *mignonette*, que foi trazido de um café da vizinhança. Foi a mulher do diretor, e não Rosalie, que a ajudou a se vestir naquela última manhã, e em todos os anos passados em Versalhes ela nunca se vestiu com tanta facilidade. Seu roupão branco, passado e engomado, foi posto sobre uma anágua preta. Escolheu-se a melhor touca de musselina para aquela que seria sua última aparição pública, e ela usou seus melhores sapatos de cetim preto. Gostaria de ter podido cortar o cabelo antes deles serem retalhados pela lâmina de Sanson, mas nem mesmo o gentil Bault ousou emprestar-lhe uma tesoura. Chegou um padre, um daqueles padres constitucionais que ainda eram empregados pela Convenção para acompanhar suas vítimas à guilhotina. Mas Maria Antonieta e Luís sempre desprezaram os padres constitucionais. Quando o abade Gérard, que era um homem de bom coração, ofereceu-lhe seus serviços, ela recusou educadamente, dizendo: "Deus em Sua misericórdia já os forneceu", e mostrou a mesma indiferença educada quando ele se ofereceu para acompanhá-la à guilhotina. Houve um momento em que ela vacilou: foi ao ver a carroça ordinária, de rodas enlameadas, puxada por dois cavalos velhos, que deveria levá-la pelas ruas de Paris. Luís tivera o direito de ir para a morte numa carruagem fechada, mas para ela haviam reservado esta última humilhação. Ficou aterrorizada ao pensar que a multidão poderia arrancá-la da carroça e fazê-la em pedaços. Seu terror provocou uma súbita frouxidão nos intestinos, e Sanson teve que desamarrar-lhe as mãos para que ela pudesse ir se aliviar num canto atrás de um muro. Mas, cinco minutos depois, já havia recuperado a compostura e, durante todo o longo caminho, ela permaneceu quase imóvel, sentada numa prancha de madeira. Até mesmo seus inimigos prestaram alguma espécie de tributo a sua coragem. "A puta foi audaciosa e insolente até o fim", escreveu o *Père Duchesne*. A maior parte da multidão ficou curiosamente em silêncio, até ela chegar à rua St Honoré, onde os pelegos da Revolução, as piores entre as *poissardes*, esperavam para se regozijar com a sua queda. Um ator de última categoria, chamado Grammont, ficou girando a cavalo, brandindo uma espada e gritando: "Aí vai a depravada Antonieta! Ela está finalmente acabada, meus amigos". E lá estava David, um grande artista, mas um ser humano desprezível, um regicida que agora lambia as botas de Robespierre e mais tarde prestaria homenagem a Bonaparte. Naqueles breves momentos, ele esboçou aquela imagem cruel e memorável de uma mulher dilacerada, cuja beleza se fora, a quem nada restara a não ser o orgulho e uma determinação obstinada de morrer de uma maneira digna de seus ancestrais. Ela olha para a frente, com os lábios Habsburgo, que um dia formaram um biquinho gracioso, pousados numa expressão de profundo desprezo.

A única vez em que ela mostrou alguma vida foi ao passar pelas Tulherias, quando voltou-se para lançar um olhar ao palácio que guardava tantas memórias. Teria ela pensado naquele dia fatal de agosto, quando a indecisão de Luís os fez perder o trono? Ou teriam seus pensamentos voltado a um dia de primavera, tantos anos atrás, quando a jovem Delfina estivera no terraço olhando para um mar de rostos que a aclamavam, e o duque de Brissac lhe dissera: "Madame, a senhora tem 200 mil apaixonados esperando para adorá-la"?

Agora havia 200 mil pessoas esperando para vê-la morrer. A carroça parou com um solavanco. A praça Luís XV estava tristemente mudada. Onde estaria a estátua eqüestre do velho rei, e o que era aquele monumento horroroso, coberto com guirlandas e dísticos, erigido em seu lugar? O abade Gérard, ainda segurando seu crucifixo de marfim, disse-lhe que era "a estátua da Liberdade". Como aquilo tudo era feio — por toda a parte, *slogans* e tricolores, e, dominando tudo, a silhueta severa da guilhotina recortada contra o céu. Sanson ofereceu-lhe o braço para que ela descesse da carroça, mas ela o recusou e desceu depressa, e com o mesmo passo ligeiro subiu ao cadafalso. Movimentava-se tão rapidamente que parecia até que estava com pressa de morrer. Inadvertidamente, ela pisou com seu salto alto no pé de Sanson. O homenzarrão soltou uma imprecação. Ela virou-se e disse-lhe, numa voz que ainda era muito jovem e sustentava uma leve sombra de ironia: "Perdoe-me, *monsieur*, não fiz de propósito."

Bibliografia

ALMERAS, Henri de, *Les Amoureux de la Reine Marie Antoinette* (Paris, 1907).

ARNETH, Ritter von (org.) *Correspondance Secrète entre Marie Antoinette, Marie Thérèse ét Mercy d'Argenteau*, 3 vols. (Paris, 1868).

———*Joseph II und Leopold von Toskana Brief Wechsel* (Viena, 1872).

———*Marie Antoinette, Joseph II und Leopold II, der Brief Wechsel* (Leipzig, 1868).

BAILLIO, Joseph, *Marie Antoinette et Vigée-Lebrun, L'Oeuil* n.º 308 (Março, 1981).

BELLOC, Hilaire, *Marie Antoinette* (Londres, 1910).

BERNIER, Olivier, *Lafayette, Hero of Two Wolds* (Nova York, 1983).

BESENVAL, P.J.V., Baron de, *Mémoires*, 4 vols. (Paris, 1805).

BOMBELLES, Marc, Marquês de, *Journal*, 2 vols. (Genebra, 1982).

BURKE, Édmund, *Reflections on the Revolution in France* (Londres, 1790,.

———A letter from Mr Burke to a member of the National Assembly (Londres, 1791).

CAMPAN, J.L.H. de, *Mémoires sur la Vie Privée de la Reine Marie Antoinette* Paris, 1823).

CASTELOT, André, *Marie Antoinette* (Paris, 1953).

CLÉRY, J.B., *Journal de ce qui c'ste passé à la tour du Temple pendant la captivité de Louis XVI, Roi de France*, incluindo *Les Dernières Heures de Louis XVI* do Abade Edgeworth, *Mémoires* de Marie Thérèse Charlotte de France (Mercure de France, Paris, 1983).

COIGNY, Aimée de, *Textes Inédits*, 2 vols. (Paris, 1981).

CONDORCET, Marquês de, *Mémoires sur le Règne de Louis XVI et la Révolution*, 2 vols. (Paris, 1862).

COQUELAT, Barão, *Mémoires* (Paris, 1829).

CRANKSHAW, Edward, *Maria Theresa* (Londres, 1969).

CRONIN, Vincent, *Louis and Antoinette* (Londres, 1974).

CROY, Duque de, *Journal Inédit* 1718–1784, 3 vols. (Paris, 1906).

DARD, Emil, *Un Rival de Fersen, Quentin Crawford* (Paris, 1947).

DEFFAND, Marie, Marquesa do, *Lettres de la Marquise du Deffand à Horace Walpole* 1766–1780, 3 vols. (trad. Londres, 1912).

DIESBACH, Ghislain de, *L'Histoire de l'Emigration* 1789–1814 (Paris, 1975).

DORSET, Duque de, *Dispatches from Paris* 1784–1790 (org. Oscar Browning, Londres).

———*History of the Sackville Family, Earls and Dukes of Dorset,* 2 vols. (ed. Charles Phillips, Londres).

FAY, Bernard, *Louis XVI ou la Fin d'un Monde* (Paris, 1981).

FEJTÖ, Joseph, *Joseph II* (Paris, 1953).

FERRIÈRES, Marquês de, *Mémoires* (Paris, 1822).

FLAISSIER, Sabine, *Marie Antoinette et l'Accusation* (Paris, 1967).

FRIEDRICHS, Otto, *Marie Antoinette Calomniée* (Paris, 1948).

FRISCHAUER, Paul, *Beaumarchais, an Adventurer in a Century of Women* (Londres, 1936).

FUINCK-BRETANO, F., *L'Affaire du Collier* (Paris, 1901).

———*La Mort de la Reine* (Paris, 1901).

GAXOTTE, Pierre, *Le Siècle de Louis XV* (Paris, 1933).

GEFFROY, A., *Gustav III et la Cour de France,* 2 vols. (Paris, 1867).

GENLIS, Madame de, *Mémoires* (Paris, 1925).

GEORGEL, Abade de, *Mémoires pour Servir à l'Histoire des Evénéments de la Fin du Dix-Huitième Siècle,* 1760–1810, 6 vols. (Paris, 1817).

GIRARD, Georges (org.), *Correspondance entre Marie Thérèse et Marie Antoinette* (Paris, 1933).

GONCOURT, Edmond e Jules de, *Histoire de Marie Antoinette* 2 vols. (Paris, 1858).

GOOCH, G.P., *The Monarchy in Decline* (Londres, 1956).

GOWER, Ronald, Lorde, *The Last Days of Marie Antoinette* (Paris, 1885).

HEARSEY, John, *Marie Antoinette* (Londres, 1972).

HEIDENSTAM, O. G. von, *Correspondance Secrète de Marie Antoinette, Fersen et Barnave* (Paris, 1913).

HIBBERT, Christopher, *The French Revolution* (Penguin Books, 1982).

HÜE, François, Barão, *Dernières Années du Regne de Vie de Louis XVI* (Paris, 1816).

KERIMA, Françoise, *Hans Axel de Fersen* (Paris, 1985).

KLINCKOWSTRÖM, Rin de, Barão, *Le Comte de Fersen et la Cour de France,* 2 vols. (Paris, 1877).

KUNSTLER, Charles, *Le Secret de Fersen* (Paris).

LA MARCK, Príncipe Auguste d'Arenberg, Conde de, *Correspondance avec Mirabeau Pendant les Années* 1789–1791 (Paris, 1851).

LA ROCHETERRIE, Maxime de, *Histoire de Marie Antoinette,* 2 vols. (Paris, 1905).

LA TOUR DU PIN GOUVERNET, Marques de, *Journal d'une Femme de Cinquante Ans* (Paris, 1913).

LANGLADE, Emil, *La Marchande de Robes de Marie Antoinette, Rose Bertin* Paris, 1911).
LAUZUN, Gontaut-Biron, Duque de, *Mémoires,* 2 vols. (Paris, 1822).
LE NÔTRE, G., *La Captivité et la Mort de Marie Antoinette* (Paris, 1897).
LESCURE, Adolphe, *Correspondance Secrète Inédite sur Louis XVI, Marie Antoinette, la Cour et la Ville,* 2 vols. (Paris, 1866).
LEVER, Evelyne, *Louis XVI* (Paris, 1982).
LIGNE, C.J.E., Príncipe de, *Memoirs and Letters of the Prince de Ligne,* (trad. de Prescott Wormsley, Londres).
LOOMIS, Stanley, *Du Barry* (Londres, 1962).
———*The Fatal Friendship* (Londres, 1972).
———*Paris Under the Terror* (Nova York, 1969).
MANCERON, Claude, *Les Hommes de la Liberté,* 3 vols. Vol. I, *Les Vingts Ans du Roi* (1972), Vol. 2, *Le Vent d'Amerique* (1974), Vol. 3, *Le Bon Plaisir* (1976).
MANSEL, Philip, *Louis XVIII* (Londres, 1983).
MAXWELL, Constantia, *The English Travellers in France,* 1781–1795 (Londres, 1932).
MORRIS, Governador, *Diary of the French Revolution, Diary and Letters,* 2 vols. (org. Anne Cary Morris, 1889).
NOLHAC, Pierre de, *Trianon, La Maison de Marie Antoinette* (Paris, 1914).
———*La Reine Marie Antoinette* (Paris, 1890).
———*Marie Antoinette, Dauphine* (Paris, 1897).
———*Autour de la Reine* (Paris, 1926).
OBERKIRCH, Baronesa de, *Mémoires,* 2 vols. (Paris, 1835).
ORIEUX, Jean, *Talleyrand* (Paris, 1970).
PADOVER, J.K., *Joseph II, the Revolutionary Emperor* (Londres, 1934).
RIGNAULT, Henri, *Les Enfants de Louis XV: La Descendance Illégitime* (Paris, 1953).
SAINT ARMAND, Robert de, *The Duchesse d'Angoulême and the Restoration* (Londres, 1892).
SAINT BEUVE, *Portraits Litéraires,* 3 vols. (Paris, 1937).
SAINT-PRIEST, Conde de, *Mémoires Publiés par le Baron de Barente* (Paris, 1929).
SÉGUR, Phillippe, Conde de, *Mémoires et Anecdotes,* 3 vols. (Paris, 1894–95).
SÉGUR, P.M.M.H., Marquês de, *Marie Antoniette* (trad. Londres, 1927).
SEWARD, Desmond, *Marie Antoinette* (Londres, 1981).
SÖDERHJELM, Alma, *Fersen et Marie Antoinette: Journal et Correspondance de Comte Axel Fersen* (Paris, 1930).
SOREL, Albert, *L'Europe et la Révolution Française,* 8 vols. (Paris, 1885).
STAËL-HOLSTEIN, Baronesa de, *Oeuvres Complètes* (Londres, 1820).
STRYIENSKI, Casimir, *Le Dixhuitième Siècle* (Paris, 1909).
———*Mesdames de France: Les Filles de Louis XV* (Paris, 1910).
TALLEYRAND, Charles Maurice de, *Mémoires,* 2 vols. (Paris, 1957).

TILLY, Alexandre, Conde de, *Mémoires*, 3 vols. (Paris, 1929).
TOURZEL, Duquesa de, *Mémoires* (Paris, 1883).
TOYNBEE, (org.), *The Letters of Horace Walpole*, 9 vols. (Oxford, 1903).
VALLOTON, *Marie Antoinette et Fersen* (Paris/Genebra, 1952).
VIGÉE-LEBRUN, *Souvenirs* (trad. Londres, 1904).
ZWEIG, Stefan, *Marie Antoinette* (Londres, 1933).

Índice Onomástico